Philipp Eigenmann • Migration macht Schule

Historische Bildungsforschung

herausgegeben von
Patrick Bühler, Lucien Criblez,
Claudia Crotti und
Andreas Hoffmann-Ocon

Band 3

Philipp Eigenmann

Migration macht Schule

Bildung und Berufsqualifikation von und für Italienerinnen
und Italiener in Zürich, 1960–1980

CHRONOS

Publiziert mit Unterstützung des Schweizerischen Nationalfonds zur Förderung der wissenschaftlichen Forschung.

Der Autor dankt des Weiteren dem Fonds Ettore Gelpi der Stiftung ECAP und der Colonia Libera Italiana in Dübendorf für deren Druckkostenbeiträge.

Die vorliegende Arbeit wurde von der Philosophischen Fakultät der Universität Zürich im Frühjahrssemester 2016 auf Antrag von Prof. Dr. Philipp Gonon (hauptverantwortliche Betreuungsperson), Prof. Dr. Jürgen Oelkers und Prof. Dr. Lucien Criblez als Dissertation angenommen.

Weitere Informationen zum Verlagsprogramm:
www.chronos-verlag.ch

Umschlagbild: «Voglio restare con il mio Papà!» – Filmstill aus «Lo stagionale» (1972) von Alvaro Bizzarri – Knabe mit seinem Vater an einer Demonstration für die Abschaffung des Saisonnierstatuts. Schweizerisches Sozialarchiv, F_5002-Fx-008

© 2017 Chronos Verlag, Zürich
ISBN 978-3-0340-1381-9

"This is the other thing
about immigrants ('fugees, émigrés, travellers):
they cannot escape their history any more
than you yourself can lose your shadow."
Zadie Smith, White Teeth, 2000, S. 399.

«Und du seisch Heimat isch e grosses Wort
Isch Heimat e Gfühl oder isch es echt en Ort
Viel Lüt säged am schönschte isch 's immer no dehei
Und viel Lüt säged nei.»
Stahlberger, abghenkt, 2011.

"The sojourner, however, can hardly be assimilated."
Paul C. P. Siu, The Sojourner, 1952, S. 34–35.

Vorwort

Ob ich selbst italienische Eltern und somit einen persönlichen Bezug dazu hätte, mich mit der Bildungsgeschichte der Italienerinnen und Italiener in der Schweiz zu beschäftigen, war die Frage, die mir im Lauf meiner Forschungstätigkeit wohl am häufigsten gestellt wurde. Ich konnte sie gegen Ende der Niederschrift der vorliegenden Arbeit kaum mehr hören. Und doch sagt die Kadenz, mit der sie aufgeworfen wurde, viel über den Stellenwert von migrationsbezogenen Studien innerhalb der historischen Bildungsforschung aus. Sie impliziert, ein Interesse an der Geschichte des Zusammenhangs von Bildung und Migration zeige sich erst dann, wenn die eigene Biografie durch Migrationserfahrung oder -erinnerung geprägt sei. Ich geriet je länger je mehr in Versuchung, die Fragenden mit einer frei erfundenen, aber umso absurderen Migrationsgeschichte meiner Familie zu irritieren. Letztlich zog ich es trotzdem vor, meinem Gegenüber zu versichern, dass eine bildungshistorische Beschäftigung mit Migration auch dann äusserst anregend ist, wenn man nicht unter die statistische Kategorie der «Personen mit Migrationshintergrund» fällt und beide Eltern in derselben Ostschweizer Stadt gross geworden sind, in der man selbst die Kindheit und die Jugend verbracht hat. Denn die Verhältnisse, in denen wir heute leben, wären nicht dieselben ohne den Beitrag, den die Migrantinnen und Migranten in der Vergangenheit dazu geleistet haben.

Genauso wären die Befunde dieser Forschungsarbeit nicht dieselben, hätte ich nicht auf ein akademisches Umfeld zählen können, das mich mit kritischen Rückfragen, klugen Einwürfen und ermutigenden Hinweisen begleitete und so meinen Horizont erweiterte. Philipp Gonon gewährte mir als Vorgesetzter grosse Freiheiten; gleichzeitig pochte er zu Recht darauf, die Arbeit stärker an die Berufs- und Weiterbildungsforschung anzubinden. Erste Konturen nahm das Projekt an, als ich noch bei Jürgen Oelkers arbeitete und von ihm herausgefordert wurde, die eigenen Prämissen stets aufs Neue zu hinterfragen. Lucien Criblez schuf am Institut für Erziehungswissenschaft der Universität Zürich ein anregendes Umfeld für die historische Bildungsforschung. Zudem verdanke ich ihm differenzierte Einblicke in die Bildungsgeschichte der Schweiz.

Michael Geiss, mit dem ich über die Jahre hinweg das Büro teilen durfte, kennt meine Arbeit am besten. Er ermunterte mich wiederholt dazu, ausgetretene Pfade zu verlassen und Alternativen in Erwägung zu ziehen. Kerrin Klinger bestärkte mich darin, in den Quellen aufgefundene Komplexitäten als solche darzustellen. Ihr danke ich dafür, unablässig den anregenden Austausch gesucht zu haben. Den Zugang zu einer italienischen Perspektive auf meinen Forschungsgegenstand eröffnete mir Paolo Barcella. Aus unterschiedlichen Blickwinkeln auf vergleichbare Fragestellungen zu blicken erwies sich bei allen sprachlichen Hürden als ausgesprochen bereichernd. Tobias Studer danke ich nicht nur dafür, dass er die Freude am hartnäckigen Nachfragen in mir weckte, sondern auch für die unzähligen, noch lange nicht abgeschlossenen Diskussionen über den angemessenen gesellschaftlichen Umgang mit Migration.

Anja Giudici, Sebastian Grünig, Barbara Emma Hof, Rebecca Mörgen und Thomas Ruoss lasen einzelne Kapitel gegen und spielten mir wertvolle Anregungen zurück. Stefan Kessler trug mit Hinweisen auf Detailfragen entscheidend zum Gelingen der Arbeit bei, während Lukas Peter mir wiederholt die politische Dimension des Forschungsgegenstands in Erinnerung rief. Studierende der Pädagogischen Hochschule Zürich liessen sich im Frühjahrssemester 2014 in einer als Forschungsseminar durchgeführten Lehrveranstaltung auf sehr anregende Quellendiskussionen zum Thema ein. Nikola Diemer unterstützte mich auf der Schlussgeraden in den letzten Monaten vor der Abgabe der Arbeit.

Die Mitarbeiterinnen und Mitarbeiter des Schweizerischen Sozialarchivs in Zürich und des Archivio di Stato del Cantone Ticino in Bellinzona unterstützten mich in der Recherche ebenso wie Esther Nellen von der Bibliothek des Instituts für Erziehungswissenschaft in Zürich. ENAIP öffnete mir den Zugang zum Privatarchiv im Keller ihrer Räumlichkeiten in Zürich. Die Stiftung ECAP in Zürich und die Fondazione Pellegrini Canevascini in Bellinzona gewährten mir den Zugriff auf die Bestände der ECAP. Franco Narducci, Luciano Persico, Sibilla Schuh und Marianne Sigg teilten in ausführlichen Gesprächen ihre Erinnerungen an die damalige Zeit mit mir. Dem Chronos Verlag und dessen Leiter Hans-Rudolf Wiedmer danke ich für die unkomplizierte Abwicklung der Buchproduktion, insbesondere Roman Pargätzi für das sorgfältige Lektorat. Der Schweizerische Nationalfonds zur Förderung der wissenschaftlichen Forschung, der Fonds Ettore Gelpi der Stiftung ECAP und die Colonia Libera Italiana in Dübendorf haben die Publikation finanziell unterstützt.

Ohne ausserakademische Ablenkungen und Korrektive wäre eine solche Arbeit nicht zu bewerkstelligen. Meinen Eltern danke ich für die jahrelange Unterstützung und das anhaltende Interesse. Serum bot mir in den vorangehenden Jahren nicht nur eine willkommene musikalische Abwechslung zur Schreibtätigkeit, sondern auch unverzichtbare Freundschaften. Der grösste Dank geht an Sibylle Lack, die mich wiederholt daran erinnerte, meine Gedanken zu ordnen und verständlich zu machen, und mir auf ausgedehnten Bergwanderungen und auf Reisen dazu verhalf, die Relationen zu wahren.

Zürich, im August 2017

Inhaltsverzeichnis

1. Migrantinnen und Migranten als Subjekte pädagogischer Entwicklungen — 11

Im Qualifikationsdilemma. Berufsbildung in der Emigration

2. Selbsthilfe, Koordination und Konkurrenz. Aufbau und Institutionalisierung von italienischen Berufs- und Weiterbildungsangeboten — 41
2.1. Selbsthilfe, partikulares Engagement und Koordination — 42
2.2. Anbindung und Institutionalisierung — 58
2.3. Konsolidierung und Konkurrenz — 70

3. Beschäftigungsfähigkeit und sozialer Aufstieg. Kursangebot und Kursteilnehmer — 85
3.1. Wachstum und Diversifizierung des Kursangebots — 86
3.2. Die Branchen des Prekariats – ein beschränktes Qualifikationsangebot für die Zugewanderten — 89
3.3. Zur Heterogenität der Kursinteressenten — 95
3.4. Schneiderinnen und Sekretärinnen – Emigrantinnen in der Weiterbildung — 109
3.5. Anstelle einer beruflichen Grundbildung – die zweite Generation der Zugewanderten — 113

4. Bildungsurlaub, Gewerkschaftsschulung und gesellschaftliche Transformation. Zur Legitimation von Berufs- und Weiterbildung in der Emigration — 127
4.1. Statistische Befunde sind politische Argumente — 129
4.2. Bildungsurlaub nach dem Vorbild der «150 ore» — 135
4.3. Berufs-, Allgemein- und Gewerkschaftsbildung als Mittel zur Demokratisierung — 140
4.4. Emigrationsorganisationen als Agenten transnationaler Vermittlung — 151

«Kalter Schulkrieg». Beschulung von Immigrantenkindern

5.	Zwischen zwei Zukünften. «Scuole italiane» oder schweizerische Regelklasse	161
5.1.	Pädagogische Folgen der Abkehr vom Rotationsprinzip	161
5.2.	Italienische Emigrationsorganisationen zwischen permanenter Niederlassung und baldiger Remigration	174
5.3.	Transnationale Wirkungen des italienischen Gesetzes Nr. 153	190
6.	Wirken vor Ort. Informationsoffensiven, lokale Einflussnahme und Betreuungsangebote	203
6.1.	Das «Centro Informazioni Scolastiche delle Colonie Libere Italiane» als Elternberatungsstelle	205
6.2.	Elternkomitees als Türöffner zur lokalen Schulpolitik	211
6.3.	Zur Angebotsvielfalt in der ausserschulischen Betreuung	219
7.	Chancengleichheit und Klassenkampf. Bildungspolitische Programmatiken zur Beschulung der Emigrantenkinder	243
7.1.	Zur Widersprüchlichkeit von Klassenkampf und Chancengleichheit	244
7.2.	Klassenkampf! Die italienischsprachige Argumentation	249
7.3.	Chancengleichheit! Die deutschsprachige Argumentation	261
7.4.	Zur Vermittlung zwischen den sprachlichen Referenzräumen	264
8.	Fazit – zum migrantischen Umgang mit Bildung	275

Anhang

9.	Abkürzungsverzeichnis	294
10.	Abbildungsverzeichnis	295
11.	Quellen- und Literaturverzeichnis	297
11.1.	Ungedruckte Quellen	297
11.2.	Periodika	297
11.3.	Gespräche	297
11.4.	Gedruckte Quellen und Darstellungen	298

1. Migrantinnen und Migranten als Subjekte pädagogischer Entwicklungen

Die europäische Arbeitsmigration nach 1945 vermochte das Feld von Bildung und Erziehung nachhaltig zu verändern. Die Erfahrung mit den südeuropäischen Arbeiterinnen und Arbeitern sowie deren Familien und Kindern prägte die pädagogische Arbeit in den Bildungseinrichtungen einschneidend und liess in der deutschsprachigen Erziehungswissenschaft eine eigene Subdisziplin der interkulturellen Pädagogik entstehen. Die Integrationsstellen der Bildungsbehörden sind genauso Ausdruck dieses Wandels wie die in der empirischen Sozialforschung etablierte Kategorie des «Migrationshintergrunds».
So scheint das Verhältnis von Migration und Bildung inzwischen ausreichend bestimmt zu sein, wenngleich nicht ganz widerspruchsfrei. Auf der einen Seite wird angenommen, vor allem pädagogische Massnahmen würden die Integration der zugewanderten Bevölkerung in die Gesellschaft des Einwanderungslands befördern, auf der anderen Seite suggerieren Leistungsstudien, Personen mit «Migrationshintergrund» würden in Bildungsinstitutionen benachteiligt.[1]
Irritierend ist dabei, dass ebenso deutlich, wie die Problematik des Umgangs von Bildungsinstitutionen mit zugewanderten Personen aufgezeigt wird, zu deren Bearbeitung wiederum pädagogische Massnahmen vorgeschlagen werden.
Daraus stellt sich die Frage, wie der Zusammenhang von Migration und Bildung betrachtet werden kann, ohne verkürzend entweder pädagogische Interventionen zum Allheilmittel bei der Integration von Migrantinnen und Migranten zu erklären oder die Benachteiligungen von zugewanderten Personen durch Bildungsinstitutionen als Regelfall vorauszusetzen. Die gängige historische Darstellung, wie es zu dieser Eindeutigkeit in der Bestimmung des Zusammenhangs von Bildung und Migration kam, fokussiert auf den Wandel der pädagogischen Institutionen und Programme und stellt diesen als ein Lernen aus den Fehlern der eigenen Geschichte dar. Aus dem Verwerfen der Ausländerpädagogik, die sich an Defiziten der eingewanderten Bevölkerung orientierte, sei die interkulturelle Pädagogik entwickelt worden, die auf der Basis gegenseitigen

---

1 Gerade Handbücher und Einführungswerke sind anfällig auf dieses Erklärungsmuster. Jüngst dazu beispielsweise: Matzner, 2012; Becker, Jäpel, Beck, 2013; Leggewie, 2015; Teltemann, Schunck, 2016; kritisch zu diesem Zusammenhang: Mecheril et al., 2013.

Lernens ein gemeinsames Zusammenleben fördern möchte.[2] Eine so erzählte Fortschrittsgeschichte dient in erster Linie der Selbstlegitimation der interkulturellen Pädagogik, bietet aber wenige Antworten darauf, wie Bildung zur vorrangigen Massnahme der gesellschaftlichen Integration von Migrantinnen und Migranten wurde.

An dieser Stelle setzt die vorliegende Untersuchung ein. Die Analyse erfolgt dabei systematisch aus der Perspektive der Migrantinnen und Migranten und zielt darauf ab, deren Bildungsbestrebungen sichtbar zu machen. Dieser Zugang ermöglicht es, die Zugewanderten nicht nur als Objekte des pädagogischen Zugriffs zu betrachten, sondern sie als Subjekte vergangener pädagogischer Entwicklungen ernst zu nehmen, was bei gängigen Entstehungsgeschichten der interkulturellen Pädagogik oftmals vernachlässigt wird. Im Zentrum stehen die Fragen, wie für Zugewanderte Bildung zu einer Ressource für die Bearbeitung gesellschaftlicher oder individueller Herausforderungen wurde, welche konkreten Bildungsangebote Zugewanderte aufbauten, mit welchen Intentionen sie diese verknüpften und vor welchem Hintergrund sie ihre Bildungsbestrebungen legitimierten. Dieser Fragenkatalog zielt darauf ab, das Aufkommen des pädagogischen Umgangs mit Migration aus der Perspektive der Zugewanderten und vor dem Hintergrund des Wandels von pädagogischer Praxis und Bildungspolitik darzustellen. In Bezugnahme auf das Handeln staatlicher Akteure kann sodann eingeschätzt werden, inwieweit die migrantischen Bildungsbestrebungen als Teile einer umfassenden Geschichte der Berufs-, Weiter- und Allgemeinbildung verstanden werden können. Ebenso bietet dieser Zugriff die Möglichkeit, die Vorgeschichte der interkulturellen Pädagogik zu reformulieren.

Die Untersuchung intendiert darzustellen, wie der Zusammenhang von Bildung und Migration gemeinsam mit den Zugewanderten und stets neu ausgehandelt wurde.[3] Insofern geht die Analyse kulturtheoretisch vor. Der Zugriff auf die gemeinsame Verhandlungsarena erfolgt über die Perspektive der Zugewanderten, um deren Status als Subjekte in den Vordergrund zu rücken. Wenn in der Folge von migrantischen Bildungsbestrebungen die Rede ist, umfasst dies sowohl Arbeitsmigrantinnen und -migranten, die daran beteiligt waren, sich den Zugang zu Bildung zu verschaffen, wie auch Emigrationsorganisationen, die sich darum bemühten, neu zugewanderten Arbeiterinnen und Arbeitern oder ihren Kindern Bildungsangebote zur Verfügung zu stellen.[4]

---

2 So beispielsweise Nieke, 2008, S. 13–34; kritisch zu diesem Phasenmodell: Krüger-Potratz, 2005, S. 43–61.
3 Tabili, 2011.
4 Im zweiten Fall wurden die Arbeitsmigrantinnen und -migranten, welche die Bildungsangebote der Emigrationsorganisationen in Anspruch nahmen, zwar ebenfalls zu Objekten

Im Zentrum der Untersuchung stehen die italienischen Arbeiterinnen und Arbeiter in der Schweiz in der zweiten Hälfte des 20. Jahrhunderts. Das 1948 zwischen der Schweiz und Italien abgeschlossene Rekrutierungsabkommen war eines der ersten in Europa, nur Belgien und Frankreich kannten als Einwanderungsländer so früh schon ähnliche Abkommen.⁵ In der Folge zogen zahlreiche italienische Arbeiterinnen und Arbeiter für eine Beschäftigung in die Schweiz, sodass 1964 bereits 400 000 Italienerinnen und Italiener in der Schweiz lebten.⁶ Obwohl auch Arbeiterinnen und Arbeiter aus Spanien, Griechenland oder aus der Türkei in die Schweiz migrierten, stammten die meisten Arbeitsmigrantinnen und -migranten aus Italien. Auf diese Einwanderergruppe beschränkt sich die vorliegende Studie.

Die aus dem Engagement der Zugewanderten hervorgegangenen pädagogischen Initiativen, die sowohl die Berufs- und Allgemeinbildung der Arbeitsmigrantinnen und -migranten selbst wie auch die Beschulung von deren Kindern umfassten. In der Untersuchung sind beide Aspekte berücksichtigt. In den frühen 1960er-Jahren entstanden erste Berufsbildungskurse für italienische Arbeitsmigrantinnen und -migranten in der Schweiz, die sich im Lauf des Untersuchungszeitraums zunehmend zu institutionalisieren vermochten. Die Gründung eigenständiger Organisationen zur beruflichen Weiterbildung der zugewanderten Arbeiterinnen und Arbeiter war Ausdruck davon. Einige dieser Kurse waren explizit zur beruflichen Qualifikation konzipiert, doch auch Sprachkurse wurden zahlreich nachgefragt. Darüber hinaus dienten allgemeinbildende Kurse den politischen Interessen der Initianten und umfassten beispielsweise Aspekte einer Gewerkschaftsbildung.

Ebenfalls seit den 1960er-Jahren begannen die Zugewanderten die adäquate Beschulung ihrer Kinder zu verhandeln. Zur Debatte stand, ob italienische Kinder besser gemeinsam mit schweizerischen Kindern in den Regelklassen der öffentlichen Schule in der Schweiz oder doch eher in den separat geführten italienischen Klassen nach italienischem Lehrplan beschult werden sollten. Darüber hinaus zeigten die Emigrationsorganisationen Bestrebungen, Angebote der ausserschulischen Betreuung zu initiieren, die Elternbildung zu verstärken und den Einbezug der italienischen Eltern in schulpolitische Fragen anzuregen. Diese Kanäle boten den Emigrationsorganisationen letztlich die Möglichkeit, bildungspolitische Positionen bekannt zu machen.

    des pädagogischen Zugriffs, der aber nicht von staatlichen Bildungsinstitutionen des Einwanderungslands oder des Auswanderungslands ausging, sondern von Zugewanderten, die früher migriert waren. In beiden Fällen wurden die pädagogischen Bestrebungen von Migrantinnen und Migranten initiiert.
5 Gees, 2004, S. 230; Caestecker, Vanhaute, 2012, S. 41–44.
6 Piguet, 2006, S. 15–18; Vuilleumier, 2007, S. 201.

Gerahmt wurde das Aufkommen migrantischer Bildungsbestrebungen in der Schweiz der 1960er-Jahre von drei Kontexten. In den 1950er-Jahren dachte kaum jemand daran, die Anwesenheit von Arbeitsmigrantinnen und -migranten in der Schweiz mit pädagogischen Massnahmen zu begleiten. Erstens führte eine Änderung der ausländerrechtlichen Bestimmungen in der Schweiz zu einer Öffnung der Zukunftsperspektiven der Zugewanderten, was Bildungsanliegen plausibel machte. Zweitens stellte eine zunehmende Öffnung des Bildungswesens sowie eine damit verbundene Bildungseuphorie einen diskursiven Rahmen zur Verfügung, wonach Bildungsbemühungen zur Bearbeitung individueller und gesellschaftlicher Herausforderungen prädestiniert waren. Und drittens trafen die italienischen Arbeitsmigrantinnen und -migranten in der Schweiz auf ein bestehendes Netz von italienischen Emigrationsorganisationen, die über die Ressourcen verfügten, Bildungsangebote zu initiieren.

Erstens prägten die ausländerrechtlichen Bestimmungen die Lebenssituation wie auch die Zukunftsperspektiven der Zugewanderten in der Schweiz stark, was sich in ihren Bildungsbestrebungen und -aspirationen niederschlug. Schweizerische Unternehmen begannen direkt nach 1945 ausländische Arbeitskräfte zu rekrutieren, insbesondere in Italien. Drei Jahre später wurde die Anwerbepraxis in einem bilateralen Abkommen zwischen Italien und der Schweiz auf eine rechtliche Grundlage gestellt, die darauf abzielte, gleichzeitig das rasante Wirtschaftswachstum in der Schweiz aufrechtzuerhalten und die grassierende Arbeitslosigkeit in Italien zu mildern.[7] Bis in die frühen 1960er-Jahre wurden immer mehr ausländische Arbeitskräfte von der schweizerischen Industrie angeworben,[8] deren Aufenthalt in der Emigration aufgrund der damaligen ausländerrechtlichen Bestimmungen meist nur temporär war.[9] Das Saisonnierstatut und das Rotationsprinzip sahen vor, dass, neun Monate nachdem die Arbeiterinnen und Arbeiter in die Schweiz gekommen waren, bereits wieder die Rückreise anstand. Wer nur vorübergehend anwesend war, geriet weder in den Fokus pädagogischer Bemühungen noch blieb Zeit, eigene pädagogische Ambitionen zu entwickeln.

Migrantische Bildungsbemühungen setzten erst ein, nachdem die Schweiz 1964 in der Überarbeitung des bilateralen Abkommens mit Italien die Hürden für die Niederlassungsbewilligung und für den Familiennachzug gesenkt hatte.[10] Dies ermöglichte den italienischen Arbeiterinnen und Arbeitern sowie deren

---

7   D'Amato, 2001, S. 61–76; Niederberger, 2004, S. 36–52.
8   Zur direkten Anwerbung italienischer Arbeiterinnen und Arbeiter durch die schweizerische Privatwirtschaft: Braun, 1970, S. 76.
9   Piguet, 2006.
10 Mahnig, Piguet, 2003, S. 72–73. Diese Zugangserleichterungen wurden mit einer Kontingentierung bzw. Plafonierung von neuen Arbeitsbewilligungen für Ausländerinnen und Ausländer verknüpft. Kritisch zur Steuerung von Migration: Mülli, 2016.

Familien eine längere Aufenthaltsdauer in der Emigration und eröffnete neue Zukunftsperspektiven, an die mittels Bildung angeschlossen werden konnte. In der Folge entstanden unterschiedliche pädagogische Angebote und Arrangements, die auf die spezifische Situation der Zugewanderten zugeschnitten waren. Diese spezifische Lebenssituation, die sich aus den ausländerrechtlichen Bestimmungen ergab, beinhaltete eine Ungewissheit zwischen längerfristiger Niederlassung in der Schweiz und baldiger Remigration nach Italien, der die italienischen Migrantinnen und Migranten ausgesetzt waren. Auf das Bedürfnis, möglichst beide Optionen einer Zukunft in der Schweiz oder in Italien offenzuhalten, bezogen sich die Bildungsbestrebungen. Insofern werden in dieser Studie die argumentativen Begründungszusammenhänge der migrantischen Bildungsbestrebungen unter Einbezug der Verhältnisse in Italien wie auch in der Schweiz nachvollzogen.

Zweitens wurde das Aufkommen der migrantischen Bildungsbemühungen dadurch begünstigt, dass das Bildungswesen seit den 1960er-Jahren erweitert wurde. Diese Bildungsexpansion beschränkte sich nicht auf den Ausbau von Universitäten und Gymnasien, sondern umfasste auch die Ausweitung der Pflichtschulzeit, die Einführung niedriger Berufsqualifikationen und – etwas weniger ausgeprägt – den Ausbau des Weiterbildungswesens.[11] Gerade diese letztgenannten Aspekte erwiesen sich als hochgradig anschlussfähig für Minderheiten wie die italienischen Arbeitsmigrantinnen und -migranten. Der umfassende Charakter dieses Ausbaus von Bildungsmöglichkeiten, der nicht nur einen Schultyp oder eine Schulstufe betraf, widerspiegelte sich darin, dass auch seitens der Zugewanderten Bildung auf unterschiedlichen Ebenen zum Thema gemacht wurde. So wurden nicht nur Fragen der Beschulung und der beruflichen Grundbildung der Kinder der Zugewanderten aufgeworfen, sondern auch Angebote der beruflichen Weiterbildung beziehungsweise der Erwachsenenbildung für die Arbeitsmigrantinnen und -migranten selbst initiiert.

Begleitet wurde der Ausbau der Bildungsinstitutionen in den 1960er- und 70er-Jahren von einer Bildungseuphorie, welche die Bearbeitung gesellschaftlicher und individueller Problemlagen über Bildungsmassnahmen legitimieren liess. Dafür war in erster Linie die gegenseitige Anschlussfähigkeit der gesellschaftspolitischen Forderung nach mehr Chancengleichheit im Bildungswesen und des wirtschaftspolitischen Plädoyers zur Ausschöpfung von Begabungsreserven verantwortlich: der Ausbau und die damit verbundene Öffnung des Bildungswesens versprachen zugleich gesellschaftlichen Ausgleich und wirtschaftliche Prosperität.[12] Daran konnten die italienischen Zuwanderer in der

---

11 Criblez, Magnin, 2001.
12 Als klassisch für den deutschsprachigen Raum gelten: Dahrendorf, 1968; Picht, 1964; für den schweizerischen Kontext: Häsler, 1967; eine Historisierung bietet Kenkmann, 2000.

Schweiz argumentativ anknüpfen. Die sich in der Bildungsexpansion manifestierende Bildungseuphorie stellte somit einen diskursiven Rahmen zur Verfügung, worüber die migrantischen Bildungsbestrebungen in der schweizerischen Öffentlichkeit legitimiert werden konnten. Zudem vermochte die Aussicht auf offenere Bildungswege den Migrantinnen und Migranten plausibel zu machen, wie wichtig pädagogische Bemühungen für den sozialen Aufstieg oder die Erlangung politischer und sozialer Rechte waren.

Das Aufkommen von Bildungsbestrebungen seitens der Zugewanderten unter den Vorzeichen des Wandels im Bildungssystem des Einwanderungslands zu betrachten bietet in der Umkehrung Anlass zu Überlegungen zum Zusammenhang von Migration und Bildungssystementwicklung. Obwohl die Geltungsbereiche von Qualifikations- und Bildungssystem traditionell staatlich – also national oder kantonal – begrenzt sind, können sie kaum als autark bezeichnet werden, sondern sind hochgradig gegenseitig abhängig. Internationale Migration, aber auch Binnenmigration können Auslöser für Anpassungen des Systems sein.[13]

Drittens können als Hauptträger der pädagogischen Innovationen seitens der Zugewanderten italienische Emigrationsorganisationen in der Schweiz identifiziert werden. Die nach 1945 zugewanderten italienischen Arbeiterinnen und Arbeiter trafen auf ein Netz von italienischen Emigrationsorganisationen, die in den Jahrzehnten zuvor gegründet worden waren und sich in ihrer politischen und konfessionellen Ausrichtung unterschieden. Ihnen war indes gemein, dass sie sich in den 1960er-Jahren zunehmend den Anliegen der Arbeitsmigrantinnen und -migranten zuwandten.

Die Migrationsforschung betont die vermittelnde Rolle von Emigrationsorganisationen. So stellten diese Vereinigungen zunächst Ressourcen zur Stabilisierung der Lebensumstände der italienischen Arbeiterinnen und Arbeiter in der Emigration bereit. Insbesondere kümmerten sie sich um die Erhaltung der eigenen kulturellen Tradition und vermochten Vertrautheit, Zugehörigkeit sowie Identifikationsmöglichkeiten in der Emigration zu schaffen. Gleichzeitig verfügten die Emigrationsorganisationen über Kontakte zu den Behörden und Institutionen des Einwanderungslands. Dies eröffnete den Zugewanderten Zugänge zur politischen Einflussnahme in der Emigration. Gerade Bildungsfragen erwiesen sich dabei als dasjenige politische Feld, in welchem die Emigrationsorganisationen am ehesten in politische Verhandlungen eintreten konnten.[14]

---

13 Der Zusammenhang von Migration und Bildungsexpansion ist abhängig von der Funktion, welche die Immigration bzw. die Schulbildung jeweils zu erfüllen hatte. Ralph, Rubinson, 1980.
14 Layton-Henry, 1990a; zum spezifischen Fall der Schweiz: Mahnig, Wimmer, 2001, S. 239.

Den Emigrationsorganisationen werden Schlüsselfunktionen sowohl bei der Integration der Zugewanderten als auch bei der Erhaltung von Verbindungen zum Herkunftskontext zugeschrieben. Eine ausschliesslich auf die Integrationsleistung ausgerichtete Charakterisierung dieser Vereinigungen ist jedoch ebenso verkürzend, wie solche Organisationen auf ihre Rolle als kulturbewahrende und auf die baldige Remigration ausgerichtete Institutionen zu reduzieren. Die historische Migrationsforschung kennt hitzige Debatten, wie Emigrationsorganisationen adäquat zu fassen sind. So kritisieren Hedwig und Ralf Richter das Integrationsnarrativ, das sie provokativ den «Opfer-Plot» nennen, als zu einseitig. Entlang dem Schema Einwanderung, Diskriminierung, Selbstorganisation, staatliche Unterstützung und erfolgreiche Integration werde den Immigranten im ersten Zeitabschnitt der Status der Opfer und im zweiten Zeitabschnitt der Status der erfolgreichen Widerständigen zugewiesen. Dagegen spreche die hohe Zahl der Arbeitsmigrantinnen und -migranten, die nach Italien zurückkehrten.[15] Die Remigrantinnen und Remigranten hatten tatsächlich wenig Interesse an Integrationsangeboten. Gegenstimmen argumentieren, dass dies nicht dazu verleiten dürfe, die Rückmigration als einzig valable Orientierung der Emigrationsorganisationen zu betrachten.[16] Gerade in der Schweiz setzten sich bedeutende italienische Vereinigungen vehement für eine gesellschaftliche und politische Integration der Migrantinnen und Migranten ein.[17]

Insofern ist also eine differenzierte Betrachtung der italienischen Organisationen angebracht. Die Heterogenität der Zugewanderten zeigte sich in deren unterschiedlicher Orientierung zwischen permanenter Niederlassung in der Schweiz und baldiger Rückkehr, was sich auch in den grössten italienischen Vereinigungen der Schweiz abbildete. Diese Organisationen stehen im Zentrum der vorliegenden Untersuchung. Auf der einen Seite richteten die religiös geprägten Organisationen ihre Tätigkeiten verstärkt auf die Rückkehrorientierung der italienischen Arbeitsmigrantinnen und -migranten aus. Gerade in Bildungsbelangen orientierten sich sowohl die katholischen italienischen Missionen («Missioni Cattoliche Italiane») wie auch die christlichen Arbeitervereinigungen («Associazioni cristiane lavoratori italiani», ACLI) vor allem an den Verhältnissen in Italien. Auf der anderen Seite bemühten sich die den linken italienischen Parteien nahestehenden freien italienischen Kolonien («Colonie Libere Italiane in Svizzera») seit Mitte der 1960er-Jahre vermehrt, eine mögliche längerfristige Niederlassung in der Schweiz zu berücksichtigen, und richteten ihre Tätigkeiten zunehmend auf die Verhältnisse in der Schweiz aus. Die Betrachtung beider Perspektiven ermöglicht erst eine angemessene Darstellung

15 Richter, Richter, 2009; Richter, Richter, 2012.
16 Pleinen, 2013.
17 Schmitter, 1980; Fibbi, 1985.

des Aufkommens von Bildungsbestrebungen italienischer Migrantinnen und Migranten in der Schweiz. Um deren Charakter als italienische Organisationen, die nicht ausschliesslich auf die Integration in die Schweiz ausgerichtet waren, sondern stets auch aus der Situation der Emigration argumentierten, zu berücksichtigen, übernimmt die vorliegende Untersuchung den Begriff der «Emigrationsorganisationen», den die Vereinigungen selbst für sich verwendeten.

Die Bedeutung der italienischen Organisationen für die Verfolgung von Bildungsprojekten in der Emigration verdeutlicht schliesslich, dass es nur in wenigen Fällen die Arbeitsmigrantinnen und -migranten selbst waren, von denen die Bildungsbestrebungen ausgingen. Die treibenden Kräfte der Bildungsinitiativen waren vor allem die bereits früher in die Schweiz emigrierten Italiener, die in den Emigrationsorganisationen Kaderpositionen einnahmen. Insofern bietet die folgende Erzählung keine Narration der Selbstermächtigung der zugewanderten Arbeiterinnen und Arbeiter. Dennoch kann aufgezeigt werden, wie Immigrantinnen und Immigranten an der Mitgestaltung des Bildungs- und Berufsbildungswesens der Schweiz beteiligt waren.

Der Untersuchungszeitraum umfasst die 20 Jahre zwischen 1960 und 1980. Vor 1960 war Bildung für die italienischen Emigrationsorganisationen in der Schweiz kaum ein Thema. Dies setzte erst mit einer allmählichen Öffnung der rechtlichen Bestimmungen in der Schweiz und der damit zusammenhängenden Möglichkeit einer längerfristigen Anwesenheit in der Emigration ein. In den 1960er-Jahren wurden Bildungsprojekte sehr schnell auf die Agenden der Emigrationsorganisationen gesetzt. Der Endpunkt der Untersuchung ergibt sich aus der bis ins Jahr 1980 vollzogenen Konsolidierung der Bildungsangebote, die im Umfeld der italienischen Emigrationsorganisationen in den knapp 20 Jahren zuvor aufgebaut wurden. Selbstverständlich wandelten sich die bildungsbezogenen Tätigkeiten der italienischen Vereinigungen in der Schweiz auch nach 1980. Doch die beiden Jahrzehnte zuvor boten deutlich grösseren Spielraum für Bildungsreformen und -initiativen.

Dabei ist zu beachten, dass die konkreten Bildungsangebote und die bildungspolitischen Einflussnahmen sowohl im Hinblick auf die Berufs- und Allgemeinbildung der ersten Generation der Einwanderer als auch auf die Beschulung der zweiten Generation der Kinder der Zugewanderten unterschiedlich erfolgten. Die Untersuchung ist entlang dieser Differenzierung strukturiert und nimmt für beide Bereiche eine Analyse der konkreten Bildungsangebote wie auch der bildungspolitischen Positionen vor.

Die vorliegende Untersuchung steht im Schnittfeld zwischen historischer Bildungsforschung und Migrationsgeschichte und kann sich auf eine Reihe von

Vorarbeiten stützen, die den Untersuchungsgegenstand vorstrukturieren. Studien, die sich direkt mit dem hier verhandelten Forschungsgegenstand der Bildungsbestrebungen italienischer Arbeitsmigrantinnen und -migranten in der Schweiz nach 1945 befassen, finden sich allerdings kaum.

Eine Ausnahme stellen die Arbeiten des italienischen Historikers Paolo Barcella dar. Barcella rekonstruiert Bildungsfragen italienischer Arbeitsmigrantinnen und -migranten über die Analyse von Egodokumenten der Zugewanderten. Er untersucht dabei sowohl Erzählungen und Schriften der italienischen Arbeiterinnen und Arbeiter in der Schweiz wie auch Schultexte von deren Kindern und eröffnet so Einblicke in die Heterogenität der Gruppe der italienischen Migrantinnen und Migranten in der Schweiz.[18] Als italienischer Historiker entwickelt Barcella seine Narration vor dem Hintergrund italienischer Emigrations- und Sozialgeschichte und stellt insbesondere die vielschichtigen, engen Verbindungen der im Bildungsbereich tätigen Emigrationsorganisationen nach Italien dar.[19] An diese Vorarbeiten kann die vorliegende Studie an vielen Stellen anknüpfen.

Ebenfalls direkt zum vorliegenden Untersuchungsfeld sind in den letzten Jahren einzelne studentische Qualifikationsarbeiten der historischen Bildungsforschung entstanden, die eine lokale Perspektive einnehmen. Diese Arbeiten weisen auf die institutionellen Vorbedingungen von Emigrationsorganisationen hin, die Initiativen im Bereich von Bildung und Erziehung erst ermöglichen. Oder sie verdeutlichen, wie in einzelnen Schulgemeinden der Umgang mit den fremdsprachigen Kindern der Arbeitsmigrantinnen und -migranten lokal erprobt und ausgehandelt wurde.[20] In den Publikationen der Emigrationsorganisationen selbst – insbesondere in Jubiläumsschriften – finden sich schliesslich vereinzelte historische Artikel über deren Tätigkeiten im Untersuchungszeitraum. Wenngleich diese Arbeiten teilweise mehr identitätsstiftende als historisierende Funktionen übernehmen, enthalten sie wichtige Hinweise auf das Selbstverständnis der Emigrationsorganisationen.[21]

Neben diesen Erkenntnissen, die sich direkt auf den hier verhandelten Forschungsgegenstand beziehen, bieten sich im Scharnier zwischen Bildungsgeschichte und historischer Arbeitsmigrationsforschung eine Reihe von Studien, die Strukturierungsangebote unterbreiten. So kennt die pädagogische Historiografie vielerlei Arbeiten zur Geschichte des pädagogischen Umgangs mit Heterogenität, wie auch die historische Migrationsforschung detaillierte Er-

---

18 Barcella, 2014b.
19 Barcella, 2012; Barcella, 2014a.
20 Sibilia, 2013; Küng, 2012.
21 Federazione delle Colonie Libere Italiane in Svizzera, 1985; Meyer-Sabino, 1987; Zanier, 1997.

kenntnisse zur europäischen Arbeitsmigration bietet. Doch in deren Schnittfeld sind Forschungslücken erkennbar. Die historische Bildungsforschung wendet sich einerseits selten dem Thema der Arbeitsmigration der zweiten Hälfte des 20. Jahrhunderts zu, sodass deren spezifisch sozialstruktureller Kontext für die Geschichte von Bildung, Erziehung und Schule zu wenig systematisch einbezogen wird. Andererseits tendiert die historische oder politologische Migrationsforschung dazu, bildungsspezifische Themensetzungen zu vernachlässigen, und gibt nur wenige Hinweise auf die migrantische Einflussnahme auf das Bildungssystem und dessen Entwicklung.

Die historische Bildungsforschung hat sich bisher nur am Rand mit migrationsspezifischen Fragestellungen beschäftigt.[22] Dennoch ist für die letzten Jahre eine Zunahme der Zahl der Arbeiten zu verzeichnen, die sich migrationsbezogenen Themenstellungen widmen. Zu oft bleiben solche Studien aber auf den Erfolg oder Misserfolg des staatlichen Handelns beschränkt. Sie beschreiben den Umgang der öffentlichen Schule mit fremdsprachigen Kindern oder thematisieren die Schwierigkeiten bei der Durchsetzung der Schulpflicht. Das Integrationspotenzial des Bildungssystems bleibt dabei der einzige Referenzpunkt,[23] was in zweifacher Weise verkürzend ist.

Ausgeblendet bleibt dabei erstens, dass das pädagogische Handeln staatlicher Institutionen selbst an der Herstellung der gesellschaftlichen Verhältnisse beteiligt ist, die dieselben Institutionen wiederum zu bearbeiten haben. Um dies zu berücksichtigen, wird gefordert, die Geschichte der interkulturellen Erziehung mit postkolonialen Theorien zu verknüpfen.[24] In dieser Perspektive bieten sich die Vereinigten Staaten, die seit jeher ein Zuwanderungsland waren, als Untersuchungsfeld zum schulischen Umgang mit ethnischen Minoritäten an – dort meist unter dem Begriff der *multicultural education*. So zeigt Zoë Burkholder in ihrer Studie auf, wie an amerikanischen Schulen Rasse verhandelt und somit sozial konstruiert wurde.[25] Entlang dieser Perspektive sind es die staatlichen pädagogischen Interventionen gegenüber zugewanderten Kindern und deren Eltern, ausgeführt über das schulische Personal, die Migration erst als Problem markieren – und somit gleichzeitig den nationalen Wohlfahrtsstaat stabilisieren. In dieser Perspektive werden Ambiguitäten pädagogischer Integrationsmassnahmen offensichtlich.[26]

Zweitens treten in dieser Verengung auf das staatliche Handeln die Migrantinnen und Migranten lediglich als Objekte und nicht als Subjekte pädagogischer

---

22 Krüger-Potratz, 2006; für den englischsprachigen Raum: Myers, 2009.
23 Vgl. beispielsweise Bippes, 2011; Moretti, 2015.
24 Myers, Grosvenor, 2011; Niedrig, Ydesen, 2011.
25 Burkholder, 2011.
26 Padovan-Özdemir, Ydesen, 2016.

Entwicklungen auf. Die Perspektive der Migrierenden vermögen einerseits Studien mit einem transkulturellen Fokus sichtbar zu machen,[27] die aufzeigen, wie pädagogische Innovationen mit der Migration von pädagogischen Professionellen in den Zusammenhang gebracht werden können.[28] Andererseits lenken Studien in postkolonialer Ausrichtung die Aufmerksamkeit auf das Handeln derjenigen Zugewanderten, die üblicherweise im Fokus pädagogischer Bemühungen stehen. Aus dieser Perspektive erweist sich die Untersuchung von Kevin Myers über den Komplex von Migration, Bildung und Identitätskonstruktion nach 1950 anhand der irischen und afrokaribischen Einwanderung nach England instruktiv.[29]

Solche neueren Arbeiten entstanden auf der Grundlage und in der Abgrenzung zu älteren Arbeiten zur Geschichte des Zusammenhangs von Bildung und Migration, die in der Regel die Perspektive des staatlichen Handelns fokussieren. Eine Reihe von erziehungswissenschaftlichen Analysen zum schulischen Umgang mit Pluralität in der Schweiz, die auch historische Aspekte abdecken, entstand in den 1990er-Jahren. Diese sind komparativ angelegt[30] oder auf die Identitätsentwicklung der zweiten Generation ausgerichtet.[31] Lange galten die Tagungsbände zweier in jenen Jahren in der Schweiz durchgeführter Konferenzen als Referenzgrössen für das Wissen über «Interkulturelle Bildung in der Schweiz»[32] oder über «Multikultur und Bildung in Europa».[33] In ähnlicher Hinsicht wurden auch auf europäischer Ebene die Erfahrungen mit der Beschulung der Kinder von Arbeitsmigrantinnen und -migranten in Konferenzen gebündelt und publiziert.[34] Im gleichen Zeitraum entstanden die ersten historisierenden und theoretisierenden Rückblicke auf den Umgang der schweizerischen Schulen und deren Behörden mit der Arbeitsmigration.[35] Bemerkenswerterweise waren deren Autorinnen selbst als Akteurinnen an dieser Geschichte beteiligt.

Ebenfalls in den 1990er-Jahren wurde in Deutschland ein gross angelegtes Forschungsprogramm zu «Folgen der Arbeitsmigration für Bildung und Erziehung» durchgeführt, dessen Einzelstudien letztlich kaum historisch ausge-

27 Gippert, Götte, Kleinau, 2008.
28 Gippert, Kleinau, 2014; Mariuzzo, 2016.
29 Myers, 2015.
30 Allemann-Ghionda, 1999; ein früher Vergleich wurde seitens des Europarats bereits 1981 vorgelegt. Porcher, 1981.
31 Cesari Lusso, 1997.
32 Poglia et al., 1995.
33 Allemann-Ghionda, 1994.
34 Reid, Reich, 1992.
35 Steiner-Khamsi, 1992; Steiner-Khamsi, 1995; Allemann-Ghionda, 1997.

richtet waren.[36] Die theoriebildenden Ergebnisse des Forschungsprogramms dienten jedoch später als Grundlage für die Weiterentwicklung der vielfältigen Theorieansätze in der Subdisziplin der interkulturellen Pädagogik.[37] Entsprechend der seitens der interkulturellen Pädagogik wiederholt geäusserten Forderung, interkulturelle Bildung als «Querschnittsaufgabe»[38] zu betrachten, begannen andere erziehungswissenschaftliche Subdisziplinen sich ihrer eigenen Geschichte ebenfalls unter dem Aspekt von Migration beziehungsweise Pluralität zu nähern.[39] Doch noch immer wird sowohl in der Erwachsenenbildung wie auch in der Berufs- und Wirtschaftspädagogik das Fehlen einer systematischen Beschäftigung mit migrationsbezogenen Fragestellungen bemängelt: Migration verkomme so zu einer «erfolgreich stillgelegten Kategorie».[40] Eine der wenigen Ausnahmen bleibt die Studie zu spanischen Arbeitsmigranten und deren Bildungsbiografien von Wolfgang Seitter, die 1999 auf die Relevanz der Emigrationsorganisationen als Anbieter von Erwachsenenbildung hinwies.[41]
Erkenntnisse der historischen und politologischen Migrationsforschung fliessen ebenso in die vorliegende Studie ein. Eine facettenreiche Aufarbeitung dessen, wie die Schweiz mit Zuwanderung umging, leistete das nationale Forschungsprogramm «Migration und interkulturelle Beziehungen» des schweizerischen Nationalfonds, das im Jahr 2000 abgeschlossen werden konnte.[42] Davon ausgehend liegen mittlerweile weitere, detaillierte Studien zur schweizerischen Migrations- und Integrationspolitik vor. Sozialhistorische Arbeiten informieren über den zahlenmässigen Umfang der Ein- und Rückwanderung.[43] Geografisch umfassend angelegte sozialhistorische Überblicksarbeiten weisen darauf hin, dass Wanderungsbewegungen nicht als aussergewöhnliche Ereignisse, sondern vielmehr als Normalfall der europäischen Geschichte betrachtet werden müssen.[44] Überblicksarbeiten zur Schweiz bestätigen diesen Befund und halten fest, dass bereits im 19. Jahrhundert die Suche nach einem besser bezahlten Arbeitsplatz zahlreiche Europäerinnen und Europäer zur Migration zwang.[45]
Arbeiten aus politikgeschichtlicher Perspektive rekonstruieren den Wandel der ausländerrechtlichen Regelungen der Schweiz und somit deren Immigrations-

---

36 Gogolin, Nauck, 2000.
37 Auernheimer, 2010.
38 Krüger-Potratz, 2005, S. 34.
39 Für die Erwachsenenbildung siehe beispielsweise: Heinemann, Robak, 2012; Robak, 2013.
40 Ebner von Eschenbach, 2016, S. 55; dazu auch: Sprung, 2012; Wolf, 2013.
41 Seitter, 1999; zum Zusammenhang von Migration und Biografie: Apitzsch, 2003.
42 Wicker, Fibbi, Haug, 2003.
43 Piguet, 2005.
44 Bade, 2000.
45 Arlettaz, Arlettaz, 2004; Vuilleumier, 2007.

politik. Die politischen Richtungsänderungen von den ersten Anwerbeabkommen mit Italien 1948 über das sogenannte Italienerabkommen im Jahr 1964, das den erleichterten Familiennachzug ermöglichte, bis hin zu den daran anschliessenden Plafonierungsversuchen sind in der Gemengelage unterschiedlicher wirtschaftspolitischer und gesellschaftspolitischer Ansprüche zu kontextualisieren, wenngleich die Richtungsänderungen gemessen an den Versprechungen wenig erfolgreich waren.[46] Solche politikzentrierten Arbeiten kreisen immer auch um die grundsätzliche Frage, ob Zuwanderung überhaupt staatlich reguliert und gesteuert werden kann.[47]

In seiner umfangreichen und akribisch durchgeführten Rekonstruktion des Umgangs der schweizerischen Bundesverwaltung mit der Arbeitsmigration bietet Matthias Hirt zwei sehr informative Kapitel zu Schulen und zur Berufsbildung, worauf die vorliegende Untersuchung aufbauen kann. Hirt hält fest, dass erstens die relevanten Impulse zu Veränderungen in den Schulen von italienischen Emigrationsorganisationen oder vom italienischen Staat erfolgten und zweitens der Aufbau eigener Qualifikationsangebote durch die Emigrationsorganisationen unter anderem dem undurchlässigen Berufsbildungssystem in der Schweiz geschuldet war.[48]

Mehr auf kulturelle Aspekte der Integration ausgerichtet ist die von Josef Martin Niederberger vorgelegte Rekonstruktion der schweizerischen Integrationspolitik der zweiten Hälfte des 20. Jahrhunderts, die aufzeigt, wie bereits in den 1960er-Jahren seitens der Behörden nicht ausschliesslich auf Assimilation gepocht, sondern durchaus auch ein breites Integrationsprogramm entwickelt wurde.[49] Eine genealogisch angelegte Rekonstruktion und Kritik der schweizerischen Ausländerintegration hat kürzlich Esteban Piñeiro vorgelegt.[50] Gerade Städte vermochten günstige Bedingungen bereitzustellen, nicht zuletzt weil im urbanen Raum die soziale, politische, aber auch pädagogische Alltagspraxis von Zugewanderten eher als Beitrag zum Zusammenleben eingeschätzt wurde.[51] Eine retrospektive Analyse der Integrationsprozesse der zweiten Generation italienischer und spanischer Arbeitsmigrantinnen und -migranten verweist auf die grosse Integrationskraft von Bildungsinstitutionen ebenso wie auf Aspekte, die diesen Prozess behindern.[52] Kritische Stimmen betonen, dass über die staat-

---

46 Mahnig, Piguet, 2003; Gees, 2004; Mahnig, 2005a; für die früheren Studien in diesem Feld exemplarisch: Haug, 1980.
47 Poutrus, 2008; Luft, 2009.
48 Hirt, 2009.
49 Niederberger, 2004.
50 Piñeiro, 2015.
51 D'Amato, Gerber, 2005; Stienen, 2006; Mahnig, 2005b; Yildiz, Mattausch, 2009; Yildiz, 2011.
52 Bolzman, Fibbi, Vial, 2003.

lichen Programme der kulturellen Integration der späten 1970er-Jahre ökonomische Bestimmungsfaktoren ausgeklammert wurden.⁵³
Wie relevant die lokale Bildungspolitik für die politische Integration war, zeigen Hans Mahnig und Andreas Wimmer, die in ihrer historisch angelegten Analyse über die Wege zur politischen Teilhabe von ausländischen Staatsangehörigen in direkten Demokratien am Beispiel Zürichs darlegen, wie gerade über Schulfragen eine politische Beteiligung der Zugewanderten an der Lokalpolitik – trotz fehlender politischer Partizipationsrechte – realisiert werden konnte.⁵⁴ Im Allgemeinen jedoch kannte die Schweiz im internationalen Vergleich hohe Hürden bei der politischen Integration von Einwanderern, wie Gianni D'Amato aufzeigt.⁵⁵
Zeitgenössische sozialwissenschaftliche Studien sind noch immer von hohem Erkenntniswert. Die monumentale Studie «Sozio-kulturelle Probleme der Eingliederung italienischer Arbeitskräfte in der Schweiz» des Zürcher Historikers Rudolf Braun aus den 1960er-Jahren bietet neben umfangreichem Zahlenmaterial eine Fülle von Informationen zu Lebensumständen und Wahrnehmungen der Zugewanderten.⁵⁶ Der Zürcher Soziologe Hans-Joachim Hoffmann-Nowotny beschrieb in den 1970er-Jahren in seiner «Soziologie des Fremdarbeiterproblems» die Unterschichtung der bestehenden Arbeiterschicht in der Schweiz durch die neuen Arbeiter aus den Nachbarstaaten als Folge der wirtschaftlich erwünschten Zuwanderung.⁵⁷ Zeitgenössische sozialwissenschaftliche Studien sind aber – wenngleich sie treffende Analysen der damaligen Verhältnisse bereitstellen – nur mit Vorbehalt als Forschungsliteratur beizuziehen, da ihre Ergebnisse den Untersuchungsgegenstand mit zu beeinflussen wussten und somit im Grunde selbst zu historisieren sind.⁵⁸
Neben politikgeschichtlichen Perspektiven liegt ein zentraler Aspekt der schweizerischen Migrationsgeschichte in der Fremdenfeindlichkeit, die den italienischen Einwanderern in der Schweiz begegnete. Kristallisationspunkt dieser Auseinandersetzung war die im Juni 1970 zur Abstimmung gebrachte «Überfremdungsinitiative» von James Schwarzenbach, die nur sehr knapp verworfen wurde.⁵⁹ Der in der Debatte zentrale Begriff der «Überfremdung», der das Vokabular der Diskussionen um Zugewanderte in der Schweiz bereits im frühen 20. Jahrhundert prägte, wurde in den späten 1950er-Jahren re-

---

53 Faina, 1980.
54 Mahnig, Wimmer, 2001.
55 D'Amato, 2001.
56 Braun, 1970.
57 Hoffmann-Nowotny, 1973.
58 Doering-Manteuffel, Raphael, 2008.
59 Buomberger, 2004; Skenderovic, D'Amato, 2008.

aktiviert.⁶⁰ Ein weiterer mentalitätsgeschichtlicher Aspekt betrifft die in den schweizerischen Behörden verbreitete antikommunistische Haltung, die sich auch gegen die politisch links stehenden italienischen Emigrationsorganisationen in der Schweiz richtete.⁶¹ Beide Aspekte prägten die Lebensumstände der italienischen Arbeitsmigrantinnen und -migranten in der Schweiz nach 1945. Die öffentlichen Schulen äusserten indes schon früher ihre Skepsis gegenüber der Integration fremdsprachiger Kinder, wie Salome Lienert in ihrer Studie zur Betreuung von Flüchtlingskindern während des Zweiten Weltkriegs zeigt.⁶² Neuere migrationshistorische Studien zum «Jahrhundert der Italiener in der Schweiz»⁶³ stellen vermehrt die Tätigkeiten und die Lebensumstände der Migrantinnen und Migranten – gegebenenfalls vermittelt über Emigrationsorganisationen – ins Zentrum ihrer Analyse.⁶⁴ Diese Arbeiten fokussieren den Widerstand gegen fremdenfeindliche Tendenzen,⁶⁵ die kulturpolitischen Aktivitäten von Emigrationsorganisationen⁶⁶ oder das politische Engagement italienischer Frauen in der Emigration.⁶⁷ Dass die konkrete politische Einflussnahme migrantischer Gruppierungen in die Politik eine Form erfolgreichen Lobbyings darstellen kann, zeigt Flavia Grossmann anhand der bildungspolitischen Tätigkeiten der ECAP in Basel.⁶⁸ Ebenfalls initiierte die Italienerseelsorge in Zürich im Lauf des 20. Jahrhunderts immer wieder Bildungsprojekte.⁶⁹ Informativ für die vorliegende Untersuchung sind darüber hinaus Studien über die italienischen Kinder in der Schweiz, die keine Aufenthaltsbewilligung hatten und daher im Verstecken leben mussten, was die Lebenssituation der zugewanderten Arbeiterfamilien verdeutlicht.⁷⁰ Die Dissertation von Marina Frigerio und Susanne Merhar fokussiert auf biografische Geschichten von italienischen Einwanderern und deren Kindern und ermöglicht einen Einblick in die Lebenssituation der italienischen Kinder und Jugendlichen in Zürich, insbesondere im Hinblick auf diskriminierende, aber auch ermunternde Erfahrungen mit dem Bildungswesen.⁷¹ Im Anschluss an solche Forschungsarbeiten kann aufgezeigt werden, wie über die Beschäftigung mit Emigrationsorganisa-

60 Misteli, Gisler, 1999; Kury, 2003.
61 Cerutti, 1994.
62 Lienert, 2013.
63 Halter, 2003.
64 Skenderovic, 2015.
65 Maiolino, 2011.
66 Solcà, 2010; Valsangiacomo, 2015.
67 Baumann, 2014.
68 Grossmann, 2016.
69 Rüsch, 2010.
70 Ricciardi, 2010; Frigerio, 2014; zur These, wie der Fokus auf Kinder den Blick der historischen Migrationsforschung zu erweitern vermag: Fass, 2005.
71 Frigerio Martina, Merhar, 2004.

tionen oder Alltagsrealitäten der Zugewanderten der Blick für Subkulturen in der Schweiz geschärft wird.[72]
Diese Neuausrichtung der historischen Migrationsforschung hin auf Migrantinnen und Migranten als Subjekte ihrer Geschichte ist ebenso in der französischsprachigen und der italienischsprachigen Schweiz erkennbar[73] und wird auch auf andere, in der Literatur weniger beachtete Zuwanderergruppen, wie beispielsweise die Arbeitsmigrantinnen aus Süddeutschland und aus Österreich, angewandt.[74] Weitere Studien befassen sich mit der Einwanderung aus anderen Staaten in die Schweiz, wie beispielsweise der Türkei, berühren dabei aber dieselben thematischen Felder bis hin zu Emigrationsorganisationen und Bildungsfragen, wie sie aus den Studien zur italienischen Einwanderung bekannt sind.[75]
Angeregt wurde diese Richtungsänderung nicht zuletzt von einer Fülle historischer Forschungsliteratur aus umliegenden Ländern zur Arbeitsmigration.[76] Politikzentrierte Studien umfassen die staatliche beziehungsweise behördliche Regulierung der Zuwanderung und die dazu errichteten Migrationsregimes. Einige dieser Studien sind komparativ angelegt und stellen die Situation der Bundesrepublik Deutschland in Beziehung zu den Verhältnissen in umliegenden westeuropäischen Ländern dar.[77] Internationale Vergleiche von landesspezifischen Migrationspolitiken wurden indes schon in den 1990er-Jahren durchgeführt.[78] Zudem sind Bestrebungen erkennbar, die Frage von Integration und Ausschluss Fremder vermehrt wieder langfristig zu betrachten.[79]
Auch im deutschsprachigen Raum zeichnen sich neuere migrationshistorische Arbeiten dadurch aus, dass sie stärker aus der Perspektive der Zugewanderten verfasst sind. Dieser Zugriff vermag oftmals vernachlässigte Aspekte der historischen Migrationsforschung zur Geltung zu bringen. Solche Studien befassen sich mit den Frauen, die als Arbeitsmigrantinnen nach Mitteleuropa gereist sind, stellen die umfassende Remigration und somit die Vorläufigkeit der Anwesenheit ins Zentrum der Analyse, untersuchen die von oder für die Arbeitsmigrantinnen und -migranten produzierten Medien oder gehen Spuren

---

72 Barcella, 2011; Bartolo Janse, 2011.
73 La Barba et al., 2013; Pelli, 2014.
74 Althaus, 2015.
75 Ideli, Suter Reich, Kieser, 2011.
76 Bade, Oltmer, 2004; Oltmer, Kreienbrink, Sanz Díaz, 2012; Sochin D'Elia, 2012; einen längerfristigen Forschungsüberblick zur Migrationsgeschichte gibt Hahn, 2012.
77 Herbert, Hunn, 2000; Sala, 2007; Knortz, 2008; Pleinen, 2012; Berlinghoff, 2013; Caruso, Pleinen, Raphael, 2008.
78 Layton-Henry, 1990b; Ireland, 1994.
79 Raphael, Uerlings, 2008.

migrantischen Widerstands nach.[80] Insbesondere Studien, die auf der Grundlage von Oral History erfolgten, können die Lebensgeschichten der eingewanderten Arbeitsmigrantinnen und -migranten erschliessen.[81]
In Italien weist die Arbeitsmigrationsforschung eine längere Tradition auf, wenngleich sich diese zunächst auf die italienische Binnenmigration beschränkt hat.[82] Einschlägig zur Geschichte der italienischen Emigration in globaler Perspektive sind die Arbeiten von Donna Gabaccia, welche die italienische Emigration in die Schweiz vor dem Hintergrund anderer Destinationen der italienischen Auswanderung betrachtet.[83] Zum Zusammenhang von Migration und Schulbildung am Beispiel der inneritalienischen Migration von den südlichen Regionen in den industrialisierten Norden hat Anna Badino eine Studie vorgelegt. Sie weist auf die ausgeprägte Aufstiegsorientierung hin, die mit Bildungsbestrebungen verbunden wurden.[84] Zwischen inneritalienischer und internationaler Arbeitsmigration sind aber auch markante Differenzen herausgearbeitet worden.[85]
In der Zuwendung zu Emigrationsorganisationen kann die vorliegende Untersuchung ebenfalls an Vorarbeiten anknüpfen. Einen frühen Überblick über die Forschung zu Emigrationsorganisationen Europas in der zweiten Hälfte des 20. Jahrhunderts bieten Rex, Joly und Wilpert.[86] In historischer Perspektive lässt sich bei Migrantenvereinen seit den 1970er-Jahren ein Übergang von einer politischen Ausrichtung zu einer mehr gesellschaftlich oder kulturell verstandenen Identifikationsfunktion feststellen, wie sowohl Barbara E. Schmitter als auch Rosita Fibbi am Beispiel italienischer Vereine darlegten.[87] Einige Emigrationsorganisationen unterstützten dabei die gesellschaftliche Integration der Emigrantinnen und Emigranten, wie beispielsweise die Colonie Libere Italiane in Svizzera.[88] Andere Vereinigungen, wie die Missioni Cattoliche Italiane, blieben wiederum stark auf Beziehungen zum Herkunftsland verhaftet.[89] Emigrationsorganisationen sind mit einer Ambivalenz zwischen Partizipation und Selbstausschluss konfrontiert, wie Eva Soom Ammann am Beispiel der Stadt Bern thematisiert.[90] Eine sozialwissenschaftliche Analyse des freiwilligen En-

---

80 Mattes, 2005; Richter, Richter, 2012; Sala, 2011; Bojadzijev, 2008.
81 Rieker, 2003.
82 Fofi, 1964.
83 Gabaccia, 2000.
84 Badino, 2012.
85 Sparschuh, 2011.
86 Rex, Joly, Wilpert, 1987.
87 Schmitter, 1980; Fibbi, 1985.
88 D'Amato, 2001, S. 73–76.
89 Barcella, 2007; Barcella, 2015.
90 Soom Ammann, 2006.

gagements von Migrantinnen und Migranten in Vereinen, vorgelegt von Sandro Cattacin und Dagmar Domenig, verweist auf die vielschichtigen Motivlagen, die Ausschlag für ein solches Engagement geben können.[91] Im Schnittfeld von historischer Bildungsforschung und historischer Migrationsforschung lässt sich insofern eine Forschungslücke ausmachen. Während die pädagogische Historiografie das Feld der Arbeitsmigration tendenziell vernachlässigt, nimmt die historische Migrationsforschung kaum bildungsspezifische Fragestellungen in den Blick. Hier setzt die vorliegende Untersuchung ein und verschränkt die bildungsspezifische Frage nach der migrantischen Beteiligung an den Entwicklungen von Pädagogik und Bildungssystem mit migrationshistorischen Fragen zu den sozialstrukturellen Kontexten, die Möglichkeiten migrantischer Einflussnahme bedingten.

Die vorliegende Untersuchung ist zweigleisig angelegt und beabsichtigt zum einen, die im Umfeld der Arbeitsmigration nach 1945 entstandenen Bildungsangebote darzustellen und aus deren Entstehungsbedingungen heraus zu erklären. Zum anderen beschäftigt sich die Analyse mit den damaligen bildungspolitischen Positionen und den damit verbundenen pädagogischen Programmatiken der Emigrationsorganisationen. Im Zusammenspiel der beiden Untersuchungsebenen werden sowohl die untersuchten Bildungsangebote mit den damit verknüpften politischen und pädagogischen Erwartungshaltungen abgeglichen als auch die in den Programmatiken geäusserten Aspirationen an den tatsächlich verwirklichten Bildungs- und Unterstützungsangeboten konkretisiert. Eine angemessene Kontextualisierung mittels gesellschafts- und kulturgeschichtlicher Erkenntnisse vermag eine rein deskriptive Darstellung von Institutionen und Wanderungsbewegungen zu vermeiden, ohne einer teleologisch und moralisch überfrachteten Erfolgsgeschichte zu verfallen, wie sich Vertreterinnen und Vertreter der historischen Bildungsforschung und der historischen Migrationsforschung einig sind.[92]

Die Analyse auf der ersten Ebene des *konkreten Handelns* ist institutionengeschichtlich angelegt und rekonstruiert die unterschiedlich gelagerten Bildungsangebote, welche aus der Initiative italienischer Migrantinnen und Migranten oder Emigrationsorganisationen hervorgingen. Die Untersuchung geht kulturtheoretisch vor und fragt nach der gemeinsamen Herstellung dieser Bildungsangebote,[93] die in einem bestimmten Rahmen regulativer oder struktureller Beschränkungen erfolgte, aber auch Spielräume zu nutzen wusste. So können

---

91 Cattacin, Domenig, 2012.
92 Für die historische Bildungsforschung: Oelkers, 2001; Casale, 2004; McCulloch, 2011; für die historische Migrationsforschung: Bade, 2004; Hahn, 2008.
93 Zur Kulturgeschichte siehe beispielsweise Burke, 2005.

erstens die angebotenen Inhalte der berufsbildenden Kurse für Arbeitsmigrantinnen und -migranten, zweitens Aussagen darüber, wer welche Bildungsangebote überhaupt in Anspruch nahm, und drittens der Aufbau von schulergänzenden Betreuungsangeboten für die Kinder der Zugewanderten eingeordnet und erklärt werden.

Ergänzend dazu fragt die Untersuchung der zweiten Ebene des *rhetorischen Sprechens* danach, auf welcher Grundlage diese Bildungsbestrebungen legitimiert wurden. Auf dieser Ebene ist ebenfalls eine Kontextualisierung angezeigt, um die Intentionen, mit welchen die Aktivitäten begründet wurden, angemessen erklären zu können. Dabei beschäftigt sich die Untersuchung mit den argumentativen Grundlagen, die von Emigrationsorganisationen in die Diskussion um Bildung für italienische Arbeiterinnen und Arbeiter und deren Kinder – seien dies berufliche Qualifikationen, allgemeinbildende Bildungsangebote oder schulergänzende Massnahmen – eingeführt wurden.[94] Dabei ist zu beachten, dass die Argumente, die beigezogen wurden, aus zwei unterschiedlichen Sprachräumen stammten. Die Analyse hat also zu berücksichtigen, dass die Art und Weise, wie in italienischer und in deutscher Sprache Bildung, Qualifikation und Erziehung verhandelt wurde, unterschiedlich war.[95]

Migrantinnen und Migranten, die sich in der Emigration auf die Verhältnisse und Sprachen sowohl des Herkunftslands wie auch des Einwanderungslands abstützten, mussten dabei stets auch zwischen den die jeweiligen Räume konstituierenden Kontexten vermitteln, das heisst im vorliegenden Fall, aus Italien bekannte Ideen und Konzepte so zu übersetzen, dass sie im schweizerischen Kontext angewandt werden konnten, und vice versa. Als Alternativen zur üblichen «nationalen Meistererzählung»[96] bieten sich transnationale wie auch transkulturelle Forschungsperspektiven an.

Ursprünglich im Umfeld anthropologischer und politikwissenschaftlicher Disziplinen und aus einer Kritik am methodologischen Nationalismus entstanden, versucht die transnationale Forschungsperspektive eine Analyse zu vermeiden, die von nationalstaatlichen Prämissen ausgeht.[97] Das Konzept wurde von der Geschichtswissenschaft, insbesondere von der historischen Migrationsforschung, rasch adaptiert und auf unterschiedliche Gegenstände angewandt, geriet dadurch aber in Kritik, zum leeren Begriff geworden zu sein.[98] Die transnationale Perspektive ist für die vorliegende Untersuchung nur dann ein Gewinn, wenn sie den Blick auf Praktiken von Migrantinnen und Migranten lenkt, die

---

94 Skinner, 2009; Hampsher-Monk, 2006.
95 Srubar, 2009.
96 Jarausch, 2002.
97 Pries, 1997; Zürn, 2001; Portes, Guarnizo, Landolt, 1999.
98 Harzig, Hoerder, 2009; Osterhammel, 2001a; Osterhammel, 2001b; Clavin, 2005, S. 434.

erst aufgrund diverser stabiler – sozialer, ökonomischer oder politischer – Beziehungen zu mehreren nationalen Räumen realisiert werden konnten, nicht aber direkt der Regulierung von staatlichen Autoritäten unterworfen waren.[99] In diesem Aspekt unterscheidet sie sich auch von inter- oder supranationalen Perspektiven, die noch viel stärker auf staatliches Handeln fokussieren.[100]
Die föderale Bildungsordnung in der Schweiz, die abgesehen vom Bereich der Berufsbildung weitgehend kantonale Zuständigkeiten kennt,[101] würde es naheliegen, eher von einer transstaatlichen als einer transnationalen Perspektive zu sprechen. Die Emigrationsorganisationen selbst, aber auch Behörden beider Länder bezogen sich – wenn es denn um Migrantinnen und Migranten ging – fast ausschliesslich auf nationalstaatliche Unterschiede der Schul- und Qualifikationssysteme und sprachen von der Schweizer Schule im Gegensatz zur Schule Italiens, obwohl auch Letztere trotz zentralistischer Steuerung erhebliche regionale Differenzen aufwies.[102] Da sich die Orientierung jeweils auf nationale Räume bezog, soll auch in der vorliegenden Untersuchung eine transnationale Perspektive eingenommen werden, ohne aber die föderale Ordnung nationalstaatlicher Bildungssystem aus dem Blick zu verlieren.
Transnational darf aber erstens nicht so missverstanden werden, als würde die Bedeutung der nationalen Ordnung schwinden. Als bedingender Kontext sind staatliche Regulierungen sowohl des Herkunftslands wie auch des Einwanderungslands durchweg relevant.[103] Gerade für eine historische Bildungsforschung, die eine Rekonstruktion des Wandels von nationalstaatlich geprägten Qualifikationssystemen und föderal gesteuerten Bildungssystemen intendiert, bleibt die Orientierung an staatlichen Kontexten auch dann zentral, wenn das Handeln von nichtstaatlichen Akteuren ins Zentrum der Analyse gerückt wird.[104] Zweitens taugt das Attribut «transnational» als Forschungsresultat wenig. Als Heuristik hingegen bietet das Konzept einen Zugang dazu, die Praktiken von Arbeitsmigrantinnen und -migranten in ihren mehr oder weniger stabilen Beziehungen zu den unterschiedlichen nationalstaatlichen Räumen zu analysieren, um auch mögliche eigensinnige Praktiken erkennen zu können. Insbeson-

---

99 Lüthi, 2005; Clavin, 2005.
100 Pries, 2008, S. 119–167.
101 Criblez, 2008.
102 Zu den regionalen Differenzen italienischer Schulen: Genovesi, 2004.
103 Gabaccia, 2005.
104 In diesem Sinn werden auch die normativen Erwartungen gedämpft, die bisweilen mit dem Konzept des «Transnationalismus» und mit der Hoffnung auf eine Korrektur nationalstaatlicher Ideologien verbunden werden – als ob transnationale Praktiken in der Lage wären, nationalstaatliche Machtverhältnisse einzuschränken. Portes, Guarnizo, Landolt, 1999, S. 230; kritisch dazu Gabaccia, 2005.

dere Emigrationsorganisationen mit ihrer Befähigung, solche Beziehungen zu stabilisieren, bieten sich für eine Analyse mit transnationaler Heuristik an.[105]
Da die vorliegende Untersuchung darauf angelegt ist, diese auch eigensinnigen Praktiken der Arbeitsmigrantinnen und -migranten sowie deren Emigrationsorganisationen unter Berücksichtigung der gesellschaftspolitischen Kontexte in der Schweiz wie auch in Italien zu rekonstruieren, folgt die Analyse einer kulturtheoretischen Perspektive.[106] Rita Casale macht deutlich, dass gerade die kulturwissenschaftlichen Ansätze der *cultural studies* sich dazu eignen, kulturell definierte Abgrenzungen aufzulösen und «soziale Verhältnisse in ihren komplexen kulturellen Formen»[107] zu begreifen. Der Rückgriff auf die *cultural studies* bietet sich insofern an, als damit das soziale Handeln der Subjekte – in diesem Fall der zugewanderten Arbeiterinnen und Arbeiter – als Alltagspraxis verstanden werden kann, die zwar in soziostrukturelle und ökonomische Verhältnisse eingebettet ist, aber auch über das Potenzial verfügen, diese Verhältnisse zu verschieben.[108]
Für die Analyse der ersten Ebene des konkreten Handelns bedeutet dies, dass die Bildungsbestrebungen der Zugewanderten zwar in der Bezugnahme auf staatliche Systemprinzipien des Bildungswesens erfolgten, gleichzeitig aber auf diese Ordnungen zurückzuwirken vermochten. Für die zweite Untersuchungsebene des legitimatorischen Sprechens bildeten die diskursiven Rahmen der beiden Sprachräume die Orientierungspunkte zur Legitimation der eigenen Praktiken. In dieser Bezugnahme auf sprachliche, also kulturell codierte Erfahrungsräume, die nicht mit nationalstaatlichen Territorien übereinstimmen, folgt die Untersuchung einer transkulturellen Perspektive.[109]
Eine solche kulturwissenschaftliche Herangehensweise bedingt den Einbezug der Perspektive der Zugewanderten selbst und zielt darauf ab, darzustellen, wie ihr Sprechen und Handeln soziale Realitäten herstellte. Doch auch wenn die Arbeitsmigrantinnen und -migranten aufgrund ihrer damaligen prekären sozialen und rechtlichen Lage am unteren Ende des gesellschaftlichen Spekt-

---

105 Pries, 2008; Pries, 2010; im bildungshistorischen Kontext siehe beispielsweise Goodman, 2007, S. 167.
106 Dinges, 2006; wobei Kultur in einem prozessorientierten Sinn verstanden werden muss. Wimmer, 1996.
107 Casale, 2009, S. 529.
108 Mecheril, Witsch, 2006.
109 Zum Begriff der Transkulturalität: Welsch, 2010; zu einer transkulturellen Geschichte siehe Herren, 2012; zur transkulturellen Perspektive in der historischen Migrationsforschung: Harzig, Hoerder, 2009; zu transkulturellen Ansätzen in der historischen Bildungsforschung: Gippert, 2011.

rums verortet werden müssen, greift der Ansatz einer «Geschichte von unten»[110] für die vorliegende Untersuchung zu kurz.

Wer «unten» stand beziehungsweise wodurch jemand «unten» positioniert wurde, ist keinesfalls eindeutig zu beantworten. Erstens erschliesst sich dies – entsprechend der oben ausgeführten transnationalen Forschungsperspektive – erst relational auf den jeweiligen Bezugsrahmen. Während im Hinblick auf die schweizerische Gesellschaft verschiedene Studien die Annahme einer damaligen Benachteiligung der zugewanderten italienischen Bevölkerung stützen,[111] sind gegenüber den in Italien zurückgebliebenen Personen auch Privilegien zu erkennen. Tatsächlich waren die Arbeitsmigrantinnen und -migranten in der Schweiz in der Lage, ihre Familien in Italien finanziell zu unterstützen.[112]

Zweitens ist festzuhalten, dass die italienische Bevölkerung in der Schweiz nicht als homogene Gruppe von Arbeitsmigrantinnen und -migranten gefasst werden darf, sondern differenzierter betrachtet werden muss. Die immigrierten Arbeitskräfte fanden in der Schweiz ein etabliertes Netz italienischer Vereinigungen und eine Reihe italienischer Funktionäre dieser Organisationen vor. Die italienischen Staatsangehörigen, die in der zweiten Hälfte des 20. Jahrhunderts in der Schweiz lebten, unterschieden sich bezüglich der Herkunftsregion, der Schulbildung, des Migrationsmotivs, der religiösen und der politischen Orientierung wie auch in der Frage der baldigen Remigration beziehungsweise längerfristigen Niederlassung.[113]

Simmels Figur des Fremden, wonach die Zukunftsperspektiven der Zugewanderten nicht nur Implikationen für die Reisenden selbst nach sich zogen, sondern auch die Reaktion der Gesellschaft des Einwanderungslands gegenüber den Migrantinnen und Migranten, hat die Theoriebildung der Migrationsforschung einschneidend geprägt: Simmel zufolge ist der Fremde nicht der kurzzeitig Anwesende, sondern der Wandernde, «der heute kommt und morgen bleibt».[114] Peter-Ulrich Merz-Benz verweist auf eine zweite klassisch gewordene theoretische Figur, die für die vorliegende Untersuchung informativ ist, den *sojourner* von Paul Siu, der in der deutschsprachigen Übersetzung bezeichnenderweise zum «Gastarbeiter» wurde.[115] Merz-Benz liest Siu optimistisch und erkennt in seiner Analyse ein kulturtheoretisches Vorgehen, das an die trans-

---

110 Dazu beispielsweise Brüggemeier, Kocka, 1985; zur kontroversen Debatte in den 1980er-Jahren: Wehler, 1985.
111 Hoffmann-Nowotny, 1973; D'Amato, 2001; Frigerio Martina, Merhar, 2004; Maiolino, 2011.
112 Barcella, 2014a, S. 86.
113 Barcella, 2012.
114 Simmel, 1992, S. 764.
115 Siu, 1952.

kulturelle Perspektive erinnere und auf die raumübergreifenden Anschlüsse und Übergänge verweise.[116]

Die Analyse von Siu, die an die Beobachtung Simmels anschloss und anhand chinesischer Wäschearbeiter in den Vereinigten Staaten in der ersten Hälfte des 20. Jahrhunderts formuliert wurde, lässt sich durchaus auch pessimistischer lesen, bleibt doch der Gastarbeiter in der Emigration gemäss Siu stets isoliert.[117] Diese Figur findet sich beim französischen Soziologen Abdelmalek Sayad wieder, der mit dem Konzept der «doppelten Abwesenheit» die Situation des Dazwischen theoretisch fasst und das Szenarium der permanenten Niederlassung wie auch dasjenige der baldigen Remigration problematisch erscheinen lässt.[118] Dies ist auch für die vorliegende Analyse zu berücksichtigen. Die Bildungsbestrebungen, die von den italienischen Emigrationsorganisationen in der Schweiz nach 1950 initiiert wurden, garantierten weder eine reibungslose Integration in die Gesellschaft des Einwanderungslands noch eine gelingende Reintegration in die Herkunftsgesellschaft. Die Narration kann sich sodann weder ausschliesslich auf die eine noch auf die andere Perspektive berufen, sondern hat sich selbst an der Situation des Dazwischen abzuarbeiten.

Als Quellen für die Untersuchung dienen in erster Linie Dokumente, die eine Rekonstruktion der Ereignisse aus der Perspektive der Zugewanderten erlauben. Diese finden sich insbesondere in den Archivbeständen der italienischen Emigrationsorganisationen der Schweiz, die im Feld von Bildung und Erziehung aktiv waren. Die umfangreiche Überlieferung dieser Organisationen hat sich als hervorragende Grundlage für die Analyse herausgestellt und einen multiperspektivischen Einblick in den Forschungsgegenstand ermöglicht.

Die Verantwortlichen dieser Organisationen scheinen über ein ausgeprägtes historisches Bewusstsein verfügt zu haben, was sich in einer detaillierten Dokumentationstätigkeit niederschlug. Die vorliegende Untersuchung profitiert davon, denn ohne das grosse Interesse der untersuchten Emigrationsorganisationen an der Dokumentation ihrer eigenen Geschichte hätte die Studie so gar nicht durchgeführt werden können. Zum anderen ist die reiche Quellenlage auch schon ein Forschungsbefund, der darauf hinweist, wie sensibel für die eigene Geschichte und somit wie bildungsaffin die untersuchten Emigrationsorganisationen waren.[119]

---

116 Merz-Benz, 2015.
117 Siu, 1952, S. 35.
118 Sayad, 1999; siehe zu Sayads theoretischer Figur beispielsweise Duchêne-Lacroix, 2014, S. 161–162.
119 Dies im Gegensatz zu den Hinweisen, wonach historische Untersuchungen, die aus der Perspektive von Minoritäten argumentieren, oft mit der Schwierigkeit konfrontiert seien,

Das Korpus umfasst hauptsächlich die Bestände von Emigrationsorganisationen. Aufgrund der Datenlage geht die Untersuchung von den Entwicklungen in der Stadt Zürich aus, betrachtet aber auch die Verhältnisse in umliegenden Gemeinden. Die Quellen der «Colonie Libere Italiane in Svizzera» und der «Scuola Professionale Emigrati» (SPE) sind im Schweizerischen Sozialarchiv (SSA) in Zürich archiviert. Die Archivbestände der Weiterbildungsorganisation ECAP befinden sich in der Obhut der «Fondazione Pellegrini Canevascini» und sind im Staatsarchiv des Kantons Tessin (ASTi) in Bellinzona einsehbar. Die Akten der Weiterbildungsorganisation ENAIP schliesslich sind keinem Archiv übergeben worden, sondern befinden sich im Keller der eigenen Räumlichkeiten der Organisation in Zürich.
Die Untersuchung stützt sich erstens auf die in diesen Beständen enthaltenen Unterlagen zu den realisierten Bildungsangeboten. Dazu gehören Kursprogramme, Finanz- und Rechenschaftsberichte, Inspektionsberichte und Kursstatistiken, die eine institutionsgeschichtliche Rekonstruktion der bildungsbezogenen Aktivitäten dieser Organisationen ermöglichen. Die in den Beständen von ENAIP enthaltenen originalen Anmeldekarten aus den 1970er-Jahren sind gesondert zu nennen. Sie bilden die Grundlage für eine Analyse der Teilnehmerstruktur beruflicher Qualifikationskurse für Migrantinnen und Migranten.[120] Zweitens beinhaltet das Quellenkorpus eine Reihe von Korrespondenzen der Organisationen mit schweizerischen und italienischen Behörden unterschiedlicher Ebenen, mit einzelnen öffentlichen Elementar- oder Berufsschulen wie auch mit Gewerkschaften und weiteren Organisationen sowohl in der Schweiz als auch in Italien. Die Analyse der Korrespondenzen vermag aufzuzeigen, welche Beziehungen stabilisiert werden mussten, damit die Bildungsbestrebungen realisiert werden konnten. Drittens bieten die Archivbestände vor allem der ECAP und der Colonie Libere Sammlungen von Zeitschriften, einzelnen Zeitschriftenartikeln, Redemanuskripten und kopierten Buchauszügen. Mit dem Wissen, welche Texte die Protagonistinnen und Protagonisten dieser Organisationen selbst zur Kenntnis nahmen, lässt sich rekonstruieren, mit welchen Argumentationsmustern Bildungsbestrebungen und bildungspolitische Positionen legitimiert wurden.
Ergänzt wird das Korpus mit den folgenden Beständen. Die von den Colonie Libere publizierte Zeitschrift «Emigrazione Italiana» erschien zunächst monatlich, ab den 1970er-Jahren alle zwei Wochen. Über diese serielle Quelle kann die Verschiebung thematischer Schwerpunkte innerhalb der Organisation nachgezeichnet werden. Des Weiteren erlaubt der in der Zentralbibliothek Zü-

---

dass weder staatliche noch private Archive über Bestände zu diesen verfügen. Dresser, 2005; Myers, 2009.

120 Siehe Kap. 3.

rich (ZB) archivierte Nachlass des katholischen Paters Michael Jungo, der enge Kontakte zu den «Missioni Cattoliche Italiane» unterhielt, den Blick auf die italienischen katholischen Missionsgemeinden. Zudem können mit den ebenfalls im Schweizerischen Sozialarchiv liegenden Beständen der «Zürcher Kontaktstelle für Italiener und Schweizer», die von Protagonisten der Colonie Libere mit initiiert wurde, die Schnittstellen zwischen italienischen Emigrationsorganisationen und schweizerischen Verbänden und Behörden untersucht werden. Behördliche Dokumente aus der Schweiz wie aus Italien werden schliesslich beigezogen, wenn sie in den Beständen der Emigrationsorganisationen abgelegt wurden. Sie geben Hinweise darauf, wie die Migrantinnen und Migranten ihre Aktivitäten an solche staatlichen Regulierungen, Weisungen oder Empfehlungen anschlossen.

Diese von den Emigrationsorganisationen wahrgenommenen Texte waren oft auch zeitgenössische sozialwissenschaftliche Befunde, was aufgrund des damaligen Aufkommens neuer sozialwissenschaftlicher Methoden wenig erstaunlich ist. Zudem bieten weitere, im Untersuchungszeitraum erschienene sozialwissenschaftliche Studien Deutungsangebote der damaligen Verhältnisse.[121] Auf der einen Seite beeinflussen diese Vorläufer der Migrationsforschung die Forschungspraxis der Gegenwart, indem sie Orientierungshilfen bereitstellen, wie die damaligen Verhältnisse auch heute noch zu deuten sind. Auf der anderen Seite wurden diese Befunde schon damals von den italienischen Emigrationsorganisationen zur Kenntnis genommen und zur Legitimation der eigenen Tätigkeiten herangezogen. Sie waren also gleichfalls an der Konstruktion der damaligen Wirklichkeit beteiligt. Dies bedingt eine kritische Lesart im Sinn einer Historisierung der zeitgenössischen sozialwissenschaftlichen Studienergebnisse.[122]

Schliesslich sind im Rahmen der Untersuchung Informationsgespräche mit vier Zeitzeugen geführt worden, die in unterschiedlichen Funktionen und in verschiedenen Organisationskontexten an den Geschehnissen beteiligt waren. Die Inhalte dieser Gespräche sind aber nicht systematisch in die Analyse einbezogen, wie dies eine Oral History vorsieht.[123] Vielmehr stützen die Aussagen der Gesprächspartnerinnen und -partner die aus den Dokumenten entwickelte Narration und vermögen an denjenigen Stellen Ergänzungen oder Korrektive zu bieten, wo die Quellenlage Lücken aufweist.

---

121 Braun, 1970; Hoffmann-Nowotny, 1973.
122 Instruktiv zu dieser Problemstellung in der Zeitgeschichte: Pleinen, Raphael, 2014.
123 Zur Oral History: Andresen, Apel, Heinsohn, 2015; eine historisierende Kritik an den Methoden der Oral History findet sich bei Maubach, 2013.

Die Untersuchung ist in zwei Hauptteile gegliedert. Zuerst werden die Bildungsbestrebungen der italienischen Arbeiterinnen und Arbeiter in der Emigration betrachtet und die berufsqualifizierenden und erwachsenenbildnerischen Kursangebote dargestellt. Der zweite Hauptabschnitt beschäftigt sich mit den Fragen der Beschulung und der Betreuung der italienischen Kinder in der Schweiz. Beide Hauptteile umfassen je drei Kapitel und beinhalten sowohl institutionengeschichtliche Abschnitte, in welchen der Aufbau konkreter Bildungsangebote rekonstruiert wird, als auch ideengeschichtliche Ausführungen, wie diese Angebote legitimiert wurden.

Erste Kurse zur beruflichen Qualifikation für italienische Arbeitsmigrantinnen und -migranten in der Schweiz entstanden in den frühen 1960er-Jahren. Dieses Kurswesen, das von Beginn weg von italienischen Emigrationsorganisationen initiiert wurde, vermochte sich im Lauf des Untersuchungszeitraums zunehmend zu institutionalisieren. Ausdruck davon war die Gründung eigenständiger Organisationen, die zur Stabilisierung dieser berufsqualifizierenden Kurse gegründet wurden. Auf der einen Seite wurden diese Kurse von den italienischen Generalkonsulaten in der Schweiz inspiziert und finanziell unterstützt, auf der anderen Seite suchten die Emigrationsorganisationen den Kontakt mit schweizerischen Behörden, um ihre Kurse möglichst auch von schweizerischer Seite anerkennen zu lassen. Zusätzlich zu den rein beruflichen Qualifikationskursen wurden allmählich allgemeinbildende Kurse zum Nachholen des obligatorischen Schulabschlusses und Sprachkurse ins Programm aufgenommen. In den 1970er-Jahren orientierten sich die migrantischen Kursanbieter zunehmend an den Verhältnissen in der Schweiz und richteten ihre Kurse darauf aus. Zudem geriet die berufliche Grundbildung der zweiten Generation der Kinder Zugewanderter ins Blickfeld der Kursanbieter. Die italienischen Emigrationsorganisationen, die solche Kurse anboten, unterschieden sich in ihrer Ausrichtung stark. Das Verhältnis dieser Organisationen zueinander changierte daher zwischen Kooperation und Konkurrenz. (Kapitel 2)

Eine Rekonstruktion des Wandels der Kursangebote sowie Aussagen darüber, wer sich für diese Kurse einschrieb, ist anhand der Inspektionsberichte des italienischen Generalkonsulats und der überlieferten Anmeldekarten möglich. In den 1960er-Jahren expandierte das Kurswesen rasch und vermochte sich dadurch auszudifferenzieren. Jedoch waren die Kursangebote je nach Fachbereich unterschiedlich stark nachgefragt. Vor allem die Kurse für die Metall- und die Textilindustrie sowie das Autogewerbe waren beliebt. Zugleich schlug sich die markante Geschlechtssegregation im Arbeitsleben in den Kursanmeldungen nieder. Oftmals waren die Kursinteressentinnen und -interessenten zum Zeitpunkt der Anmeldung weniger als 20 Jahre alt, woran sich zeigt, dass diese Kurse auch als Ersatz zur beruflichen Grundbildung besucht wurden. (Kapitel 3)

Die von den italienischen Emigrationsorganisationen angebotenen Kurse waren nicht ausschliesslich auf die berufliche Weiterqualifikation der zugewanderten Arbeiterinnen und Arbeiter ausgerichtet. Mit dem Aufbau des Kurswesens wurden zugleich gesellschaftspolitische Intentionen verfolgt, die auf eine gesellschaftliche Transformation abzielten. In diesem Sinn standen die untersuchten Kurse auch in der Tradition der politischen Erwachsenenbildung. Dies beinhaltete zunächst die Forderung nach einem allgemeinen Bildungsurlaub, der für allgemeinbildende, insbesondere für gewerkschaftliche Angebote genutzt werden sollte. Das pädagogische Programm zielte darauf ab, die Arbeiterinnen und Arbeiter in die Gestaltung der eigenen Bildungsprozesse einzubeziehen und somit den Weg zu einer Demokratisierung von Wirtschaft und Gesellschaft vorzubereiten. Diesem Anspruch stand jedoch oft die straffe Organisation einzelner migrantischer Weiterbildungsanbieter gegenüber. (Kapitel 4)

Die Auseinandersetzungen über die Schulbildung der Kinder der zugewanderten italienischen Arbeiterinnen und Arbeiter drehten sich insbesondere um die Frage, ob diese Kinder möglichst rasch die öffentlichen Schulen der Schweiz besuchen oder in den separaten italienischen Schulen nach italienischem Lehrplan unterrichtet werden sollten. Die italienischen Emigrationsorganisationen in der Schweiz waren in dieser Frage selbst gespalten. Wer davon ausging, dass sich die italienischen Familien langfristig in der Schweiz niederliessen, votierte für die integrative Variante, während das Szenario einer baldigen Remigration nach Italien die separative Variante begünstigte. Für eine Dynamisierung in dieser Frage sorgte nicht zuletzt ein italienisches Gesetz aus dem Jahr 1971, demzufolge im Ausland absolvierte Schuljahre bei einer Reintegration ins italienische Schulsystem angerechnet wurden. Dies ebnete den Weg für eine integrative Beschulung der Kinder der Zugewanderten und bildete die Grundlage dafür, dass schulische Benachteiligungen fremdsprachiger Kinder zur Sprache gebracht werden konnten. (Kapitel 5)

Neben bildungspolitischen Fragen beschäftigten sich die Emigrationsorganisationen stark mit den alltäglichen Herausforderungen, mit denen italienische Familien in der Schweiz konfrontiert waren. Italienischen Eltern fehlte es erstens an Kenntnissen der Strukturmerkmale und der lokalen Gepflogenheiten der öffentlichen Schule, weshalb ein schulisches Informationszentrum eingerichtet wurde, das für die italienischen Eltern advokatische Aufgaben übernahm. Die migrantischen Eltern verfügten zweitens in Ermangelung der schweizerischen Staatsbürgerschaft über keine politischen Mitbestimmungsrechte. Mit der Einrichtung von Elternkomitees wurde versucht, lokale Mitsprachemöglichkeiten zu schaffen, was in einigen Gemeinden sehr gut, in anderen weniger funktionierte. Aufgrund der doppelten Erwerbstätigkeit der Eltern italienischer Arbeiterfamilien stellte sich drittens die Frage der ausser-

schulischen Kinderbetreuung. In der Zusammenarbeit zwischen italienischen Emigrationsorganisationen und schweizerischen Organisationen konnten unterschiedliche Betreuungsangebote realisiert werden. (Kapitel 6)
Die bildungspolitischen Einflussnahmen der italienischen Emigrationsorganisationen folgten unterschiedlichen Argumentationsmustern, abhängig davon, in welcher Sprache diese erfolgten. Während in italienischer Sprache, adressiert an die Arbeitsmigrantinnen und -migranten, die Argumente einen klassenkämpferischen Einschlag hatten, betonten dieselben Organisationen in ihren deutschsprachigen politischen Einflussnahmen das Argument der Chancengleichheit. Die verschiedenen Argumentationsmuster speisten sich letztlich daraus, dass in den Sprachräumen Bildung und Schule unterschiedlich verhandelt wurden. Die Emigrationsorganisationen bedienten sich bei beiden sprachlichen Referenzmustern, weshalb die je nach Sprache unterschiedlichen bildungspolitischen Standpunkte bisweilen widersprüchlich waren. (Kapitel 7)
In einem Schlusskapitel werden die Ergebnisse resümiert. Dabei lassen sich die vielschichtigen Erkenntnisse entlang von sechs Strukturprinzipien bündeln. Diese beinhalten das Verhältnis der migrantischen Aktivitäten zum staatlichen Handeln wie auch die Bedeutung des lokalen Handelns vor Ort. Ebenso war die Orientierung an Zukunftsszenarien handlungsleitend, was mit der Heterogenität der Zugewanderten zusammenhängt, aber auch auf ihre transnationale Vermittlungsleistungen verweist. Abschliessend hervorzuheben ist der durchgehend politische Gehalt der pädagogischen Aktivitäten von Migrantinnen und Migranten. (Kapitel 8)

Im Qualifikationsdilemma

Berufsbildung in der Emigration

2. Selbsthilfe, Koordination und Konkurrenz

Aufbau und Institutionalisierung von italienischen Berufs- und Weiterbildungsangeboten

Italienerinnen und Italiener, die in der zweiten Hälfte des 20. Jahrhunderts in die Schweiz migrierten, taten dies in der Regel nicht mit der Absicht, ihre berufliche Qualifikation zu verbessern. Es war vielmehr die Suche nach Arbeit, die zur Migration führte. Doch auch wenn die Migrantinnen und Migranten ohne ausgeprägtes Bildungsbedürfnis in die Schweiz einwanderten, konnte sich bis 1980 ein differenziertes Berufs- und Weiterbildungswesen in der Emigration etablieren, das auf die Lage der zugewanderten Arbeiterinnen und Arbeiter zugeschnitten war und rege nachgefragt wurde.

Die Entstehung dieser Angebote fiel in die Zeit der ökonomischen Hochkonjunktur, die sich durch eine hohe Auslastung der Wirtschaft und einen Ausbau des Bildungswesens auszeichnete. Diese beiden Aspekte erwiesen sich für die untersuchten italienischen Emigrationsorganisationen in der Schweiz als äusserst förderliche Rahmenbedingungen zum Aufbau und zur Institutionalisierung von Qualifikationsangeboten für die zugewanderten Italienerinnen und Italiener. Der bis in die frühen 1970er-Jahre anhaltende wirtschaftliche Boom[1] schürte einerseits bei den italienischen Arbeitskräften die Hoffnung, über beruflichen Aufstieg vom Aufschwung profitieren zu können. Andererseits bot die Bildungsexpansion[2] – also die quantitative und qualitative Erweiterung der Qualifikationswege, die auch den Bereich der Berufs- und Weiterbildung umfasste – den diskursiven Rahmen, der die Neugründung von Aus- und Weiterbildungsorganisationen unterstützte. Schliesslich sind als drittes Kontextmerkmal die Änderungen der ausländerrechtlichen Bestimmungen[3] in der Schweiz zu nennen, da erst mit der Vereinfachung des Zugangs zu einer längerfristigen Aufenthaltsbewilligung der Institutionalisierung von Bildungsangeboten für Migrantinnen und Migranten der Boden geebnet wurde.

Diese Institutionalisierung lässt sich über den Untersuchungszeitraum hinweg in drei Abschnitte gliedern. Erste Berufs- und Weiterbildungsangebote für italienische Migrantinnen und Migranten in der Schweiz entstanden zunächst aus vereinzelten Initiativen lokaler Migrationsorganisationen. Bis in die spä-

1 Müller, Woitek, 2012, S. 157–171.
2 Criblez, Magnin, 2001.
3 Piguet, 2005, S. 23–35.

ten 1960er-Jahre hinein blieben die Angebote wenig strukturiert, wenngleich schon damals eine Koordination über die italienischen Generalkonsulate in der Schweiz erfolgte. Erst in einer zweiten Phase wurden diese Angebote nach und nach über die Mutterorganisationen dieser Vereinigungen in Italien gebündelt. So fand in den Jahren um 1970 herum eine umfassendere Institutionalisierung der Kurse statt, die mit einer Stabilisierung der untersuchten Organisationen ENAIP und ECAP einherging. Das Bestreben der Kursanbieter, Qualifikationen anzubieten, die sowohl auf dem schweizerischen wie auch auf dem italienischen Arbeitsmarkt anerkannt wurden, trug massgeblich zur Etablierung der Kurse bei, wenngleich das Versprechen der doppelten Anerkennung nicht eingelöst wurde. Der dritte Abschnitt der Untersuchungsphase ist durch eine Konsolidierung des Kurswesens gekennzeichnet. Nun wurden neben dem bestehenden Kursprogramm weitere Qualifikationsangebote eingerichtet, die sich auch an neue Adressatenkreise richteten, indem beispielsweise zunehmend auf die berufliche Grundbildung der zweiten Generation von Einwanderern fokussiert wurde. Darüber hinaus zeigt eine zunehmende Konkurrenz zwischen den einzelnen Kursanbietern, und mit der SPE trat eine weitere italienische Organisation in Erscheinung, die berufliche Qualifikationskurse anbot. Obwohl ENAIP, ECAP und SPE vergleichbare Kursprogramme führten, konnten sie sich über ihre unterschiedliche Ausrichtung der Kurse profilieren.

2.1. Selbsthilfe, partikulares Engagement und Koordination

1963 schrieb Leonardo Zanier, damals Kulturbeauftragter der «Federazione delle Colonie Libere Italiane in Svizzera», Berufsbildung sei eines der dringlichsten Themen für die Emigranten. Seit den 1950er-Jahren würden in vereinzelten Industriezentren der Schweiz verschiedene berufsbildende Abendkurse für italienische Arbeiter angeboten. Eine gewisse Erfahrung im Bereich der Berufsbildung für Emigranten sei also durchaus vorhanden. Die einzelnen Kurse, so Zaniers Kritik, seien jedoch zerstreut und isoliert, und deshalb sei eine Koordination angebracht. Auch andere italienische Organisationen würden koordinierte Berufsbildungsangebote für Migrantinnen und Migranten planen. Ein starker Wettbewerb zwischen den Anbietern müsse aber nicht befürchtet werden, dafür sei die Nachfrage nach Berufsbildungskursen unter den Arbeitsmigranten zu gross. Vielmehr sei es wünschenswert, wenn andere Emigrantenorganisationen ebenfalls Berufsbildungskurse aufbauen würden.[4] Die Auf-

---

4 ASTi, FPC 41, ECAP, D1, Mappe 1, Emigrazione, istruzione professionale e colonie, Leonardo Zanier, 8. März 1963.

bruchsstimmung, die in Zaniers Ausführungen zum Ausdruck kommt, ist für die Jahre dieses ersten Zeitabschnitts bis in die späten 1960er-Jahre charakteristisch. Damals entstand aus einzelnen lokalen Initiativen heraus ein sich zunehmend ausdifferenzierendes Angebot einzelner beruflicher Qualifikationskurse für italienische Arbeiterinnen und Arbeiter in der Schweiz, das sich einer steigenden Nachfrage erfreute.

Ganz neu war die Idee der beruflichen Weiterbildung für italienische Immigranten indes nicht. Denn bereits in der ersten Hälfte des 20. Jahrhunderts existierten in der Schweiz Fortbildungskurse für italienische Staatsangehörige. Diese wurden jedoch zumeist vom italienischen Staat angeboten. Im Zug des Sturzes des Faschismus in Italien verschwanden sie Mitte der 1940er-Jahre aber von der Bildfläche.[5] Die Anwerbung neuer Arbeitskräfte aus Italien durch die schweizerische Wirtschaft liess das Thema nach 1945 wieder aufkommen. Wo und durch wessen Engagement die ersten beruflichen Weiterbildungskurse für Migrantinnen und Migranten in der zweiten Hälfte des 20. Jahrhunderts entstanden, ist jedoch schwierig zu rekonstruieren. Denn in den Selbstbeschreibungen der untersuchten Organisationen wurde jeweils nur die eigene Vereinigung genannt, wenn es im Sinn einer Selbstlegitimation darum ging aufzuzeigen, von wem dieses Kurswesen letztlich ausging.[6] Dokumentiert ist, dass bereits in den 1950er-Jahren an einzelnen Industriestandorten wie Oerlikon Abendkurse in technischem Zeichnen für italienische Arbeiter angeboten wurden.[7] Diese Weiterbildungsmöglichkeiten blieben aber isoliert und gingen auf das Engagement einzelner lokaler Arbeitervereinigungen zurück.[8]

Erst nach 1960 gewann die Frage der beruflichen Weiterbildung für die italienische Emigration an Bedeutung. Dieser Perspektivenwechsel hatte mehrere Gründe. Erstens änderte sich die Qualifikationsstruktur der italienischen Einwanderer in diesem Zeitraum. In den ersten 15 Jahren nach dem Zweiten Weltkrieg rekrutierte die schweizerische Industrie Arbeitskräfte vor allem in Norditalien und holte somit oftmals gelernte Arbeiter in die Schweiz.[9] Der strukturschwache und damals noch weitgehend vorindustrielle Süden Italiens wurde erst ab 1960 zum Rekrutierungsfeld der schweizerischen Industrie. Die

---

5 Boscardin, 1962, S. 74.
6 Privatarchiv ENAIP, Diversa corrispondenza, G. Ciffo: Relazione illustrativa per la richiesta di contributi per l'anno 75/76, undatiert.
7 ASTi, FPC 41, ECAP, D1, Mappe 1, Brief von Leonardo Zanier an die Gewerbeschule der Stadt Zürich, 22. Oktober 1964.
8 ASTi, FPC 41, ECAP, A12bis, Mappe 2, Comitato regionale CLI, 15. Januar 1966.
9 Ricciardi, 2013, S. 118–123. Die Volkszählung von 1960 enthält allerdings Hinweise darauf, dass sich schon unter den frühen Arbeitsmigrantinnen und -migranten aus Norditalien eine stattliche Anzahl ungelernter Arbeiterinnen und Arbeiter fand. Piguet, 2005, S. 193.

süditalienischen Arbeitsmigrantinnen und -migranten besassen im Gegensatz zu ihren norditalienischen Vorgängern oftmals keine oder nur eine mangelhafte Elementarbildung.[10] Zwar wanderten die süditalienischen Arbeiterinnen und Arbeiter nicht mit einem ausgeprägten Bildungsbedürfnis in die Schweiz ein. Die mangelnde Grundbildung und die fehlenden Berufsqualifikationen der Zugewanderten dienten den italienischen Emigrationsorganisationen in der Schweiz aber als Rechtfertigung, um im Bereich der beruflichen Nachqualifikation tätig zu werden. Zudem bestand mit den gelernten Arbeitern, die früher eingereist waren, ein Potenzial an Personal, das in diesen Kursen eingesetzt werden konnte.

Zweitens wurde die ab 1960 zunehmend an Fahrt gewinnende Bildungsexpansion, als der Zugang zu höherer Allgemeinbildung geöffnet und die Wege der beruflichen Grundbildung zunehmend differenziert wurden,[11] von einer diskursiven Struktur getragen, die Bildungsoffensiven befürwortete. Die Idee, italienischen Arbeiterinnen und Arbeitern in der Emigration den Zugang zu beruflichen Qualifikationen zu ermöglichen, fiel auf fruchtbaren Boden, weil sie mit dem diskursiven Muster zum Ausbau von Bildungsangeboten korrespondierte. Sie entsprach gleichzeitig dem wirtschaftspolitischen Appell zur Ausschöpfung des Humankapitals und dem von Arbeiterparteien geforderten Ausbau der Arbeiterbildung. Insofern erwies sich die Bildungsexpansion als eine günstige Konstellation, in der die Forderung nach Bildungsangeboten für die eingewanderten Arbeiterinnen und Arbeiter überhaupt geäussert werden konnte.

Drittens schliesslich wäre der Ausbau dieses Berufs- und Weiterbildungswesens für italienische Migrantinnen und Migranten in der Schweiz nicht möglich gewesen, wenn die Zuwanderer nicht ein gut ausgebautes und funktionierendes Netz italienischer Emigrationsorganisationen und -vereinigungen vorgefunden hätten. Diese Organisationen wurden bereits Jahrzehnte vor dem Untersuchungszeitraum gegründet, wiesen aber sehr unterschiedliche Entstehungskontexte auf. Ihnen war gemein, dass sie sich nach 1950 zunehmend der Arbeitsmigrantinnen und -migranten annahmen und ihnen Anlaufstellen boten.[12]

Um die Berufs- und Weiterbildungsangebote italienischer Emigrationsorganisationen in der Schweiz angemessen beschreiben zu können, ist also die Geschichte der italienischen Immigration vor 1945 zu berücksichtigen. Bereits um die Jahrhundertwende liessen sich zahlreiche italienische Arbeiter in der

---

10 Bartolo Janse, 2011.
11 Criblez, 2001; Criblez, 2002.
12 Meyer-Sabino, 2003.

Schweiz – vor allem in den grösseren Städten – nieder.[13] In der Folge wurden verschiedene italienische Organisationen gegründet.
Zentrale Akteurinnen in den Bereichen der Bildung und der beruflichen Qualifikation waren die «Missioni Cattoliche Italiane», die katholischen italienischen Missionen, welche dem Bistum Bergamo unterstellt waren und bereits Ende des 19. Jahrhunderts in der Schweiz Fuss fassten. Die katholische italienische Mission in Zürich wurde 1898 gegründet und blieb auch nach 1945 eine der grössten der insgesamt knapp 90 italienischen Missionsgemeinden in der Schweiz.[14] Eng mit der katholischen italienischen Mission verknüpft agierten in der Schweiz die «Associazioni cristiane dei lavoratori italiani» (ACLI), eine italienische christliche Gewerkschaft, die 1944 in Italien gegründet wurde und der regierenden Zentrumspartei «Democrazia Cristiana» nahestand. Seit den frühen 1950er-Jahren waren die ACLI auch in der Schweiz tätig. In den 1970er-Jahren existierten in der Schweiz etwa 60 Ortsgruppen der ACLI, «circoli ACLI», in denen mehr als 4000 italienische Arbeiterinnen und Arbeiter organisiert waren.[15] In Italien gründeten die ACLI 1951 eine eigene Suborganisation im Bereich der Berufs- und Weiterbildung unter dem Namen «Ente Nazionale ACLI Istruzione Professionale» (ENAIP). In der Schweiz boten die ACLI unter dem Akronym ENAIP seit 1963 Berufsbildungskurse für italienische Arbeiterinnen und Arbeiter an. Die katholischen italienischen Missionen in der Schweiz dienten ENAIP dabei als wichtige Kooperationspartnerinnen, um potenzielle Kursteilnehmerinnen und -teilnehmer anzusprechen.[16] Die Missionen selbst führten nur sporadisch und an einigen wenigen Orten eigene berufliche Weiterbildungskurse durch. Demgegenüber waren sie in der Frage der Beschulung der italienischen Kinder in der Schweiz weitaus aktiver und führten einige italienische Grundschulen in der Schweiz.[17]
Die zweite bedeutende italienische Emigrationsorganisation in der Schweiz war die «Federazione delle Colonie Libere Italiane in Svizzera» (FCLIS) mit einer gänzlich anderen Entstehungsgeschichte. Ihren Ursprung haben die Colonie Libere in der Auflehnung gegen den italienischen Faschismus vor und während dem Zweiten Weltkrieg. Nach der Machtergreifung der italienischen Faschisten in den 1920er-Jahren emigrierten viele politische Gegner in die Schweiz, von wo aus sie eine rege antifaschistische Agitation betrieben und beispielsweise die europaweit erhältliche italienische Tageszeitung «Libera Stampa» gründe-

13 Heiniger, 2006.
14 Koller, 2008; Ciapparella, Gatani, 1997; zur katholischen Unterstützung italienischer Arbeitsmigranten um 1900: Trincia, 1998.
15 Da Ros, 1975, S. 89; Bottinelli et al., 1973, S. 50–62.
16 Gespräch mit Franco Narducci, 26. Oktober 2015.
17 Vgl. Kap. 5.

ten.[18] Schon damals entbrannte zwischen den Emigrationsorganisationen ein Streit um italienische Schulen in der Schweiz: 1930 gründeten die italienischen Antifaschisten in Zürich eine Privatschule unter dem Namen «Scuola Libera Italiana», die sich explizit von anderen, faschistisch ausgerichteten italienischen Schulen abgrenzte und bis 1953 existierte.[19] Von denselben antifaschistischen Aktivisten wurden in den frühen 1940er-Jahren die ersten Colonie Libere in Zürich und in Genf gegründet. Nach dem Ende des Zweiten Weltkriegs entfiel der antifaschistische Kampf als Legitimation, viele politische Emigranten aus Italien wanderten zurück. In der neuen Emigration italienischer Arbeitskräfte, die quasi nahtlos an das Ende des Kriegs anschloss, fanden sie jedoch rasch neue Tätigkeitsfelder, indem die Aktivitäten vermehrt auf die Situation und die Bedürfnisse der Arbeitsmigrantinnen und -migranten ausgerichtet wurden.[20] Die Bildungspolitik war seit den 1960er-Jahren ein wichtiges Tätigkeitsfeld der Colonie Libere und 1970 wurde die Berufsbildungsorganisation «Ente Confederale Addestramento Professionale» (ECAP) gegründet. Die Colonie Libere waren eng vertraut mit der Kommunistischen Partei Italiens und der den Kommunisten nahestehenden italienischen Gewerkschaft «Confederazione generale italiana del lavoro» (CGIL). Der Dachverband der freien italienischen Kolonien FCLIS umfasste Ende der 1960er-Jahre etwa 17 000 Vereinsmitglieder in über 100 lokalen Ortsgruppen.[21]

Trotz ihrer unterschiedlichen Entstehungskontexte und politischen Ausrichtungen begannen nach 1950 die Missioni Cattoliche, die ACLI und die Colonie Libere ihre Tätigkeiten in der Schweiz auf die Bedürfnisse der italienischen Arbeitsmigrantinnen und -migranten auszurichten. Sie konzentrierten sich dabei zunächst auf sozialpolitische oder arbeitsrechtliche Felder, beschäftigten sich aber zunehmend auch mit beruflichen Qualifikationen. Es waren also nicht die unqualifizierten Arbeitsmigrantinnen und -migranten selbst, die in Eigenregie Weiterbildungsmöglichkeiten schufen und sich in die Debatten um die Beschulung ihrer Kinder einmischten. Vielmehr ging das pädagogische Engagement in der Emigration zumeist von früher zugewanderten Italienern, oftmals Arbeitern, die in den ersten Jahren nach 1945 als qualifiziertes Personal in Norditalien rekrutiert worden waren und seit den 1950er-Jahren innerhalb der Migrationsvereinigungen einflussreiche Positionen einnahmen.

Einer unter ihnen war Leonardo Zanier, der 1954 als Bauzeichner aus dem Friaul nach Marokko emigrierte und einige Jahre später in die Schweiz kam, wo er als technischer Zeichner eine Beschäftigung fand und sich den Colonie

18 Cerutti, 2002.
19 De Gregorio, 1995.
20 Leuenberger, 1984; Scomazzon, 2010; Ricciardi, 2013.
21 Sibilia, 2013, S. 37; Da Ros, 1975, S. 91.

Libere anschloss. In Zürich erhielt er die Möglichkeit, an der Eidgenössischen Technischen Hochschule Kurse zu besuchen. Zanier, der auch als Dichter in friaulischer Sprache Bekanntheit erlangen sollte, wies schon früh auf die Notwendigkeit hin, den Zugewanderten berufliche Qualifikationswege zu eröffnen und war innerhalb der Colonie Libere massgeblich am Aufbau und an der Konsolidierung beruflicher Weiterbildungskurse beteiligt. Nachdem er selbst als Kursleiter in den 1960er-Jahren tätig war, initiierte Zanier später die Gründung der ECAP. Ab 1970 war Leonardo Zanier Präsident der FCLIS.[22]
In den frühen 1960er-Jahren entstanden immer mehr solcher berufsbildenden Kurse. Diese waren noch immer sehr lokal und gingen auf die Initiativen von Vereinigungen zurück, die vorderhand auf Gemeindeebene agierten.[23] Bald schon nutzten die Emigrationsorganisationen ihre Kontakte. Für ENAIP wie für die Colonie Libere sind die ersten Tätigkeiten auf dem Feld der beruflichen Qualifizierung für das Jahr 1963 dokumentiert.[24] Die ersten Angebote entstanden vor allem im Raum Zürich, einzelne Kurse fanden in der Region Basel statt.[25]
Möglichkeiten der beruflichen Qualifikation für die emigrierten Arbeiterinnen und Arbeiter zu schaffen erschien in dieser Phase der Hochkonjunktur und der Bildungseuphorie auch den italienischen Behörden als plausible Massnahme. Denn schon bald wurde das sich ausbreitende Kurswesen durch die Aussenposten des italienischen Aussenministeriums, die italienischen Generalkonsulate in der Schweiz, gebündelt. In gemeinsamer Absprache wurde in Zürich ein Konsortium für berufliche Bildung eingesetzt, das eine Harmonisierung der Kurse der einzelnen Anbieter hinsichtlich des Kursumfangs und der Kursinhalte beschloss.[26] Die Kurse wurden in erster Linie auf den italienischen Arbeitsmarkt ausgerichtet, Orientierung bot dabei die bestehende berufliche Bildung in Italien.[27] Gleichzeitig wurde schon früh nach Wegen gesucht, diese Qualifikationen auch für den schweizerischen Arbeitsmarkt verwertbar zu machen. Ein allfälliges Stipendienwesen wurde ebenso diskutiert wie die Frage, ob den italienischen Arbeiterinnen und Arbeitern auch zu schweizerischen Berufsab-

22　Belardi, Faggin, 1987, S. 532–533; ASTi, FPC 41, ECAP, B5, Mappe 3, Biografie Leonardo Zanier, 1973.
23　Barcella, 2014a, S. 94.
24　ASTi, FPC 41, ECAP, D1, Mappe 1, Brief von Leonardo Zanier an Sig. Fioravante, 11. August 1963; Privatarchiv ENAIP, Diversa corrispondenza, G. Ciffo: Relazione illustrativa delle attività per la richiesta di contributi per l'anno formativo 75/76, undatiert.
25　ASTi, FPC 41, ECAP, B4, Mappe 1, Co. As. It. (Comitato Consolare d'Assistenza agli Italiani), Basilea: Studio sui corsi di formazione professionale, April 1971.
26　ASTi, FPC 41, ECAP, D1, Mappe 3, Schreiben des italienischen Generalkonsulats Zürich, März 1963.
27　Zum damaligen beruflichen Qualifikationssystem in Italien: Abraham, 1963.

schlüssen verholfen werden könne.²⁸ Das Gremium war Mitte der 1960er-Jahre aber noch sehr stark auf Italien ausgerichtet und erst in den folgenden Jahren wurde die Zusammenarbeit mit den schweizerischen Behörden intensiviert. Die Ausrichtung der Kurse auf italienische Verhältnisse zeigte sich in der Steuerung dieser Kurse durch das italienische Generalkonsulat.²⁹ Erstens wurde den Anbietern dieser Kurse eine finanzielle Unterstützung in Aussicht gestellt.³⁰ Diese Subventionierung ging zweitens mit einer Inspektion der Kurse einher.³¹ Drittens umfasste die Koordination der Kurse auch die gemeinsame Bekanntmachung und Bewerbung der Qualifizierungsangebote.³²

Ein Flugblatt des italienischen Generalkonsulats in Zürich verkündete 1966 den Beginn beruflicher Qualifikationskurse von ENAIP, den Colonie Libere, der Missione Cattolica und weiteren lokalen Emigrationsorganisationen. Die propagierten Berufsbildungsangebote sollten der Vorbereitung auf eine berufliche Tätigkeit («una preparazione professionale») dienen, einen höheren Verdienst («un migliore guadagno») ermöglichen und den Erfolg in der Arbeitswelt («una più concreta affermazione nel campo del lavoro») sichern.³³ Die Kurse zur beruflichen Qualifikation wurden oftmals durch Angebote zum Erwerb der deutschen Sprache ergänzt, die auf die jeweiligen Arbeitskontexte der Zugewanderten zugeschnitten waren. Der Ausbau beruflicher Qualifikationen stand in dieser Phase im Vordergrund, während emanzipatorische Zielformulierungen – von Zanier zwar bereits 1963 geäussert – noch aussen vor blieben. Doch auch in diesem Zuschnitt, der eine Stabilisierung in der Arbeitswelt und einen sozialen Aufstieg ermöglichen sollte, waren die Kurse stark nachgefragt. Die Zahl der angebotenen Kurse und der Teilnehmer stieg von Jahr zu Jahr.³⁴ Insofern kann eine Expansion des beruflichen Weiterbildungswesens für Zugewanderte in der Schweiz bereits in den 1960er-Jahren beobachtet werden. Dieses Wachstum stand in Kontrast zu dem der bestehenden schweizerischen Weiterbildungsorganisationen, die in diesen Jahren keine vergleichbare Expansion verzeichneten. Der unter dem Begriff der Bildungsexpansion bekannte Ausbau des Schweizer Bildungswesens wird daher vor allem auf die direkt an die Pflichtschulzeit anschliessenden Bildungsangebote, also die höhere Allge-

---

28 ASTi, FPC 41, ECAP, D1, Mappe 3, Protokoll «Seduta sui problemi culturali e con particolare riguardo ai corsi professionali, 26. September 1964.
29 Ebd.
30 Privatarchiv ENAIP, Preventivi corsi M. A. E., 1965–1967.
31 ASTi, FPC 41, ECAP, D1, Mappe 3, Corsi di perfezionamento professionale, 15. Juli 1965.
32 ASTi, FPC 41, ECAP, B1, Mappe 4, Flugblatt des italienischen Generalkonsulats Zürich über Berufsbildungskurse, 1966.
33 Ebd.
34 Detaillierter dazu Kap. 3.1.

meinbildung an den Gymnasien und die berufliche Grundbildung in Berufsschulen und Betrieb bezogen.[35] Der Bereich der beruflichen Weiterbildung ist dabei nicht im gleichen Mass mit gemeint, denn das Weiterbildungswesen verzeichnete einen deutlich geringeren Anstieg der Bildungsbeteiligung als formalisierte Bildungsgänge.[36] Insbesondere der technische Bereich, also derjenige Weiterbildungsbereich, in welchem die italienischen Emigrationsorganisationen vornehmlich aktiv waren, wies in den 1960er-Jahren ein im Vergleich geringeres Wachstum der Bildungsbeteiligung auf.[37]
Als in den 1970er-Jahren die Ideen eines kontinuierlichen Lernens im Erwachsenenalter auf zunehmend fruchtbaren Boden fielen,[38] führte dies nicht zu einem unmittelbaren Anstieg der Weiterbildungsquote. Eine Expansion der Angebote und Abschlüsse im Bereich der Weiterbildung traf mit einer Verzögerung erst in den 1980er-Jahren ein.[39] Interessanterweise wird diese Verzögerung auf die Zuwanderung unqualifizierter Arbeiterinnen und Arbeiter aus Südeuropa zurückgeführt. Gemäss der Unterschichtungsthese des Zürcher Soziologen Hans-Joachim Hoffmann-Nowotny nahmen die zugewanderten Arbeitskräfte die untersten gesellschaftlichen Positionen in der Schweiz ein und unterschichteten somit die Bevölkerung im Einwanderungsland.[40] Dies wirkte in den entsprechenden Branchen als Fahrstuhleffekt und erhöhte die Aufstiegschancen der Schweizerinnen und Schweizer. Gerade in der Metallindustrie oder im Baugewerbe war berufliche Weiterbildung nicht der einzige Weg zum sozialen Aufstieg und der Ausbau des beruflichen Weiterbildungswesens erschien somit nicht so dringend wie derjenige der beruflichen Grundbildung. Erst mit der Krise Mitte der 1970er-Jahre, als die fehlende Neurekrutierung ausländischer Arbeitskräfte die Unterschichtung schwinden liess, geriet berufliche Weiterbildung wieder in den Fokus.[41]

---

35 Criblez, 2001; Criblez, 2002. Der Bereich der beruflichen Weiterbildung wird in der allgemeinen Literatur zur Bildungsexpansion der 1960er- und 70er-Jahre oftmals vernachlässigt. Eine Ausnahme bilden Tippelt, van Cleve, 1995.
36 Dies obwohl bereits in den frühen 1960er-Jahren auf politischer Ebene Bestrebungen zu erkennen sind, die berufliche Weiterbildung über eine engere Verzahnung mit dem korporatistischen Gefüge der beruflichen Grundbildung in der Schweiz zu fördern. Geiss, 2016, S. 224–225.
37 Kneschaurek, 1971, S. 52–54. Kaderschulungen wurden hingegen über die Schaffung von höheren Wirtschafts- und Verwaltungsschulen schon in den 1960er-Jahren ausgebaut.
38 Siehe Kap. 4.4.
39 Bornschier, 2005, S. 466–467; Bornschier, 1998, S. 252. Für eine zeitgenössische Deutung dieses Zusammenhangs: Gretler et al., 1972, S. 29–30; für ähnliche Befunde zu Deutschland: Friebel, 2008; eine biografietheoretische Erklärung liefern Friebel et al., 2000.
40 Hoffmann-Nowotny, 1973.
41 Bornschier, Aebi, 1992, S. 556–559.

Wenn nun die italienischen Emigrationsorganisationen bereits in den frühen 1960er-Jahren begannen, den italienischen Arbeitskräften berufliche Qualifikationswege zu öffnen, richteten sie sich somit an andere Adressatinnen und Adressaten als die unterschichteten Arbeitnehmerinnen und Arbeiternehmer in der Schweiz. Die zugewanderten Arbeiterinnen und Arbeiter erfuhren ihrerseits keinen beruflichen beziehungsweise sozialen Aufstieg über den Import einer neuen Unterschicht und waren somit einer erhöhten Statuskonkurrenz unterworfen. Berufliche Weiterbildung erwies sich dabei für den einzelnen Arbeitnehmer durchaus als plausible Strategie, wie dieser Konkurrenz begegnet werden konnte. Insofern lässt sich die grosse Nachfrage nach diesen Kursen auch aus der spezifischen sozialen Situation der Arbeitsmigrantinnen und -migranten erklären, wenngleich die italienischen Weiterbildungsorganisationen selbst diese individuelle Begründung nicht explizit ins Feld führten. Inhaltlich waren die Kurse in den frühen 1960er-Jahren auf technische Berufe und Bauberufe zugeschnitten, vermittelten theoretisches Wissen und wurden bisweilen mit Sprachkursen ergänzt.[42] Die Angebote waren darauf ausgerichtet, die beruflichen Qualifikationen der italienischen Arbeitnehmer in der Schweiz zu verbessern – zumal ein beachtlicher Teil der Zugewanderten ohne Berufsausbildung oder gar ohne Abschluss der obligatorischen Schulzeit in die Schweiz kam.[43]

Insbesondere die mangelnden Sprachkenntnisse erschwerten es den Arbeiterinnen und Arbeitern, im Betrieb und auf der Baustelle den notwendigen Anleitungen zu folgen – wenngleich diese bisweilen in italienischer Sprache erfolgten. Nicht selten kommunizierten die Arbeitsmigrantinnen und -migranten in Dialekten und hatten nur rudimentäre Kenntnisse der italienischen Standardsprache. Darauf stellten sich die Emigrationsorganisationen ein: Der Analphabetismus erschwere den Spracherwerb, weshalb die Deutschkurse als Alphabetisierungsprogramme verstanden wurden.[44] Neben den Kursen zur beruflichen Qualifikation und den Sprachkursen begannen die migrantischen Vereinigungen gegen Ende der 1960er-Jahre allgemeinbildende Kurse anzubieten, um dem teilweise tiefen Bildungsniveau der Zugewanderten entgegenzuwirken.[45] Beworben wurden die Kurse bei den möglichen Kursinteressenten auch mit dem Versprechen von mehr Verdienst und Eigenständigkeit im Erwerbsleben.[46]

42 Genaueres zum Kursprogramm und zu dessen Wandel in Kap. 3.2.
43 ASTi, FPC 41, ECAP, B2, Mappe 2, Documenti elaborati della giunta federale delle CLI, Formazione professionale, 28.–29. Juni 1969.
44 ASTi, FPC 41, ECAP, B1, Mappe 3, Brief von Leonardo Zanier an die Gewerbeschule der Stadt Zürich, 9. Februar 1966.
45 Vgl. Kap. 3.2.
46 EI, Juli 1965, «Le Colonie Libere e i corsi professionali».

Begrifflich sind die Kurse nicht einfach zu fassen. Sie als Teile der beruflichen Weiterbildung zu verstehen ist die gängige Variante.[47] Tatsächlich waren sie im Bildungswesen ausserhalb der formalen Bildungsgänge zu verorten und sind somit rechtlich zum Weiterbildungssektor zu zählen. Hinsichtlich der inhaltlichen Ausrichtung der Kurse und angesichts des tiefen Bildungsniveaus der zugewanderten Arbeiterinnen und Arbeiter ist jedoch eher von beruflicher Nachqualifizierung zu sprechen. Unter diesem Begriff werden heute jedoch eher Angebote für Erwachsene im Erwerbsalter subsumiert, die damaligen italienischen Kursteilnehmer hingegen waren oftmals unter 25 Jahre alt, standen zwar im Erwerbsalter, verfügten aber über keine berufliche Grundbildung. Dies rückt die hier untersuchten Kurse in die Nähe der beruflichen Nachholbildung. Bei den unter 20-jährigen Kursteilnehmerinnen und -teilnehmern ist gar von beruflicher Grundbildung zu sprechen. Die allgemeinbildenden Kurse der Emigrationsorganisationen stehen zudem in der Tradition der Erwachsenenbildung.
Schon früh wurden an dieses Kurswesen Ansprüche gestellt, die über die reine Vermittlung beruflicher Qualifikationen hinausgingen und allgemeinbildende und gewerkschaftliche Aspekte umfassten.[48] Bereits in den frühen 1960er-Jahren gefordert, dauerte es noch rund zehn Jahre, bis dies realisiert werden konnte. Diese Verzögerung hing nicht zuletzt mit den alltäglichen organisatorischen Herausforderungen zusammen, die beim Aufbau dieses Kursangebots auftraten.
Die vier hauptsächlichen organisatorischen Problembereiche, die sich den italienischen Emigrationsorganisationen im Hinblick auf die beruflichen Weiterbildungskurse stellten, bestanden erstens in der Unsicherheit der Finanzierung der Kurse aufgrund der zurückhaltenden Subventionspraxis des Konsulats, zweitens in der permanenten Raumnot, drittens in der hohen Quote von Kursabbrecherinnen und -abbrechern und viertens in der schwierigen Suche nach geeigneten Kursleiterinnen und -leitern.
Eine erste Herausforderung stellte die fehlende Finanzierungssicherheit dar. Die italienischen Generalkonsulate in der Schweiz stellten eine Subventionierung der Kurse durch das italienische Aussenministerium zwar in Aussicht. Die Finanzierung über das Konsulat musste jeweils mit einem standardisierten Kostenvoranschlag beantragt und anschliessend abgerechnet werden.[49] Die Kursanbieter waren auf die Subventionen des italienischen Aussenministeriums angewiesen, denn die Alternative – eine Eigenfinanzierung des Kurswe-

---

47 Die noch heute aktive ECAP bezeichnet sich selbst als Erwachsenenbildungsinstitut.
48 Siehe Kap. 4.
49 ASTi, FPC 41, ECAP, D1, Mappe 2, Kostenvoranschlag der Kurskosten für das Schuljahr 1963/64.

sens über Teilnehmerbeiträge – war aufgrund der prekären Lage der Teilnehmerinnen und Teilnehmer undenkbar. Die Kurse waren zwar von Beginn weg nicht gratis.[50] Die vollen Kurskosten konnten oder wollten die Anbieter trotzdem nicht auf die Kursteilnehmerinnen und -teilnehmer abwälzen.[51] Die Kurse wurden also vom italienischen Aussenministerium finanziert, was sich dann rechtfertigen liess, wenn diese Investitionen in absehbarer Zukunft auch für die italienische Wirtschaft von Nutzen waren. Die finanzielle Beteiligung der italienischen Behörden an den Weiterbildungsangeboten in der Emigration weist auf die während der 1960er-Jahre verbreitete Annahme, die Arbeitsmigrantinnen und -migranten würden nach einigen Jahren auswärtiger Tätigkeit mit neu erworbenen Qualifikationen nach Italien zurückkehren und dort die Wirtschaft wiederbeleben.

Insofern blieben die besagten Anbieter von Abendkursen bis weit in die 1970er-Jahre hinein finanziell von den italienischen Behörden abhängig. Überdies gab der Kostenvoranschlag selbst noch keine Sicherheit, dass das Konsulat die beantragten Subventionen tatsächlich ausrichtete. Denn die Gelder des Aussenministeriums flossen nicht immer so reibungslos, wie sich dies die berufsbildenden Emigrationsorganisationen gewünscht hätten. Insbesondere vor 1965, bevor das Generalkonsulat eine stärker koordinierende Rolle einnahm, wurden die italienischen Behörden dafür kritisiert, dass sie bei der Auswahl subventionsberechtigter Kurse äusserst willkürlich vorgingen.[52] Um den Preis einer zunehmenden Formalisierung der Unterstützungs- und Aufsichtstätigkeit seitens der italienischen Konsulate konnte diese Unsicherheit für einige Jahre aus dem Weg geräumt werden. Die Kritik an der Willkür bei der Gewährung finanzieller Beihilfen nahm jedoch um das Jahr 1970 herum wieder zu.

Die zweite Herausforderung für die Kursanbieter bildete die permanente Suche nach geeigneten Räumlichkeiten für die Kurse. Zu diesem Zweck wurde der Kontakt zu kommunalen Schulbehörden wie auch zu ausgewählten Betrieben gesucht. Gerade die öffentlichen Gewerbeschulen in der Schweiz waren grundsätzlich bereit, ihre Schulzimmer abends den italienischen Organisationen für berufsbildende Kurse zu überlassen.[53] Ebenfalls angefragt wurden öffentliche Volksschulen und die italienische Schule in der Casa d'Italia in Zürich. Von diesen wurden zwar Räume für die Abendkurse zur Verfügung gestellt, wegen der Kinderschulbänke waren sie aber oft für Erwachsenenkurse nicht geeig-

---

50 ASTi, FPC 41, ECAP, D1, Mappe 3, Beschluss über Kurskosten, 25. Juli 1966.
51 ASTi, FPC 41, ECAP, D1, Mappe 2, Corsi Professionali per emigranti: proposte per un loro più organico funzionamento, 1965.
52 ASTi, FPC 41, ECAP, D1, Mappe 1, Per l'esecutivo federale, 1963.
53 ASTi, FPC 41, ECAP, D1, Mappe 1, Riunione federale CLI, 24. Februar 1963; ASTi, FPC 41, ECAP, D1, Mappe 3, Brief E. Larice an L. Zanier, 23. April 1965.

net.⁵⁴ Die Bewilligungen zur Benutzung der Räume wurden jeweils für ein Jahr ausgestellt. Wiederholt kam es vor, dass sie aufgrund eigener Raumbedürfnisse nicht verlängert wurden.⁵⁵
Als erste Ideen aufkamen, die vorwiegend theoretischen Kurse mit praktischen Inhalten zu ergänzen,⁵⁶ wurden neben Schulzimmern auch Werkstätten und Übungsräume – beispielsweise mit elektrischen Übungsanlagen – gesucht.⁵⁷ Nicht immer hatten diese Anfragen Erfolg. Die Gewerbeschule der Stadt Zürich, die ansonsten die Anliegen der Colonie Libere sehr wohlwollend prüfte, lehnte das Gesuch zur Nutzung der Demonstrationsräume ab, weil die Geräte darin sehr teuer waren.⁵⁸ Aus diesem Grund wurde nach Möglichkeiten gesucht, die Kurse in Werkstätten und Schulungsräumen von Unternehmen durchzuführen.⁵⁹ Doch kam es auch hier regelmässig vor, dass Bewilligungen nicht verlängert wurden und die Suche nach Kursräumen wiederaufgenommen werden musste.
Drittens waren die Emigrationsorganisationen mit hohen Kursabbruchraten konfrontiert. Oftmals trat Ende des Kursjahres nur noch etwa die Hälfte der Teilnehmerinnen und Teilnehmer zur Abschlussprüfung an. Die Colonie Libere riefen deshalb schon früh nach einer Evaluation der Gründe für den Kursabbruch. Diese dürften in der hohen Rotationsquote der Arbeitnehmerinnen und -nehmer, in der hohen Belastung, weil die Kurse abends in der Freizeit nach langen Arbeitstagen stattfanden, wie auch in der fehlenden Anerkennung der Abschlüsse gelegen haben.⁶⁰
Eine vierte Problematik, mit der die italienischen Berufsbildungsorganisationen konfrontiert waren, bestand im permanenten Mangel an geeigneten Lehrkräften für ihre Kurse. Im Juni 1963 schrieben der Colonie Libere Briefe an italienische Techniker, Lehrer und Studenten in der Schweiz mit der Anfrage, ob sie sich ein bis zwei Abende pro Woche eine Lehrtätigkeit in berufsbil-

54 ASTi, FPC 41, ECAP, D1, Mappe 2, Brief von Leonardo Zanier an die Kreisschulpflege Limmattal, 28. Mai 1965; Brief von Leonardo Zanier an Pratesi, 14. Januar 1965.
55 ASTi, FPC 41, ECAP, D1, Mappe 3, Brief der Gewerbeschule der Stadt Zürich an die Federazione delle Colonie Libere Italiana in Svizzera, 5. November 1964.
56 EI, Januar 1967, «Attività culturali».
57 ASTi, FPC 41, ECAP, D1, Mappe 1, Brief von Leonardo Zanier an die Gewerbeschule der Stadt Zürich, 22. Oktober 1964; ASTi, FPC 41, ECAP, D1, Mappe 4, Brief der CLI Schlieren an die Gewerbeschule Schlieren, 20. November 1970.
58 ASTi, FPC 41, ECAP, D1, Mappe 3, Brief der Gewerbeschule der Stadt Zürich an die Federazione delle Colonie Libere Italiana in Svizzera, 5. November 1964.
59 ASTi, FPC 41, ECAP, D1, Mappe 1, Relazione commissione culturale: Assemblea CLI di Zurigo, 1965.
60 ASTi, FPC 41, ECAP, A12bis, Mappe 2, Commissione corsi professionali, 9. Oktober 1967.

denden Kursen für italienische Mitbürger vorstellen könnten.[61] Insbesondere italienische Studenten, die an einer Schweizer Hochschule studierten, waren als Kursleiter gefragt.[62] Oft wurden Kursleiter über die Kulturkommission der Colonie Libere oder über das italienische Generalkonsulat an die einzelnen lokalen Anbieter vermittelt.[63] Gleichzeitig entwickelte sich jedoch so etwas wie ein Wettbewerb um Kursleiter. So riet Leonardo Zanier 1966 der Colonia Libera in Andelfingen, die beiden empfohlenen Kursleiter möglichst bald anzufragen. Sie stünden auf der Liste des Konsulats und weitere Organisationen seien ebenfalls im Besitz von deren Adressen.[64]

Die Idee, die Leiterinnen und Leiter von Fortbildungskursen für ihre Tätigkeit besser zu qualifizieren, entstand bereits Mitte der 1960er-Jahre.[65] Realisiert wurden solche Seminare aber oft erst in der darauffolgenden Dekade. Die wenigen qualifizierten Kursleiter waren begehrt, denn die Anforderungen an sie waren beachtlich. Für die technischen Kurse wurden Ingenieure gesucht, für die praktischen Übungen erfahrene Arbeiter oder Abteilungsleiter und für die allgemeinbildenden Kurse ausgebildete Lehrerinnen und Lehrer.[66] In der Regel wurden Männer für die berufsbildenden Kurse angefragt, in Einzelfällen konnten Lehrerinnen und Studentinnen als Kursleiterinnen für die allgemeinbildenden Kurse gewonnen werden.

Letztlich erfüllten nicht alle Kursleiterinnen und -leiter die Qualifikationserfordernisse. Denn in den Inspektionsberichten des italienischen Generalkonsulats wurden zwar die meisten Kurse positiv beurteilt, bei einigen Kursen wurde die Leistung des Kursleiters als durchschnittlich bezeichnet. Und ein Mechanikerkurs von 1966/67 hätte gemäss den Inspektoren schon gar nicht durchgeführt werden sollen: «Corso che sarebbe stato megli evitare.»[67] Die Aufsicht der Kurse, wofür das Generalkonsulat zwei italienische Ingenieure engagierte, beinhaltete erstens eine Beurteilung der einzelnen Kursleiter sowie

---

61 ASTi, FPC 41, ECAP, D1, Mappe 1, Brief der Kulturkommission der Colonie Libere «ai tecnici, agli insegnanti e agli studenti italiani in Svizzera», Juni 1963.
62 Gespräch mit Franco Narducci, 26. Oktober 2015; Gespräch mit Luciano Persico, 26. November 2015.
63 ASTi, FPC 41, ECAP, D1, Mappe 1, Kursleiterliste der FCLIS, 8. Oktober 1964; ASTi, FPC 41, ECAP, D1, Mappe 3, Brief von Leonardo Zanier an die Colonia Libera Bassersdorf, 20. Oktober 1963.
64 ASTi, FPC 41, ECAP, B1, Mappe 3, Brief von Leonardo Zanier an die Colonia Libera Andelfingen, 7. Oktober 1966.
65 ASTi, FPC 41, ECAP, A12bis, Mappe 2, Protokoll, 17. Oktober 1967.
66 ASTi, FPC 41, ECAP, D3, Mappe 3, Entwurf für ein Inserat in der «Emigrazione Italiana», September 1972.
67 ASTi, FPC 41, ECAP, A12bis, Mappe 3, Resconto conclusivo sui corsi di perfezionamento professionale, anno scolastico 1966/67, 30. August 1967: «Kurs, der besser vermieden worden wäre.» Eigene Übersetzung.

der durchführenden Organisationen. Zweitens wurden die Besuchs- und die Erfolgsquoten der Kursteilnehmerinnen und -teilnehmer erfasst.[68]
Diese vier organisatorischen Herausforderungen prägten das Kurswesen in den 1960er-Jahren stark. Die koordinierende Tätigkeit des italienischen Generalkonsulats wirkte dabei stabilisierend. Gleichzeitig blieben die Kurse über die starke Einbeziehung des Generalkonsulats deutlich auf die italienischen Verhältnisse ausgerichtet. Auf die schweizerische Öffentlichkeit wirkte das Kurswesen wie ein isoliertes Phänomen der zugewanderten italienischen Arbeiterinnen und Arbeiter. Tatsächlich waren Kontakte zu den schweizerischen Behörden selten und beschränkten sich auf organisatorische Belange wie die Suche nach Kursräumen oder die Beschaffung von Unterrichtsmaterial.
Die Inspektionsberichte des italienischen Generalkonsulats wurden von Jahr zu Jahr umfangreicher und nahmen gegen Ende der 1960er-Jahre die Form eines Monitorings des Kurswesens an.[69] Ein wirksames Steuerungsinstrument entwickelte sich daraus jedoch nicht, denn dazu fehlten die Sanktionsmöglichkeiten. Höchstens über die finanzielle Unterstützung konnte das Generalkonsulat in beschränktem Mass eingreifen. Weil aber – wie oben dargestellt – der Wunsch, die beruflichen Weiterbildungskurse über das Generalkonsulat stärker zu bündeln, von den Emigrationsorganisationen selbst kam, sahen sich die Inspektoren auch nicht veranlasst, allzu stark in die Angelegenheiten der einzelnen Organisationen einzugreifen. In den Inspektionsberichten ging es denn auch eher darum, explizit auf die über die Zeit hinweg steigende Teilnahmequote und das verbesserte Leistungsniveau bei den Abschlüssen hinzuweisen.[70] Dies vermochte die Institutionalisierung des Kurswesens entscheidend zu befördern. Die verschiedenen von unterschiedlichen Organisationen angebotenen und an diversen Orten durchgeführten Kurse folgten standardisierten Lehrgängen und mündeten in Prüfungen, die von den Konsulaten organisiert und ausgewertet wurden. Der Mechaniker-Lehrgang beispielsweise umfasste drei Stufen, wobei jede Stufe ein Jahr dauerte, 100 Stunden Mathematik, Geometrie und technisches Zeichnen umfasste und mit jeweils einer Prüfung abschloss.[71] Die Zertifikate für den erfolgreichen Kursabschluss kamen vom Generalkonsulat – wurden also vom italienischen Staat ausgestellt.[72]

68 ASTi, FPC 41, ECAP, D1, Mappe 3, Inspektionsbericht über die «Associazione Lavoratori Emigrati Italiana», E. Violi, 20. März 1964; ASTi, FPC 41, ECAP, A12bis, Mappe 3, Resconto conclusivo sui corsi di perfezionamento professionale, anno scolastico 1966/67, 30. August 1967.
69 ASTi, FPC 41, ECAP, A12bis, Mappe 3, Resconto conclusivo sui corsi di perfezionamento professionale, anno scolastico 1966/67, 30. August 1967.
70 Ebd.
71 ASTi, FPC 41, ECAP, D1, Mappe 2, Kursprogramme der Kurse der Colonie Libere, 1963.
72 ASTi, FPC 41, ECAP, D1, Mappe 3, Kurszertifikat des Generalkonsulats, 11. Juli 1968.

Durch diese Standardisierung der Abschlüsse über das italienische Generalkonsulat wurden die Kurse der verschiedenen Organisationen vergleichbar und überprüfbar. Für eine umfassende Standardisierung des Kurswesens war das Berufsbildungssystem Italiens jedoch zu schwach institutionalisiert.[73] So vermochten die Emigrationsorganisationen ihr Kurswesen zu profilieren und konnten sich voneinander abgrenzen, indem sie sich auf die Programmatik ihrer Mutterorganisationen in Italien beriefen. Denn obschon die Kurse durch das italienische Generalkonsulat inspiziert wurden, war der Eingriff des italienischen Staats nicht allzu tief gehend. ENAIP konnte sich an den Zielen der christlichen Gewerkschaft ACLI ausrichten, während die Colonie Libere sich am politischen Programm der Kommunistischen Partei Italiens orientierten. Weil aber die ACLI der katholischen Volkspartei «Democrazia Cristiana» sehr nahestanden, die während des Untersuchungszeitraums durchweg die Regierung in Italien stellte,[74] versuchten insbesondere die Colonie Libere sich in der Art und Weise, wie berufliche Weiterbildung ausgestaltet sein sollte, gegenüber den Vorstellungen des Generalkonsulats abzugrenzen.

Die über das italienische Generalkonsulat vermittelte, einseitige Ausrichtung auf Italien wurde innerhalb der Colonie Libere zunehmend problematisiert. In einer Programmatik von 1965 wurde die Notwendigkeit betont, auf eine Anerkennung der Kursabschlüsse seitens der schweizerischen Behörden hinzuarbeiten. Dazu müsse stärker mit den Schulen in der Schweiz zusammengearbeitet und der Kontakt zu schweizerischen Technikern gesucht werden.[75] Hier zeigen sich erste Tendenzen einer Öffnung des Kurswesens, das sich nicht mehr nur aus der Vorstellung einer temporären Emigration italienischer Arbeiterinnen und Arbeiter speiste, die in absehbarer Zukunft remigrierten, sondern die neuen Verstrickungen der italienischen Arbeitsmigrantinnen und -migranten mit den Verhältnissen in der Schweiz zu berücksichtigen versuchte.

Dazu gehörte auch, dass Leonardo Zanier das Kurswesen schon früh mit einer emanzipatorischen Zielsetzung verknüpfte. Die Kurse sollten nicht nur auf die unmittelbaren Interessen der Industrie ausgerichtet sein, sondern vielmehr die Kursteilnehmerinnen und -teilnehmer generell auf den technologischen Wandel vorbereiten. Zudem seien die Alphabetisierungsbemühungen zu verstärken und allgemeinbildende Inhalte im Kursprogramm zu berücksichtigen.[76] Dieser über eine reine Vermittlung von beruflichen Qualifikationen hinausgehende Anspruch schlug sich aber erst in den 1970er-Jahren in den Curricula nieder.

73 Abraham, 1963; D'Amico, 2015, S. 410–431.
74 Ginsborg, 1990, S. 141–185.
75 ASTi, FPC 41, ECAP, D1, Mappe 2, Corsi professionali per emigrati: proposte per un loro più organico funzionamento, Leonardo Zanier, 1965.
76 Ebd.

Erstaunlicherweise war die klare Ausrichtung des migrantischen Kurswesens auf den italienischen Arbeitsmarkt für einige schweizerische Organisationen oder Unternehmen kein Hindernis, in solche Kurse zu investieren. So führten die Klubschulen der Migros-Genossenschaften bereits 1962 Deutsch- und Französischkurse für Zugewanderte durch.[77] Oder es startete im Frühjahr 1968 ein berufsbildender Kurs im Bereich der Gastwirtschaft, der von einem schweizerischen Gastrobetrieb organisiert wurde. Bemerkenswerterweise war dieser Kurs entlang der Vorgaben des italienischen Generalkonsulats strukturiert – und schloss mit einem italienischen Zertifikat ab.[78] Insofern hatten die italienischen Abschlüsse auch für den besagten Schweizer Betrieb einen Wert, obgleich diese nicht den schweizerischen Diplomen entsprachen.

Wie offen private Unternehmen mit ausländischen Zertifikaten umgingen, war jedoch stark branchenabhängig. Einzelne Unternehmen zielten eher darauf ab, den Zugewanderten zu hiesigen Abschlüssen zu verhelfen. So startete ein Industrieunternehmen aus Baden bereits zwei Jahre zuvor den Versuch, italienischsprachige Jugendliche als Lehrlinge aufzunehmen und diesen mit einer verstärkten Betreuung und intensivem Deutschunterricht den Zugang zu einem eidgenössischen Fähigkeitszeugnis zu ermöglichen.[79] In den 1960er-Jahren wurde erst sehr sporadisch über die berufliche Grundbildung der Kinder der zugewanderten Italiener nachgedacht. Das Beispiel aus Baden zeigt jedoch, dass schon früh einzelne Initiativen zur Integration der zweiten Generation in die berufliche Grundbildung existierten.

Solche Initiativen waren in den 1960er-Jahren deshalb möglich, weil die Weiterbildungskurse für italienische Arbeiterinnen und Arbeiter in der Schweiz noch vergleichsweise schwach institutionalisiert waren. Mit einer zunehmenden Institutionalisierung und Profilierung der Kursanbieter wurden solche kleinräumigen Initiativen zwar wieder an den Rand gedrängt. Die Etablierung der Emigrationsorganisationen im Feld der beruflichen Weiterbildung führte aber dazu, dass sie von der schweizerischen Seite vermehrt als ernstzunehmende Kursanbieter wahrgenommen wurden. Dies war wiederum eine Voraussetzung dafür, dass die Kurse stärker auch auf die schweizerischen Verhältnisse ausgerichtet wurden.

---

77 Walter, 1964, S. 143. In der Region St. Gallen organisierte die Genossenschaft Migros Ostschweiz zudem kostenfreie Kurse in italienischer Sprache zu Rechtsfragen für die Arbeitsmigrantinnen und -migranten.
78 EI, März 1968, «Comunicati consolari. Inizio di un corso per personale di ristorante».
79 EI, April 1966, «Baden: Scuola per apprendisti».

2.2. Anbindung und Institutionalisierung

Das Szenario der längerfristigen Niederlassung gewann gegen Ende der 1960er-Jahre zunehmend an Plausibilität. Als 1964 das bilaterale Rekrutierungsabkommen zwischen Italien und der Schweiz aus dem Jahr 1948 revidiert wurde, wurden den zugewanderten Italienerinnen und Italienern in der Schweiz erweiterte Aufenthaltsgarantien zugesichert, wie auch die Hürden für den Familiennachzug gesenkt wurden.[80] Dies veränderte – nicht sofort, sondern erst einige Jahre nach dem Inkrafttreten des Abkommens – die Ausgangslage zur Beantwortung von Bildungsfragen der Zugewanderten massgeblich. Ab 1972 wurde den italienischen Emigrantinnen und Emigranten in der Schweiz der Zugang zu Jahresbewilligungen nochmals erleichtert.[81] Waren Emigrationsorganisationen zuvor von einem temporären Aufenthalt der italienischen Arbeiter in der Schweiz ausgegangen, wurde in der zweiten Hälfte der 1960er-Jahre als Folge der Anpassungen der Ausländergesetzgebung[82] die permanente Niederlassung in der Schweiz zunehmend zu einer valablen Option der Zugewanderten.

Die hybride Situation zwischen Remigration und Niederlassung führte bei den Arbeitsmigrantinnen und -migranten dazu, sich möglichst viele Optionen offenzuhalten. Dies schlug sich in ambivalenten Qualifikationsbedürfnissen nieder, was für die Berufsbildung in der Emigration berücksichtigt werden musste.[83] Ende der 1960er-Jahre versuchten einzelne italienische Emigrationsorganisationen in der Schweiz, die Qualifikationskurse stärker auf die schweizerischen Verhältnisse auszurichten. Es waren zunächst in erster Linie die Colonie Libere, die sich um diese Öffnung bemühten, auch wenn die Kurssprache Italienisch blieb. Im Zuge dessen sollten sich die beruflichen Qualifikationen in beiden Arbeitsmärkten bewähren können.

Grundsätzlich war die Schweizer Seite bereit, mit den migrantischen Berufsbildungsorganisationen in Kontakt zu treten. Die Forderung, für die Kursabschlüsse anerkannte Zertifikate sowohl von Italien als auch von der Schweiz zu erhalten – was der Situation der Zugewanderten im Dazwischen entsprach –, erwies sich als illusorisches Vorhaben. Die Colonie Libere argumentierten, die italienischen Arbeitskräfte seien sehr stark am wirtschaftlichen Aufschwung der Schweiz beteiligt gewesen, nun sei es an der Zeit, dass die Schweiz dazu

---

80 Piguet, 2006, S. 26.
81 Berlinghoff, 2013, S. 120.
82 Niederberger, 2004, S. 53.
83 ASTi, FPC 41, ECAP, B3, Mappe 1, Zeitschrift «emigrazione», Oktober-November 1970.

beitrage, deren Integration in die hiesige Gesellschaft voranzutreiben.[84] Sie forderten, dass die beiden Staaten bilaterale Abkommen über die gegenseitige Anerkennung beruflicher Qualifikationen abschliessen sollten.[85] Überdies wurde in der fehlenden gegenseitigen Anerkennung von Abschlüssen in Italien und der Schweiz eine der entscheidendsten Ursachen für die Diskriminierung ausländischer Arbeitnehmer gesehen.[86] Die Idee der Colonie Libere, über bilaterale Verträge eine gegenseitige Anerkennung von Abschlüssen zu erreichen, erwies sich indes als ein zu hehres Ziel.[87] Das Bundesamt für Industrie, Gewerbe und Arbeit lehnte eine Äquivalenzbescheinigung von schweizerischen und italienischen Abschlüssen aufgrund unübersichtlicher Verhältnisse im italienischen Qualifikationswesen kategorisch ab,[88] obwohl auf europäischer Ebene gleichzeitig erste Gespräche über die Schaffung gemeinsamer Qualifikationsstandards stattfanden.[89] Bis heute ist das Versprechen einer internationalen Anerkennung von nationalen Schul- und Berufsabschlüssen nicht eingelöst.[90] Eine schrittweise Öffnung des Kurswesens fand dennoch statt. Eine erste Anbindung an die Verhältnisse in der Schweiz wurde über eine eigens dafür geschaffene Vermittlungsorganisation hergestellt. Die «Zürcher Kontaktstelle für Italiener und Schweizer»[91] wurde im November 1967 mit dem Ziel gegründet, den italienischen Vereinigungen in der Schweiz die Verbindung mit schweizerischen Organisationen und Behörden zu erleichtern.[92] Mitinitianten dieses als Informations- und Beratungsstelle eingerichteten Vereins waren Leonardo Zanier, der damalige Leiter der Kulturkommission der FCLIS, Peter Gessler und Elena Fischli. Peter Gessler war damals Studienleiter des protestantischen

84 ASTi, FPC 41, ECAP, A12bis, Mappe 2, Unterlagen zur Tagung «Die berufliche Entwicklung ausländischer Arbeiter in der Schweiz», 10.–11. Februar 1968.
85 SSA, Ar 48.20.1, Mappe 3, Leonardo Zanier: Zur beruflichen Ausbildung der italienischen Einwanderer in der Schweiz, Typoskript zur Mitgliederversammlung der Zürcher Kontaktstelle, 3. Februar 1969; EI, Juni 1969, «Proposte per la formazione dei lavoratori emigrati».
86 ECAP-CGIL, 1972, S. 34–36.
87 Zu dieser Frage wurde im Dezember 1972 eine Ad-hoc-Kommission einberufen, in der die Schweizer Behörden auf dem eidgenössischen Fähigkeitszeugnis als allein gültigem Berufsabschluss beharrten. ASTi, FPC 41, ECAP, B8, Mappe 3, Protokoll Ad-hoc-Kommission zur Berufsbildung, 18.–19. Dezember 1972.
88 Hirt, 2009, S. 424.
89 ASTi, FPC 41, ECAP, B2, Mappe 4, Kommission der Europäischen Gesellschaft: Anwendung des Europäischen Berufsbildes für die Ausbildung von Facharbeitern an spanenden Werkzeugen, 29. September 1970.
90 Zur Erarbeitung des Europäischen Qualifikationsrahmens (EQR): Grollmann, Spöttl, Rauner, 2006; zur Schwierigkeit der Verwertung ausländischer Bildungsabschlüsse: Weins, 2010.
91 1974 wurde die Stelle in «Zürcher Kontaktstelle für Ausländer und Schweizer» umbenannt.
92 SSA, Ar 48.10.1, Mappe 1, Protokoll der Gründungsversammlung, 11. November 1967.

Tagungszentrums Boldern in Männedorf.[93] Elena Fischli, geborene Dreher, war privilegiert in Italien aufgewachsen, engagierte sich während und nach dem Krieg in Rom und Varese karitativ und leitete anschliessend bis 1950 ein Kinderdorf in Mailand. Seither lebte Elena Fischli in der Schweiz und wirkte an der Kunstgewerbeschule in Zürich mit – unter anderem mit einer Aktion zur «Ungarn-Hilfe» 1957.[94]

Eine paritätische Zusammensetzung versuchte die Zürcher Kontaktstelle auch aufseiten ihrer Mitglieder zu erreichen, indem italienische Vereinigungen wie auch schweizerische Organisationen und Behörden angeschrieben wurden. Wenngleich die Kontaktstelle die gewünschte breite Abstützung durch unterschiedliche Emigrationsorganisationen nicht ganz erreichte,[95] diente sie den Colonie Libere in Bildungsfragen als unverzichtbares Scharnier zur schweizerischen Öffentlichkeit. Fragen der beruflichen Weiterbildung und der Beschulung der Migrantenkinder standen unter dem Einfluss von Leonardo Zanier schon bald weit oben auf der politischen Agenda der Kontaktstelle.[96]

Bereits einige Monate nach der Gründung organisierte die Kontaktstelle eine erste Tagung zu Berufsbildungsfragen von Immigranten. Entsprechend der Teilnehmerliste bot die Veranstaltung mit dem Titel «Die berufliche Entwicklung ausländischer Arbeiter in der Schweiz» die Möglichkeit eines breiten Austauschs, waren doch schweizerische Behörden, Sozial- und Berufsberater, Personalbeauftragte von Industrieunternehmen, Vertreter der berufsbildenden Emigrationsorganisationen und der italienische Generalkonsul anwesend. Auch hier zeigt sich, dass schweizerische Stellen durchaus offen auf die Initiativen der italienischen Organisationen reagierten.

Über die in Zusammenarbeit mit der Zürcher Kontaktstelle organisierten Tagungen kamen die italienischen Emigrationsorganisationen in Kontakt mit schweizerischen Behörden, die – wenngleich sie nicht direkt auf die Forderung der Anerkennung eingingen – zu einer längerfristigen Zusammenarbeit bereit waren. Die grösste dieser Tagungen fand 1972 unter dem Titel «Bildung und Berufsausbildung italienischer Arbeitnehmer in der Schweiz» statt.[97] Die Tagungsunterlagen verdeutlichen, wie diese Arbeitstreffen sich zu einer unverzichtbaren Vermittlungsplattform zwischen unterschiedlichen Ansprüchen und Positionen zur beruflichen Qualifizierung der zugewanderten Arbeiterin-

---

93   Rüsch, 2010, S. 380. Peter Gessler war zudem 1968 Mitbegründer der «Erklärung von Bern» und engagierte sich schon früh für Migrations- und Entwicklungspolitik.
94   SSA, Ar 48.20.1, Mappe 1, C. V. von Elena Fischli, undatiert; de Mestral, 2005.
95   SSA, Ar 48.10.2, Mappe 1, Protokoll der Vorstandssitzung, 4. Februar 1974.
96   SSA, Ar 48.10.3, Mappe 1, Protokoll des Arbeitsausschusses, 7. Oktober 1968.
97   ECAP-CGIL, 1972.

nen und Arbeiter entwickelten. Staatliche Behörden, Arbeitnehmervertreter und weitere Vereinigungen beider Länder traten so miteinander in Austausch.[98] Neben den Bestrebungen, ihre eigenen Kursabschlüsse behördlich anerkennen zu lassen, studierten die Protagonisten der Colonie Libere die Berufsbildung in der Schweiz. Bereits 1965 erschien in der Zeitschrift «Emigrazione Italiana» ein Artikel, der die Grundzüge des schweizerischen Berufsbildungswesens vorstellte.[99] Mit der zunehmenden Öffnung gegenüber den schweizerischen Verhältnissen Ende der 1960er-Jahre wurden die Colonie Libere auf den Artikel 30 des damals geltenden Berufsbildungsgesetzes von 1963 aufmerksam, wonach jemand zur eidgenössischen Lehrabschlussprüfung zugelassen war, der doppelt so lange wie die vorgeschriebene Lehrzeit auf dem Beruf gearbeitet hatte und über die Berufskenntnisse verfügte. So kam die Idee auf, die eigenen Kurse vermehrt auf die schweizerischen Abschlüsse auszurichten, was im Lauf der 1970er-Jahre vereinzelt mit Erfolg umgesetzt werden konnte.[100]

Die zunehmende Orientierung an schweizerischen Verhältnissen zeigte sich auch darin, dass die Colonie Libere mit den Gewerkschaften in der Schweiz in Kontakt traten. Das Verhältnis zwischen schweizerischen Gewerkschaften und ausländischen Arbeitskräften war ambivalent, da die Gewerkschaften Lohndumping und Konkurrenz fürchteten, wenn die Konjunktur einbrechen sollte.[101] Gerade die Kampagnen gegen die «Überfremdung»,[102] die im Untersuchungszeitraum von der rechtsnationalen Seite geführt wurden, stellten die schweizerischen Gewerkschaften vor besondere Herausforderungen, da ein beachtlicher Teil der Gewerkschaftsbasis den ausländischen Arbeitskräften ablehnend gegenüberstand, wohingegen die Gewerkschaftsspitzen die «Überfremdungsinitiativen» ablehnten. Ungeachtet dieser inneren Spannungen versuchten die Gewerkschaften, ausländische Arbeitskräfte in ihre Reihen aufzunehmen.[103] Besassen doch die zugewanderten Arbeiterinnen und Arbeiter weniger Rechte als schweizerische Arbeiterinnen und Arbeiter, weshalb sie bei einem Einbruch der Konjunktur zuerst entlassen werden konnten und so als «Konjunkturpuf-

---

98   ASTi, FPC 41, ECAP, B9, Mappe 4, Considerazioni conclusivi, ECAP-convegno, Boldern, 22.–23. Januar 1972.
99   EI, Dezember 1965, «La formazione professionale».
100 EI, Februar 1969, «Aspetti dell'istruzione professionale degli emigrati italiani in Svizzera». Ausführlich dazu Kap. 3.5.
101 Steinauer, von Allmen, 2000.
102 Zum Entstehungskontext des Begriffs «Überfremdung»: Kury, 2003; zu den «Überfremdungskampagnen» in der zweiten Hälfte des 20. Jahrhunderts und zur «Schwarzenbach-Initiative»: Buomberger, 2004; zur Bekämpfung der «Schwarzenbach-Initiative»: Maiolino, 2011.
103 D'Amato, 2001, S. 218–219.

fer» herhalten mussten.[104] Dies führte zu einer weiteren Verunsicherung der zugewanderten Italienerinnen und Italiener in der Schweiz.
Emigrationsorganisationen und schweizerische Gewerkschaften hatten durchaus auch gemeinsame Interessen. Der Schweizerische Metall- und Uhrenarbeiterverband (SMUV) unterstützte 1966 in Bern die Einrichtung von beruflichen Weiterbildungskursen für italienische Arbeitnehmer,[105] was seitens der italienischen Emigrationsorganisationen sehr geschätzt wurde.[106] Die Colonie Libere ihrerseits koordinierten ihre Qualifikationskurse für Emigranten im Bauwesen mit der Zürcher Sektion des Schweizerischen Bau- und Holzarbeiterverbands (SBHV).[107] In den 1970er-Jahren konnte die von den Colonie Libere gegründete Stiftung «Ente Confederale Addestramento Professionale» (ECAP) in den Räumlichkeiten des SMUV in Zürich ihr Büro einrichten.[108]
Die Colonie Libere waren jedoch nicht die einzigen in der Berufsbildung engagierten Emigrationsorganisationen, die sich Ende der 1960er-Jahre zunehmend auf die schweizerischen Verhältnisse ausrichteten. Auch ENAIP, durch die enge Verbindung der ACLI mit der italienischen Regierungspartei «Democrazia Cristiana» bislang noch viel deutlicher auf die Situation in Italien ausgerichtet, öffnete sich gegenüber den Verhältnissen in der Schweiz, als sich die ACLI 1969 kurzzeitig von der Partei lösten und stärker gewerkschaftlich agierten.[109] Infolgedessen erfuhren auch die Berufsbildungszentren von ENAIP in Italien einen Innovationsschub. Neue Zentren wurden aufgebaut und praktische Kursinhalte gefördert.[110]
Obwohl ENAIP selbst sich an den Aktivitäten der Kontaktstelle nicht direkt beteiligte,[111] entwickelte sich in den frühen Jahren eine distanzierte, aber funktionierende Zusammenarbeit mit der ECAP. Trotz aller politischen Differenzen wurde eine gemeinsame Strategie ins Auge gefasst, um der ausschliesslichen Berücksichtigung der Interessen der Unternehmen entgegenzuwirken.[112] So

104 Berlinghoff, 2013, S. 136.
105 ASTi, FPC 41, ECAP, A1, Mappe 1bis, Sekretariatsbericht des Schweizerischen Gewerkschaftsbunds, 13. Juni 1983; Hirt, 2009, S. 407.
106 ASTi, FPC 41, ECAP, A10, Mappe 1, Brief von Leonardo Zanier an Enrico Vercellino, 12. Juni 1974.
107 ASTi, FPC 41, ECAP, B1, Mappe 1, Protokoll der gemeinsamen Aktion, undatiert.
108 ASTi, FPC 41, ECAP, A1, Mappe 1, Entwurf der ECAP-Statuten, undatiert.
109 Bottinelli et al., 1973, S. 52–53.
110 Die Neuausrichtung von ENAIP weckte gar das Interesse der «Neuen Zürcher Zeitung», die einen halbseitigen Artikel dazu veröffentlichte: NZZ, 26. Januar 1972, «Probleme der italienischen Auswanderung. Eine Bestandesaufnahme der ENAIP». Siehe auch ASTi, FPC 41, ECAP, B6, Mappe 1, Il servizio formativo dell'ENAIP, 1972.
111 ASTi, FPC 41, ECAP, D4, Mappe 1, Gruppo insegnanti e ENAIP: Offener Brief an die Zürcher Kontaktstelle, 1972.
112 ASTi, FPC 41, ECAP, D1, Mappe 3, Brief von Leonardo Zanier an Ines Pisoni, 14. Juli 1969.

wurden gemeinsame Fortbildungsseminare für Kursleiterinnen und -leiter organisiert.[113] Des Weiteren interessierten sich die beiden Zentrumsleiter für die Aktivitäten der jeweilig anderen Organisation.[114] Zudem konkurrierten sich die beiden Organisationen nicht, da sie in unterschiedlichen Stadtkreisen Zürichs tätig waren.[115]

Die stärkere Zusammenarbeit der beiden führenden berufsbildenden Emigrationsorganisationen in Zürich beruhte auf dem Bestreben, die italienischen Vereinigungen in der Schweiz stärker zu bündeln. Im April 1970 fand in Luzern ein Kongress der italienischen Emigrationsorganisationen in der Schweiz statt, um die Absicht zu bekräftigen, gemeinsam auf eine Verbesserung der Arbeits- und Lebensbedingungen von Zugewanderten hinzuwirken. Themen des Kongresses waren unter anderem die Berufsbildung der Emigranten sowie die schulische Bildung von deren Kindern, wobei insbesondere die Forderung nach gleichen Rechten in diesen beiden Bereichen öffentlich formuliert wurde. Beschlossen wurde während der Konferenz, ein Verständigungskomitee («Comitato nazionale d'intesa») zu gründen, um dem gemeinsamen Auftritt mehr Gewicht zu verleihen.[116] Eine gemeinsame Strategie der italienischen Vereinigungen wurde zudem durch die «Schwarzenbach-Initiative», die im Juni desselben Jahres zur Abstimmung kam, befördert. In den folgenden Jahren erreichte das neu geschaffene Gremium auch Resonanz auf bundespolitischer Ebene. Im Rückblick wird der Kongress in Luzern von den Protagonistinnen und Protagonisten als Schlüsselmoment in der Geschichte der italienischen Emigration in der Schweiz bezeichnet, der schliesslich zu einer partiellen Überwindung der politischen Differenzen der italienischen Emigrationsorganisationen in der Schweiz beitrug.[117] Dieser gemeinsame politische Auftritt gegenüber der schweizerischen Öffentlichkeit war für die Wahrnehmung der Forderungen in der Schweiz äusserst wichtig. Zu einer direkten Verbesserung in Bildung und Berufsbildung führte der gemeinsame Auftritt dennoch nicht, denn die Auseinandersetzung mit den konkreten Herausforderungen im bildungspolitischen Feld blieb eine Aufgabe der lokalen Emigrationsorganisationen.

---

113 ASTi, FPC 41, ECAP, B3, Mappe 2, Seminario, 10. Juli 1970; ASTi, FPC 41, ECAP, B8, Mappe 4, Seminario per quadri dirigenti, 2.–6. Oktober 1972.
114 ASTi, FPC 41, ECAP, D3, Mappe 4, Brief von Leonardo Zanier an Luciano Persico, 21. November 1972.
115 ASTi, FPC 41, ECAP, A1, Mappe 1, Brief des Generalkonsuls an das kantonale Amt für Berufsbildung Zürich, 23. Januar 1973.
116 ASTi, FPC 41, ECAP, B2, Mappe 2, Primo convegno delle associazioni di emigrati italiani in Svizzera, Luzern, 25.–26. April 1970.
117 Gespräch mit Franco Narducci, 26. Oktober 2015; Gespräch mit Sibilla Schuh, 11. Dezember 2015.

Neben der partiellen Öffnung des Kurswesens zeigten die Jahre um 1970 eine zunehmende Institutionalisierung der Tätigkeit der italienischen Berufsbildungsorganisationen in der Schweiz, was sich insbesondere an der Gründung der ECAP festmachen lässt. Der Wunsch der Colonie Libere nach einer eigenen Organisationsstruktur für die Weiterbildungskurse wurde bereits Mitte der 1960er-Jahre geäussert.[118] Im Jahr 1969 wurde die «Ente Confederale Addestramento Professionale» (ECAP) gegründet, um die bis anhin von den einzelnen Colonie Libere organisierten Kurse in einem eigentlichen Berufsbildungszentrum zu bündeln. Es war auch eine Antwort auf die oben geschilderten Herausforderungen. Mit eigenen Kursräumen am Sitz der ECAP wurde der permanenten Raumnot abgeholfen. Die Kursleiter wurden über eigene Weiterbildungsangebote stärker an die Institutionen gebunden. Das grösste Problem blieb die finanzielle Unsicherheit, wenngleich die Gründung der ECAP es ermöglichte, Subventionen für die Kurse vom Bundesamt für Industrie, Arbeit und Gewerbe zu beantragen.[119]

Die Schaffung der ECAP kann zudem als Öffnung gegenüber den Verhältnissen in der Schweiz verstanden werden, denn sie erfolgte auch, um sich vom kommunistischen Umfeld der Colonie Libere zu distanzieren und die reine berufliche Qualifikation als Zweck der Berufsbildungskurse darzustellen. Das antikommunistische Klima in der Schweiz führte dazu, dass die Colonie Libere aufgrund ihrer Verbindungen zur Kommunistischen Partei Italiens unter Beobachtung standen.[120] So warnte beispielsweise ein Handels- und Industrieverein vor der Agitation der «kommunistischen Fremdarbeiterorganisation Colonie Libere Italiane», die sich der Ideen aus «ausländischen politischen Mottenkisten» bediene.[121] In diesem Zusammenhang ist es wenig erstaunlich, dass die Colonie Libere in den Jahren zuvor von schweizerischen Behörden gemahnt worden waren, die Weiterbildungskurse hätten ausschliesslich der beruflichen Qualifikation zu dienen und dürften nicht im Widerspruch zu fremdenpolizeilichen Bestimmungen stehen.[122]

---

118   ASTi, FPC 41, ECAP, A12bis, Mappe 2, Comitato regionale CLI, 15. Januar 1966.
119   ASTi, FPC 41, ECAP, D1, Mappe 3, Brief von Leonardo Zanier an Ines Pisoni und Graziella Jorio, 7. Juli 1969.
120   Zum damaligen antikommunistischen Klima in der Schweiz: Bretscher-Spindler, 1997; zur politischen Kommunikation in der Schweiz: Imhof, 1999; zum Verhältnis von Kaltem Krieg, Gemeinschaftsideologie und Überfremdungsdebatte: Romano, 1999; zu den Facetten des Antikommunismus: Caillat et al., 2009.
121   ASTi, FPC 41, ECAP, D4, Mappe 1, Brief des Handels- und Industrievereins Zofingen an seine Mitglieder, 22. Januar 1972.
122   ASTi, FPC 41, ECAP, B1, Mappe 3, Brief des Hochbauamts der Stadt Zürich an Leonardo Zanier, 20. Oktober 1966.

Die Herauslösung der ECAP aus den Colonie Libere liess eine Unabhängigkeit von den Kommunisten vermuten, die so nicht gegeben war. Denn unter dem Akronym ECAP betrieb der italienische Gewerkschaftsbund CGIL, welcher der Kommunistischen Partei Italiens nahestand, Weiterbildungszentren in Italien.[123] Die ECAP in der Schweiz profitierte von den Ressourcen, welche die CGIL zur Verfügung stellte, agierte gegenüber den schweizerischen Behörden aber weitgehend unabhängig.

Die Verbindung mit der CGIL nährte den Anspruch, die Kurse nicht nur auf berufliche Qualifikationen hin auszurichten, sondern vermehrt auch allgemeinbildende Elemente und Inhalte gewerkschaftlicher Bildung in diese aufzunehmen.[124] Deshalb wurden seit den frühen 1970er-Jahren auch Fortbildungsseminare für die ECAP-Kursleiterinnen und -leiter in der Schweiz beworben, die von der Mutterorganisation in Italien organisiert wurden.[125] Diesen Fortbildungen kam im Hinblick auf die Ausrichtung des Kursangebots ein grosses Gewicht zu. In der Folge wurde auch eine der jährlichen Tagungen der ECAP unter dem Titel «Formazione insegnanti», also der Fortbildung der Kursleiter, veranstaltet.[126]

Die neu geschaffene ECAP in Zürich intensivierte den Kontakt mit den schweizerischen Gewerkschaften. Die Kooperation mit dem SMUV, in dessen Räumlichkeiten die ECAP ihr erstes Büro eingerichtet hatte, war naheliegend, weil Metallarbeiterkurse – neben den Kursen für Bauleute – am häufigsten angeboten wurden.[127] Die Zusammenarbeit mit schweizerischen Gewerkschaften erlaubte es der ECAP, gegenüber Schweizer Behörden und Institutionen als seriöse Anbieterin von Berufsbildung aufzutreten. Eine Anfrage des SMUV wegen Räumen für berufsbildende Kurse für italienische Arbeiterinnen und Arbeiter wurde von den Gewerbeschulen der Stadt Zürich eher bewilligt[128] als dieselbe Anfrage von den als kommunistisch infiltriert betrachteten Colonie Libere Italiane.

Doch auch die Zusammenarbeit mit schweizerischen Gewerkschaften verlief nicht reibungslos. Ein Vertreter des Gewerkschaftsbunds in Zürich äusserte

---

123 ASTi, FPC 41, ECAP, B1, Mappe 4, Notiziario ECAP sulla formazione professionale, 1966.
124 Ausführlich zur Programmatik der Gewerkschaftsbildung: Kap. 4.3.
125 ASTi, FPC 41, ECAP, D2, Mappe 3, Brief von Leonardo Zanier an die Kursverantwortlichen, 12. Dezember 1971.
126 ECAP-CGIL, 1976b.
127 Auch die Gewerkschaft Bau und Holz erwies sich als relevante Kooperationspartnerin der ECAP in der Schweiz. Siehe ASTi, FPC 41, ECAP, parte D.
128 ASTi, FPC 41, ECAP, D2, Mappe 3, Bewilligung der Gewerbeschule der Stadt Zürich für den SMUV zur Nutzung der Räumlichkeiten für «Fachausbildungskurse für italienische Gastarbeiter», 7. Juli 1971.

sich kritisch zur Zusammenarbeit mit der ECAP, solange die CGIL dahinterstehe. Es sei undenkbar, eine Zusammenarbeit mit den Kommunisten öffentlich zu kommunizieren.[129] Und die kommunistisch geprägten Kursinhalte waren gegenüber der schweizerischen Linken ebenfalls nicht einfach zu rechtfertigen. Der Sekretär der Sozialdemokraten des Kantons Zürich, Karl Gmünder, formulierte denn auch seine Bedenken gegenüber einer solchen Gewerkschaftsbildung – den Gewerkschaften seien aufgrund des herrschenden Arbeitsfriedens in der Schweiz die Hände gebunden.[130] So waren in der Schweiz – im Vergleich zu Italien – in den 1960er- und 70er-Jahren nur sehr wenige Streiks zu verzeichnen.[131] Und wenn die Gewerkschaft Bau und Holz (GBH) in den 1970er-Jahren laut darüber nachzudenken begann, ob der Arbeitsfriede zu relativieren sei,[132] blieben grosse Streikwellen doch aus. Die unterschiedlichen Auffassungen in der Schweiz und in Italien darüber, wie Arbeitnehmer und Arbeitgeber Sozialpartnerschaften auszuhandeln hätten, schlugen sich demnach auch in unterschiedlichen Vorstellungen darüber nieder, welche Inhalte unter Allgemeinbildung zu subsumieren seien. Die ECAP versuchte dies produktiv zu wenden und machte die unterschiedlichen Auffassungen selbst zu einem Bildungsinhalt einer Fortbildung für Kursleiter. Dabei wurden «Strategie und Kampf der italienischen Gewerkschaften» der «Vertragspolitik der schweizerischen Gewerkschaften» gegenübergestellt.[133]

Die ECAP wurde in ihrer Kommunikation gegenüber den schweizerischen Behörden vorsichtiger. Im Frühjahr 1971 wandte sich Leonardo Zanier schriftlich an die Abteilung Berufsbildung des Bundesamts für Industrie, Gewerbe und Arbeit, um die ECAP als rein berufsbildende Organisation vorzustellen. Weder die Colonie Libere noch die CGIL erwähnte er in diesem Schreiben namentlich. Verbindungen zu kommunistischen Organisationen legte er also nicht offen, vielmehr betonte er die Subventionierung der Kurse durch das italienische Aussenministerium über das Generalkonsulat sowie die gute Zusammenarbeit mit schweizerischen Gewerbeschulen, deren Räume die ECAP benutzen durfte. Zanier nahm mit dem Amt für Berufsbildung Kontakt auf, um die Heraus-

---

129 ASTi, FPC 41, ECAP, D1, Mappe 4, Brief von Leonardo Zanier an CGIL Roma, 20. Oktober 1970.
130 ASTi, FPC 41, ECAP, D1, Mappe 4, Bericht zum Treffen mit Karl Gmünder (Sekretär der Sozialdemokratischen Partei des Kantons Zürich), 2. Juni 1970.
131 Degen, 2013.
132 Degen, 2012.
133 ASTi, FPC 41, ECAP, B1, Mappe 1, ECAP-Schulungsdossier, 1975. Ausführlich zur Vermittlung zwischen italienischen und schweizerischen Kontexten: Kap. 4.4.

forderungen im Bereich der beruflichen Qualifikation italienischer Arbeiter in der Schweiz gemeinsam zu diskutieren.[134]

In diesem Sinn entwickelte die ECAP eine geschickte doppelte Kommunikationsstrategie, indem nach innen die Notwendigkeit einer Gewerkschaftsbildung unterstrichen wurde, nach aussen hingegen die Kurse als allein der beruflichen Qualifikation dienend dargestellt wurden. Dies war nötig, um die Kurse gegenüber den schweizerischen Behörden zu legitimieren, da noch immer der Wunsch nach einer Anerkennung der Kurszertifikate seitens des schweizerischen Arbeitsmarkts im Raum stand. Dies blieb allerdings ein Wunsch, da die Kursstruktur weiterhin von den Vorgaben des italienischen Arbeitsministeriums bestimmt wurde, was mit dem schweizerischen Ausbildungsmodell nicht zu vereinbaren war. In finanzieller Hinsicht war die Hinwendung zu den schweizerischen Behörden jedoch erfolgreich. So unterstützte das Amt für Berufsbildung der Volkswirtschaftsdirektion des Kantons Zürich die Kurse der ECAP und von ENAIP, forderte dafür allerdings einen Rechenschaftsbericht über die Kurse. Dieser wurde über das Generalkonsulat eingereicht. Der Kanton Zürich entrichtete schliesslich Beiträge an die Besoldung der Kursleiter, an die Lehrmittel, an das Schulmobiliar und an die Miete von Schulräumen.[135] Insofern wurde zwar keine offizielle Anerkennung der Abschlüsse erreicht, die finanzielle Unterstützung zeigt aber, dass die schweizerischen Behörden das Bestreben der italienischen Emigrationsorganisationen als durchaus sinnvoll anerkannten.

Ein weiterer Schritt zur klareren Positionierung als Weiterbildungsorganisation bestand im Bezug von eigenen Räumlichkeiten, die spezifisch für berufliche Qualifikationskurse eingerichtet wurden. 1973 bezog die ECAP eigene Schulräume in Zürich Affoltern,[136] welche günstig zwischen den damaligen Industriestandorten Zürich Oerlikon und Zürich West lagen, wo zahlreiche Italienerinnen und Italiener Arbeit fanden. ENAIP verfügte seit ein paar Jahren ebenfalls über eigene Räumlichkeiten für Kurse. Um tatsächlich auch praktische Übungen vor Ort durchführen zu können, mussten die Räume mit teilweise schweren Maschinen ausgestattet werden. Insbesondere die häufig nachgefragten Kurse für Dreher und Fräser sowie die Schweisserkurse waren insofern kostenintensiv, als dafür Geräte benötigt wurden, welche oft als Occasionen von Betrieben übernommen und in den eigenen Räumen installiert

---

134 ASTi, FPC 41, ECAP, D2, Mappe 1, Brief von Leonardo Zanier an das Amt für Berufsbildung im BIGA, 17. März 1971.
135 ASTi, FPC 41, ECAP, D8, Mappe 2, Bericht über die Subventionseingabe, Amt für Berufsbildung des Kantons Zürich, 22. Dezember 1975.
136 ASTi, FPC 41, ECAP, A1, Mappe 1, Mietvertrag, 1972; EI, 24. Oktober 1973, «Inaugurato a Zurigo il ‹Centro ECAP-CGIL per la formazione professionale›».

wurden.[137] Diese Anschaffungen waren erstens teuer, weshalb die ECAP dafür Finanzierungsgesuche an das Kantonale Industrie- und Gewerbeamt in Zürich und an das Arbeitsministerium in Rom stellte.[138] Zweitens konnten die Maschinen nicht in jedem beliebigen Gebäude in Betrieb genommen werden. Statische Abklärungen waren ebenso notwendig wie die Installation von Schall- und Vibrationsdämpfungen.[139]
Die eigenen Räumlichkeiten drückten den Stellenwert der Berufs- und Weiterbildung innerhalb der Colonie Libere aus, gleichzeitig profitierten die Letzteren von den ECAP-Räumlichkeiten, da sie diese für eigene Veranstaltungen nutzen konnten.[140] Die eigene Organisationsstruktur und die eigenen Räumlichkeiten dürfen jedoch nicht darüber hinwegtäuschen, dass die ECAP keineswegs unabhängig agierte. Nach wie vor war sie stark in die Colonie Libere eingebunden, welche gerade für die Akquirierung von Kursteilnehmerinnen und -teilnehmern eine unverzichtbare Ressource darstellte.[141]
Über die Eröffnung des ECAP-Zentrums in Zürich berichtete selbst die bürgerliche «Neue Zürcher Zeitung». Deren Journalist scheint von den Tätigkeiten der ECAP beeindruckt gewesen zu sein. Insbesondere strich er heraus, unter welch erschwerenden Bedingungen die Kurse durchgeführt wurden. Auf der einen Seite wies auf den Aufwand hin, den die Emigranten für den Kursbesuch zu leisten bereit seien, denn neben der anstrengenden Berufstätigkeit im Betrieb nehme der Kursbesuch einen grossen Teil der schon knapp bemessenen Erholungszeit in Anspruch. Auf der anderen Seite stehe die Organisation vor der Herausforderung, geeignete Lehrkräfte für die Kurse anzustellen. Weil Schweizer Ingenieure die niedrigen Entschädigungen, welche die ECAP zahlen könne, kaum akzeptierten, seien es oftmals italienische Facharbeiter, die sich als Kursleiter zur Verfügung stellten.[142] Mögliche kommunistische Verstrickungen, über welche die «Neue Zürcher Zeitung» ansonsten sehr kritisch berichtete, waren in diesem Artikel kein Thema. Die Kommunikationsstrategie der ECAP – gegenüber der schweizerischen Öffentlichkeit die Verbindungen zur italienischen Linken nicht allzu stark zu betonen – ging also auf.
Italienische Fabrikarbeiter waren jedoch nicht nur in den grossen Städte der Schweiz tätig, wo mittlerweile Strukturen zur beruflichen Weiterbildung auf-

137 ASTi, FPC 41, ECAP, A1, Mappe 1, Liste anzuschaffender Maschinen, 29. Juni 1972.
138 ASTi, FPC 41, ECAP, A1, Mappe 1, Brief von Leonardo Zanier an das Kantonale Amt für Industrie, Gewerbe und Arbeit, 16. Januar 1973.
139 ASTi, FPC 41, ECAP, A1, Mappe 1, Brief des Vermieters Hermann Hausmann an Leonardo Zanier, 19. September 1972.
140 SSA, Ar 40.50.2, Mappe 3, Brief von Sibilla Schuh an die Elternkomitees, undatiert.
141 Die Zeitschrift der Colonie Libere, die «Emigrazione Italiana», diente der ECAP zur Bekanntmachung ihrer Kursprogramme.
142 NZZ, 15. Oktober 1973, «Ein Ausbildungszentrum für Fremdarbeiter», S. 29.

gebaut worden waren, sondern auch in Agglomerationsgemeinden oder in der Peripherie. Dies stellte die italienischen Berufsbildungsorganisationen in der Schweiz vor die Herausforderung, auch ausserhalb der Zentren Kurse anzubieten, wo keine eigenen Kursräume zur Verfügung standen. Vielerorts konnte allerdings eine Zusammenarbeit mit lokalen Betrieben initiiert werden, um die Kurse in deren Werkstätten durchzuführen.[143] Denn obschon diese Kurse nicht zu einem schweizerischen Berufsabschluss führten, schätzte die schweizerische Industrie den Wert der vermittelten Qualifikationen.[144]

Doch nicht immer verliefen solche Kollaborationen mit Industriebetrieben konfliktfrei. So beschwerte sich die Waggonfabrik in Schlieren bei der ECAP, die Kurse seien ohne ihre Einwilligung ausgebaut worden. Zudem hatte der Betrieb deutlich weniger Interesse an der Zusammenarbeit, nachdem dessen Personalverantwortliche festgestellt hatten, dass sich die Absolventen der ECAP-Kurse – anders als in Aussicht gestellt – kaum anwerben liessen.[145] Schweizerische Unternehmen hatten also mitunter durchaus ein Interesse an einer Weiterqualifizierung der italienischen Arbeiterinnen und Arbeiter, sofern sie selbst davon profitierten.[146]

Die Berufsbildungsverwaltungen wie auch die schweizerische Öffentlichkeit reagierten darauf, dass die Emigrationsorganisationen ihre Angebote immer deutlicher auf die Verhältnisse in der Schweiz ausrichteten: Erstens wurden die italienischen Ausbildungszentren von den kantonalen und nationalen Behörden regelmässig mit namhaften finanziellen Beiträgen unterstützt. Dies korrespondierte mit der damaligen auf diskursiver Ebene herrschenden Übereinkunft, soziale Herausforderungen mittels Bildung und beruflicher Qualifikation anzugehen. Zweitens jedoch weigerte sich die schweizerische Berufsbildungspolitik, auf die pauschale Forderung nach Anerkennung italienischer Abschlüsse einzutreten, und verhinderte somit eine Durchlässigkeit zwischen den Qualifikationssystemen Italiens und der Schweiz. Drittens erwiesen sich die in den Kursen erarbeiteten Qualifikationen auch ohne behördliche Anerkennung im schweizerischen Arbeitsmarkt als ausreichend für eine Beschäftigung, was bedeutet, dass auch die schweizerische Industrie das Kurswesen schätzte. Die italienischen Berufsbildungsinstitutionen in der Schweiz positio-

---

143 ASTi, FPC 41, ECAP, D2, Mappe 1, Brief von Leonardo Zanier an das italienische Aussenministerium, 18. Mai 1971.
144 NZZ, 15. Oktober 1973, «Ein Ausbildungszentrum für Fremdarbeiter», S. 29.
145 ASTi, FPC 41, ECAP, D4, Mappe 1, Brief der Wagonfabrik Schlieren an Leonardo Zanier, 5. Dezember 1972.
146 Beispielsweise in Schaffhausen mit der Georg Fischer AG. ASTi, FPC 41, ECAP, D4, Mappe 2, Brief von Leonardo Zanier an Mario Clerici, 19. Januar 1973.

nierten sich indes als Schnittstellen zwischen den Systemen, deren Überbrückung sie versprachen. Eine solche transnationale Betrachtung von bildungshistorischen Phänomenen vermag Verkürzungen zu vermeiden, welche sich aus einer nationalen Betrachtung der Veränderungen staatlicher Bildungssysteme ergeben können. So zeigt sich, dass Bildungssysteme – inklusive Berufsbildungssystemen – und deren Entwicklung stets auch von den Entwicklungen im internationalen Umfeld abhängig waren.[147] Gleichzeitig erhielten die Protagonisten der berufsbildenden Emigrationsorganisationen durch die Kooperationen mit Schweizer Gewerkschaften und Parteien sowie über die Zusammenarbeit mit der etablierten «Zürcher Kontaktstelle für Italiener und Schweizer» die Möglichkeit, sich indirekt in die Bildungsreformdebatten einzuschalten.

2.3. Konsolidierung und Konkurrenz

Im Lauf der 1970er-Jahre vermochten sich die Berufs- und Weiterbildungsorganisationen nach und nach zu konsolidieren. Die Voraussetzungen dafür waren unter anderem eine stabile Organisationsstruktur, gesicherte Räumlichkeiten sowie ein gefestigtes Kursprogramm. Nach wie vor blieben die Kurse sowohl auf den italienischen als auch auf den schweizerischen Arbeitsmarkt ausgerichtet, obgleich die Verhältnisse in der Schweiz tendenziell mehr Gewicht erhielten. Dennoch blieben auch die italienischen Behörden – insbesondere das italienische Generalkonsulat – wichtige Kooperationspartner für die Emigrationsorganisationen, weil sie erstens eine Konstanz der Kursprogramme und der damit angestrebten Qualifikationen gewährleisteten sowie zweitens für die Finanzierung der Kurse unabdingbar blieben. Die finanzielle Unterstützung der Kurse durch das italienische Aussenministerium verringerte sich zwar,[148] aber die steigenden Subventionsleistungen der schweizerischen Behörden kompensierten diese Lücken.

Unter den Voraussetzungen gesicherter Finanzierung konnte sich das Kurswesen stabilisieren. Das zeigte sich erstens darin, dass die ECAP wie ENAIP ausserhalb von Zürich weitere Berufsbildungszentren in der Schweiz einrichten konnten.[149] Insbesondere das ECAP-Zentrum in Basel vermochte sich sehr

147 Zum internationalen Argument in der (Berufs-)Bildungsreform: Gonon, 1998.
148 ASTi, FPC 41, ECAP, D5, Mappe 4, Kostenvoranschlag der ECAP an das italienische Generalkonsulat in Zürich, 4. Dezember 1974.
149 ASTi, FPC 41, ECAP, D2, Mappe 2, Ausrüstungsliste für die Lehrwerkstätten des ECAP-Zentrums in Schaffhausen, 1971; ASTi, FPC 41, ECAP, B9, Mappe 1, ECAP-cgil comitato Basilea, Dezember 1972; Privatarchiv ENAIP, Programma consuntivo di attività, 1972–73.

eigenständig zu positionieren.[150] Zweitens traten organisatorische Belange immer mehr in den Hintergrund. Die Suche nach Kursleitern[151] und Kursräumen[152] blieb zwar ebenso aktuell wie diejenige nach Werkmaschinen für die praktischen Unterrichtssequenzen,[153] jedoch gewannen die Diskussionen über die inhaltliche Ausrichtung der Kurse, über didaktische Probleme oder über die Rahmenbedingungen beruflicher Qualifikationen immer mehr an Bedeutung. Ersichtlich wird diese Schwerpunktsetzung daraus, dass die ECAP jährlich eine Tagung organisierte, die einem aktuellen Themenfeld gewidmet war. Den Auftakt dieser Reihe bildete die bereits erwähnte Tagung vom Frühjahr 1972, die gemeinsam mit der «Zürcher Kontaktstelle für Italiener und Schweizer» unter dem allgemein gehaltenen Titel «Bildung und Berufsausbildung italienischer Arbeitnehmer in der Schweiz» veranstaltet wurde.[154] Die in den darauffolgenden Jahren veranstalteten Tagungen behielten den Charakter von Austauschplattformen bei, auf denen sich Behörden und Gewerkschaften aus Italien und der Schweiz mit Vertretern der italienischen Berufsbildungsorganisation ECAP zur Auslotung von Problemlagen, Herausforderungen und Lösungsansätzen trafen. Wie die Teilnehmerlisten dieser Tagungen zeigen, wurden diese Veranstaltungen auch rege von den Kursleitern der ECAP und erstaunlicherweise sogar von interessierten Kursteilnehmern besucht.[155]

Die Tagungen zeigen eine Diversifizierung der Themenfelder hin zu allgemeinbildenden Aspekten einerseits und zur beruflichen Qualifikation der zweiten Generation andererseits. Damit erschloss sich die ECAP weitere Politikbereiche, welche für die italienischen Emigrantinnen und Emigranten von Bedeutung waren. Einerseits wurden allgemeinbildende Themenfelder wie das Recht auf Bildungsurlaub (1973),[156] die sprachliche Bildung der Arbeitsmigrantinnen und -migranten (1975)[157] und die Rolle der Gewerkschaften in der beruflichen Bildung (1976)[158] an den Konferenzen behandelt. Damit verbunden war die Forderung an die schweizerischen Unternehmen, Arbeiterinnen und Arbeitern

150 Zanier, 1997, S. 61. Den Einfluss von Emigrationsorganisationen auf die Migrationspolitik des Kantons Basel-Stadt in historischer Perspektive untersucht Flavia Grossmann (Universität Basel) und betrachtet dabei insbesondere die ECAP Basel.
151 EI, 4. Mai 1977, «Ricerca insegnanti».
152 Privatarchiv ENAIP, Diversa corrispondenza, Brief von ENAIP an die Liegenschaftsverwaltung der Stadt Zürich, 2. September 1976.
153 Privatarchiv ENAIP, Diversa corrispondenza, Brief von ENAIP an das Amt für Berufsbildung Zürich, 6. November 1975.
154 ECAP-CGIL, 1972.
155 ECAP-CGIL, 1976a, Abschnitt 14.
156 ASTi, FPC 41, ECAP, B12, Mappe 2, Lavoratori emigrati e diritto allo studio, 3° Convegno ECAP-CGIL Zürich, 29.–30. Juni 1973.
157 ECAP-CGIL, 1977a.
158 ECAP-CGIL, 1976a.

einen bezahlten Bildungsurlaub zu gewähren.[159] Andererseits kamen Fragen zur beruflichen Qualifikation der Kinder italienischer Arbeiterinnen und Arbeiter in der Schweiz an den Veranstaltungen zur Berufslehre in der Emigration (1974)[160] und zu Berufsbildungsproblemen junger Emigranten (1977)[161] zur Sprache. Hintergrund dieser Themenfelder war der erschwerte Zugang zur schweizerischen beruflichen Grundbildung für die Kinder der zugewanderten Arbeitskräfte.[162]

Grundsätzlich war die Öffnung Ausdruck einer zunehmenden Etablierung der ECAP in der Schweiz wie auch einer wachsenden Unabhängigkeit von den italienischen Behörden, was die inhaltliche Ausrichtung der Kurse betraf. Dies zeigte sich gleichermassen in einer Intensivierung der Fortbildungen für die Kursleiter. Neben den existierenden Fortbildungsseminaren der italienischen ECAP in Ariccia oder Meina begann die ECAP im Lauf der 1970er-Jahre, eigenständige Fortbildungsseminare zu organisieren und für alle ECAP-Kursleiter in der Schweiz auszuschreiben. Diese Seminare, die eine ganze Woche dauerten, drehten sich sowohl um die zu vermittelnden allgemeinbildenden und gewerkschaftlichen Inhalte als auch um methodisch-didaktische Aspekte.[163]

In diesem Zusammenhang intensivierte die ECAP die Kontakte zu weiteren amtlichen Stellen in der Schweiz. Weil vermehrt Angehörige der zweiten Generation der Zugewanderten an den Kursen der italienischen Berufsbildungsorganisationen teilnahmen, wurde eine Zusammenarbeit mit der lokalen Berufsberatung gesucht. Die ECAP beabsichtigte, die eigenen Berufsbildungsangebote bei den Berufsberatern bekannter zu machen. Weil der Zugang zur schweizerischen Berufslehre für die Kinder der zugewanderten Arbeiterinnen und Arbeiter erschwert sei, hätten die schweizerischen Berufsberatungen auf alternative Qualifikationsmöglichkeiten wie diejenigen der ECAP aufmerksam zu machen.[164]

Weitere Verschiebungen sind innerhalb der italienischen Emigrationsorganisationen zu verzeichnen. Der 1970 am Kongress in Luzern ins Leben gerufene «Comitato nazionale d'intesa» führte zunächst zu einer Zusammenarbeit zwischen den italienischen Emigrationsorganisationen, die in der Berufs- und Weiterbildung tätig waren. Auch deren Mutterorganisationen, die verschiede-

---

159 Zur Forderung nach Bildungsurlaub und zur Programmatik einer Gewerkschaftsbildung siehe Kap. 4.
160 ASTi, FPC 41, ECAP, A4, Mappe 3, Emigrazione e apprendistato, 4° Convegno ECAP-CGIL, 16.–17. März 1974.
161 ECAP-CGIL, 1977b.
162 Zur Berufsbildung der zweiten Generation siehe Kap. 3.5.
163 ECAP-CGIL, 1976b.
164 ASTi, FPC 41, ECAP, A3, Mappe 4, Notiz zum Treffen der ECAP mit der Berufsberatung des Bezirks Bülach, 25. Februar 1976.

nen Gewerkschaften Italiens, verfolgten in der ersten Hälfte der 1970er-Jahre eine gemeinsame Strategie zur Stabilisierung, Harmonisierung und öffentlichen Anerkennung der bestehenden beruflichen Qualifikationsmöglichkeiten.[165] Dieser Wille, trotz politischer Differenzen gemeinsam für eine Weiterentwicklung der beruflichen Bildungsmöglichkeiten einzustehen, schlug sich mit Abstrichen auch in den italienischen Weiterbildungsorganisationen in der Schweiz nieder.
Die schweizerischen Behörden standen der Absicht der italienischen Emigrationsorganisationen in der Schweiz, den italienischen Arbeiterinnen und Arbeitern berufliche Qualifikationsmöglichkeiten zu schaffen, die auch auf dem schweizerischen Arbeitsmarkt verwertet werden konnten, durchaus positiv gegenüber. Behördenvertreter nahmen an den Veranstaltungen der ECAP teil, stellten finanzielle Unterstützung zur Verfügung und vermittelten Kursräume. Nur auf die Forderung einer offiziellen Anerkennung der Abschlüsse gingen sie noch immer nicht ein.
Diese prinzipiell wohlwollende Haltung gegenüber den italienischen Kursen war keine Selbstverständlichkeit. Die Rezession nach der ersten Ölkrise 1973 dämpfte die Bildungseuphorie und zeigte die Grenzen der Bildungsexpansion auf. Dementsprechend wurden einige noch nicht umgesetzte Bildungsreformprojekte zurückgestellt. Dies traf auf das migrantische Kursangebot jedoch nicht zu, denn hier zeigten die schweizerischen Behörden eine zunehmende Kooperationsbereitschaft gegenüber den italienischen Berufsbildungsorganisationen in der Schweiz. Diese waren aus der Sicht der zugewanderten Arbeiterinnen und Arbeiter nötiger denn je, denn der schweizerischen Wirtschaft dienten sie als sogenannte Konjunkturpuffer.[166] Nach 1973 verloren innerhalb von fünf Jahren 16 Prozent der ausländischen Arbeitskräfte ihre Stelle in der Schweiz und mussten remigrieren.[167] Wer weiterhin eine Stelle hatte, spürte die zunehmende wirtschaftliche Anspannung und den damit verbundenen individuellen Druck, sich beruflich weiterzubilden. Insofern trug tragischerweise selbst die schwierige Wirtschaftslage dazu bei, dass sich das Kurswesen für italienische Arbeiterinnen und Arbeiter weiter konsolidieren konnte.
Erschwerend kam indes hinzu, dass die einzelnen Organisationen wieder zunehmend in Konkurrenz zueinander standen. Diese Situation verschärfte sich 1974, als eine neue berufsbildende Organisation für italienische Arbeiterinnen und Arbeiter, die «Scuola Professionale Emigrati» (SPE), gegründet wurde. Die Initiative für diese Neugründung kam aus der Belegschaft von ENAIP Zürich,

---

165 ASTi, FPC 41, ECAP, B11, Mappe 1, Gemeinsame Erklärung der italienischen Gewerkschaften CGIL, CISL, UIL und ACLI zur Berufsbildung, 17. März 1973.
166 Mahnig, Piguet, 2003.
167 Gees, 2004, S. 236.

insbesondere vom damaligen Schulleiter, und richtete sich gegen den Versuch von ENAIP Italien, die Tätigkeiten des Zentrums in Zürich wieder stärker unter ihre Kontrolle zu bringen.

In den Jahren zuvor agierten die ACLI, die katholischen Arbeiterorganisationen hinter ENAIP, progressiv. Gemeinsam mit italienischen Gewerkschaften beabsichtigten sie, die berufliche Aus- und Weiterbildung in Italien zu reformieren und auf eine stabile rechtliche Basis zu stellen.[168] Dazu sollten auch die Aus- und Weiterbildungskurse, welche ENAIP in Italien und in der Schweiz organisierte, an aktuelle didaktisch-methodische Erkenntnisse angepasst werden, was unter anderem bedeutete, mehr praktische Übungen und sowie Arbeit an grossen Werkzeugen und Maschinen in die Kurse einzubauen.[169] Dieses fortschrittliche Programm galt auch für das Zentrum in Zürich.

Der Auftrag, das Zentrum in Zürich zu reformieren, ging an Luciano Persico, der als Schulleiter eingesetzt wurde. Persico war selbst als Arbeitsmigrant in die Schweiz gekommen und arbeitete in unterschiedlichen Fabriken in der Schweiz. Überdies bot sich ihm die damals für Italiener sehr rare Gelegenheit, ein Studium an der Universität Zürich aufzunehmen. Als Werkstudent wurde Luciano Persico zunächst von ENAIP und den ACLI in Rom beauftragt, verschiedene zu reformierende Zentren in Italien zu besuchen, um eine übergeordnete Strategie zur Reform der Berufs- und Weiterbildung auszuarbeiten. Auf dieser Reise stellte Persico fest, dass das Zentrum von ENAIP in Zürich gravierende organisatorische Mängel aufwies. In der Folge wurde er von ENAIP in Rom angewiesen, das Zentrum in Zürich zu reformieren.[170]

Luciano Persico gelang es als Leiter von ENAIP Zürich, eine Gruppe engagierter Kursleiter um sich zu scharen, die diese Reform mittrugen. Ihnen war es ein Anliegen, die Neugestaltung weiterzutreiben, als der Auftrag der ACLI aus Rom lautete. Sie sahen ihre Schule immer auch als Pionierprojekt, an dem aufgezeigt werden könne, wie ein fortschrittliches Qualifizierungsprogramm in der Emigration umzusetzen sei.[171] Deshalb wurden die Stundenzahlen der Kurse erhöht, Werkstätten für praktischen Unterricht eingerichtet und schweizerische Lehrer für den Deutschunterricht engagiert.[172] Die Kurse sollten in erster Linie auf den Arbeitsmarkt in der Schweiz und weniger auf die Rückkehr in den italienischen Arbeitsmarkt ausgerichtet werden. Die Involvierten ver-

168 ASTi, FPC 41, ECAP, B4, Mappe 2, Dichiarazione ENAIP, 9. Februar 1971.
169 ASTi, FPC 41, ECAP, B6, Mappe 1, Il servizio dell'ENAIP, 1972.
170 Gespräch mit Luciano Persico, 26. November 2015; Gespräch mit Marianne Sigg, 28. November 2015.
171 SSA, Ar 429.90.3, Mappe 1, Communiqué des Präsidenten von ACLI und ENAIP Svizzera, 4. April 1974.
172 SSA, Ar 429.120.1, Mappe 1, Tages-Anzeiger, 17. März 1975, «Modellfall einer Schule für Erwachsene».

langten, ihr Aus- und Weiterbildungsangebot noch deutlicher auf die Situation der italienischen Arbeiterinnen und Arbeiter in der Emigration auszurichten. Die Gestaltung der Kurse habe direkt an die Lebenserfahrung der emigrierten Arbeiterinnen und Arbeiter anzuknüpfen.[173] Die Verantwortlichen hatten den Anspruch, ein Kursprogramm zu erstellen, das «nicht nur eine technische Ausbildung, sondern eine den ganzen Menschen umfassende Bildung beinhaltet. Im Kontext der Emigration heisst dies, dass das Ghetto einer rein italienischen Schule aufgebrochen wurde und Lebens-, Kontakt- und Lernmomente in die Schule einbezogen worden sind, die dem Emigranten das Instrumentarium geben wollen, am Leben im Immigrationsland teilzunehmen.»[174]
Entscheidend für diesen Einbezug der Erfahrungswelt der Zugewanderten war, dass von den Erfahrungen einer Gruppe von Schweizer Primarlehrerinnen und -lehrern profitiert werden konnte. Diese richteten in den frühen 1970er-Jahren im Zürcher Stadtkreis Aussersihl ein ausserschulisches Betreuungsangebot unter dem Namen «Quartierschule» zur schulischen Unterstützung von Arbeiterkindern ein, das konsequent von deren Erfahrungsraum aus gedacht werden sollte.[175] Einige Personen aus dieser Lehrergruppe waren damals auch bei ENAIP als Deutschlehrerinnen und -lehrer engagiert[176] und waren an der Neuausrichtung des Berufsbildungszentrums ENAIP in Zürich massgeblich beteiligt. Mehr und mehr wurde das Zentrum zu einem gemeinsamen Projekt von Italienern und Schweizern.
So hielt die Mehrzahl der Beschäftigten von ENAIP Zürich auch dann noch an dieser Programmatik fest, als die Neuausrichtung von den ACLI in Rom nicht mehr als dringend erachtet wurde. Die progressiven Reformer bei ENAIP verloren nach 1972 innerhalb der ACLI an Rückhalt, als diese ihre Beziehungen zur Mittepartei «Democrazia Cristiana» wieder enger knüpften.[177] Inwiefern für die Führung der ACLI in Rom die Neuausrichtung des Zentrums in Zürich der ausschlaggebende Grund dafür war, Ende 1973 die Subventionszahlungen zurückzuhalten, ist nicht abschliessend zu beantworten. Die Zentralstellen der ACLI und von ENAIP in Rom bestritten diesen Zusammenhang vehement. Die Neuausrichtung des Weiterbildungszentrums in Zürich sei von ENAIP in Rom stets unterstützt worden.[178] Der finanzielle Engpass von ENAIP Zürich existiere zwar, sei aber auf die angespannte Wirtschaftslage, den unvorteilhaften

173 Gespräch mit Marianne Sigg, 28. November 2015.
174 SSA, Ar 429.90.3, Mappe 1, Brief von Lehrern von ENAIP Zürich, 18. März 1974.
175 Kinder lehren – Quartierschule, 1972. Mehr zur Quartierschule in Kap. 6.3.
176 SSA, Ar 429.90.3, Mappe 1, Brief von Lehrern von ENAIP Zürich, 18. März 1974; NZZ, 30. Mai 1974, «Konflikt um ein italienisches Berufsbildungszentrum».
177 Bottinelli et al., 1973, S. 55.
178 SSA, Ar 429.90.3, Mappe 1, Brief von Alberto Valentini (ENAIP Roma) an die Vereinigung der Lehrer und Schüler von ENAIP Zürich, 9. April 1974.

Wechselkurs und die Zurückhaltung der italienischen Behörden zurückzuführen.[179]

Die Belegschaft von ENAIP Zürich hingegen vermutete, dass die Zentrale in Rom absichtlich keine finanziellen Zusicherungen geben wolle, um die Zürcher Schule zu schwächen.[180] Auch die italienische Presse vermutete einen Zusammenhang zwischen der Neuausrichtung der Kurse in Zürich und der Zurückhaltung in Rom: Die Methoden des Schulleiters Persico seien in der Römer Zentralstelle wohl nicht erwünscht gewesen.[181] Die zurückgehaltenen Gelder wurden, gemeinsam mit der unvorteilhaften Entwicklung des Wechselkurses, für die Belegschaft von ENAIP Zürich immer mehr zu einem existenziellen Problem.[182] Zu Beginn des Jahres 1974 demissionierte Luciano Persico als Schulleiter. Er erklärte seine Entscheidung damit, dass für sein pädagogisches Programm zu wenig finanzielle Mittel bereitgestellt würden,[183] während ENAIP in Rom den Zusammenhang zwischen der finanziellen Situation und der Demissionierung bestritt und einen neuen Schulleiter einsetzte.[184]

Für die Belegschaft von ENAIP Zürich wurde im ersten Quartal 1974 die finanzielle Situation immer prekärer, sodass sie beschloss, ihre Tätigkeit auf Ende März einzustellen.[185] In der Folge erwiesen sich die Verhandlungen zwischen ENAIP Zürich und der Zentralstelle in Rom als so festgefahren, dass keine Vermittlung möglich war.[186] Die involvierten Personen in Zürich bestanden auf ihrer Unabhängigkeit und sprachen sich dafür aus, Luciano Persico wieder als Schulleiter zu engagieren.[187] Um ihre Anliegen an die Öffentlichkeit zu tragen,

---

179 SSA, Ar 429.90.3, Mappe 1, Brief von Alberto Valentini an ENAIP Zürich, 12. März 1974.
180 SSA, Ar 429.90.3, Mappe 2, Communiqué der SPE, 2. Juni 1975.
181 SSA, Ar 429.120.1, Mappe 1, Corriere della Sera, 31. März 1974, «Rischia la chiusura in Svizzera un centro italiano per emigrati».
182 SSA, Ar 429.90.3, Mappe 1, Runder Tisch der Lehrer von ENAIP, 19. Januar 1974.
183 SSA, Ar 429.120.1, Mappe 1, National-Zeitung, 8. April 1974.
184 SSA, Ar 429.120.1, Mappe 1, Corriere della Sera, 5. April 1974, Leserbrief von Marino Carboni (Präsident der ACLI, Rom).
185 SSA, Ar 429.90.3, Mappe 1, Brief der Lehrer von ENAIP an Alberto Valentini, 18. März 1974.
186 Eine aufschlussreiche Anekdote lässt sich von einer Versammlung vom 27. Mai 1974 erzählen. Die ehemaligen Leiter und Schüler von ENAIP Zürich luden die italienischen Verantwortlichen zu einer Aussprache ein. Die italienische Delegation erschien jedoch nicht. Der Anlass fand trotzdem statt und wurde so inszeniert, dass die für die Vertreter der italienischen Behörden vorgesehenen Plätze von Personen aus den eigenen Reihen eingenommen wurden, welche sich die Augen verbanden. Das Nichterscheinen der italienischen Behördenvertreter wurde anschliessend in der Öffentlichkeit ausgeschlachtet. SSA, Ar 429.90.3, Mappe 1, Runder Tisch, 27. Mai 1974.
187 SSA, Ar 429.90.3, Mappe 1, Brief der Versammlung der ENAIP-Lehrer aus Zürich an den Zentralsitz von ENAIP in Rom, 17. April 1974.

wurde unter dem Motto «Eine der wenigen Bildungsmöglichkeiten für unsere Gastarbeiter ist in Gefahr» zu einer Kundgebung in Zürich aufgerufen.[188]
In Rom zeigte man sich wenig beeindruckt davon und beteuerte, stets im Interesse einer einvernehmlichen Lösung gehandelt zu haben. Der neu eingesetzte Schulleiter stellte in Aussicht, die Kurse nach knapp eineinhalb Monaten wiederaufzunehmen. Die verpassten Inhalte würden nachgeholt, um die Kurse regulär im Kursjahr abschliessen zu können.[189] Doch die Mehrheit der vormaligen Kursleiterinnen und Kursleiter reichte die Kündigung ein und wollte nicht mehr für die Organisation tätig sein. Dennoch gelang es dem neuen Schulleiter gemeinsam mit der Zentrale in Rom, neues Schulungspersonal zu rekrutieren. Als die Kurse nach knapp eineinhalb Monaten Unterbruch wiederaufgenommen wurden, erschien allerdings nur ein Bruchteil der etwa 500 Kursteilnehmer, die Ende 1973 für die Kurse in Zürich eingeschrieben waren.[190]
Von Vorteil für ENAIP Zürich war, dass die weiteren ENAIP-Kurse in der Schweiz, die in Schaffhausen oder Winterthur durchgeführt wurden, von diesem Konflikt kaum betroffen waren. Das Zentrum in Zürich hielt beharrlich an seinem Kurs fest,[191] schrieb für den Herbst neue Kurse aus und erholte sich relativ rasch von diesem Konflikt.[192] Bereits in der zweiten Hälfte der 1970er-Jahre konnte sich ENAIP als bedeutende Institution der Berufs- und Weiterbildung italienischer Arbeiterinnen und Arbeiter in Zürich etablieren. Davon zeugen die stabilen Anmeldezahlen, die für die Kurse verzeichnet wurden.[193] Zudem fasste ENAIP bald eine Erweiterung der Kursräumlichkeiten in der Stadt Zürich ins Auge.[194] Die weiteren Tätigkeiten Persicos wurden von ENAIP, sei es in Rom oder in Zürich, sehr kritisch verfolgt.
Die ehemaligen Kursleiterinnen und -leiter des Zentrums in Zürich, die im Zug des Konflikts demissionierten, widmeten sich in der Folge der Frage, wie sie ihre Arbeit fortsetzen könnten. Dazu wurden mehrere Versammlungen wöchentlich einberufen, an welchen schon bald die Idee aufkam, einen eigenen Verein zu gründen, um weiterhin eine solche Schule zu betreiben.[195] So wurde

188 SSA, Ar 429.90.3, Mappe 1, Aufruf zur Kundgebung, 27. April 1974.
189 SSA, Ar 429.90.3, Mappe 1, Pressecommuniqué des Zentralsitzes von ENAIP, 2. Mai 1974.
190 SSA, Ar 429.120.1, Mappe 1, Tages-Anzeiger, 17. März 1975, «Modellfall einer Schule für Erwachsene».
191 ASTi, FPC 41, ECAP, B17, Mappe 3, Bericht der Pressekonferenz «ENAIP in Svizzera: situazione e prospettive», 14. Juni 1974.
192 SSA, Ar 429.90.3, Mappe 1, Brief von Giacomo Ciffo an Teilnehmer des Zentrums Zürich, 7. Juni 1974.
193 Siehe Kap. 3.1.
194 Privatarchiv ENAIP, Diversa corrispondenza, Brief von ENAIP Zürich an die Liegenschaftsverwaltung der Stadt Zürich, 2. September 1976.
195 SSA, Ar 429.90.3, Mappe 1, Notiz zur Versammlung, 6. Juni 1974.

im Juni 1974 ein Verein nach schweizerischem Recht gegründet.[196] Im Herbst konnten unter dem Namen «Scuola Professionale Emigrati» (SPE) Berufsbildungs- und Sprachkurse angeboten werden.[197] Luciano Persico wurde zum Präsidenten und Schulleiter gewählt.[198] Wie ECAP und ENAIP trat die Schule in der Folge unter ihrem Akronym – SPE – in Erscheinung.
Bemerkenswert an dieser Vereinsgründung ist, dass sie auch als Reaktion auf das staatliche Handeln Italiens zu verstehen ist. Denn sie erfolgte erst, nachdem die italienische Regierung aufgrund inhaltlicher Differenzen mit der Zürcher Schulleitung die Finanzierung der Kurse verzögert hatte. 1974 war jedoch der richtige Zeitpunkt, um ein solches Weiterbildungsangebot aufzubauen. Die Situation unter den Arbeitsmigrantinnen und -migranten war zwar noch deutlich von der Unentschiedenheit zwischen baldiger Rückwanderung und permanenter Niederlassung geprägt und trotz des Einbruchs der Konjunktur gewann der schweizerische Arbeitsmarkt als Orientierungspunkt an Bedeutung. Darauf reagierten die Protagonistinnen und Protagonisten der SPE und stellten ein Angebot zur Verfügung, das der Situation der Zugewanderten im Dazwischen entsprach. Während die Schulgründung nach schweizerischem Recht erfolgte, blieb die Umgangssprache in Verein und Schule italienisch. Weiter bemühte sich die SPE um eine Anerkennung ihrer Zertifikate sowohl auf dem italienischen wie auf dem schweizerischen Arbeitsmarkt.[199]
Die schweizerische Öffentlichkeit reagierte sehr positiv auf das Projekt der SPE und brachte der Vereinsgründung viel Wohlwollen entgegen. Die schweizerische Presse, die Politik und die Verwaltung hegten für solche Schulprojekte im Nachgang der gesellschaftlichen Umwälzungen von 1968 grosse Sympathien.[200] Dies kam der SPE zugute, die sich bereits im Frühjahr 1974 – während der Auseinandersetzungen mit der ENAIP-Zentralstelle in Rom – klar den schweizerischen Behörden zuwandte, das Berufsbildungsamt des Kantons Zürich kontaktierte und um Unterstützung bat.[201] In den Statuten des Vereins wurde festgehalten, dass die Aufsichtskommission auch drei Vertreter der kantonalen und städtischen Behörden von Zürich umfasste.[202] Nach der Aufnahme

196 SSA, Ar 429.90.3, Mappe 2, Statuten der Scuola Professionale Emigrati (S. P. E.), 12. Juni 1974.
197 SSA, Ar 429.90.3, Mappe 2, Kursprogramm der SPE, 1974/75.
198 SSA, Ar 429.90.3, Mappe 2, Brief der SPE an das Berufsbildungsamt Zürich, 13. Juni 1974.
199 SSA, Ar 429.90.3, Mappe 2, Pressecommuniqué der SPE, 11. November 1974.
200 SSA, Ar 429.120.1, Mappe 1, NZZ, 14. Juni 1974, «Gründung einer Berufsschule für Emigranten»; Tages-Anzeiger, 13. August 1974, «Kein Geld für ‹Sünden› Italiens»; National-Zeitung, 7. Dezember 1974, «Lehrer und Schüler gleichberechtigt».
201 SSA, Ar 429.90.3, Mappe 1, Brief ehemaliger Kursleiter an das Berufsbildungsamt des Kantons Zürich, 24. April 1974.
202 SSA, Ar 429.90.3, Mappe 2, Statuten der Scuola Professionale Emigrati (S. P. E.), 12. Juni 1974.

der Kurse im Herbst ersuchte die SPE die Volkswirtschaftsdirektion des Kantons Zürich um deren Anerkennung. Diese traf im Frühjahr des kommenden Jahres mit der Begründung ein, die SPE biete einen geeigneten berufsbildenden Ergänzungsunterricht und unterhalte bei einer Zahl von 350 Teilnehmern aus dem ganzen Kantonsgebiet ein notwendiges Angebot.[203] Die schnelle Anerkennung durch die schweizerischen Behörden zeigt, dass die Frage der beruflichen Qualifikation junger italienischer Arbeiterinnen und Arbeiter in der Schweiz zunehmend als Herausforderung betrachtet wurde.

Die staatliche Anerkennung umfasste keine offizielle Anerkennung der Abschlüsse, sondern lediglich die Berechtigung zum Bezug finanzieller Unterstützung. Aufgrund der Tatsache, dass die Kursleiterinnen und Kursleiter in den ersten Monaten des Betriebs der SPE unentgeltlich arbeiteten, war die schnelle Subventionierung durch die Behörden existenziell für die Aufrechterhaltung der Kurse.[204] Das schweizerische Bundesamt für Industrie, Gewerbe und Arbeit folgte im gleichen Jahr und sprach der SPE ebenfalls seine Anerkennung aus.[205] Mit den schweizerischen Behörden im Rücken forderte die SPE in der Folge vom italienischen Aussenministerium ebenfalls eine finanzielle Unterstützung.[206] Dies führte zu einer erstaunlich raschen Stabilisierung der Organisation in der zweiten Hälfte der 1970er-Jahre mit einer im Vergleich zu anderen berufsbildenden Emigrationsorganisationen relativ robusten Finanzlage,[207] bevor diese in den 1980er-Jahren wiederum kritischer wurde.[208]

Auf den Diplomen, welche die SPE ausgestellte, war die Anerkennung des Kantons, des Bundesamts und des italienischen Aussenministeriums vermerkt.[209] Dieser Zusatz öffnete aber kaum mehr Chancen auf einen beruflichen Aufstieg, denn die Zertifikate hatten nicht den Wert einer Äquivalenzbescheinigung zu einem schweizerischen Berufsbildungsabschluss. Die dokumentierten Teilnehmezahlen an den Kursen vermitteln jedoch den Eindruck, dass die Bildungsangebote der SPE den Bedürfnissen der zugewanderten Italiener in der Schweiz entsprachen, auch wenn die Schule nicht von Interessenten überrannt wurde.[210] Trotz sprachlicher Defizite und Barrieren auf dem Arbeitsmarkt wurde in der konkreten Unterrichtstätigkeit der SPE nach Anschlusspunkten zwischen

---

203 SSA, Ar 429.90.3, Mappe 2, Verfügung der Volkswirtschaftsdirektion des Kantons Zürich, 26. Mai 1975.
204 SSA, Ar 429.60.2, Mappe 1, Protokolle der Vorstandssitzungen, 6. Juli und 2. November 1974.
205 NZZ, 22. Juli 1975, «Staatliche Anerkennung einer Emigrantenschule».
206 SSA, Ar 429.90.3, Mappe 2, Broschüre zum Schuljahr 1977/78.
207 Gespräch mit Marianne Sigg, 28. November 2015.
208 SSA, Ar 429.60.2, Mappe 2, Vorstandsprotokolle, 1980–1986.
209 SSA, Ar 429.90.3, Mappe 3, Dokumentation zur Zeugnisanerkennung, 1980–1985.
210 SSA, Ar 429.60.2, Mappe 1, Vorstandsprotokolle, 1974–1979.

individuellen Karriereintentionen und dem Beschäftigungssystem der Wirtschaft gesucht. Einer dieser Anschlusspunkte bestand darin, die Kurse stärker auf praktische Tätigkeiten hin auszurichten. Hier zeigt sich wiederum die Vermittlungsleistung, die in diesen Kursen erbracht wurde. Die SPE versuchte möglichst bald nach der Aufnahme der Kurse Zugang zu Werkstatträumen zu erhalten, in denen Handgriffe und der fachgerechte Umgang mit Werkzeugen eingeübt werden konnten.[211] Die Berufsschulen in der Stadt Zürich gewährten der SPE schon wenige Monate nach deren Gründung das Gastrecht.[212] Die ECAP oder in geringerem Masse ENAIP verfügten bereits über solche Werkstätten.

Im Weiteren blieben selbst in den 1970er-Jahren die mangelhaften Sprachkenntnisse der Zugewanderten eine der grössten Herausforderungen für den Unterricht. So war es unerlässlich, dass die SPE ihre Kurse in italienischer Sprache durchführte und gleichzeitig einen Schwerpunkt auf die Vermittlung von berufsrelevanten deutschen Fachbegriffen legte. Auf das Lehren der deutschen Grammatik wurde verzichtet, weil diese auch in der Erstsprache kaum beherrscht wurde. Die SPE setzte in ihren Sprachkursen mehr auf die Bewältigung alltäglicher und berufsrelevanter Konversation jenseits von grammatikalischer und orthografischer Korrektheit.[213] In den folgenden Jahren erarbeiteten die Deutschlehrer der SPE ein eigenes Sprachlehrmittel.[214] Ebenfalls wurde sehr bald nach der Gründung der Zugang zu Sprachlaboren gesucht.[215] Sprachlabore versprachen in den 1960er-Jahren eine technologische Reformierung des Sprachunterrichts und wurden dementsprechend in einschlägigen pädagogischen Publikationen intensiv beworben.[216] So ist es wenig erstaunlich, dass auch die SPE in ihren Werbebroschüren den Unterricht in den Sprachlaboren prominent erwähnte.[217] Die Kurse der SPE waren somit technologisch fortschrittlich und – wie Betonung der Werkstätten und des Sprachlabors nahelegt – zugleich praktisch ausgerichtet.[218]

211 SSA, Ar 429.60.2, Mappe 1, Protokoll der Vorstandssitzung, 24. August 1974.
212 SSA, Ar 429.90.3, Mappe 2, Communiqué der SPE, 2. Juni 1975.
213 SSA, Ar 429.120.1, Mappe 1, Züri Leu, 15. Mai 1974, «Zurück ins Ghetto?»
214 SSA, Ar 429.120.1, Mappe 2, Tages-Anzeiger, 14. März 1979, «Sprachunterricht als Erziehung zur Demokratie».
215 SSA, Ar 429.90.3, Mappe 2, Pressecommuniqué der SPE, 11. November 1974.
216 Bosche, Geiss, 2010.
217 SSA, Ar 429.90.3, Mappe 2, Broschüre zum Schuljahr 1977/78.
218 Pädagogische Trends wollte auch die ECAP für die eigenen Kurse nutzbar machen. 1971 versorgte der Leiter der ECAP, Leonardo Zanier, alle Kursverantwortlichen der ECAP in der Schweiz mit einer Erläuterung des programmierten Unterrichts von David Cram. Cram, 1965; ASTi, FPC 41, ECAP, D2, Mappe 2, Brief von Leonardo Zanier an ECAP-Kursverantwortliche in der Schweiz, 10. November 1971. Zum programmierten Unterricht: Horlacher, 2015.

Wenngleich das Kurswesen für die zugewanderten italienischen Arbeiterinnen und Arbeiter generell zunehmend stabilisiert werden konnte, führte die Gründung der SPE letztlich zu einer verstärkten Konkurrenz zwischen den mittlerweile drei italienischen Weiterbildungsorganisationen in Zürich. Obschon sich die drei Organisationen hinsichtlich ihrer Ausrichtung voneinander abzugrenzen versuchten, wiesen deren Kursangebote und Inhalte starke Parallelen auf. Insofern nahmen sich die drei Organisationen auch gegenseitig wahr und verfolgten die Aktivitäten der Konkurrenz.

So nahm die ECAP Kenntnis von den Auseinandersetzungen bei ENAIP, die zur Gründung der SPE führten. Sie beobachtete die Vorgänge der Konkurrenz aus der Distanz und wagte nicht darüber zu urteilen. Es sei schwierig, über die Vorgänge bei ENAIP zu berichten, schrieb Leonardo Zanier, nachdem die dortigen Kurse abgesetzt worden waren. Es sei zwar unzweifelhaft eine gravierende Angelegenheit für die Hunderten von Arbeiterinnen und Arbeitern, die das Zentrum besucht hatten, aber für ein Urteil sei die Faktenlage zu widersprüchlich und undurchsichtig.[219]

Diese Distanz gegenüber den Konkurrentinnen war bezeichnend für das Verhältnis der drei Weiterbildungsorganisationen für Italienerinnen und Italiener in Zürich in der zweiten Hälfte der 1970er-Jahre. Gleichwohl wurden die drei Organisationen ENAIP, ECAP und SPE über das italienische Generalkonsulat wiederholt an einen Tisch gebracht, um sich gemeinsam über die Herausforderungen der Berufs- und Weiterbildung italienischer Arbeiterinnen und Arbeiter in der Schweiz auszutauschen.[220] Doch im Grunde arbeiteten die drei Organisationen für sich und hatten relativ wenig Berührungspunkte, insbesondere in Zürich, wo auf engem Raum gleich drei Zentren mit ähnlichem Kursangebot existierten. Von den umliegenden Orten wurde zwar immer wieder angeregt, ECAP und ENAIP sollten enger zusammenarbeiten. So schrieb der Verantwortliche der ENAIP-Kurse in Winterthur im Januar 1978 an das Zentrum in Zürich, es ergebe wenig Sinn, weil es zu teuer sei, wenn beide Organisationen dieselben Kurse anbieten würden. Im Gegenzug schlug er eine bessere Absprache vor, wonach die ECAP beispielsweise die Elektrikerkurse übernehmen könne, während sich ENAIP auf die Mechanikerkurse spezialisiere.[221] Bei den Zentren in Zürich fand dieser Vorschlag jedoch keinen Anklang. Die Organisationen existierten nebeneinander und standen in Konkurrenz zueinander.

219   ASTi, FPC 41, ECAP, B17, Mappe 3, Leonardo Zanier, Manuskript zuhanden der «Emigrazione Italiana»: «Chiusure centro ENAIP», 29. April 1974.
220   Privatarchiv ENAIP, Diversa corrispondenza, Brief des italienischen Generalkonsulats an die Volkswirtschaftsdirektion des Kantons Zürich, 15. April 1976.
221   Privatarchiv ENAIP, Protocolli 1977–81, Brief von P. Castronovo (Winterthur) an ENAIP Zürich, 24. Januar 1978.

Die Bildungseuphorie der damaligen Zeit verhalf ENAIP, ECAP und SPE zu einer gewissen Stabilität, die es erlaubte, auch mit neuen Herausforderungen umzugehen. Die vorangegangenen Jahre der Hochkonjunktur und der Bildungsexpansion boten in Zürich Möglichkeiten, die sie geschickt zu nutzen vermochten. Trotz – oder vielleicht auch gerade wegen – der Konkurrenz vollzogen die drei Organisationen in der zweiten Hälfte der 1970er-Jahre eine vergleichbare Erweiterung ihres Kursprogramms. Zunehmend adressierten die Organisationen mit den Kursen auch die Generation der Kinder der zugewanderten Arbeiterinnen und Arbeiter, die am Übergang zur beruflichen Grundbildung standen. Die Reaktionen auf die demografische Veränderung fielen aber – entsprechend der Ausrichtung des Anbieters – unterschiedlich aus.

Die SPE begann spezifische Ausbildungsprogramme für die zweite Generation der Zugewanderten in der Schweiz auszuarbeiten. Sie startete im Frühjahr 1980 mit sogenannten Vorlehrkursen, die sich an jugendliche Ausländerinnen und Ausländer mit einem schweizerischen Schulabschluss, aber ohne Lehrstelle richteten. Dieser Kurs sah eine Kombination von praktischer Tätigkeit in einem Betrieb mit allgemeinbildenden und berufskundlichen Kursinhalten vor, fand tagsüber statt und zielte auf eine möglichst rasche Integration in das schweizerische Berufsbildungswesen.[222] Die SPE erwies sich dabei als diejenige Organisation, welche sich am deutlichsten an schul- und berufspädagogischen Prinzipien der Schweiz orientierte.

ENAIP hatte schon einige Jahre zuvor ebenfalls Kurse ins Programm aufgenommen, die tagsüber stattfanden und sich an jugendliche Zuwanderer der zweiten Generation richteten, die nach der Pflichtschulzeit keinen Anschluss im öffentlich institutionalisierten Berufsbildungssystem der Schweiz gefunden hatten. Obwohl ENAIP bestrebt war, für die Kursteilnehmerinnen und -teilnehmer Lehrstellen in schweizerischen Unternehmen zu finden, waren die Kurse darauf ausgerichtet, die berufliche Bildung im Fall einer Remigration in einem italienischen Berufsbildungsgang fortzusetzen.[223] Diese Kurse waren ebenfalls als Reaktion auf das Problem des schwierigen Zugangs zum schweizerischen Berufsbildungssystem entwickelt worden, orientierten sich aber am italienischen Qualifikationssystem. In diesem Sinn blieb ENAIP eine italienische Organisation in der Emigration, die sich auf die Verhältnisse in Italien wie in der Schweiz ausrichtete.

Bei der ECAP zeichnete sich diese Zuwendung zur beruflichen Grundbildung der zweiten Generation vergleichsweise weniger deutlich im Kursangebot ab.

---

222 SSA, Ar 429.90.3, Mappe 3, Informationsschreiben über das Vorlehrjahr der SPE, Januar 1980.
223 Privatarchiv ENAIP, Protocolli 1976–77, Typoskript T. Brendolise, «L'ENAIP e la formazione professionale dei giovani», 15. April 1977.

Dennoch beschäftigte sich auch diese Organisation mit der demografischen Verschiebung unter den Zugewanderten. Publizistisch äusserten sich die ECAP wie die Colonie Libere zu den Herausforderungen der beruflichen Integration der zweiten Generation durch das schweizerische Berufsbildungswesen und organisierten Tagungen zum Thema.[224] Spezifische Kurse für jugendliche Immigranten mit Schwierigkeiten beim Zugang zur beruflichen Grundbildung in der Schweiz wurden zwar angedacht, aber nicht flächendeckend eingeführt.[225] Im Gegenzug setzte sich die ECAP stärker als die anderen Emigrationsorganisationen dafür ein, der Arbeiterschaft in der Emigration den Zugang zur Allgemeinbildung zu erleichtern.

224 FCLIS, 1973, S. 38–40.
225 ECAP-CGIL, 1977b.

3. Beschäftigungsfähigkeit und sozialer Aufstieg

Kursangebot und Kursteilnehmer

Die Inspektionsberichte des italienischen Generalkonsulats in der Schweiz, die in den frühen 1960er-Jahren verfasst wurden, weisen darauf hin, dass die verschiedenen Emigrationsorganisationen schon früh eine erstaunliche Diversität an Kursen anboten. Gleichzeitig verdeutlichen aus den 1970er-Jahren überlieferte Anmeldekarten zu solchen Kursen die grosse Heterogenität der Kursteilnehmerschaft. Das migrantische Weiterbildungsangebot gab es ebensowenig wie *den* migrantischen Teilnehmer dieser Kurse. Es bedarf also einer differenzierten Betrachtung, um das Phänomen der migrantischen Berufs- und Weiterbildung angemessen fassen zu können.

Für die Fragen, welche Berufsbereiche die Kurse abdeckten und wer welche Kurse besonders nachfragte, können als Quellen erstens die Inspektionsberichte des italienischen Generalkonsulats herangezogen werden, welche unter anderem die Teilnahme- und Erfolgsquoten der Kurse festhielten. Zweitens bemühten sich auch die einzelnen Organisationen, allen voran die von den Colonie Libere gegründete ECAP, Kennzahlen zu ihren Kursen sowie zu den Kursteilnehmerinnen und -teilnehmern zu beschaffen. Drittens gründen die folgenden Ausführungen auf der Auswertung von Anmeldekarten zu ENAIP-Kursen.

Die erhaltenen Dokumente stammen jedoch aus unterschiedlichen Jahren, was eine Triangulation der Daten erschwert. Oftmals ist die gegenseitige Prüfung der Vollständigkeit der Daten nicht möglich. Und wenn aus einzelnen Kursjahrgängen unterschiedliche Quellen mit Daten zu denselben Kursen existieren, die gegenseitig abgeglichen werden können, stimmen diese oftmals nicht überein. Insofern muss von einer lückenhaften Datenlage ausgegangen werden. Die überlieferten Kennzahlen erlauben dennoch einen Überblick über den Umfang und die Differenzierung des Kursangebots wie auch Aussagen darüber, wer diese Kurse besuchte.

Ausgehend von dieser Datenlage kann auf vier spezifische Aspekte des Kurswesens italienischer Migrationsorganisationen hingewiesen werden. Zunächst fällt das hohe Tempo des Aufbaus und der Stabilisierung des Kurswesens auf. Zum zweiten kann aufgezeigt werden, dass berufliche Aus- und Weiterbildung nicht in allen Beschäftigungsbereichen der ausländischen Arbeiterinnen und Arbeiter gleich nachgefragt war. Insbesondere im Bauwesen – dem Bereich, der die meisten ausländischen Arbeiter beschäftigte – liessen sich Kurse kaum etablieren. Darüber hinaus bietet sich die genaue Betrachtung zweier Personengruppen unter den Kursinteressentinnen und Kursinteressenten an. Kurse für Migrantinnen weisen drittens auf die spezifischen Geschlechterverhältnisse im Arbeitsleben wie auch hinsichtlich der Aus- und Weiterbildung hin. Die jugendlichen Migrantinnen und Migranten im Alter von unter 20 Jahren, welche direkt nach der obligatorischen Schulzeit einen der berufsbildenden Kurse von ECAP, ENAIP oder SPE besuchten, verdeutlichen viertens, dass das Kurswesen nicht nur als Weiterqualifikation oder als Umschulung, sondern auch als berufliche Grundbildung genutzt wurde.

Eine Einschränkung ist vorwegzunehmen. Die vorliegenden Quellen sind nicht geeignet, um Aussagen über die Quoten der Weiterbildungsbeteiligung von Migrantinnen und Migranten zu treffen.[1] Dazu bräuchte es einen Vergleich zur Weiterbildungsbeteiligung der übrigen Bevölkerung der Schweiz. Hingegen erscheint die in der Weiterbildungsforschung jüngst gestellte Frage, inwiefern Weiterbildungsbeteiligung auch ein Teilhabeproblem sei,[2] durchaus auf den vorliegenden Untersuchungsgegenstand übertragbar zu sein. Denn die folgenden Ausführungen geben durchaus Hinweise darauf, in welchen Bereichen und für welche Personengruppen Weiterbildung mehr Teilhabemöglichkeiten versprechen konnte.

3.1. Wachstum und Diversifizierung des Kursangebots

Im Juli 1965 erschien der erste Inspektionsbericht des italienischen Generalkonsulats über die berufsbildenden Kurse der italienischen Organisationen im Raum Zürich. Mit der Inspektion beauftragt wurden zwei italienische Ingenieure, Emilio Violi und Marco Larice, die diese Arbeit auch in den folgenden Jahren ausübten. Der noch knapp gehaltene Bericht über das Schuljahr 1964/65 rapportierte zu 20 Kursen, die von den Colonie Libere, ENAIP und der später nicht mehr in Erscheinung tretenden «Associazione Culturale Italiana» (ACI)[3]

---

[1] Zu aktuellen Zahlen der Weiterbildungsbeteiligung von Migrantinnen und Migranten in der Schweiz: Cranmer, Bernier, von Erlach, 2013; zur Diskussion der Erklärungsfaktoren der tieferen Weiterbildungsbeteiligung von Migrantinnen und Migranten: Öztürk, 2012.

[2] Schäffer, Dörner, 2012.

[3] Über die «Associazione Culturale Italiana» (ACI) sind nur spärliche Informationen vorhanden. Die Vereinigung organisierte in den 1960er-Jahren einige Kurse für Mechaniker und Schweisser. Koordiniert wurden die Kurse vom italienischen Architekten Galli. In den Dokumenten aus den 1970er-Jahren finden sich jedoch keine weiteren Hinweise auf die ACI. ASTi, FPC 41, ECAP, D1, Mappe 3, Korrespondenz zwischen dem Architekten Galli und Leonardo Zanier, 1963.

angeboten wurden. Für die Kurse, die in Zürich und den umliegenden Industriegemeinden durchgeführt wurden, schrieben sich insgesamt 482 Migrantinnen und Migranten ein, von denen 208 die Schlussprüfung bestanden.[4]
Der Inspektionsbericht verweist auf drei Merkmale dieser frühen Phase des italienischen Weiterbildungswesens in der Schweiz. Erstens waren 17 der 20 angebotenen Kurse als Kurse für Mathematik und technisches Zeichnen ausgeschrieben, einige davon spezifisch für Bauleute oder für Techniker. Dies deutet darauf hin, dass die Kurse – wie später von den Protagonisten selbst kritisiert – vor allem theoretisch ausgerichtet waren. Einzig der für Elektroschweisser durchgeführte Kurs dürfte auch praktische Elemente beinhaltet haben. Zweitens wiesen die Kurse bereits eine gewisse Standardisierung auf, denn alle drei Organisationen boten dieselben Kurse an, deren Umfang und Programm in groben Zügen vorgeschrieben waren – ansonsten hätte der Inspektor Violi nicht anmerken können, dass in einigen Kursen zusätzliche Inhalte besprochen oder Themen aus den Fortsetzungskursen behandelt würden. Darüber hinaus waren die Kurse abgestuft und umfassten in der Regel drei Jahreszyklen. Drittens zeigte sich eine tiefe Anwesenheitsquote, die bei knapp über 50 Prozent lag. Diese Problematik beschäftigte die italienischen Berufs- und Weiterbildungsorganisationen in der Schweiz auch in den folgenden Jahren. Violi schlug vor, eine Anmeldekaution einzuführen, welche in der Folge die Anwesenheitsquote an den Kursen steigen liess.[5]
Bereits zwei Jahre später konnte Violi berichten, dass die Kurse im Durchschnitt von 80 Prozent der Angemeldeten besucht wurden. Zudem vermeldete er eine Erfolgsquote von 90 Prozent der Geprüften, nachdem dieser Wert zwei Jahre früher noch um 10 Prozentpunkte tiefer gelegen hatte. Trotzdem blieb Violi kritisch, weil die Kurse dreijährig seien und mit diesen Beteiligungsquoten von 30 Teilnehmerinnen und -teilnehmern erwartungsgemäss nur sieben alle drei Stufen erfolgreich beenden würden.[6] Die fehlende Konstanz in den Kursbesuchen war letztlich ein Spiegel der hohen Rückwanderungszahlen der italienischen Arbeiterinnen und Arbeiter in der Schweiz.[7] Auch hier waren also die prägenden Prinzipien der damaligen schweizerischen Ausländerpolitik – das Rotationsprinzip und das Saisonnierstatut – entscheidende Gründe dafür, dass berufliche Ausbildungsgänge nicht abgeschlossen werden konnten.

4   ASTi, FPC 41, ECAP, D1, Mappe 3, Corsi di perfezionamento professionale, 15. Juli 1965.
5   Ebd.
6   ASTi, FPC 41, ECAP, A12bis, Mappe 3, Resconto conclusivo sui corsi prefezionamento professionale, anno scolastico 1966/67, 30. August 1967.
7   Ricciardi, 2013, S. 107; Prencipe, Sanfilippo, 2009, S. 68–69.

Der ausführliche Bericht der Inspektoren Violi und Larice zum Kursjahr 1966/67 hielt fest, dass im Lauf der Inspektion 62 Kurse geprüft wurden, wobei von 46 Kursen Kennzahlen verwendet wurden. Die anderen 16 Kurse waren entweder noch nicht abgeschlossen, wurden nicht unter der Ägide des Generalkonsulats abgehalten oder es waren keine Kennzahlen verfügbar. Von den inspizierten 46 Kursen konnten Violi und Larice insofern Erfolgreiches berichten, als mit 905 eingeschriebenen Kursteilnehmern diese Zahl innert zwei Jahren praktisch verdoppelt wurde und zudem die Abschlussquote auf knapp 50 Prozent gehoben werden konnte. Dass dieser noch immer ziemlich tiefe Wert in erster Linie der Rückwanderung geschuldet war, zeigte sich darin, dass fast 90 Prozent derjenigen, welche die Prüfung ablegten, diese auch bestanden.[8] Zudem zeugt der Inspektionsbericht von 1966/67 von einem deutlich differenzierteren Kursprogramm als noch zwei Jahre zuvor. Während damals lediglich Kurse in Mathematik und technischem Zeichnen angeboten worden waren, konnte nun über Ausbildungsgänge für Mechaniker, für Bauleute, in der Elektrotechnik oder im Autogewerbe berichtet werden. Auf diesen Gebieten wurden spezifische Kurse für unterschiedliche Tätigkeiten angeboten. So umfasste der Bereich der Elektrotechnik Kurse für Anlagenelektriker und für Schalttafelbauer. Für das Autogewerbe wurden Automechaniker- und -elektrikerkurse angeboten.[9] Gerade ENAIP gelang es, aufgrund der steigenden Teilnehmerzahlen innert wenigen Jahren ein differenziertes Kursprogramm aufzubauen, das in den darauffolgenden Jahren erstaunlich stabil blieb.[10]

Doch es waren nicht ausschliesslich italienische Vereinigungen, welche sich mit der Berufsbildung von ausländischen Arbeitern beschäftigten. 1966 wurden 16 dieser Kurse vom italienischen Generalkonsulat selbst angeboten, was gewissermassen einer direkten staatlichen Förderung dieser Qualifikationsangebote entsprach. Darüber hinaus wurden zehn Kurse im Raum Zürich von schweizerischen Einrichtungen oder Firmen durchgeführt. Die Colonie Libere beabsichtigten 1966, die Zusammenarbeit mit schweizerischen Firmen zu intensivieren, um gemeinsam weitere Kurse zu entwickeln.[11] Oder es waren schweizerische Unternehmen selbst, die in diesem Bereich tätig wurden. So bewarb die Maschinenfabrik Rieter aus Winterthur im Sommer 1971 in der «Emigrazione Italiana», der Vereinszeitschrift der Colonie Libere, ihre eigenen Berufsbildungskurse. Unter dem Motto, es sei niemals zu spät, einen neuen Be-

---

8   ASTi, FPC 41, ECAP, A12bis, Mappe 3, Resconto conclusivo sui corsi prefezionamento professionale, anno scolastico 1966/67, 30. August 1967.
9   Ebd.
10 Privatarchiv ENAIP, Consuntivi corsi M. A. E. 1964–72.
11 EI, Juli 1966, «Istituzione di corsi di cultura e lingua italiana presso le scuole svizzere del Cantone del Zurigo».

ruf zu erlernen, richtete sich Rieter ausdrücklich auch an italienische Emigranten, die keine Erfahrung mit der Arbeit an Maschinen hatten.[12] Der Aspekt der Umschulung gewann an Bedeutung, als die Zuwanderung neuer Arbeitnehmer aus Südeuropa politisch mittels Kontingenten beschränkt wurde[13] und die schweizerischen Unternehmen ihre Arbeitnehmer vermehrt innerhalb der in der Schweiz anwesenden Bevölkerung rekrutieren mussten.

Das Wachstum des italienischen Kurswesens in der Schweiz in den 1960er-Jahren war beachtlich. 1965 wurden in der gesamten Schweiz 256 Kurse mit 3950 Teilnehmern gezählt. 1966 waren es 408 Kurse mit 6300 Teilnehmern und ein Jahr später bereits 539 Kurse mit 8487 Teilnehmern, was einer Verdopplung der Zahl der Kurse wie auch der Teilnehmerinnen und Teilnehmer entsprach.[14] Dieses äusserst rasche Wachstum war weniger auf eine rasant steigende Nachfrage zurückzuführen als auf den Umstand, dass die italienischen Organisationen sich zunehmend um das Angebot beruflicher Qualifikationen bemühten, wobei es ihnen gelang, die notwendige Infrastruktur bereitzustellen, um der hohen Nachfrage nach solchen Kursen zu begegnen.[15]

3.2. Die Branchen des Prekariats – ein beschränktes Qualifikationsangebot für die Zugewanderten

Die Kurse waren auf diejenigen Bereiche ausgerichtet, in welchen die italienischen Arbeiterinnen und Arbeiter beschäftigt waren. In den allermeisten Fällen waren dies Tätigkeiten mit geringem Prestige – die Zugewanderten nahmen entsprechend dem Befund der Unterschichtung die untersten sozialen Positionen innerhalb der schweizerischen Gesellschaft ein.[16] Indem die italienischen Weiterbildungsorganisationen ihr Kurswesen auf genau diese prekären Beschäftigungsbereiche ausrichteten, entsprachen sie auf der einen Seite zwar der Nachfrage nach Qualifikationsangeboten seitens der Immigrantinnen und Immigranten. Auf der anderen Seite hingegen wirkten sie strukturerhaltend, da mittels beruflicher Weiterqualifikation innerhalb der prestigearmen Berufssegmente letztlich keine Überwindung der Unterschichtung möglich war. Das Kurswesen von ENAIP, ECAP und SPE beschränkte sich auf Branchen des migrantischen Prekariats.

12 EI, 1971, No. 3, Annonce Rieter.
13 Piguet, 2006, S. 40.
14 EI, Februar 1969, «Aspetti dell'istruzione professionale degli emigrati italiani in Svizzera».
15 Siehe dazu auch Kap. 2.
16 Hoffmann-Nowotny, 1973, S. 51–57.

Etwa die Hälfte der von allen italienischen Weiterbildungsorganisationen durchgeführten 43 Kursen im Kursjahr 1966/67 richtete sich an angehende Mechaniker, nur sechs an Bauleute,[17] was aufgrund der Statistiken zur damaligen Ausstellung von Arbeitsbewilligungen an italienische Arbeitskräfte in den einzelnen Beschäftigungsfeldern durchaus irritiert, wurden doch in jenen Jahren bedeutend mehr Arbeitsbewilligungen für den Bausektor ausgestellt als für den Sektor der Metall- und Schwerindustrie. Gerade die Bauindustrie unterlag grossen jahreszeitlichen Fluktuationen, wobei die saisonalen Arbeitsbewilligungen meist für den Sommer ausgestellt wurden. Exakte Zahlen sind für das Jahr 1964 vorhanden: im Februar 1964 waren knapp 65 000 Arbeitsbewilligungen für italienische Arbeiter in der schweizerischen Bauindustrie registriert, im Sommer stieg diese Zahl auf über 170 000. Währenddessen blieb die Anzahl der Bewilligungen in der Metallindustrie mehr oder weniger konstant bei etwa 90 000.[18] Gerade die im Bausektor beschäftigten italienischen Arbeitskräfte verbrachten die bewilligten neun Monate Erwerbsarbeit in den Sommermonaten in der Schweiz, die von ENAIP und den Colonie Libere angebotenen Berufskurse fanden jedoch im Winterhalbjahr statt. In diesem Sinn stellte das Saisonnierstatut auch hinsichtlich der Organisation des Kurswesens eine Herausforderung dar. Einzelne Kurse wurden daher in den Sommermonaten durchgeführt. Daher ist es wenig erstaunlich, dass ENAIP und die Colonie Libere darin übereinstimmten, dass das Saisonnierstatut so bald wie möglich abgeschafft gehöre, wenngleich die beiden Organisationen darüber, wie dieses Ziel zu erreichen sei, aufgrund der unterschiedlichen politischen Ausrichtung verschiedener Meinung waren.[19]

Ebenfalls zu den Aufgaben des Inspektors Violi gehörte es, die Auswertung der Kennzahlen der einzelnen Kurse entlang der verantwortlichen Organisationen zu bündeln. Dabei zeigte sich, dass insbesondere ENAIP die Differenzierung des Kurswesens früh vorantrieb. 20 der inspizierten 43 Kurse wurden von ENAIP zentral am Standort Zürich abgehalten. Zudem deckte ENAIP als einzige Organisation alle vier Tätigkeitsfelder in ihrem Kursprogramm ab, während die Colonie Libere erst einzelne Kurse durchführten. Diese waren eher dezentral organisiert und fanden in den umliegenden Industriegemeinden statt. Vor Ort boten sie Weiterbildungsmöglichkeiten, die auf die Anforderungen der ansässigen Industrie zugeschnitten waren.[20]

17 ASTi, FPC 41, ECAP, A12bis, Mappe 3, Resconto conclusivo sui corsi prefezionamento professionale, anno scolastico 1966/67, 30. August 1967.
18 Mayer, 1965, S. 11.
19 ASTi, FPC 41, ECAP, B3, Mappe 2, Centro Studi ACLI, 16. September 1970.
20 ASTi, FPC 41, ECAP, A12bis, Mappe 3, Resconto conclusivo sui corsi prefezionamento professionale, anno scolastico 1966/67, 30. August 1967.

Da sich die vom Generalkonsulat kontrollierten Kurse auf traditionell männliche Tätigkeitsfelder des Bauwesens oder der Schwerindustrie beschränkten, vermag der Eindruck entstehen, dass dieses Kurswesen nur auf die männlichen Arbeiter aus Italien zugeschnitten war. Dieser Eindruck täuscht jedoch. Denn wie die italienische Zuwanderung in die Schweiz in den 1950er- und 60er-Jahren immer auch die Einreise von Arbeiterinnen umfasste, die in der Schweiz eine Arbeitserlaubnis erhielten,[21] liessen sich auch in den 1960er-Jahren Kursangebote für Tätigkeitsbereiche finden, in welchen vor allem Frauen engagiert wurden. Nur wurden diese Kurse vom Generalkonsulat nicht inspiziert. In den eigenen Übersichten zu den durchgeführten Kursen listete ENAIP für das Kursjahr 1964/65 Ausbildungsgänge im Maschinenschreiben und im Schneidern und Nähen – Kurse, für die sich vor allem Frauen einschrieben.[22]
Insofern bot die italienische Regierung den Vereinigungen in der Emigration, die berufsbildende Angebote organisierten, Unterstützung in ihren Bestrebungen, beschränkte diese jedoch auf Berufsbereiche der Schwerindustrie und des Bauwesens. Die fehlende Unterstützung von Kursen im Bürowesen wie auch der Deutschkurse lassen darauf schliessen, dass die Bereitstellung von Qualifikationsmöglichkeiten für die italienischen Arbeiter vor allem auf die Remigration ausgerichtet war und dem Zweck der Ankurbelung der eigenen Schwerindustrie diente. So wurde im Inspektionsbericht zwar die Existenz eines Kurses für Fotografen in Uster erwähnt, dieser jedoch nicht in die Übersichtsdarstellung aufgenommen, da ihm der Charakter eines «corso professionale» fehle.[23] Zudem intendierte ENAIP, für die zahlreichen im Gastgewerbe Tätigen Kurse für Hotel- und Restaurantangestellte anzubieten. Diese Kurse wurden denn auch ausgeschrieben und beworben.[24] Doch weder in den Rechenschaftsberichten des Generalkonsulats noch in den Kursübersichten, die ENAIP nach dem Abschluss des jeweiligen Kursjahres erstellte, lassen sich Hinweise darauf finden, dass die Kurse tatsächlich durchgeführt wurden.
Darüber hinaus umfasste die Kurspalette von ENAIP und den Colonie Libere seit den Anfängen Deutschkurse, die ebenfalls nicht unter die Kontrolle des Generalkonsulats fielen.[25] Bereits als die FCLIS 1963 eine Kulturkommission einsetzte, um sich mit der Frage der Berufsbildung der Emigranten zu beschäftigen, wurden Sprachkurse und Lehrgänge für berufliche Qualifikationen in

---

21 Mayer, 1965, S. 7.
22 Privatarchiv ENAIP, Consuntivi corsi M. A. E. 1964–72.
23 ASTi, FPC 41, ECAP, A12bis, Mappe 3, Resconto conclusivo sui corsi prefezionamento professionale, anno scolastico 1966/67, 30. August 1967, S. 1.
24 ASTi, FPC 41, ECAP, B1, Mappe 4, Kursprogramm von ENAIP 1966/67.
25 Privatarchiv ENAIP, Consuntivi corsi M. A. E. 1964–72.

einem Atemzug genannt.[26] Wegen der in den frühen 1960er-Jahren noch verbreiteten Rückkehrorientierung dienten diese Deutschkurse nicht in erster Linie der sozialen Integration in der Schweiz, sondern umfassten vielmehr eine Qualifikation für die hiesige Arbeitstätigkeit, die eine Verständigung mit den Vorgesetzten, die oftmals Schweizer waren, voraussetzte.

Das Argument, dass die Kenntnis der deutschen Sprache zu einem beruflichen Aufstieg beizutragen vermöge, verwendete auch die Gewerbeschule der Stadt Zürich, um italienische Arbeiter zu motivieren, sich für Deutschkurse einzuschreiben. Denn erstaunlicherweise unterhielt auch die städtische Berufsschule Abendkurse zum Erlernen der deutschen Sprache.[27] Leonardo Zanier von der FCLIS reagierte kritisch gegenüber dieser Ausschreibung, woraufhin die Vertreter der Gewerbeschule irritiert mitteilten, es sei ja beiden Institutionen viel daran gelegen, die Italiener in der Schweiz mit der deutschen Sprache vertraut zu machen.[28] In seiner Antwort auf diese Rückfrage stritt dies Zanier denn auch nicht ab, es gehe ihm auch nicht um eine Kritik an den Kursen der Gewerbeschule. Vielmehr wolle er auf ein tiefer liegendes Problem aufmerksam machen, das mit Deutschkursen allein nicht behoben werden könne: Viele italienische Emigranten hätten in der italienischen Sprache keine ausreichenden Kenntnisse, seien also gewissermassen Analphabeten, was den Erwerb einer Fremdsprache wie Deutsch grundlegend erschwere.[29]

In dieser Haltung scheint durch, dass es den Colonie Libere bei den berufsbildenden Kursen für die Emigrantinnen und Emigranten nicht ausschliesslich um eine Vermittlung von beruflichen Qualifikationen ging. So schrieb die linke italienische Emigrantenorganisation im Sommer 1966 nicht nur Kurse für technisches Zeichnen und Deutsch aus, sondern bewarb auch einen «corso di perfezionamento nella lingua italiana e di cultura generale».[30] Das Kurswesen sollte demnach einen allgemeinbildenden Aspekt beinhalten – eine Forderung, die wiederholt mit der mangelhaften schulischen Vorbildung der zugewanderten Arbeiterinnen und Arbeiter aus dem Süden Italiens begründet wurde. Solche Kurse, die später unter dem Begriff der *cultura civica* durchgeführt wurden, boten den Colonie Libere schon bald die Möglichkeit, ihre Vorstellungen

---

26 ASTi, FPC 41, ECAP, D1, Mappe 1, I. Sitzung der Commissione Culturale, 1963.
27 ASTi, FPC 41, ECAP, B1, Mappe 4, Occasione di imparare la lingua tedesca, 1963.
28 ASTi, FPC 41, ECAP, B1, Mappe 3, Brief der Gewerbeschule der Stadt Zürich an Leonardo Zanier, 26. Januar 1966.
29 ASTi, FPC 41, ECAP, B1, Mappe 3, Brief von Leonardo Zanier an die Gewerbeschule der Stadt Zürich, 9. Februar 1966.
30 ASTi, FPC 41, ECAP, B1, Mappe 4, Flugblatt Kursausschreibung CLI, 1966/67.

einer Berufsbildung, welche Aspekte der politischen und gewerkschaftlichen Bildung umfasste, zu verwirklichen.[31]
Allgemeinbildende Elemente in die berufsqualifizierenden Kurse zu integrieren war aber nicht nur das Anliegen der Colonie Libere, die der Kommunistischen Partei Italiens nahestanden, sondern zeigt sich auch in den Kursprogrammen der katholischen, eher den italienischen Christdemokraten nahestehenden Organisation ENAIP. Im Curriculum des 1963 begonnenen zweijährigen Kurses in technisch-mechanischem Zeichnen wurden die Inhalte zur *cultura generale* gar an erster Stelle vor den fachlichen Kursinhalten aufgeführt. Zu dieser Allgemeinbildung gehörten Kenntnisse in italienischer und deutscher Sprache, Geschichte und Geografie der Schweiz und Italiens sowie die politischen und sozioökonomischen Strukturen der beiden Länder. Diese Inhalte sollten es dem Kursteilnehmer erlauben, die Verhältnisse, in denen er sich bewegte, differenzierter einzuschätzen.[32] Da ein Kursjahr lediglich 150 Stunden umfasste, in welchen auch Arithmetik und Geometrie, technisches Zeichnen, dabei insbesondere orthogonale Projektionen, Materialkunde sowie Mechanik gelehrt werden mussten, konnten für die *cultura generale* insgesamt lediglich 10 Stunden aufgewendet werden,[33] was wohl keine allzu intensive Auseinandersetzung mit den vielseitigen Aspekten dieses Bereichs zuliess.
Den Hintergrund für diese von beiden Organisationen aufgestellte Forderung nach allgemeinbildenden Inhalten in den Berufskursen oder eigenen allgemeinbildenden Kursangeboten bildete die wiederholt geäusserte Feststellung, die in den 1960er-Jahren neu zugewanderten Arbeiter aus dem Süden Italiens verfügten über eine mangelhafte schulische Vorbildung. Zahlreiche Emigranten hätten gar die obligatorischen fünf Elementarschuljahre nicht abgeschlossen. Insofern erlaubten diese Kurse ein Nachholen der obligatorischen Grundschulbildung. Dieser Aspekt war umso plausibler, als in Italien seit der Verabschiedung des Gesetzes Nr. 1859 vom 31. Dezember 1962 auch die drei Jahre der *scuola media unica*, der neu geschaffenen Einheitssekundarschule, zur obligatorischen schulischen Grundbildung gerechnet wurden und somit die Pflichtschulzeit über die fünf Jahre Primarschulunterricht hinaus verlängert wurde.[34] Dies verstärkte das Anliegen, Kurse zum Nachholen des üblichen Schulabschlusses anzubieten, weshalb ENAIP wie Colonie Libere seit Ende der 1960er-Jahre Kurse in ihr

---

31 EI, Juni 1969, «Proposte per la formazione dei lavoratori emigrati»; zu politischen und gewerkschaftlichen Aspekten der Kurse der Colonie Libere und der ECAP siehe Kap. 4.3.
32 ASTi, FPC 41, ECAP, D1, Mappe 3, Programma biennale per i corsi di disegno tecnico-meccanico, ENAIP, 1963.
33 ASTi, FPC 41, ECAP, D1, Mappe 3, E. Violi: Coordinamento dei programmi dei corsi di perfezionamento professionale, 10. Oktober 1964.
34 Genovesi, 2004, S. 189.

Programm aufnahmen, die auf die *licenza di terza media* vorbereiteten.[35] In den 1970er-Jahren stellten diese Kurse zur Erlangung der *licenza media,* wie der Abschluss der drei Jahre umfassenden und 1962 eingeführten Gesamtschule auf Sekundarstufe I kurz genannt wurde, einen bedeutenden Pfeiler der Kursprogramme von ENAIP und ECAP dar.
Insgesamt präsentierte sich das Kursangebot in den 1970er-Jahren also differenzierter als noch in den 1960er-Jahren. Die Kurse wurden spezifischer auf bestimmte Berufstätigkeiten zugeschnitten. Da jedoch für die 1970er-Jahre keine Inspektionsberichte des italienischen Generalkonsulats vorliegen, muss auf die innerhalb der einzelnen Organisationen verfassten Tätigkeitsberichte und Kursstatistiken zurückgegriffen werden. Daraus ist ersichtlich, dass die in den 1960er-Jahren aufgebaute Kurspalette konsolidiert und punktuell mit Qualifikationsangeboten für weitere Tätigkeitsfelder ergänzt wurde. Die Veränderungen betrafen den vermehrten Einbezug von praktischen Unterrichtssequenzen sowie die Ausweitung des Kursangebots auf kleine Industriestandorte ausserhalb Zürichs. Dies hatte zur Folge, dass in kleineren Orten Kurse zusammengelegt und als polivalente Ausbildungsgänge angeboten wurden.[36]
Eine weitere Änderung betraf die Aufnahme von Kursen, die tagsüber stattfanden und der Berufsorientierung dienen sollten. Zwar waren die Kurse inhaltlich auf ein Tätigkeitsfeld – vorab im Bauwesen oder als Maschinenmechaniker – zugeschnitten, beinhalteten jedoch einen weitaus grösseren Anteil an Allgemeinbildung und Deutschunterricht als die üblichen berufsbildenden Kurse.[37] Damit reagierten die italienischen Weiterbildungsorganisationen auf eine demografische Verschiebung in den späten 1970er-Jahren, eine Spätfolge der Erleichterung des Familiennachzugs. Zahlreiche Jugendliche, deren Eltern in der Schweiz arbeiteten, die aber bei den Grosseltern oder in Internaten lebten und die Schule in Italien besuchten,[38] reisten nach der Absolvierung der obligatorischen Schule in Italien zu ihren Eltern in der Schweiz. Diese Jugendlichen drängten ohne berufliche Qualifikationen auf den Arbeitsmarkt, fanden mitunter weder eine Stelle noch einen Ausbildungsplatz.[39] Eine spezifische Herausforderung bestand darin, dass die Pflichtschulzeit in der Schweiz damals neun Jahre dauerte, in Italien dagegen lediglich acht. Diese Jugendlichen

35   EI, April 1966, «Corso per lavoratori aspiranti alla licenza di scuola media italiana».
36   Privatarchiv ENAIP, Consuntivi corsi M. A. E. 1964–72.
37   ASTi, FPC 41, ECAP, D4, Mappe 2, Italienisches Generalkonsulat Zürich: Programma per i corsi di orientamento professionale, settore edilizia, undatiert.
38   Ricciardi, 2010.
39   ECAP-CGIL, 1976a; darin Viktor Moser, Adjunkt der Schweizerischen Arbeiterbildungs-Zentrale: Vorschläge des Schweizerischen Gewerkschaftsbundes (SGB) zur Bekämpfung der Jugendarbeitslosigkeit, für eine echte Reform der Berufsbildung und eine Förderung der Weiterbildung.

waren schlicht zu jung, um ins schweizerische Berufsbildungssystem eintreten zu können. Tagsüber stattfindende Kurse zur beruflichen Orientierung sollten dieser Problematik Abhilfe verschaffen.[40]
Gerade in den Colonie Libere verwischte sich durch die Hinwendung zur Berufsorientierung die Grenze zwischen den Aktivitäten im Bereich der Berufsqualifizierung der ersten Generation der italienischen Arbeiterinnen und Arbeiter einerseits und der Sorge um die Schulbildung der Kinder der Arbeitsmigrantinnen und -migranten andererseits. Die italienischen Weiterbildungsorganisationen richteten sich auch an die zweite Generation und mussten nun Fragen zur Beschulung der italienischen Kinder in die strategischen Überlegungen mit einbeziehen, sofern diese sich auf den Übergang und die Selektion im Anschluss an die obligatorische Schulzeit bezogen. Gleichzeitig wurden die Personen, die sich innerhalb der Migrationsorganisationen mit der Beschulung der italienischen Kinder in der Schweiz befassten, dazu angehalten, sich auch mit Fragen der Berufsbildung zu beschäftigen. So forderte beispielsweise Leonardo Zanier, der Leiter der ECAP, 1974 das schulische Informationszentrum der Colonie Libere[41] auf, die Berufswahl in ihrer Arbeit mehr zu beachten.[42]

3.3. Zur Heterogenität der Kursinteressenten

So etwas wie *die* italienische Einwanderung, worauf die Emigrationsvereinigungen zu reagieren hatten, gab es kaum. Vielmehr waren die Zugewanderten eine erstaunlich heterogene Gruppe von Personen, denen gemeinsam war, dass sie ausserhalb des Herkunftslands einer Erwerbstätigkeit nachgingen. Diese Heterogenität stellte für die Durchführung der Kurse eine Herausforderung dar. Die Fragen, wie mit den unterschiedlichen Vorkenntnissen der Kursteilnehmer umzugehen sei und ob eine Aufteilung der Gruppen oder doch eher spezifische Programme die richtige Antwort seien, wurde in Kursleiterseminaren diskutiert.[43] Die Hinweise auf die Unterschiede zwischen den Kursteilnehmern wurden gleichzeitig dazu genutzt, um auf den tiefen Bildungsstand einer Gruppe von Zugewanderten aufmerksam zu machen und das eigene Engagement in Kursen zum Nachholen der *licenza media* zu rechtfertigen.

---

40 Siehe Kap. 3.5.
41 Zum «Centro Scuola e Famiglia delle Colonie Libere Italiane» siehe Kap. 6.1.
42 ASTi, FPC 41, ECAP, D5, Mappe 1, Brief von Leonardo Zanier an Sibilla Schuh, 24. Januar 1974.
43 ASTi, FPC 14, ECAP, B1, Mappe 5, Brief von Leonardo Zanier an Pietro Vecchio, Milano, 22. Mai 1967.

Die Unterschiede zwischen den Kursteilnehmern bewogen die ECAP dazu, in den frühen 1970er-Jahren Kennzahlen zu den Kursteilnehmern zu sammeln und mit den Daten einige statistische Überlegungen anzustellen. Anhand der bei der Anmeldung erhobenen Personendaten generierten die Verantwortlichen Aussagen über das Alter, das Geschlecht, die bisherige Aufenthaltsdauer, den Schulabschluss und die Herkunftsregion in Italien. Damit vermochten sie mehr darüber in Erfahrung zu bringen, wer sich für einen beruflichen Weiterbildungskurs der ECAP einschrieb. Durch den Vergleich mit Zahlen der Fremdenpolizei erkannten die Protagonisten der ECAP gar, dass das Potenzial ihrer Kurse bei Weitem nicht ausgeschöpft sei, da grundsätzlich viel mehr italienische Arbeitsmigrantinnen und -migranten Interesse an einer beruflichen Weiterqualifikation haben dürften.[44]

Für die Statistik der ECAP standen die Daten von circa 150 Kursteilnehmerinnen und -teilnehmern des Kursjahres 1973/74 zur Verfügung, die im Sinn einer deskriptiven Statistik anhand von Mittelwerten und Kreuztabellen analysiert wurden.[45] Diese Auswertung der ECAP kann mit den Daten von ENAIP verglichen werden. In den Beständen des Privatarchivs von ENAIP sind 2562 ausgefüllte Anmeldekarten aus dem Zeitraum von 1969–1982 enthalten.[46] Um Verzerrungen zu vermeiden, beschränkt sich die folgende Auswertung auf die Anmeldekarten aus den Jahren 1970–1978, weil sowohl aus dem Kursjahr 1969/70 als auch aus der Zeitspanne nach 1978 – alle von 1982 – jeweils nur sieben Anmeldekarten erhalten sind. Diese äusserst kleinen Stichproben lassen keine generalisierenden Rückschlüsse auf die Kurs- und Teilnehmerstruktur vor 1970 und nach 1978 zu.

Innerhalb dieses Untersuchungszeitraums sind die Anmeldekarten jedoch äusserst interessant, denn die Interessentinnen und Interessenten mussten dieselben persönlichen Angaben machen, welche die Grundlage für die Auswertung der ECAP bildeten. Dies ermöglicht einen Abgleich der Daten der beiden Organisationen. Neben einer Verifizierung der Annahmen der ECAP vermag die Datenlage also auch einen Vergleich der Kursbesucher von ECAP und ENAIP zu leisten. Dabei kann festgehalten werden, dass sich die unterschiedliche politische Ausrichtung der beiden Emigrationsorganisationen kaum in Unterschieden bei der Teilnehmerstruktur niederschlug.

Die Datenlage im Privatarchiv von ENAIP ist zwar umfangreich, weist aber auch Grenzen hinsichtlich ihrer Aussagekraft aus. Denn von den überlieferten 2562 Anmeldekarten kann keinesfalls angenommen werden, dass sie vollstän-

---

44 ASTi, FPC 41, ECAP, B21, Mappe 3, Caratteri dell'emigrazione presente ai corsi dell' ECAP-CGIL, sede svizzera, undatiert.
45 Ebd.
46 Privatarchiv ENAIP, Schede iscrizione, 1969–82.

dig sind und somit das gesamte Kursangebot von ENAIP abdecken. Gerade die Frage danach, welche Kurse eher besucht wurden, kann mit dem vorhandenen Datensatz nicht abschliessend beantwortet werden; dazu müssten eher die Rechenschaftsberichte des Generalkonsulats und die eigenen Kurstabellen herangezogen werden, die jedoch für die 1970er-Jahre unvollständig sind. Die Daten der Anmeldekarten von ENAIP bieten aber als Grundlage einer deskriptiven Statistik die Möglichkeit, gewisse Strukturmerkmale der Kursteilnehmerschaft zu ermitteln. Die Reichweite der Daten beschränkt sich auf die 1970er-Jahre, da für die vorangegangene Dekade leider keine Bestände überliefert sind. Auch in den Quellen der ECAP finden sich nur sehr sporadische Hinweise auf die Zusammensetzung der Kursteilnehmerschaft in den 1960er-Jahren. Diese Datenlage lässt leider keine Vergleiche zwischen den Dekaden zu. Insofern sind auch kaum Aussagen über den Wandel der Teilnehmerstruktur möglich. Die Verhältnisse in den 1970er-Jahren lassen sich dennoch deutlich nachzeichnen. Die ausgewerteten Anmeldekarten betreffen Kurse zwischen 1970 und 1978, circa 80 Prozent aller Daten stammen aus den Jahren 1974–1978. Die folgenden Angaben beziehen sich also in erster Linie auf diese vier Jahre und die damalige spezifische demografische Situation. Zudem sind aus dem Kursjahr 1973/74 im Privatarchiv von ENAIP nur 63 Anmeldekarten erhalten, was nur einem Bruchteil der Zahlen anderer Kursjahre entspricht. Dies mag mit dem internen Konflikt vom Frühling 1974 zusammenhängen, als sich der Leiter, einige Kursleiter und Kursteilnehmer von ENAIP loslösten, um eine eigene, unabhängige Weiterbildungsorganisation, die «Scuola Professionale Emigrati» (SPE) zu gründen.[47] Da die Abspaltung mitten im Kursjahr geschah, ist nicht mehr zu rekonstruieren, wo die Anmeldekarten der Kurse von 1973/74 schliesslich abgelegt wurden. Doch die Lücke im Bestand des Privatarchivs von ENAIP dürfte darauf hinweisen, dass die betreffenden Anmeldekarten von der SPE übernommen wurden. Das Archiv der SPE ist zwar an das Schweizerische Sozialarchiv in Zürich überführt worden, die entsprechenden Anmeldekarten finden sich darin jedoch nicht und dürften inzwischen kassiert worden sein.
Die aus den Anmeldekarten von ENAIP ermittelten Personendaten geben Aufschluss über das Geschlecht, das Alter, die Herkunftsregion, das Zuwanderungsjahr, die Schulbildung und – mit Abstrichen – die berufliche Position der eingeschriebenen Kursteilnehmer. Die Daten lassen darüber hinaus Rückschlüsse auf das Alter bei der Zuwanderung und die bisherige Aufenthaltsdauer in der Schweiz zu. Davon ausgehend lässt sich herauslesen, welche Personengruppen welche Kurse bevorzugten. Nicht auszuschliessen ist, dass einige Kursteilnehmer sich gleichzeitig für zwei Kurse anmeldeten und somit doppelt in

---

47 Siehe dazu Kap. 2.3.

die Datenbank aufgenommen worden sind, was die Resultate verzerren würde. Die anonymisierte Datenaufnahme verunmöglicht zwar eine Identifizierung der Doppelanmeldungen, solche waren aufgrund der Intensität der Kurse aber eher die Ausnahme als die Regel. Ein weiteres Problem ergibt sich aus den berufsbildenden Kursen in den Bereichen Mechanik, Autoindustrie und Elektrotechnik, weil diese dreijährig konzipiert waren. Da für den Fortsetzungskurs üblicherweise dieselbe Anmeldekarte verwendet wurde, sind die betreffenden Personen im Datensatz nicht mehrfach enthalten. Bedauerlicherweise wurde auf den Anmeldekarten der Besuch der Fortsetzungskurse in sehr unterschiedlicher Weise vermerkt, weshalb kaum Aussagen darüber gemacht werden können, welche Personengruppen die Kurse über sämtliche drei Jahre hinweg besuchten. Und ob Personen, für die eine Anmeldekarte erst im zweiten oder dritten Kursjahr vorliegt, den vorangehenden Kurs besuchten oder – dies war in begründeten Fällen mit entsprechenden Qualifikationen möglich – direkt ins zweite oder dritte Kursjahr einstiegen, ist nur in Einzelfällen zu rekonstruieren. Zudem wurde auf einzelnen Anmeldekarten zu einem fortgeschrittenen Kurs vermerkt, dass die vorangehenden Kurse bei einem anderen italienischen Weiterbildungsanbieter in der Schweiz, also der SPE oder der ECAP, absolviert wurden. Für die Datenlage bedeutet dies eine gewisse Verzerrung der Variable des Alters, wobei deren Wert in Bezug auf den Kursbeginn eher leicht zu hoch und beim Kursabschluss eher leicht zu tief ausfallen dürfte. Diese Bemerkungen zur Datenlage weisen darauf hin, dass die folgenden Auswertungen als Annäherungen an die damalige Teilnehmerstruktur zur verstehen sind und keinesfalls als direkte Abbildung der Verhältnisse. Aufgrund des grossen Samples von 2562 meist vollständig ausgefüllten Anmeldekarten sind jedoch durchaus aussagekräftige Tendenzen bezüglich der Teilnehmerschaft der ENAIP-Kurse in den 1970er-Jahren feststellbar.

Das Alter der Teilnehmerinnen und -teilnehmer der ENAIP-Kurse wies eine erstaunliche Spannweite auf, wobei sich der Jüngste im Alter von 10 Jahren, der Älteste mit 70 Jahren für einen Kurs einschrieb – wobei beide einen Kurs zur Vorbereitung der *licenza media* besuchen wollten. Das durchschnittliche Alter der Kursinteressentinnen und -interessenten lag über den gesamten Zeitraum hinweg bei knapp 26 Jahren. Die ECAP weist für ihre Kursteilnehmerschaft 1973/74 einen etwas höheren Altersdurchschnitt von knapp 29 Jahren aus.[48] Insgesamt ist auch bei ENAIP zu beobachten, dass der Altersdurchschnitt beim Kursbeginn im Lauf der untersuchten Dekade tendenziell stieg. Neben einem anhaltend grossen Anteil jüngerer Kursteilnehmer von unter 30 Jahren

---

48 ASTi, FPC 41, ECAP, B21, Mappe 3, Caratteri dell'emigrazione presente ai corsi dell' ECAP-CGIL, sede svizzera, undatiert, S. 1.

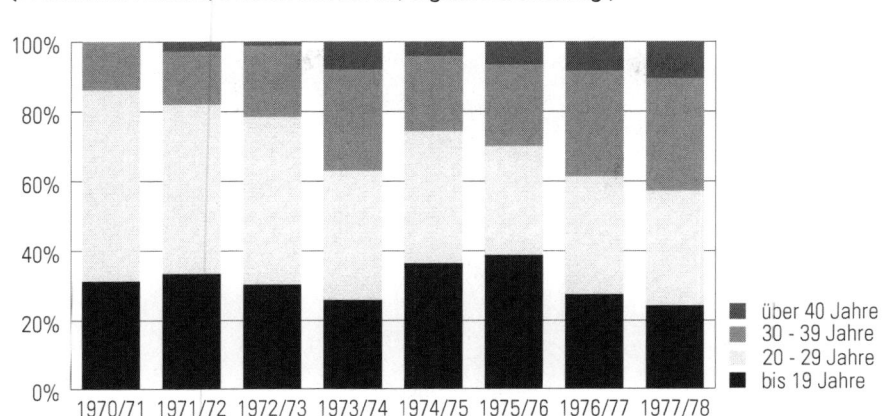

Abb. 1: Altersstruktur der Kursteilnehmerinnen und -teilnehmer nach Kursjahr.
(Privatarchiv ENAIP, Schede iscrizione; eigene Berechnung.)

wuchs der Anteil der Kursinteressentinnen und -interessenten im Alter von über 30 Jahren (vgl. Abb. 1).

Interessant ist hierbei, dass der Altersdurchschnitt derselben Kurse der ECAP-CGIL in Mailand, die für Binnenmigranten aus Süditalien angeboten wurden, mit knapp 24 Jahren bedeutend tiefer lag. Die ECAP in Zürich führte dies auf die spezifische Situation der Emigrantinnen und Emigranten zurück. Sie benötigten eine längere Zeitspanne zur Stabilisierung der Lebensverhältnisse im Ausland als die Binnenmigranten in Italien, die von den südlichen Regionen in den industrialisierten Norden Italiens zogen.[49] Dies ist vor dem Hintergrund langwieriger Abläufe zur Erlangung einer Niederlassungsbewilligung für die Schweiz und des damals noch immer hohen Anteils der Saisonniers durchaus plausibel. Insofern widerspiegelt sich im höheren Durchschnittsalter der Kursteilnehmerinnen und -teilnehmer auch die unentschiedene Situation der Arbeitsmigrantinnen und -migranten zwischen langfristiger Niederlassung und baldiger Remigration, da diese Ungewissheit Zweifel an der Zweckmässigkeit des Erwerbs beruflicher Qualifikationen in der Emigration aufkommen lassen konnte. Vor diesem Hintergrund liesse sich Paolo Barcellas These, die schulischen und berufsbildenden Angebote hätten zur Stabilisierung der Lebensverhältnisse in der Emigration beigetragen, dahingehend ergänzen, dass umge-

49 Ebd.

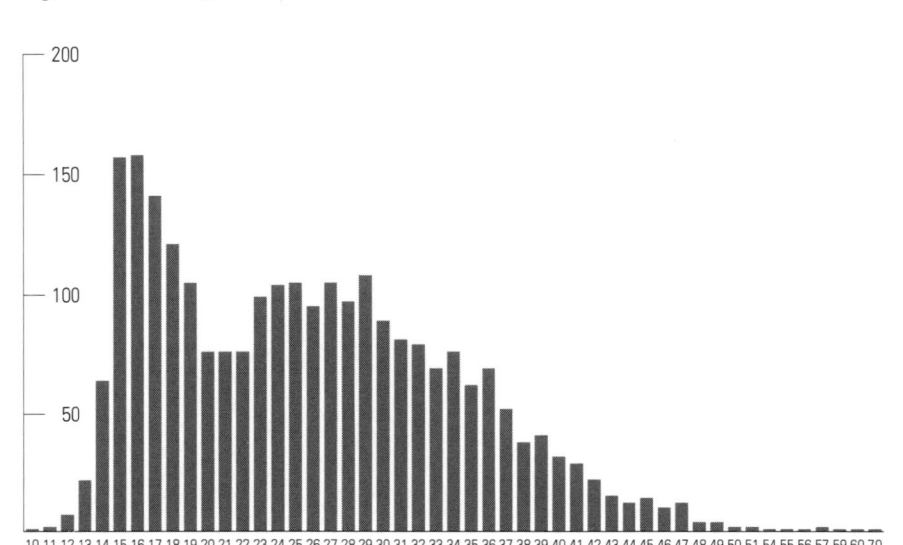

Abb. 2: Altersverteilung bei Kursbeginn. (Privatarchiv ENAIP, Schede iscrizione; eigene Berechnung)

kehrt eine Stabilisierung der persönlichen Lage in der Emigration zur Nutzung dieser Angebote beitrug.[50]

In der Altersstruktur der Kursteilnehmer (Abb. 2) fällt auf, dass neben dem eigentlichen Zielpublikum der erwerbstätigen Erwachsenen im Alter von 23–30 Jahren sich vor allem Jugendliche von 15–19 Jahren für die Kurse einschrieben. Im hohen Anteil der Kursinteressentinnen und -interessenten unter 20 Jahren zeigt sich die Präsenz der Generation der Kinder der Arbeitsmigrantinnen und -migranten in den Berufsbildungskursen. Im Lauf der 1970er-Jahre ist kein eindeutiger Anstieg des Anteils der Jugendlichen unter 20 Jahren in den Kursen erkennbar (vgl. Abb. 1). Wenn also ECAP wie ENAIP im Lauf der 1970er-Jahre ihre Aktivitäten hinsichtlich der beruflichen Erstausbildung der zweiten Generation intensivierten, so geschah dies nicht, weil mehr Jugendliche die Kurse besuchten. Vielmehr beschäftigten sich – wie noch zu zeigen ist – die italienischen Weiterbildungsorganisationen deutlich stärker mit der Thematik, weil ihnen die Problematik der Integration von jungen Migrantinnen und Migranten in den qualifizierten Arbeitsmarkt zunehmend bewusst wurde.

50 Barcella, 2012.

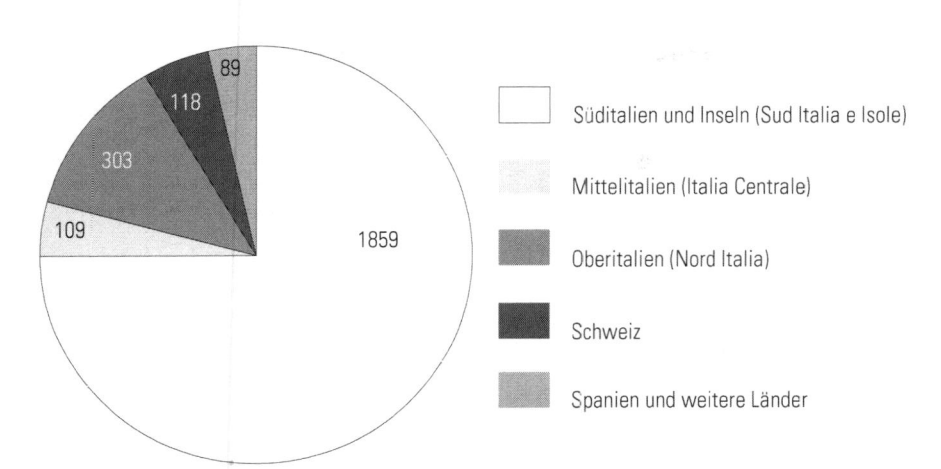

Abb. 3: Herkunft der Kursteilnehmerinnen und -teilnehmer. (Privatarchiv ENAIP, Schede iscrizione; eigene Berechnung)

Die Herkunft der Kursinteressentinnen und -interessenten lässt sich über die Angabe des Geburtsorts auf der Anmeldekarte ermitteln. In 75 Prozent aller Fälle ist dabei eine Gemeinde in Süditalien oder auf den beiden grossen italienischen Inseln Sardinien und Sizilien genannt. Dieser hohe Anteil ist damit zu erklären, dass Migrantinnen und Migranten aus Süditalien – auch aufgrund fehlender Infrastruktur – deutlich seltener einen Berufsabschluss erwarben, bevor sie migrierten. Dennoch besuchten auch Emigranten aus anderen Teilen Italiens die Kurse. Interessant ist, dass 59 der auf den Anmeldekarten dokumentierten Kursinteressenten aus Spanien stammten. Die Hälfte dieser Personen schrieb sich für einen Kurs für Dreher und Fräser ein, der im Kursjahr 1976/77 in spanischer Sprache angeboten wurde. Die andere Hälfte dieser Personen meldete sich für die regulären italienischen Kurse an. Diese Kurse übten somit auch für Arbeitsmigrantinnen und -migranten aus anderen Ländern und mit anderer Muttersprache eine Anziehungskraft aus. So sind vereinzelt Anmeldungen von Personen aus dem ehemaligen Jugoslawien, aus Frankreich, Griechenland oder gar Argentinien überliefert (vgl. Abb. 3).

Darüber hinaus gaben 118 Personen einen Geburtsort in der Schweiz an. Mit äusserst wenigen Ausnahmen trugen diese Personen jedoch italienische Namen, daher kann davon ausgegangen werden, dass es sich dabei um Kinder

Abb. 4: Altersstruktur bei der Zuwanderung (nur unter 20-jährige Kursteilnehmerinnen und -teilnehmer). (Privatarchiv ENAIP, Schede iscrizione; eigene Berechnung)

- 16–20 Jahre
- 11–15 Jahre
- 6–10 Jahre
- 1–5 Jahre
- in der Schweiz geboren

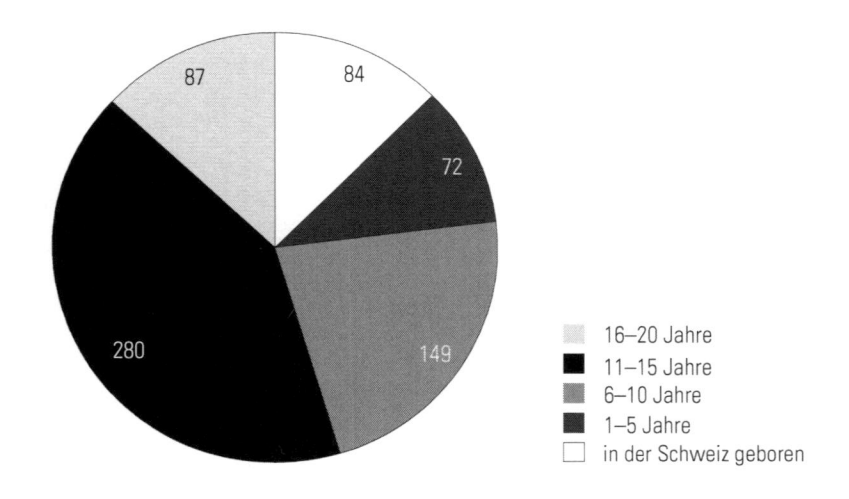

Werte: 84, 72, 149, 280, 87

italienischer Arbeitsmigrantinnen und -migranten handelte, die in der Emigration geboren wurden und somit als zweite Generation der Zuwanderer gelten. Über 80 Prozent der Gruppe der in der Schweiz Geborenen meldete sich für einen Kurs von ENAIP an, bevor das 20. Altersjahr erreicht wurde.

Wenn alle Kursteilnehmerinnen und -teilnehmer betrachtet werden, die unter 20 Jahre alt waren, als sie sich für die Kurse einschrieben, wird deutlich, dass die meisten dieser Gruppe im Alter von 11–15 Jahren in die Schweiz kamen. Die Emigration fand also oft unmittelbar nach dem Abschluss der obligatorischen Schulzeit statt. Auf der anderen Seite lebte knapp die Hälfte aller unter 20-Jährigen mit zehn Jahren schon in der Schweiz. Jede oder jeder achte der Kursteilnehmerinnen und -teilnehmer unter 20 Jahren war in der Schweiz geboren (vgl. Abb. 4).

Unter 20-jährige Kursteilnehmerinnen und -teilnehmer waren also etwa zu gleichen Teilen Arbeitsmigrantinnen und -migranten selbst oder deren Kinder. In der Statistik wird üblicherweise mit dem Geburtsort als Entscheidungskriterium zwischen erster und zweiter Generation unterschieden.[51] In der vorlie-

---

51 So beispielsweise das Bundesamt für Statistik der Schweizerischen Eidgenossenschaft, http://www.bfs.admin.ch/bfs/portal/de/index/themen/01/07/blank/key/06/05.html (Zugriff am 30. August 2015). Das BFS stützt sich dabei auf die Empfehlungen der UNO zur statistischen Erfassung von Bevölkerungsdaten. United Nations Economic Commission for Europe, 2006.

genden Untersuchung ist eine solche Untersuchung wenig hilfreich. Entscheidend ist vielmehr, in welchem Alter die Kinder der Arbeitsmigrantinnen und -migranten in die Schweiz reisten. Die in den ersten zehn Lebensjahren in die Schweiz eingereisten Italienerinnen und Italiener waren im Hinblick auf die berufliche Erstausbildung mit ähnlichen Herausforderungen konfrontiert wie die in der Schweiz geborenen Kinder der Arbeitsmigrantinnen und -migranten. ECAP, ENAIP und SPE entwickelten spezifische Qualifikationsangebote für diese Gruppe der Kinder der Zugewanderten, die oftmals mit Schwierigkeiten beim Übergang von der obligatorischen Schule in die berufliche Grundbildung konfrontiert waren.[52] Letztlich blieben aufgrund der Ungewissheit der permanenten Niederlassung in der Schweiz und der Rückkehr nach Italien wie auch infolge der ausländerrechtlichen Restriktionen italienische Familien in der Schweiz isoliert.[53] Diese Situation bot keinen schulischen Startvorteil für Kinder, die in der Schweiz geboren wurden.

Umgekehrt waren 50 Prozent der Kursteilnehmerinnen und -teilnehmer unter 20 Jahren erst nach dem Abschluss der Pflichtschulzeit in die Schweiz eingewandert. Nach 1970 stellte die Schweiz immer weniger neue Arbeitsbewilligungen an Italienerinnen und Italiener aus,[54] insofern war auch diese Zuwanderung oftmals familiär vermittelt. Trotzdem fehlte diesen Migrantinnen und Migranten die Erfahrung des Schulbesuchs in der Schweiz. Sie waren bei der Einreise bereits im erwerbstätigen Alter, stiegen daher oft direkt in den schweizerischen Arbeitsmarkt ein und zählten somit zur ursprünglichen Adressatengruppe von ENAIP, ECAP und SPE.

Aufgrund der Schwierigkeiten der Operationalisierung ist auf eine Unterscheidung zwischen erster und zweiter Generation zu verzichten. Entscheidend für die Kategorisierung der unter 20-jährigen Kursteilnehmerinnen und -teilnehmer erweist sich die Dauer des Aufenthalts in der Schweiz vor der Anmeldung zum Kurs. Für die folgenden Berechnungen sind die unter 20-Jährigen nach dem Alter gruppiert, in dem sie in die Schweiz kamen.[55] Auch diese Unterscheidung ist wenig trennscharf, vermittelt aber einen Eindruck der unterschiedlichen Personengruppen, die mit den Kursangeboten angesprochen und – den Anmeldekarten nach zu urteilen – als Zielgruppen auch erreicht wurden. Die fehlende Trennschärfe spiegelt sich auch in der Schwierigkeit bei der Begriffswahl zur Bezeichnung der Kurse von ENAIP, ECAP und SPE. Das

52 Gurny et al., 1984.
53 Siehe dazu auch Kap. 5.2.
54 Piguet, 2006, S. 40.
55 Das ergab die vier Kategorien der im Alter von 0–4 Jahren (inklusive in der Schweiz geborenen Personen), 5–9 Jahren, 10–14 Jahren und 15–19 Jahren in die Schweiz Gekommenen.

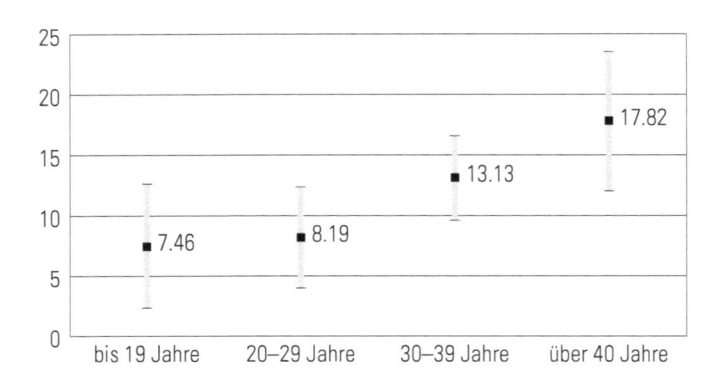

Abb. 5: Mittlere Aufenthaltsdauer bis zum Kursbeginn nach Alter (inklusive Standardabweichung). (Privatarchiv ENAIP, Schede iscrizione; eigene Berechnung)

Altersgruppe	Mittelwert
bis 19 Jahre	7.46
20–29 Jahre	8.19
30–39 Jahre	13.13
über 40 Jahre	17.82

Angebot changierte zwischen beruflicher Erstausbildung, Weiterbildung und beruflicher Nachqualifikation.

Die Aufenthaltsdauer bis zum Kursbeginn variierte bei den Teilnehmerinnen und Teilnehmern aller Altersgruppen stark. Im Durchschnitt waren die Interessentinnen und Interessenten bereits seit knapp zehn Jahren in der Schweiz, wenn sie sich für einen ENAIP-Kurs einschrieben. Dieser Wert unterscheidet sich nur in Nuancen von demjenigen, den die ECAP Mitte der 1970er-Jahre im Rahmen der Analysen der Kursanmeldung für das Kursjahr 1973/74 errechnete.[56] Jüngere Kursbesucherinnen und -besucher waren tendenziell weniger lang in der Schweiz, bis sie einen ENAIP-Kurs besuchten, als ältere Personen. Dass die durchschnittliche Aufenthaltsdauer bis zum Kursbesuch mit dem Alter zunahm, lässt sich aus den Daten selbst erklären, da erst mit einem höheren Alter eine längere Aufenthaltsdauer möglich war. Die Varianz der Aufenthaltsdauer war bei den älteren Kursteilnehmerinnen und -teilnehmern jedoch nur unwesentlich grösser. Die verhältnismässig hohe durchschnittliche Aufenthaltsdauer von knapp 18 Jahren bei der Gruppe der Personen über 40 Jahre deutet auch darauf hin, dass die Einwanderung in die Schweiz in der Regel im jungen Erwachsenenalter erfolgte. Die etwas grössere Streuung bei den Personen unter 19 Jahren erklärt sich daraus, dass diese Altersgruppe bereits in der Schweiz geborene Jugendliche umfasste wie auch solche, die erst eben im Rahmen des Familiennachzugs in die Schweiz gereist waren (vgl. Abb. 5).

56 ASTi, FPC 41, ECAP, B21, Mappe 3, Caratteri dell'emigrazione presente ai corsi dell' ECAP-CGIL, sede svizzera, undatiert, S. 4.

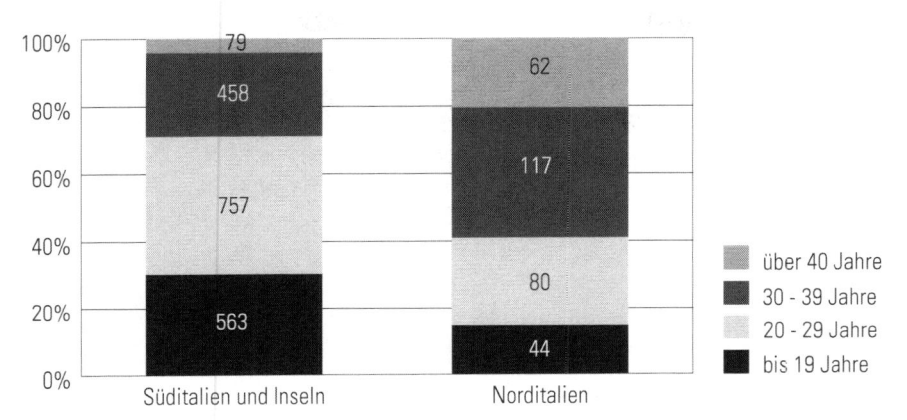

Abb. 6: Altersstruktur der Kursteilnehmerinnen und -teilnehmer aus Süditalien (inklusive Inseln) und Norditalien. (Privatarchiv ENAIP, Schede iscrizione; eigene Berechnung)

Altersgruppe	Süditalien und Inseln	Norditalien
über 40 Jahre	79	62
30 - 39 Jahre	458	117
20 - 29 Jahre	757	80
bis 19 Jahre	563	44

Die längere Aufenthaltsdauer bis zum Kursbesuch bei den über 40-Jährigen lässt darauf schliessen, dass die Kurse auch von Personen besucht wurden, die bereits in den 1940er- und 50er-Jahren in die Schweiz eingereist waren. Der in der schweizerischen Migrationsforschung bekannte Befund, wonach in den ersten Jahren nach 1945 Personen aus dem Norden Italiens einwanderten, während seit den späten 1950er-Jahren vermehrt Arbeitskräfte aus Süditalien von der schweizerischen Industrie beschäftigt wurden,[57] lässt sich mit den Anmeldebogen von ENAIP bestätigen:[58] Migrantinnen und Migranten aus Oberitalien waren früher in die Schweiz eingewandert und daher tendenziell älter als diejenigen aus Süditalien (vgl. Abb. 6). Meistens hatten die Kursteilnehmerinnen und -teilnehmer aus Süditalien keine vorgängige Migrationserfahrung innerhalb Italiens erlebt,[59] obwohl in der Literatur gerade zur frühen Zuwanderung aus Süditalien Indizien dafür zu finden sind.[60] Für die Kursteilnehmerinnen und -teilnehmer war also die Schweiz oft nicht die zweite Migrationsetappe nach derjenigen in Mailand oder Turin.

57 Mayer, 1965, S. 12; Prencipe, Sanfilippo, 2009, S. 122–125.
58 Hier und in der Folge werden in den statistischen Angaben, die sich unter anderem auf die Variable der Herkunft beziehen, lediglich die italienischen Regionen, gegebenenfalls auch Spanien und die Schweiz berücksichtigt. Fälle mit anderer Herkunftsangabe werden aufgrund der geringen Fallzahl bei den Berechnungen nicht berücksichtigt.
59 ASTi, FPC 41, ECAP, B21, Mappe 3, Caratteri dell'emigrazione presente ai corsi dell' ECAP-CGIL, sede svizzera, undatiert, S. 5.
60 Ginsborg, 1990, S. 217–229.

Bevor analysiert werden kann, welche Personengruppen sich für welche Kurse einschrieben, sind einige Überlegungen zur Kursstruktur von ENAIP notwendig. Aufgrund berechtigter Zweifel an der Vollständigkeit der Anmeldekarten sind – wie bereits erwähnt – nur beschränkt Aussagen darüber zulässig, welche Kurse vermehrt nachgefragt wurden, denn es ist durchaus vorstellbar, dass die Anmeldekarten einzelner Kurse nicht aufbewahrt wurden. Zudem sind für die 1970er-Jahre, in denen die analysierten Anmeldekarten benutzt wurden, kaum Rechenschafts- und Inspektionsberichte des Generalkonsulats oder von ENAIP selbst vorhanden, die einen Gesamtüberblick gewähren würden.

Die in der Folge vorgenommene Gruppierung der Kurse nach Tätigkeits- beziehungsweise Berufsbereichen entspricht der Kategorisierung der Inspektionsberichte des Generalkonsulats. Neben Kursen in den arbeitsintensiven Bereichen der Mechanik, die vor allem in der Schwerindustrie nachgefragt wurden, des Bauwesens, der Elektrik und der Autoindustrie beinhaltete das Kursprogramm Qualifikationslehrgänge im Hinblick auf eine Anstellung in der Textilindustrie oder im Sekretariatsbereich eines Unternehmens.[61] Ergänzt wurde dieses Programm mit Kursen zum Erwerb der deutschen Sprache und zur Erlangung des italienischen obligatorischen Schulabschlusses, der *licenza media*, die nicht auf eine direkte Erwerbstätigkeit vorbereiteten, aber die Chancen auf eine besser bezahlte Anstellung vergrössern konnten. Hinsichtlich der Ausschreibungen veränderte sich das ENAIP-Kursangebot der 1970er-Jahre im Vergleich zum Angebot Ende der 1960er-Jahre nicht substanziell, lediglich die Vorbereitungskurse zur Erlangung der *licenza media* lösten die allgemeinbildenden Kurse ab. Die vereinzelt überlieferten Übersichten über ganze Kursjahre deuten darauf hin, dass auch in den 1970er-Jahren die Kurse in den Bereichen der Metall- und der Autoindustrie am meisten gefragt waren.[62] Kurse, die explizit für Maurer angeboten wurden, finden sich weder in den Ausschreibungen noch in den spärlich vorhandenen Rechenschaftsberichten, obwohl damals die meisten Arbeitsbewilligungen für Italiener im Bausektor ausgestellt wurden.[63] Die einzigen Kurse, welche in den Übersichten auftauchen und dem Bausektor zuge-

---

61 Im Bereich «Meccanica» sind Kurse mit den Titeln «Aggiusatori», «Disegno tecnico meccanico», «Meccanici», «Saldatori elettrici», «Tornatori fresatori» und «Congegnatori meccanici» zusammengefasst. «Ediliza» beinhaltet «Disegno edile», «Edili», «Idraulici» und «Muratori». «Eletrotecnici» umfasst Kurse mit den Titeln «Elettricisti impianisti», «Elettricisti quadristi» und «Eletrotecnica polivalente». Zu den Kursen für die Autoindustrie zählen «Autocarrozzieri», «Automeccanici», «Disegno matematica per automeccanici» und «Elettrauto». Zu den Kursen für den Textilsektor gehören «Taglio e cucito» und «Taglio e confezione». Die Bürokurse schliesslich beinhalten «Dattilografia», «Stenografia» und «Segretaria d'azienda».

62 Privatarchiv ENAIP, Consuntivi corsi M. A. E., 1976/77.

63 Eidgenössische Fremdenpolizei, 1974, S. 246. Die Eidgenössische Fremdenpolizei veröffentlichte in der Zeitschrift «Die Volkswirtschaft» des Eidgenössischen Volkswirtschafts-

rechnet werden können, waren Qualifikationskurse für angehende Spengler, die auch vermehrt nachgefragt wurden und den Beschäftigten im Bausektor Aufstiegschancen versprachen.[64] Doch auch andere bedeutende Beschäftigungsbereiche italienischer Migrantinnen und Migranten wie die Landwirtschaft oder das Gastgewerbe[65] wurden in den Kursprogrammen von ECAP und ENAIP kaum berücksichtigt. Dies dürfte auch in den 1970er-Jahren noch mit dem Saisonnierstatut zusammenhängen, weil vor allem in diesen Beschäftigungsbereichen nur saisonal befristete Arbeitsbewilligungen ausgestellt wurden, was den betreffenden Personen aufgrund der erzwungenen Ausreise nach neun Monaten einen Kursbesuch bei einer der italienischen Weiterbildungsorganisationen erschwerte, wenn nicht verunmöglichte. So konstatierte auch die ECAP, dass der Kursbereich, in dem die grösste Nachfrage bestehe, demjenigen Beschäftigungssektor entspreche, in welchem die wenigsten Saisonniers beschäftigt waren.[66]

Unterschiedliche Personengruppen zeigten unterschiedliche Präferenzen in Bezug auf den Berufsbereich, in welchem eine Qualifikation angestrebt wurde. Betrachtet man die Kurswahl im Hinblick auf die Herkunft der Teilnehmerinnen und Teilnehmer, so sieht man deutlich, dass die Deutschkurse von Migrantinnen und Migranten aus Norditalien überdurchschnittlich nachgefragt wurden. Auch für die Mechanikerkurse zum Erlernen von Tätigkeiten in der Maschinen- und Schwerindustrie schrieben sich Personen aus Oberitalien etwas eher ein. Bei den Kursteilnehmern aus Süditalien und von den italienischen Inseln hingegen waren die Kurse mit Abschlüssen für das Bauwesen, in der Elektroinstallation oder für die Autoindustrie etwas eher nachgefragt.[67] Die mangelhafte schulische Vorbildung der eingewanderten Süditalienerinnen und Süditaliener trug wohl dazu bei, dass diese Personengruppe vor allem Qualifikationskurse mit tieferen Anforderungen besuchte (vgl. Abb. 7).

Die Kurse zur Erlangung der *licenza media* hingegen wurden eher von Personen nachgefragt, die sich bereits länger in der Schweiz aufhielten (vgl. Abb. 8). Dies hängt auch damit zusammen, dass in den frühen 1960er-Jahren in Italien die *scuola media* für obligatorisch erklärt wurde.[68] In den darauffolgenden

departements jährlich sozialstatistische Daten zur ausländischen Wohnbevölkerung in der Schweiz.
64 Privatarchiv ENAIP, Consuntivi corsi M. A. E., 1976/77.
65 Eidgenössische Fremdenpolizei, 1974, S. 246.
66 ASTi, FPC 41, ECAP, B21, Mappe 3, Caratteri dell'emigrazione presente ai corsi dell' ECAP-CGIL, sede svizzera, undatiert, S. 11.
67 Dies entspricht auch denjenigen Berufsbereichen, in welchen etliche neue Arbeitsbewilligungen an ausländische Arbeitskräfte ausgestellt wurden. Eidgenössische Fremdenpolizei, 1974, S. 246.
68 Genovesi, 2004, S. 189.

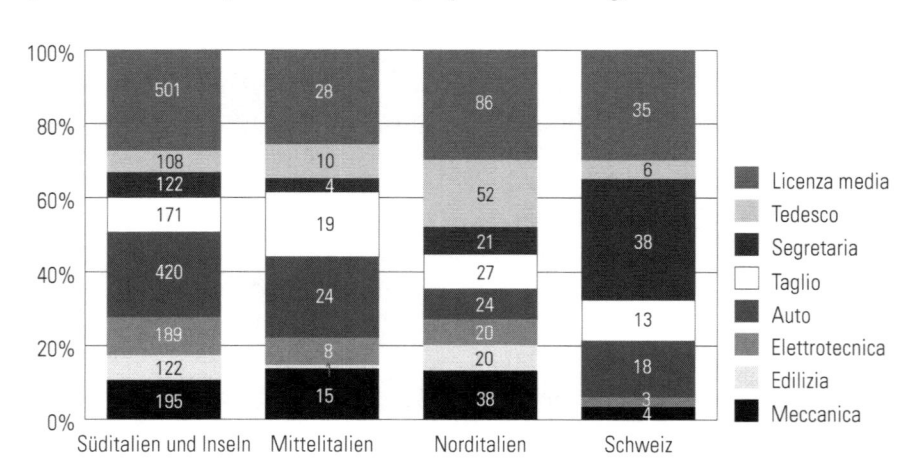

Abb. 7: Kursbereich und Herkunft der Kursteilnehmerinnen und -teilnehmer.
(Privatarchiv ENAIP, Schede iscrizione; eigene Berechnung)

[Diagramm: Gestapeltes Säulendiagramm mit vier Säulen (Süditalien und Inseln, Mittelitalien, Norditalien, Schweiz) und Legende: Licenza media, Tedesco, Segretaria, Taglio, Auto, Elettrotecnica, Edilizia, Meccanica.

Süditalien und Inseln: 501, 108, 122, 171, 420, 189, 122, 195
Mittelitalien: 28, 10, 4, 19, 24, 8, 1, 15
Norditalien: 86, 52, 21, 27, 24, 20, 20, 38
Schweiz: 35, 6, 38, 13, 18, 3, 4]

Jahren reisten zunehmend Personen mit dem Abschluss der *licenza media* in die Schweiz ein. Doch die Nachfrage der Kurse zur Vorbereitung dieser Abschlussprüfung noch in den 1970er-Jahren selbst von unter 30-jährigen Immigrantinnen und Immigranten deutet darauf hin, wie zögerlich die Verlängerung der Pflichtschulzeit der *scuola media* in Italien durchgesetzt wurde. Bei den Deutschkursen hingegen sind keine Unterschiede in Abhängigkeit der Aufenthaltsdauer erkennbar.

Hinsichtlich der berufsbildenden Kurse fällt auf, dass Kursteilnehmerinnen und -teilnehmer, die sich schon zehn Jahre oder länger in der Schweiz aufhielten, sich etwas häufiger für Kurse im Bauwesen einschrieben als Personen, die erst in den letzten zehn Jahren eingewandert waren. Dazu zählten insbesondere Spenglerkurse, welche denjenigen Arbeitsmigranten, die bereits im Baugewerbe arbeiteten, Aufstiegsmöglichkeiten auch beim aktuellen Arbeitgeber eröffneten. Personen, die sich weniger als zehn Jahre in der Schweiz aufgehalten hatten, bevor sie sich für einen berufsbildenden Kurs einschrieben, wählten eher Kurse im Bereich der Autoindustrie, in der Metallindustrie oder zur Qualifikation für eine Bürotätigkeit (vgl. Abb. 8). In diesen Fällen gibt es Hinweise darauf, dass – im Gegensatz zu den erwähnten Teilnehmern an Spenglerkursen – die Kursinteressentinnen und -interessenten vor der Zuwanderung noch nicht im entsprechenden Bereich tätig waren und die Kursangebote von ENAIP, ECAP oder SPE somit im Sinn einer beruflichen Erstqualifikation nutzen wollten. So lag denn auch das Durchschnittsalter der Angemeldeten in den

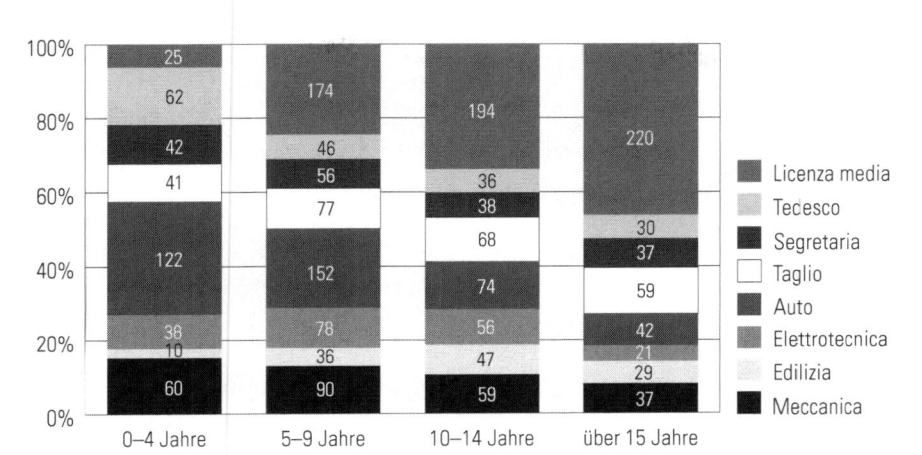

Abb. 8: Kursbereich und Aufenthaltsdauer bis Kursbeginn. (Privatarchiv ENAIP, Schede iscrizione; eigene Berechnung)

Kursbereich	0–4 Jahre	5–9 Jahre	10–14 Jahre	über 15 Jahre
Licenza media	25	174	194	220
Tedesco	62	46	36	
Segretaria	42	56	38	30
Taglio	41	77	68	37
Auto	122	152	74	59
Elettrotecnica	36	78	56	42
Edilizia	10	36	47	21 / 29
Meccanica	60	90	59	37

Kursen für Qualifikationen im Automobilgewerbe und im Bürowesen deutlich tiefer als in anderen Kursen. Auch die Organisationen unterschieden zwischen denjenigen Adressaten, die in einem Bereich bereits über grosse Erfahrung verfügten, denen es aber an spezifischen Kenntnissen – beispielsweise Fähigkeiten im technischen Zeichnen – fehle, um im angestammten Berufsbereich aufsteigen können, und denjenigen, welche eine breite berufliche Grundbildung zum Einstieg in einen Berufsbereich benötigten, seien dies Jugendliche, die erst ins Berufsleben eintraten, seien dies Erwachsene vor einem Stellen- und Branchenwechsel.[69] Zudem zeigt sich hier schon, wie geschlechtsspezifisch das Kurswesen strukturiert war.

3.4. Schneiderinnen und Sekretärinnen – Emigrantinnen in der Weiterbildung

Die Segregation entlang des Geschlechts zeigt sich zunächst darin, dass 80 Prozent aller Anmeldekarten von Männern ausgefüllt wurden. Die 20 Prozent Frauen bestätigen aber den für die historische Migrationsforschung durchaus wichtigen Befund, dass die italienische Arbeitsmigration der zweiten Hälfte

---

69 Privatarchiv ENAIP, Diversa corrispondenza, G. Ciffo: Relazione illustrativa delle attività per la richiesta di contributi per l'anno formativo 75/76, undatiert.

des 20. Jahrhunderts keine ausschliesslich männliche Angelegenheit war, sondern circa ein Drittel der im Ausland rekrutierten Arbeitskräfte Frauen waren.[70] Frauen besuchten also deutlich weniger Qualifikationskurse als Männer. Frauen und Männer arbeiteten in unterschiedlichen Beschäftigungssektoren und besuchten dementsprechend Kurse in verschiedenen Berufsbereichen. Die Vorstellung von traditionellen Frauen- und Männerberufen schlug sich auch in der Ausbildungsstruktur nieder. Die Kurse in den Bereichen Metallindustrie, Baugewerbe, Elektroinstallation und Automobilindustrie wurden praktisch ausschliesslich von Männern nachgefragt. Für diese Berufsbereiche ist eine einzige Anmeldung einer Migrantin überliefert, die sich für einen Automechanikerkurs einschrieb. Auch in den Kursen zur Erlangung der *licenza media* waren Frauen leicht unterrepräsentiert (vgl. Abb. 9).

Die Bürokurse, die Ausbildungsgänge zur Firmensekretärin beziehungsweise zum Firmensekretär sowie Kurse im Maschinenschreiben oder in der Stenografie umfassten, und die Kurse im Textilsektor wurden verhältnismässig stark von Fragen besucht. Doch schrieben sich in diesen eher frauenspezifischen Berufen auch Männer ein. Die Kurse im Schneidern und Nähen wurden von zwei sehr unterschiedlichen Personengruppen nachgefragt. Zum einen waren dies Männer über 30 Jahre, die schon mehr als 10 Jahre in der Schweiz anwesend waren, sich als gelernte Schneider bezeichneten und ihre Fertigkeiten vertiefen wollten. Auf der anderen Seite schrieben sich Frauen unter 30 Jahren ein, die entweder erst kürzlich in die Schweiz eingereist waren oder hier geboren waren und die Schneiderkurse als berufliche Erstausbildung absolvierten (vgl. Abb. 9). Diese unterschiedlichen Personengruppen verfolgten vermutlich auch unterschiedliche Intentionen. Die jungen Frauen, welche die Kurse als berufliche Erstausbildung im Schneidern und Nähen besuchten, wollten sich damit für eine Tätigkeit in der Textilindustrie qualifizieren, einem der frauentypischen Niedriglohnsektoren, die Migrantinnen beschäftigten. Diese Gruppe stellte die Mehrzahl der Kursteilnehmerinnen im Bereich der Textilkurse dar.[71] Jünger als 30 Jahre alt schrieb sich kaum ein Mann in diese Kurse ein. Im Alterssegment über 30 Jahren meldeten sich dagegen auch Männer für die Kurse im Textilbereich an, wobei nicht wenige davon auf der Anmeldung vermerkten, dass sie bereits eine Berufsausbildung als Schneider absolviert hätten. Ob der Kursbesuch in der Emigration gewählt wurde, um die schon einige Jahre zurückliegende Ausbildung aufzufrischen und – da diese Personen oft nicht mehr im angestammten Beruf angestellt waren – einen Berufswechsel zurück

---

70 Mayer, 1965, S. 7; zu Frauen in der Geschichte der Arbeitsmigration: Baumann, 2014; Pojmann, 2008.
71 Für die Bundesrepublik Deutschland: Mattes, 2005, S. 76. Dieselbe Geschlechtersegregation ist auch für die Schweiz anzunehmen.

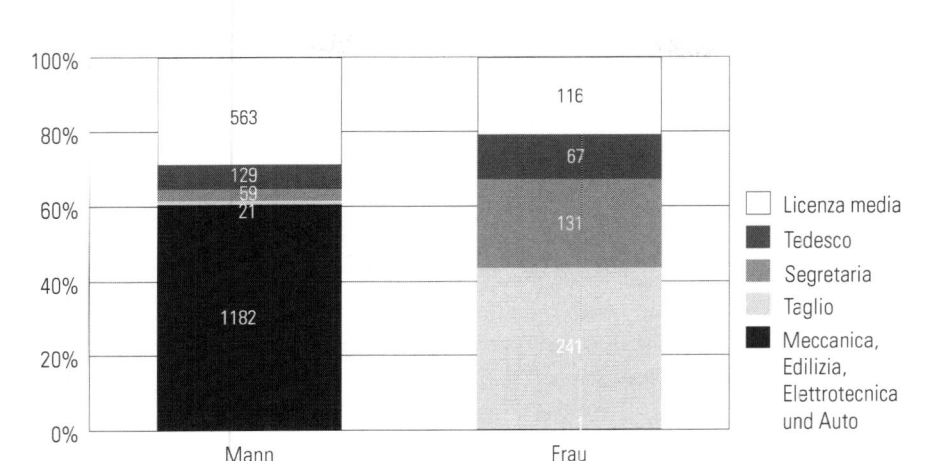

Abb. 9: Kursbereich und Geschlecht der Kursteilnehmerinnen und -teilnehmer.
(Privatarchiv ENAIP, Schede iscrizione; eigene Berechnun)

[Balkendiagramm: Mann – 1182 (Meccanica, Edilizia, Elettrotecnica und Auto), 21, 59, 129, 563; Frau – 241 (Taglio), 131 (Segretaria), 67 (Tedesco), 116 (Licenza media)]

zur erlernten Tätigkeit anzustreben, ist nicht abschliessend zu beantworten. Letztlich waren auch bei den Einschreibungen der über 30-Jährigen die Frauen stärker vertreten als die Männer. Hinsichtlich der Gründe für die Einschreibung unterschied sich auch diese Gruppe von den anderen. Denn häufig blieb auf der Einschreibekarte dieser über 30-jährigen Immigrantinnen die Zeile des Arbeitgebers und der momentanen Erwerbstätigkeit leer oder wurde mit *casalinga*, Hausfrau, angegeben. Ohne Erwerbstätigkeit kamen diese Frauen über den Familiennachzug in die Schweiz und besuchten die Kurse im Nähen und Schneidern eher im Hinblick auf die Haushaltstätigkeit, als damit eine berufliche Qualifikation für eine mögliche Erwerbstätigkeit anzustreben.

Aufgrund der starken Geschlechtersegregation im Arbeitsmarkt der Migrantinnen und Migranten wurde auch innerhalb der italienischen Organisationen der Ruf nach einer besonderen Berücksichtigung der erwerbstätigen italienischen Frauen in der Schweiz laut – gerade im Hinblick auf berufliche Qualifikationen. Im Oktober 1967 erschien in der von den Colonie Libere herausgegebenen Zeitschrift «Emigrazione Italiana» ein Artikel über die berufliche Bildung emigrierter italienischer Arbeiterinnen. Besonders beklagt wurde darin, dass vor allem die Migrantinnen einen tiefen Bildungsstand aufwiesen.[72] Dies gehe

---

72 Die Daten zu den Kursanmeldungen von ENAIP bestärken diese These, da in der Gruppe der Personen ohne Elementarschulabschluss die Frauen tendenziell übervertreten waren.

damit einher, dass gerade bei Arbeitsstellen für ausländische Arbeiterinnen oft keine Anforderungen an die Qualifikation gestellt würden, was schlechte Voraussetzungen für den Besuch von berufsbildenden Kursen seien. Dazu komme, dass der emigrierten Frau oftmals eine doppelte Arbeitsbelastung übertragen werde, wenn sie erwerbstätig sein müsse und die Haushaltsarbeit und Kinderbetreuung zu übernehmen habe. Dies verunmögliche die Teilnahme an Berufsbildungsangeboten. Und diejenigen Frauen, die dennoch Kurse besuchen würden, hätten lediglich die Wahl zwischen Kursen für die Textilindustrie oder für eine Sekretariatstätigkeit. Die Aufgabe der italienischen Organisationen in der Emigration müsse aber vielmehr sein, auch den Frauen die Möglichkeit zu vermitteln, sich bei unsicheren Beschäftigungsverhältnissen beruflich neu zu orientieren und am Vereinsleben teilzunehmen.[73]

Der Artikel erschien im Rahmen der Berichterstattung zum «ersten Kongress der Migrantin», der von der neu aufgebauten Frauenkommission des Dachverbands der FCLIS organisiert wurde. Am Kongress, der im Herbst 1967 in Olten durchgeführt wurde, diskutierten die 400 Teilnehmenden unter dem Titel «Die emigrierte Frau, die Arbeit und die Familie» oben genannte Problematiken der italienischen Frau als Arbeiterin, Ehefrau und Mutter in der Emigration, wobei Fragen der beruflichen Qualifikation neben Arbeitsbedingungen und rechtlichen Aspekte nur eines der diskutierten Themenfelder bildeten.[74] Der Kongress und der erwähnte Zeitschriftenartikel waren Ausdruck davon, dass die patriarchalischen Strukturen, die auch die progressiven italienischen Organisationen durchdrangen, in den späten 1960er-Jahren zunehmend in die Kritik gerieten. Die italienischen Vereinigungen waren wie so manch anderer Gesellschaftsbereich in den 1960er-Jahren entlang traditioneller Geschlechterrollen organisiert. In den Leitungsgremien der Organisationen sassen fast ausschliesslich Männer, die über das Wohl der gesamten Gemeinschaft befanden und deren Geschicke lenkten. Die Frauen innerhalb der Organisationen begannen erst in der zweiten Hälfte der 1960er-Jahre, eigene Interessen auf die vereinspolitische Agenda zu setzen und die Anliegen von Frauen in der Emigration an die Öffentlichkeit zu tragen.[75] Die Bereiche der beruflichen Weiterbildung blieben jedoch Angelegenheiten, um die sich die Männer zu kümmern hatten.[76] Die am Kongress der Migrantin 1967 erhobene Forderung der Frauenförderung resultierte nicht in

---

73 EI, Oktober 1967, «Lavoratrici emigrate e formazione professionale».
74 Baumann, 2014, S. 62–63.
75 Ebd., S. 58–59.
76 Im Gegensatz dazu bildeten die Kinderbetreuung und die Beschulung der zweiten Generation der Zuwanderer ein eigenständiges Themenfeld, das die Frauen innerhalb den Colonie Libere besetzen konnten. Siehe Kap. 6.2.

einer Erweiterung der Berufsbildung für Frauen. Weder neue Kurse noch eine erhöhte Nachfrage sind dokumentiert (vgl. Abb. 9).

Mit der Etablierung der Kurse zum Deutscherwerb und zur Erlangung der *licenza media* hingegen wurde ein allgemeinbildendes Kurssegment geschaffen, das auch von Frauen nachgefragt wurde (vgl. Abb. 9). Dazu trug auch bei, dass die ECAP ab dem Schuljahr 1977/78 einen Vorbereitungskurs zur *licenza media* durchführte, der tagsüber stattfand und sich explizit an Frauen richtete. Als einer der wichtigsten Gründe für dieses Kursangebot wurde genannt, dass so den Frauen einen Ausweg aus ihrer sozialen Isolation als Hausfrau ermöglicht würde. Gleichzeitig dienten die Kurse der Realisierung feministischer Anliegen, da sich die Protagonistinnen eine Politisierung der Migrantinnen erhofften, die sie befähigen würden, für sich selbst zu sprechen. Der Artikel in der Zeitschrift «Emigrazione Italiana», in dem über dieses Kursangebot berichtet wurde, diente letztlich auch dazu, Frauen Mut zu machen, sich für diese Kurse einzuschreiben.[77]

3.5. Anstelle einer beruflichen Grundbildung – die zweite Generation der Zugewanderten

Neben den Frauen bildeten die Kinder der Arbeitsmigrantinnen und -migranten, die in der Schweiz geboren oder in der frühen Kindheit eingewandert waren, eine weitere Gruppe, der sich die italienischen berufsbildenden Organisationen in der Schweiz mit spezifischen Angeboten zuwandten. Dies zeigt sich etwa in den Kurspräferenzen der einzelnen Altersgruppen, wobei hier vor allem die Anmeldekarten derjenigen Personen von Interesse sind, die sich im Alter unter 20 Jahren für einen Kurs interessierten. Für welchen Kurs die Einschreibung erfolgte, war von der Aufenthaltsdauer abhängig (vgl. Abb. 10). Dabei ist ersichtlich, dass diejenigen Kursteilnehmerinnen und -teilnehmer unter 20 Jahren, die bereits in der frühen Kindheit in die Schweiz gekommen waren, andere Kurse besuchen wollten als diejenigen, die erst in den Jugendjahren eingewandert waren.

Wenig erstaunlich ist zunächst, dass die Deutschkurse von jungen Kursbesucherinnen und -besuchern, die schon länger in der Schweiz waren, selten frequentiert wurden. Diese waren ja in einem deutschsprachigen Umfeld aufgewachsen, hatten oftmals eine deutschsprachige Schule besucht und waren daher mit der Sprache vertraut. Hinsichtlich der berufsbildenden Kurse wird jedoch deutlich, dass nicht alle Berufsfelder gleich nachgefragt waren. Kurse in den Be-

---

[77] EI, 15. Februar 1978, «Siamo tutte entusiaste … L'esperienza delle donne che frequentano i corsi diurni di preparazione alla Licenza Media dell'ECAP-CGIL».

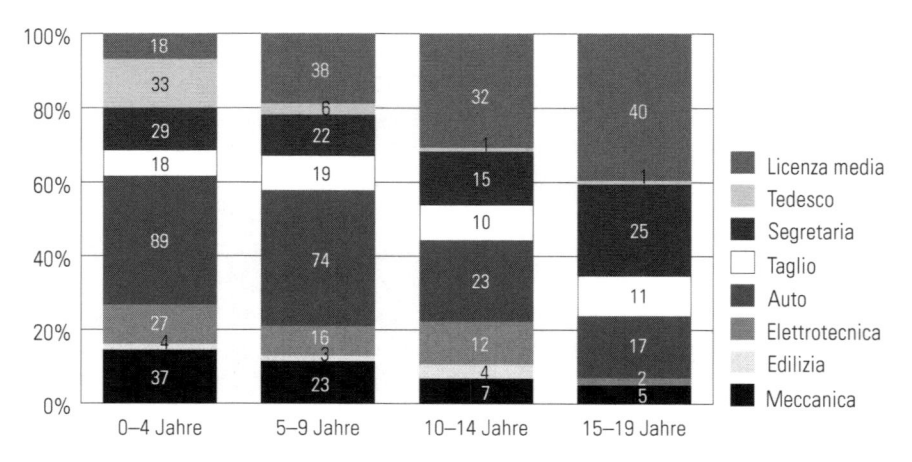

Abb. 10: Kursbereich und Aufenthaltsdauer bis Kursbeginn der unter 20-jährigen Kursteilnehmerinnen und -teilnehmer. (Privatarchiv ENAIP, Schede iscrizione; eigene Berechnung)

reichen Mechanik, Bau und Elektrotechnik wurden von den Kindern der Arbeitsmigrantinnen und -migranten kaum, die Kurse in der Automobilbranche etwas stärker nachgefragt. Darüber hinaus ist die oben besprochene Geschlechtersegregation äusserst deutlich zu erkennen. Es waren vorab Migrantinnen, die sich für die Kurse des Textilbereichs oder für Bürotätigkeiten einschrieben. Je länger sich junge Kursteilnehmerinnen und -teilnehmer unter 20 Jahren schon in der Schweiz aufhielten, umso eher erhielt der Kursbesuch die Funktion einer beruflichen Erstausbildung. Gerade für die jungen Frauen, die sich für einen Sekretärinnenkurs einschrieben, aber auch für einige junge Männer in Automechanikerkursen ersetzten diese Ausbildungsgänge eine Berufslehre. Die Kurse zur Vorbereitung der *licenza media* dienten im Fall einer Remigration als Vorbereitung auf eine Berufsausbildung in Italien, wo dieser Schulabschluss vorausgesetzt wurde.

Erstaunlicherweise waren in der Gruppe der in der Schweiz Geborenen die Frauen mit 60 Prozent in der Mehrheit, wo doch sonst die Frauen im Kurswesen von ENAIP durchweg in der Minderheit waren. Dies weist darauf hin, dass junge Frauen, die seit Längerem in der Schweiz lebten, noch geringere Möglichkeiten einer beruflichen Erstqualifizierung im Rahmen des schweizerischen Berufsbildungswesens hatten als die jungen Männer in derselben Situation, die selbst schon benachteiligt waren. Thematisiert wurde diese doppelte Diskriminierung der jungen Frauen jedoch nicht.

Bereits 1969 wurde innerhalb der Colonie Libere auf die Problematik der Berufsbildung der Kinder der Einwanderer hingewiesen, die in diesen Publikationen schon bald als zweite Generation bezeichnet wurden. Die meisten Migrantenkinder, die nach dem Abschluss der Pflichtschulzeit keine Berufslehre besuchen würden, sondern direkt ins Arbeitsleben einstiegen, seien oft als Hilfsarbeiter angestellt und hätten kaum Chancen auf einen beruflichen Aufstieg. Auch wenn das Problem darin bestehe, dass die Kinder oft erst im schulpflichtigen Alter in die Schweiz geholt würden, was die rigide schulische Selektion noch verstärke, müsse nach Möglichkeiten der beruflichen Qualifikation der zweiten Generation gesucht werden.[78] Eine frühe Variante, dieser Herausforderung zu begegnen, stellte das Generalkonsulat mit den bereits erwähnten Orientierungskursen vor.[79]

Einige dieser Kurse sind im vorliegenden Datensatz der Anmeldekarten zu den Angeboten von ENAIP enthalten, jedoch nicht konsequent vermerkt, was eine quantitative Betrachtung verunmöglicht. Im Rechenschaftsbericht zum Kursjahr 1975/76 berichtete ENAIP von der Durchführung dreier Orientierungskurse – zwei für Mechaniker und einer für Elektriker –, die tagsüber stattfanden und den Jugendlichen helfen sollten, im Anschluss einen Lehrvertrag abzuschliessen. In der Legitimation dieser Kurse schlug ENAIP denn auch ungewohnt scharfe Töne an, indem man davon sprach, dass diese Kurse für die in der öffentlichen Schule der Schweiz diskriminierten italienischen Jugendlichen notwendig seien.[80] Eine Diskriminierung durch die staatliche Schule offen auszusprechen, war damals eher der Stil der deutlich weiter links stehenden Colonie Libere anstatt der eher gemässigten Organisation ENAIP. Der Ertrag dieser Kurse war letztlich gering. Berichte aus den frühen 1980er-Jahren weisen darauf hin, dass sie den Zugang zur Berufslehre kaum vereinfachten und aufgrund der segregativen Ausrichtung auch kontraproduktiv auf die Integration ins schweizerische Berufsbildungssystem wirkten.[81]

Die Berufslehre in Betrieb und Berufsschule, die gängige Form beruflicher Grundausbildung in der Schweiz, weckte denn auch die Aufmerksamkeit der italienischen Berufsbildungsorganisationen in der Schweiz. So berichtete die «Emigrazione Italiana» 1966 mit lobenden Worten von der Initiative einer Fir-

---

78   ASTi, FPC 41, ECAP, B2, Mappe 1, FCLI, seminario di studio, 28.–29. Juni 1969.
79   ASTi, FPC 41, ECAP, D4, Mappe 2, Italienisches Generalkonsulat: Programma per i corsi di orientamento professionale, settore edilizia, Zürich, undatiert.
80   Privatarchiv ENAIP, Diversa corrispondenza, G. Ciffo: Relazione illustrativa delle attività per la richiesta di contributi per l'anno formativo 75/76, undatiert, S. 3. Zugleich übernahm ENAIP die Initiative bei der Lehrstellensuche für Absolventen ihrer Kurse, indem sie schweizerische Unternehmen anschrieb. Privatarchiv ENAIP, Diversa corrispondenza, Brief von G. Tezzon an die Personalabteilung der Contraves AG, 21. November 1979.
81   Amt für Berufsbildung des Kantons Zürich, 1980, S. 35–37.

ma für Haushaltsgeräte in Baden, einen spezifischen Berufslehrgang für italienische Jugendliche einzurichten, der zum eidgenössischen Diplom führte.[82] Gerade die Ausbildung italienischer Jugendlicher in privaten Unternehmen wurde neugierig besprochen, sei es bei der anerkennenden Erwähnung einer Restaurationskette, die für ihre migrantischen Mitarbeiterinnen und Mitarbeiter Deutsch- und Servierkurse bereitstellte, sei es im Hinblick auf die Zusammenarbeit mit der Metallindustrie, um Kursräume für die praktischen Kurseinheiten anmieten zu können.[83] Insgesamt ist jedoch eine ambivalente Haltung der italienischen Weiterbildungsorganisationen gegenüber der schweizerischen Berufsbildung festzustellen. Die Verhältnisse ebenso wie Veränderungen im schweizerischen Berufsbildungswesen wurden – insbesondere von den Colonie Libere und der ECAP – wiederholt kritisch kommentiert und problematisiert.

Die italienischen Weiterbildungsorganisationen nahmen durchaus wahr, wie stark die Berufsbildung in der Schweiz dieser Zeit im Umbruch war. Das 1963 revidierte Bundesgesetz über die Berufsbildung erfuhr bereits 1978 eine weitere Überarbeitung. Berufliche Bildung gewann während des Untersuchungszeitraums zunehmend an Bedeutung, wurde dabei einer Formalisierung unterworfen und stabilisiert.[84] Dazu gehörte der Einschluss der höheren Berufsbildung und der Weiterbildung in den Bereich der Berufsbildung sowie die Stärkung der Berufsberatung.[85] Anlass für diese Reformen war jedoch nicht die Migration. Für den Kanton Zürich finden sich weder in der Schrift «Aktuelle Probleme der Berufsbildung» von Hans Chresta, Vorsteher des Amts für Berufsbildung, noch in der Analyse «Berufsbildung im Umbruch» von Paul Sommerhalder, Berufsschulinspektor desselben Amts, Hinweise darauf, ob und wie die italienische Zuwanderung bei der Reform der Berufsbildung zu berücksichtigen sei.[86] Die damals geführten Diskussionen über Berufsmittelschulen, Allgemeinbildung in der Berufslehre und Modelle von Stufenlehren waren vielmehr vom Gedanken der Ausschöpfung von Begabungsreserven geprägt.[87] Diejenigen Behörden, die sich direkt mit Migrationsfragen beschäftigten, beispielsweise

---

82 EI, April 1966, «Baden: Scuola per apprendisti».
83 Privatarchiv ENAIP, Diversa corrispondenza, G. Ciffo: Relazione illustrativa delle attività per la richiesta di contributi per l'anno formativo 75/76, undatiert, S. 4; EI, März 1968, «Comunicati consolari. Inizio di un corso per personale di ristorante»; zur Zusammenarbeit von italienischen Weiterbildungsorganisationen mit der Schweizer Industrie siehe auch Kap. 2.
84 Wettstein, 1987.
85 Wettstein, Gonon, 2009, S. 84.
86 Chresta, 1970; Sommerhalder, 1970.
87 Zum Argument der Ausschöpfung von Begabungsreserven mittels Ausdifferenzierung der Sekundarstufe II siehe Criblez 2001.

die städtische Kommission für Assimilierungsfragen in Zürich in ihrem Bericht über die «Schulprobleme der Ausländer», problematisierten zwar die tiefe Beteiligung ausländischer Jugendlicher an der beruflichen Grundbildung und wiesen auf die Notwendigkeit einer noch umfassenderen Information und Beratung im Vorfeld der Berufslehre hin,[88] massgebliche Impulse zu Reformen in der Berufsbildung konnten sie aber nicht geben. Umgekehrt boten die neuen gesetzlichen Grundlagen der Berufsbildung mehrere Anknüpfungsmöglichkeiten für die italienischen Weiterbildungsorganisationen.
Solche für ECAP, ENAIP und SPE relevanten Veränderungen in der schweizerischen Berufsbildung betrafen erstens die Schaffung einer Anlehre als berufliche Qualifikationsmöglichkeit mit tieferen Leistungsanforderungen als die Berufslehre. Die Implementierung der Anlehre erfolgte nicht zufällig im gleichen Zeitraum wie die Expansion der Gymnasien und die Schaffung der Berufsmittelschule am anderen Ende des Leistungsspektrums.[89] Insofern umfasste die Bildungsexpansion nicht nur den erweiterten Zugang zu höherer Bildung, sondern erhöhte auch insgesamt die Quote derjenigen mit einem Abschluss auf der Sekundarstufe II, indem die berufliche Grundbildung – unter anderem durch die Schaffung der gesetzlichen Grundlagen für die Anlehre – gefördert wurde. Beschleunigt wurde diese Entwicklung auch dadurch, dass im Lauf der 1960er-Jahre erstmals seit über 20 Jahren ein kurzfristiger Rückgang der Zahl der Lehrlinge verzeichnet wurde, was mit dem Konkurrenzdruck durch die Expansion der Mittelschulen erklärt wurde.[90] Die Schaffung neuer Wege zur beruflichen Grundbildung liessen die Lehrlingsquote wieder ansteigen.[91] Die italienischen Berufsbildungsorganisationen reagierten gegen Ende der 1970er-Jahre darauf, indem sie spezifische Vorbereitungskurse in ihr Kursprogramm aufnahmen, die dazu dienten, den Einstieg in eine schweizerische Berufslehre zu erleichtern.[92]
Zweitens waren die Veränderungen darauf angelegt, Elemente der Weiterbildung juristisch als relevanten Teil der Berufsbildung zu erfassen. Im Kern ging es um Aspekte dessen, was heute berufliche Nachqualifizierung genannt wird und die Erlangung eines Berufsdiploms ohne vorgängige Berufslehre betrifft. Im schweizerischen Berufsbildungsgesetz war seit 1930 festgehalten, dass Personen mit ausreichender Berufserfahrung zur Lehrabschlussprüfung zugelassen werden konnten. Dieser Passus erhielt im Untersuchungszeitraum mehr

---

88 Städtische Kommission für Assimilierungsfragen, 1972.
89 Criblez, 2001.
90 Wettstein, 1987, S. 67.
91 Ebd., S. 64.
92 SSA, Ar 429.90.3, Mappe 2, Gesuch zur Anerkennung der SPE an die Volkswirtschaftsdirektion des Kantons Zürich, 18. Februar 1975.

Gewicht, wobei die ausreichende Berufserfahrung im Gesetz von 1963 mit zweifacher Dauer und im Gesetz von 1978 mit anderthalbfacher Dauer der vorgeschriebenen Lehrzeit gleichgesetzt wurde.[93] Aus dieser Gesetzesbestimmung schöpften die italienischen Weiterbildungsorganisationen die Hoffnung, mit ihren Kursen letztlich doch die Erlangung eines eidgenössisch anerkannten Berufsabschlusses zu ermöglichen.[94] In Einzelfällen konnte tatsächlich erreicht werden, dass Absolventen eines ECAP-Kurses mit der notwendigen Berufserfahrung die eidgenössische Lehrabschlussprüfung bestreiten durften.[95] Wie stark diese Möglichkeit genutzt wurde, widerspiegelt sich darin, dass von den knapp 1200 italienischen Staatsangehörigen, die im Jahr 1973 ihre Lehrabschlussprüfungen in der Schweiz ablegten, 181 die Zulassung zur Prüfung über diesen Gesetzesartikel erhielten.[96] Insofern bot ihnen das schweizerische Berufsbildungswesen durchaus Möglichkeiten, eine Berufsqualifikation zu erwerben.

Bis italienische Arbeitnehmer Lehrabschlussprüfungen tatsächlich ablegen konnten, waren jedoch organisatorische Hürden zu nehmen. Im Herbst 1973 fragte die ECAP die paritätische Berufskommission der Baubranche in Zürich brieflich an, ob im folgenden Sommer die Absolventen eines Maurerkurses der ECAP zur Fähigkeitsprüfung zugelassen werden könnten. Die Arbeiter hätten eine beachtliche Berufserfahrung und zudem entspreche das Kursprogramm weitgehend den schweizerischen Ausbildungsinhalten. Stein des Anstosses für die paritätische Berufskommission war die daran anschliessende konkrete Bitte der ECAP an die Kommission, die Organisation einer entsprechenden Prüfungswoche in die Wege zu leiten.[97] In ihrer Antwort ging die Berufskommission nur oberflächlich auf die Anfrage ein und wiederholte die im Gesetz festgehaltenen Bestimmungen, wer die Lehrabschlussprüfungen ablegen durfte, mit dem spezifischem Verweis darauf, dass doppelt so lange wie die Lehrzeit auf dem Beruf gearbeitet werden musste, um zugelassen zu werden. Abweisend schloss das Schreiben, dass seitens der Kommission kein Interesse daran

---

93 Wettstein, 2014.
94 SSA, Ar 429.90.3, Mappe 2, Gesuch zur Anerkennung der SPE an die Volkswirtschaftsdirektion des Kantons Zürich, 18. Februar 1975.
95 ASTi, FPC 41, ECAP, B19, Mappe 4, Brief des Schweizerischen Bau- und Holzarbeiterverbands, Sektion Winterthur, an Paritätische Berufskommission Zürich, 20. November 1973.
96 ASTi, FPC 41, ECAP, B20, Mappe 1, Bundesamt für Industrie, Gewerbe und Arbeit: Lehrverhältnisse von italienischen Staatsangehörigen in der Schweiz im Jahre 1973, 11. März 1974.
97 ASTi, FPC 41, ECAP, B19, Mappe 4, Brief der ECAP (abgesendet vom Schweizerischen Bau- und Holzarbeiterverband, Sektion Winterthur) an die Paritätische Berufskommission Zürich, 20. November 1973.

bestehe, weitere Wege zur Erlangung von Berufsabschlüssen zu ermöglichen.[98] Die ECAP bestätigte, die Absolventen ihrer Kurse erfüllten die Bestimmungen, man wolle auch keine neuen Wege zur Zulassung zu den Abschlussprüfungen erstreiten, und fragte, was nachgereicht werden müsse, um die Prüfungswoche festlegen zu können,[99] woraufhin die Kommission den Briefwechsel zu einem Ende brachte, indem sie festhielt, dass sie nicht befugt sei, diese Fragen zu beantworten, da die Organisation der Prüfungen nicht Sache der Verbände, sondern der Kantone sei.[100] Die Situation schien festgefahren. Leonardo Zanier kontaktierte anschliessend Josef Niederberger, den Leiter der Städtischen Koordinationsstelle für Ausländerfragen in Zürich, und bat diesen, die Sache zu klären.[101] Nach einer umfangreich dokumentierten Abklärung – Niederberger selbst war ja nicht Berufsbildungsexperte, sondern vermittelte in Migrationsfragen – empfahl der Leiter der Koordinationsstelle der ECAP, mit dem Amt für Berufsbildung des Kantons in Kontakt zu treten, das für die Prüfungen zuständig sei und die Vorabklärungen für die Zulassung übernehme.[102]

Ob die Absolventen des Maurerkurses der ECAP die Lehrabschlussprüfungen im Herbst 1974 letztlich ablegen konnten, ist in den Unterlagen leider nicht dokumentiert. Falls die Resultate der Recherchen Niederbergers zutrafen, gab es aus formaler Hinsicht kein Anlass, die Aspiranten abzuweisen. Die Korrespondenz zwischen der ECAP und der paritätischen Kommission zeigt jedoch auf, welche Vermittlungsleistungen es brauchte, um das notwendige Systemverständnis zu erlangen, damit der richtige Verhandlungspartner kontaktiert wurde. Erst mit dem Einschalten einer Stelle, die explizit für solche Übersetzungsleistungen geschaffen wurde,[103] verfügte die ECAP über das Wissen, an welche Stelle das Anliegen gerichtet werden musste.

Die politischen Debatten über die Ausrichtung des Berufsbildungswesens in der Schweiz erwiesen sich als handlungsleitend für das Kursangebot der italienischen Berufsbildungsorganisationen in der Schweiz, das sich an die Kinder der Zuwanderer richtete. Die Verschiebungen in der schweizerischen Berufsbildung wurden aus unterschiedlichen politischen Richtungen durchaus auch

---

98   ASTi, FPC 41, ECAP, B19, Mappe 4, Brief der Paritätischen Berufskommission Zürich an die ECAP, 8. Januar 1974.
99   ASTi, FPC 41, ECAP, B19, Mappe 4, Brief der ECAP an die Paritätische Berufskommission Zürich, 8. Februar 1974.
100 ASTi, FPC 41, ECAP, B19, Mappe 4, Brief der Paritätischen Berufskommission Zürich an die ECAP, 12. Januar 1974.
101 ASTi, FPC 41, ECAP, B19, Mappe 4, Brief der ECAP an die Städtische Koordinationsstelle für Ausländerfragen, Zürich, 19. März 1974.
102 ASTi, FPC 41, ECAP, B19, Mappe 4, Brief der Städtischen Koordinationsstelle für Ausländerfragen an die ECAP, 25. April 1974.
103 Zu den Vermittlungsstellen in der Stadt Zürich: Mahnig, 2005b, S. 329–330.

kritisch kommentiert, erstens vonseiten der Unternehmen, welche monierten, die traditionelle Berufslehre sei den Anforderungen einer technisierten und spezialisierten Arbeit nicht mehr gewachsen,[104] zweitens von den schweizerischen Gewerkschaften, die vor allem auf eine Harmonisierung und eine bessere Durchlässigkeit pochten sowie den Ausbau der Allgemeinbildung forderten,[105] und drittens von einer Lehrlingsbewegung, die sich aus Gruppierungen der Neuen Linken bildete und die Meisterlehre in erster Linie als Ausbeutung der Lehrlinge im Namen des Profits der Unternehmen kritisierte.[106] Den Kritiklinien war gemein, dass sie auf eine Auslotung von Alternativen zur betrieblichen Berufslehre zielten, wenngleich mit unterschiedlichen Reformvorschlägen. Die Unternehmer forderten beispielsweise eine Professionalisierung des Qualifikationswesens durch den Ausbau von technischen Hochschullehrgängen, während die Linke über die Schaffung von staatlichen Lehrwerkstätten die Durchführung der Berufsausbildung nicht in die Hände der Betriebe, sondern der Öffentlichkeit legen wollte und zudem die Dauer der obligatorischen Schulzeit verlängern und die Dauer der Berufslehre verkürzen wollte.

Die Protagonisten der Colonie Libere nahmen insbesondere die kritischen Stimmen der Linken wahr und übersetzten deren Forderungen ins Italienische, um diese in den eigenen Publikationen den italienischsprachigen Emigrantinnen und Emigranten in der Schweiz vermitteln zu können.[107] Dies ging mit dem Anliegen der Colonie Libere einher, die italienische Bevölkerung in der Schweiz über die hiesigen Verhältnisse der Berufsbildung zu informieren. Dabei sparten sie nicht mit Kritik am Ausbildungssystem: «Nell'apprendistato si esprime perciò in maniera meno velata che in altri tipi di formazione il ruolo della scuola nella società capitalista, che è quello di preparare mandopera da immettere sul mercato del lavoro a seconda delle esigenze dell'economia privata.»[108]

In Artikeln der Zeitschrift «Emigrazione Italiana» wurden viele Argumente der Lehrlingsbewegung gegen die Berufslehre vorgebracht, die vom niedrigen Lohn über die hohe Belastung durch Schule und Arbeitszeit bis hin zum marginalen Ferienanspruch reichten. Oft sei der Lehrling dem Lehrmeister ausge-

104 Jörg, 1973, S. 48–54.
105 ASTi, FPC 41, ECAP, B18, Mappe 1, Schweizerischer Gewerkschaftsbund: Bericht der Kommission SGB für bildungspolitische Fragen betreffend Vorschläge zur Verbesserung der Berufsbildung, 23. Oktober 1970.
106 Eigenmann, Geiss, 2016.
107 EI, 29. März 1972, «Chi è e cosa vuole la Hydra»; EI, 20. Februar 1974, «Apprendistato: Sfruttamento o formazione».
108 EI, 6. Februar 1974, «Apprendistato. Sfruttamento minorile o privilegio di pochi»: «In der Berufslehre zeigt sich – viel weniger verschleiert als in anderen Ausbildungsbereichen – die Funktion der Schule in der kapitalistischen Gesellschaft, die darin besteht, Hilfsarbeiter auf die Eingliederung in den Arbeitsmarkt gemäss den Prinzipien der Privatökonomie vorzubereiten.» Eigene Übersetzung.

liefert, was sich darin zeige, dass kein Gesamtarbeitsvertrag für die Lehrlinge bestehe, sondern mit jedem Lehrling ein eigener Vertrag unterschrieben würde. Als besonders stossend wurde das Fehlen einer kritischen Bildung in der Lehrlingsausbildung erachtet. Diese sei nur auf technische Fertigkeiten ausgerichtet und umfasse keinerlei Aspekte einer gewerkschaftlichen, sozialen oder politischen Bildung.[109] Die Erziehung beschränke sich auf das Einüben von Gehorsam, Pünktlichkeit, Unterordnung und Unterwürfigkeit. Die bestehende Berufsausbildung sei von den Arbeitgebern für sich selbst und nicht im Sinn der Arbeitnehmer gemacht und daher letztlich eine Ausbeutung der Jugendlichen.[110] Die Befassung mit dem schweizerischen Berufsbildungssystem blieb für die italienischen Weiterbildungsorganisationen eine ambivalente Angelegenheit. Denn gleichzeitig mit der Kritik an der traditionellen Berufslehre vermittelten die Publikationen der Colonie Libere zu diesem Thema eine Unzufriedenheit darüber, dass italienische Jugendliche in der Schweiz bedeutend schlechtere Chancen als Schweizer Jugendliche hatten, einen Lehrvertrag zu erhalten. Unter den Jugendlichen im Alter von 15–19 Jahren in der Schweiz seien 13 Prozent Emigranten. Von allen Lehrverträgen seien aber nur 2,5 Prozent mit italienischen Jugendlichen abgeschlossen worden, was darauf hinweist, dass italienische Schulabgänger oft direkt und als Ungelernte eine Erwerbsarbeit aufnehmen würden.[111]

Auf der einen Seite konnte die tatsächliche Integrationsleistung der beruflichen Erstqualifikation nicht in Abrede gestellt werden. Unzweifelhaft stellte der schweizerische Berufsabschluss einen Kulminationspunkt der italienischen Hoffnungen auf eine Stabilisierung der Lebensverhältnisse, auf sozialen Aufstieg und auf längerfristige Zukunftsperspektiven dar. Ansonsten wäre weder das Engagement von ECAP und SPE zur Anerkennung der eigenen Abschlüsse und zur Zulassung zur Lehrabschlussprüfung ohne vorgängig absolvierte Berufslehre nicht so stark ausgefallen noch hätten die tiefen Ausländerquoten in der Berufsbildung kritisiert werden dürfen. Demzufolge wurde auch kaum kritisch hinterfragt, dass diejenigen italienischen Jugendlichen, die eine Lehrstelle fanden, ihre Lehre vorderhand in prestigeärmeren Berufen zu absolvieren hatten.[112] Die schweizerischen Abschlüsse blieben insofern Referenzpunkte für die italienischen Emigrationsorganisationen. Gleichzeitig wurden auf der ande-

---

109 Zur gewerkschaftlichen und politischen Programmatik der ECAP siehe Kap. 4.
110 EI, 6. Februar 1974, «Apprendistato. Sfruttamento minorile o privilegio di pochi».
111 Ebd. Zur Diskussion der schulischen Benachteiligung italienischer Kinder in der öffentlichen schweizerischen Schule siehe insbesondere Kap. 7.
112 Städtische Kommission für Assimilierungsfragen, 1972, S. 40

ren Seite einzelne Strukturmerkmale des Modells der Berufslehre der Schweiz einer umfassenden Kritik unterzogen.[113]

Deshalb stellte die ECAP ihre Jahrestagung 1974 unter das Thema Emigration und Berufslehre.[114] Wie sehr die Tagung Anklang fand, zeigte sich in der hohen Zahl der Anmeldungen. Die Veranstaltung wurde von etwa 120 Personen besucht, wobei vor allem lokale Kurskoordinatoren und Kursleiter der ECAP, aber auch zahlreiche Vertreter schweizerischer Gewerkschaften sowie einzelne Gewerbeschullehrer teilnahmen.[115] Drei Hauptreferate informierten über die Problemfelder der beruflichen Grundbildung der zweiten Einwanderergeneration, anschliessend wurde in Arbeitsgruppen diskutiert. Neben Leonardo Zanier, dessen Rede von der oben beschriebenen Ambivalenz von Kritik an der Berufslehre und Bedauern über den beschränkten Zugang der Emigranten zu dieser Qualifikation geprägt war,[116] und Ettore Gelpi, der die Berufslehre unter dem damals an Bedeutung gewinnenden Aspekt der *education permanente* betrachtete,[117] legte Werner Carobbio die Positionen des «Schweizerischen Gewerkschaftsbunds» zur damaligen Berufsbildungsreform dar.[118] Indem er eine Stärkung der Allgemeinbildung in der Betriebslehre forderte – ein Anliegen, das auch die ECAP wiederholt vorbrachte[119] – war ein Konsens vorgezeichnet, auf dem die Arbeitsgruppen aufbauen konnten. Der fehlende Zugang italienischer Jugendlicher zur schweizerischen Berufslehre war dabei das wichtigste Anliegen der Tagungsbesucher, während die Reform der Berufsbildung in der Schweiz eine deutlich weniger engagierte Kritik provozierte, wenngleich die Stärkung der Allgemeinbildung ein geteiltes Anliegen war.[120]

Drei Jahre später wurde die Tagung thematisch wiederum auf die Problematik der beruflichen Bildung der jungen Emigrantinnen und Emigranten ausgerichtet. Der meistdiskutierte Aspekt des Problemzusammenhangs von Migration und beruflicher Erstqualifikation war auch dann noch der direkte Einstieg in

113 ASTi, FPC 41, ECAP, B12, Mappe 3, Documentazione per gli animatori «Gli emigrati e la scuola: apprendistato», 1973.
114 ASTi, FPC 41, ECAP, A4, Mappe 3, 4° convegno ECAP «Emigrazione e apprendistato», 16.–17. März 1974.
115 ASTi, FPC 41, ECAP, B17, Mappe 2, Teilnahmeliste der Tagung «Emigrazione e apprendistato», 16.–17. März 1974.
116 ASTi, FPC 41, ECAP, B17, Mappe 2, Leonardo Zanier: Emigrazione e apprendistato: dimensione del problema e difficoltà che incontrano i figli degli emigrati, 16. März 1974.
117 ASTi, FPC 41, ECAP, B17, Mappe 2, Ettore Gelpi: Per una prospettiva di educazione permanente nell'apprendistato: tendenze ed esperienze, 16. März 1974. Zur Rezeption von Ettore Gelpis Vorstellung von éducation permanente in der ECAP siehe Kap. 4.4.
118 ASTi, FPC 41, ECAP, B18, Mappe 1, Werner Carobbio: L'attuale legislazione Svizzera sulla formazione e l'apprendistato: proposte di riforma, 16. März 1974.
119 Siehe auch Kap. 4.3.
120 ASTi, FPC 41, ECAP, B18, Mappe 2, Emigrazione e apprendistato: risultati dei gruppi di lavoro, 16.–17. März 1974.

die Erwerbstätigkeit ohne berufliche Qualifikation. Die Wirtschaftskrise habe diese Situation gar noch verschärft, was sich auch in der steigenden Nachfrage von jungen Emigrantinnen und Emigranten nach den beruflichen Qualifikationskursen der ECAP zeige. Die schweizerische Berufslehre wurde zudem weit kritischer betrachtet als drei Jahre zuvor, insbesondere die Anlehre geriet in die Kritik, den sozialen Status eher zu festigen als zum Aufstieg beizutragen. Insofern stand nicht mehr die Integration der jungen Emigrantinnen und Emigranten in das schweizerische Berufsbildungssystem im Vordergrund, sondern vielmehr die Forderung nach einem Weiterbildungsurlaub, der für die berufliche Qualifikation und für allgemeinbildende Kurse im Sinn einer umfassenden Grundbildung verwendet werden sollte.[121]

Unter dem Strich bestand das Hauptanliegen der italienischen Emigrantinnen und Emigranten in der Schweiz in der Gewährleistung einer soliden Berufsqualifikation, die den Kindern der italienischen Arbeiterinnen und Arbeiter den Zugang zu einer angemessen vergüteten Erwerbsarbeit eröffnen sollte. Auf welchem Weg die dafür erforderlichen Qualifikationen letztlich erworben wurden, blieb jedoch zweitrangig. Daraus resultierte eine gewisse Orientierungslosigkeit, die sich nicht nur auf ECAP-Teilnehmerinnen und -Teilnehmer beschränkte, sondern sich auch in den Anmeldekarten für die ENAIP-Kurse zeigte. So gaben 60 Interessentinnen und Interessenten an, sie seien zur Zeit als «apprendista», als Auszubildende beziehungsweise Auszubildender, angestellt. Davon meldeten sich 23 für Deutschkurse oder Kurse zur Vorbereitung auf die *licenza media* an, womit der ENAIP-Kurs eine ergänzende Qualifikation in einem anderen, allgemeinbildenden Bereich darstellte. Die anderen 37 Personen meldeten sich für einen berufsbildenden Kurs an – meist in der Automobilbranche, in der auch die Berufslehre absolviert wurde. Diese Strategie der Doppelqualifikation im gleichen Berufsfeld dürfte wiederum Ausdruck der Unentschiedenheit zwischen permanenter Niederlassung und baldiger Remigration gewesen sein – insbesondere weil die Frage der gegenseitigen Anerkennung der Berufszertifikate zwischen Italien und der Schweiz einer Lösung verharrte.

Zahlenmässig war die Variante der Doppelqualifikation eher die Ausnahme als der Regelfall, was nur schon an den geringeren Zugangschancen zur Berufslehre für die zweite Einwanderergeneration lag, die wiederum auf der schulischen Selektion während der Pflichtschulzeit gründete.[122] Viel häufiger mussten migrantische Schulabgänger direkt in die Arbeitswelt einsteigen – offensichtlich als ungelernte Arbeiter. In diesem Fall boten die Kurse von ECAP, ENAIP und SPE durchaus attraktive Perspektiven zur Weiterqualifikation.

---

121   ECAP-CGIL, 1977b; zum Bildungsurlaub siehe Kap. 4.2.
122   Siehe dazu Kap. 7.

Diese Tendenz bildete sich auch in der am Soziologischen Institut der Universität Zürich 1980 durchgeführten Studie über den Berufsbildungserfolg von Jugendlichen mit dem Jahrgang 1963 in der Stadt Zürich ab. Die Studie enthielt einen spezifischen Fokus auf den Vergleich zwischen schweizerischer und italienischer Herkunft und beschäftigte sich in diesem Rahmen mit italienischen Jugendlichen in Zürich, welchen der Zugang zur Berufslehre wegen schwachen Schulleistungen verwehrt war. Einer der Hauptbefunde war, dass italienische Jugendliche vermehrt direkt in schlecht oder nicht qualifizierte Arbeit einstiegen.[123] Besonders deutlich zeigte sich dieser Befund für die jungen italienischen Frauen.[124] Dies widerspiegelt auch die drastische Untervertretung der Frauen in den berufsbildenden Ausbildungsgängen der italienischen Weiterbildungsorganisationen in der Schweiz.

Den direkten Einstieg in die Erwerbstätigkeit erlebte auch ein junger Italiener der zweiten Einwanderergeneration, der für die Studie befragt wurde und für die Publikation den Namen Mario erhielt. Mario berichtete, wie er nach der Oberschule direkt in einer Autogarage zu arbeiten begonnen habe, weil er keine ausreichenden Schulleistungen für eine Lehre erbracht habe. Die Arbeit gefalle ihm ganz gut und am Arbeitsplatz habe niemand eine Lehre absolviert. Er selbst hätte aber dennoch gerne eine Lehre gemacht. Er glaube zwar nicht, dass er so mehr verdienen würde, aber auf dem Arbeitsmarkt würde er wohl eher eine Stelle kriegen. Nun überlege er sich, bei der ECAP einen Abendkurs zu beginnen, da könne er sich beispielsweise zum Elektromechaniker ausbilden lassen. Er wisse aber nicht, ob sich das lohne, denn er höre von vielen, dass diese Kurse nichts nützen.[125]

Nichtsdestotrotz versprach die ECAP denjenigen jungen Erwachsenen, die als Kinder von Migrantinnen und Migranten in die Schweiz kamen, eine berufliche Integration und sozialen Aufstieg. Diese Versprechen wurden über das erfolgreiche Absolvieren von Kursprogrammen von ECAP, ENAIP oder SPE kaum vollumfänglich eingelöst, was aber eher strukturellen Begebenheiten geschuldet war. Das Kurswesen blieb zu sehr auf die wenig prestigeträchtigen Berufsbereiche ausgerichtet, in welchen die erwerbstätigen Italienerinnen und Italiener bereits beschäftigt waren. In sozialstruktureller Hinsicht waren die Kurse also nur bedingt in der Lage, dem prekären sozialen Status der Zugewanderten entgegenzuwirken.

Trotzdem zeigte sich in der hohen Nachfrage nach den Kursen die grosse Attraktivität dieser Qualifikationsmöglichkeiten, die eine Antwort auf die drängende Problematik der beruflichen Integration der Kinder italienischer

---

123 Gurny et al., 1984, S. 31.
124 Ebd., S. 87–93.
125 Ebd., S. 143–150.

Einwanderer boten und eine Stabilisierung der sozialen Verhältnisse versprachen. In der Folge wurde die Berufsintegration als Schnittstellenproblematik der zweiten Generation zunehmend auch von den schweizerischen Berufsbildungsbehörden wahr- und ernstgenommen. Das Amt für Berufsbildung des Kantons Zürich organisierte im Januar 1980 eine Tagung zu Integrationskursen für italienische Jugendliche, an der Vertreter des schweizerischen Berufsbildungssystems sich mit Vertretern der italienischen Weiterbildungsorganisationen ECAP, ENAIP und SPE über die Problematik austauschen konnten.[126] Die soziale Integration der zweiten italienischen Generation in der Schweiz über die berufliche Einbindung in eine qualifizierte Erwerbsarbeit war somit im schweizerischen Berufsbildungssystem angekommen.

---

126 Amt für Berufsbildung des Kantons Zürich, 1980.

4. Bildungsurlaub, Gewerkschaftsschulung und gesellschaftliche Transformation
Zur Legitimation von Berufs- und Weiterbildung in der Emigration

Der Anspruch der italienischen Emigrationsorganisationen beschränkte sich nicht darauf, berufliche Qualifikationen zur Verfügung zu stellen. ECAP, ENAIP und SPE wollten mit ihren Angeboten eine gesellschaftliche Veränderung anstossen, die mit der Öffnung des Zugangs zu den Bildungsangeboten, mit sozialkritischen Kursinhalten oder über eine partizipative Organisationsform realisiert werden sollte. Die Aufbruchsstimmung nach 1968 und die damit verbundene strukturelle Öffnung der Gesellschaft[1] boten dafür die Legitimationsgrundlage. Gesellschaftliche Transformationen über pädagogische Massnahmen anzustossen war geläufig. Die Erwartungen, welche die italienischen Weiterbildungsorganisationen in der Schweiz mit ihrem Kursprogramm verbanden, knüpften an Vorstellungen und Programme italienischer linker Gewerkschaften oder Parteien an, wie pädagogisch auf eine demokratischere und gerechtere Gesellschaft hingearbeitet werden müsse. Solche Programmatiken in der Schweiz plausibilisieren zu können erforderte letztlich eine Übersetzungsleistung im Hinblick auf die Verhältnisse in der Emigration.
Programmatisch bewegten sich die Kursinhalte der italienischen Bildungsorganisationen in der Emigration zwischen beruflicher Weiterbildung und politischer Erwachsenenbildung.[2] Denn auch die beruflichen Qualifikationskurse wurden mit politischen beziehungsweise emanzipatorischen Ansprüchen verbunden, wobei der politische Aspekt bei den drei untersuchten Weiterbildungsorganisationen unterschiedlich ausgeprägt war. Während in den Kursen der ECAP die Hinwendung zu einer politischen Gewerkschaftsbildung dominierte, zeigen die Quellen der SPE einen Schwerpunkt im Bemühen, die eigene Organisation partizipativ auszurichten. Die Kurse von ENAIP schliesslich waren am deutlichsten auf die Vermittlung beruflicher Qualifikationen ausgerichtet, wenngleich auch

1 König et al., 1998; eine umfassende Betrachtung der Dynamik der 1960er-Jahre, wenngleich auf Deutschland bezogen, bieten Schildt, Siegfried, Lammers, 2000.
2 In historischer Perspektive zum Zusammenhang von Erwachsenenbildung, Demokratisierung und sozialem Wandel: Woodin, 2007b; Woodin, 2008; Freeman, 2013; in theoretischer Perspektive: Biesta, 2012.

diese Organisation mit ihrem Kurswesen darüber hinausging, einzelne gesellschaftspolitische Ziele verfolgte und insbesondere auf eine kulturell-moralische Bildung der Emigrantinnen und Emigranten zielte.

Die Hinweise auf die pädagogische Programmatik und die bildungspolitischen Ansprüche, welche die berufsbildenden italienischen Emigrationsorganisationen in der Schweiz verfolgten, sind in den Quellenbeständen der einzelnen Organisationen unterschiedlich deutlich erkennbar. Die Quellenbestände der ECAP sind am umfassendsten überliefert und bieten eine hervorragende Grundlage für eine Analyse dessen, wie die ECAP ihr Kurswesen programmatisch legitimierte. So bieten die Dokumentationen der jährlichen Tagungen Mitschriften der Referate, die nicht nur von Personen aus dem eigenen Kreis gehalten wurden, sondern für die auch externe Referenten eingeladen wurden. Zudem ist in den Quellenbeständen der ECAP zahlreiche Literatur – insbesondere Zeitschriftenartikel – sowohl aus Italien wie aus der Schweiz enthalten, welche von der damaligen Leitung gesammelt und somit zur Kenntnis genommen wurde. Schliesslich enthalten die überlieferten Korrespondenzen zahlreiche Briefe des damaligen Leiters Leonardo Zanier mit Leseempfehlungen an einzelne Kursleiter oder an die regionalen Kurskoordinatoren der ECAP. Eine solche Quellenlage, die Aufschluss über die Texte und Ideen gibt, die von der ECAP zur Kenntnis genommen und als wichtig erachtet wurden, bieten weder die Archivbestände der SPE noch diejenigen von ENAIP. Einzelne Hinweise auf deren programmatische Ausrichtung erlauben es jedoch, die Ausführungen zur ECAP mit Hinweisen zur politischen Programmatik dieser beiden anderen berufsbildenden Organisationen zu ergänzen.

Dabei kann gezeigt werden, dass die Qualifikationsanbieter ihre Legitimation für die pädagogischen und politischen Programmatiken oftmals in statistischen Befunden zu Ungleichheiten und Ungerechtigkeiten fanden. Die daraus resultierende Forderung nach einem Bildungsurlaub für Arbeiterinnen und Arbeiter in der Schweiz wurde mit einer Errungenschaft von gewerkschaftlich organisierten Arbeitern der norditalienischen Metallindustrie unterfüttert. Unter diesen Voraussetzungen sollte eine Variante der Gewerkschaftsbildung realisiert werden, die vorsah, den Arbeiterinnen und Arbeitern ihre eigene Bildung verfügbar zu machen, sie in die Gestaltung der eigenen Bildungsprozesse mit einzubeziehen und den Weg zu einer Demokratisierung von Wirtschaft und Gesellschaft zu ebnen. Dabei lehnten die italienischen Emigrationsorganisationen sowohl eine stramme gewerkschaftliche Kaderbildung als auch einen unkontrollierten Protest wie denjenigen der Operaisten ab und formulierten Partizipation als pädagogisches Programm.

Damit dieses Programm legitimiert werden konnte, musste es als anschlussfähig an die Verhältnisse in Italien wie in der Schweiz dargestellt werden. Dabei gelang den Emigrationsorganisationen gegenüber Vereinigungen und Behörden aus Italien der Schweiz eine transnationale Übersetzung von nationalstaatlich geprägten Ideen und Konzepten. Das auf internationaler Ebene aufkommende Diktum der *éducation permanente* erwies sich für ECAP, ENAIP und SPE als geeigneter Anschlusspunkt, um die eigenen Kurse gegenüber der schweizerischen Öffentlichkeit zu legitimieren. Gleichzeitig konnte die Weiterbildungsprogrammatik gegenüber den Emigrantinnen und Emigranten mit dem Anspruch auf gesellschaftliche Transformation aufgeladen werden.

4.1. Statistische Befunde sind politische Argumente

Eine Grundlage für die pädagogischen und politischen Programmatiken, mit welchen die Berufs- und Weiterbildungskurse in der Emigration verknüpft wurden, boten in vielen Fällen statistische Erhebungen, die ein zu bearbeitendes Defizit oder eine bestehende Ungerechtigkeit anzuzeigen vermochten. Die seit den 1960er-Jahren aufkommenden sozialwissenschaftlichen Studien waren insofern keine neutralen Datenlieferanten, sondern stellten eine zeitgenössische Gesellschaftsanalyse zur Verfügung, auf die sich die Emigrationsorganisationen in der Verfolgung ihrer politischen und pädagogischen Ziele abstützen konnten.[3] Den Befunden solcher Statistiken kam eine Legitimationsfunktion zu.[4] Die Daten dienten den in der Berufs- und Weiterbildung tätigen italienischen Organisationen erstens dazu, die Notwendigkeit berufsbildender Kurse aufzuzeigen, indem ein hoher Anteil unqualifizierter Arbeiterinnen und Arbeiter unter den Zugewanderten ausgewiesen wurde. Zweitens wurden statistische Daten, die das tiefe Schulbildungsniveau der italienischen Arbeiterinnen und Arbeiter in der Schweiz verdeutlichten, herangezogen, um die Forderung nach mehr allgemeinbildenden Kursen zu untermauern.

Insbesondere die Colonie Libere, aus denen die ECAP hervorging, zogen statistische Daten zur Rechtfertigung ihrer Tätigkeiten heran. Zunächst lehnten sie sich an sozialwissenschaftliche Befunde aus Italien an, bevor sie sich ab 1970 zur Legitimation der eigenen pädagogischen Tätigkeit auch selbst um die Produktion statistischer Daten kümmerten. Auffällig ist, wie stark sich diese in der Wahl der relevanten Kategorien wie auch in der Art der Darstellung an Studien

---

3 Zum Aufkommen der Bildungsökonomie: Geiss, 2015; zum Zusammenhang von sozialem Wandel und zeitgenössischen sozialwissenschaftlichen Diagnosen des Wandels: Doering-Manteuffel, Raphael, 2008.
4 Dies nicht nur im Hinblick auf die berufliche Weiterqualifikation, sondern auch auf die Beschulung der Kinder der Zugewanderten. Siehe Kap. 7.2.

aus Italien anlehnten.⁵ Die ersten von einer italienischen Emigrationsorganisation in der Schweiz erhobenen Daten, die für den Untersuchungszeitraum dokumentiert sind, stammten von der «Associazione nazionale famiglie degli emigrate» und belegten den tiefen Bildungsstand der Arbeiter aus den Provinzen Campobasso in Mittelitalien, Cosenza in Süditalien und Nuoro auf Sardinien. 5 Prozent der Befragten hatten überhaupt keine Schule besucht, 62 Prozent die fünfjährige *scuola elementare* nicht abgeschlossen. Von den restlichen 33 Prozent hatten nur 7 Prozent einen höheren Abschluss als die Grundschule. Die Colonie Libere kommentierten diesen Befund als dramatisch; darin widerspiegle sich die schwache Position der Emigranten als Arbeitnehmer in der Schweiz.⁶

Die Zahlen dienten den Colonie Libere zunächst als Beweis für die Notwendigkeit von Kursen für die berufliche und die allgemeinbildende Nachqualifikation der Arbeitsmigrantinnen und -migranten. Darüber hinaus dienten die italienischen Studien als Modell für eine Vielzahl von weiteren Befragungen und Erhebungen, welche in den folgenden Jahren von italienischen Organisationen in der Schweiz durchgeführt wurden, um die eigene Tätigkeit im Bildungssektor zu legitimieren. Nicht immer waren Daten vorhanden, um Sachverhalte angemessen darstellen zu können. Weil beispielsweise Daten zur Berufslehre italienischer Jugendlicher in der Schweiz fehlten, wichen die Colonie Libere in ihren Darstellungen bisweilen auf «ausreichend signifikante» Beispiele aus, mit welchen die tiefen Beteiligungs- und Erfolgsquoten der italienischen Jugendlichen an und in der Berufslehre verdeutlicht werden sollten.⁷

Die Dichte an statistischen Werten und Befunden, mit denen die italienischen Organisationen in der Schweiz und die schweizerischen behördlichen Kommissionen ihre Forderungen nach bestimmten Massnahmen begründeten und ihre Tätigkeiten legitimierten, nahm gegen Ende der 1960er-Jahre zu. Sie zeigten in der Tendenz dasselbe Bild: die Mehrheit der Arbeitsmigrantinnen und -migranten war mit bescheidenen schulischen Abschlüssen in die Schweiz eingereist und vor allem die süditalienischen Arbeiterinnen und Arbeiter hatten keine Berufsausbildung absolviert.⁸ Das tiefe Qualifikationsniveau wurde unter anderem auf den Entwicklungsrückstand der Berufsbildung im Süden Italiens zurückgeführt.⁹ Die Bezugnahme auf diese Daten zielte in erster Linie

---

5 Siehe auch Kap. 7.2.
6 ASTi, FPC 41, ECAP, B2, Mappe 2, Documenti elaborati della giunta federale delle CLI, Zürich, 28.–29. Juni 1969, Abschnitt 3, Formazione professionale.
7 Ebd.
8 Siehe dazu auch Braun, 1970, S. 44.
9 Abraham, 1963.

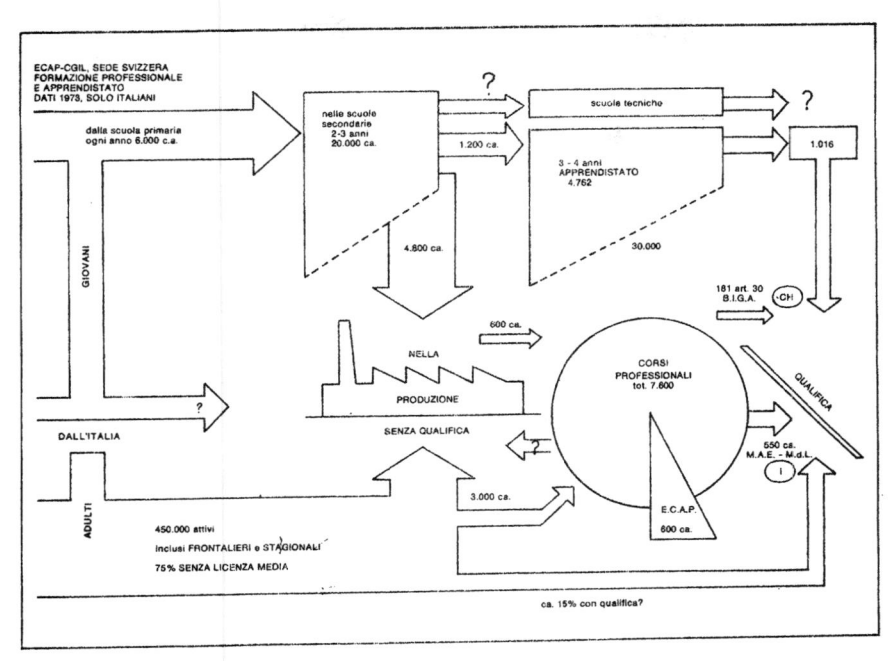

Abb. 11: Qualifikationswege. (ASTi, FPC 41, ECAP, B18, Mappe 4, L. Zanier: Cinque anni di attività dell'ECAP-Cgil in Svizzera, 1975)

darauf ab, den Qualifikationsbedarf der zugewanderten Arbeiterinnen und Arbeiter zu untermauern.[10]

Deshalb entwarf die Leitung der ECAP Mitte der 1970er-Jahre eine Grafik, welche die hohe Quote unqualifizierter Arbeitskräfte aus Italien in der schweizerischen Produktion illustrierte: von den 450 000 erwachsenen Italienerinnen und Italienern, die sich 1973 in der Schweiz aufhielten, hätten nur circa 15 Prozent eine berufliche Qualifikation, der Grossteil arbeite als Unqualifizierte in der Industrie. Diese wurde mit einer Fabrik in der Mitte der Illustration grafisch umgesetzt. Letztlich stellte die Abbildung die beruflichen Weiterbildungskurse

---

10 Dieselben Befunde wurden darüber hinaus für schulpolitische Forderungen herangezogen, indem die schulische Benachteiligung der Kinder der Zugewanderten mit dem tiefen Bildungsstand ihrer Eltern erklärt wurde. Corda, 1970; zur schulpolitischen Verwendung dieser Befunde siehe auch Kap. 7.

der Emigrationsorganisationen als notwendig dar, obwohl oder gerade weil mit diesen lediglich etwa 7600 Emigrantinnen und Emigranten erreicht wurden.[11] Darüber hinaus verdeutlicht diese Grafik, wie stark die ECAP bestrebt war, eine Übersicht über die Bildungs- und Qualifikationsmöglichkeiten in der Schweiz zu gewinnen, welche deren Teilsysteme in Betracht zog. So konnte festgestellt werden, dass 1973 bedeutend mehr italienische Jugendliche über eine ordentliche Berufslehre zu einem Lehrabschluss gelangten als die 181 Italienerinnen und Italiener, die ohne Berufslehre gemäss dem Artikel 30 des Berufsbildungsgesetzes von 1963 einen eidgenössischen Fähigkeitsausweis erlangten. Des Weiteren zeigte sich, dass ein Teil der Jugendlichen, welche die Pflichtschulzeit abschlossen und als Unqualifizierte direkt in die Erwerbsarbeit einstiegen, über die Berufsbildungskurse der Emigrationsorganisationen doch noch eine Qualifikation erlangten. Doch lösten die 550 Abschlüsse, welche das italienische Arbeitsministerium über ECAP und ENAIP ausstellte, das Problem der unqualifizierten italienischen Arbeiterinnen und Arbeiter überhaupt nicht. Schliesslich verwies der kleine, mit einem Fragezeichen markierte Pfeil zwischen den Weiterbildungskursen und der unqualifizierten Industriearbeit durchaus kritisch auf die unbekannte Zahl derjenigen Kursteilnehmerinnen und -teilnehmer, die Kurse abbrachen und weiterhin einer unqualifizierten Tätigkeit nachgingen.[12]

Das in diesem Fall grafisch aufbereitete Zahlenmaterial unterstrich die Notwendigkeit der berufsbildenden Qualifikationskurse. Eine ähnliche Argumentation verfolgte die ECAP, als sie Kennzahlen zu den Teilnehmerinnen und Teilnehmern eigener Kurse auswertete. Dabei wurde festgestellt, dass das Kurswesen für italienische Arbeitsmigrantinnen und -migranten desto attraktiver werde, je länger sie in der Schweiz lebten. Berufliche Weiterbildung gewann also infolge einer ökonomischen Stabilisierung der Lebenslage in der Schweiz zunehmend an Bedeutung.[13] Je plausibler für die Arbeitsmigrantinnen und -migranten das Szenario der längerfristigen Niederlassung in der Schweiz im Lauf der 1970er-Jahre wurde, umso bedeutender wurde dieses Argument für einen weiteren Ausbau der beruflichen Qualifikationskurse.

Für die Wichtigkeit der allgemeinbildenden Kurse enthielten solche Ausführungen lediglich Anhaltspunkte. Deshalb mussten weitere Daten beigezogen werden, die insbesondere eine tiefe Allgemeinbildung der zugewanderten Ar-

---

11 ASTi, FPC 41, ECAP, B18, Mappe 4, L. Zanier: Cinque anni di attività dell'Ecap-Cgil in Svizzera, 1975.
12 Ebd.
13 ASTi, FPC 41, ECAP, B21, Mappe 3, Caratteri dell'emigrazione presente ai corsi dell'ECAP-CGIL, sede svizzera, undatiert. Siehe auch Kap. 3.1.

beiterinnen und Arbeiter auswiesen.[14] Den Fragen, ob dieser Befund auf die Mitglieder der Colonie Libere zutraf und ob eine mangelhafte Grundbildung weitere Benachteiligungen für das Leben in der Emigration nach sich zog, ging der Dachverband der Colonie Libere 1970 in einer breit angelegten Mitgliederbefragung nach.[15] Durch ein Zürcher Beratungsbüro ausgewertet, diente diese dazu, die Lebensrealitäten der italienischen Bevölkerung in der Schweiz umfassend darzustellen, wobei Bildung nur eines der berücksichtigten Kriterien war. Dies hatte den Vorteil, dass über die Darstellung von statistischen Kennziffern zum Bildungsniveau hinaus Korrelationen bestimmbar wurden. So konnte beispielsweise festgestellt werden, dass, wer die *scuola media* abgeschlossen hatte, eher eine Aufenthaltsbewilligung besass und nicht als Saisonnier die Arbeitsstelle nach spätestens neun Monaten wieder verlassen musste.[16] Wenn aufgezeigt werden konnte, dass der Aufenthaltsstatus vom Bildungsniveau abhängig war, konnte dieser Befund als starkes Argument für die Notwendigkeit des eigenen Bildungsangebots dienen. Die Befragung wurde – mit ähnlichen Ergebnissen – 1975 wiederholt.[17]

Wurden statistische Befunde als politische Argumente genutzt, geschah dies vor dem Hintergrund des spezifischen Kontextes, in dem ein ausgewählter Befund zum Kronzeugen für eine bestimmte Forderung gemacht wurde. Entscheidend war, womit die gesellschaftliche Prekarisierung italienischer Zuwanderer erklärt wurde. Interessant ist dabei, welche Bedeutung dem Kriterium «Migration» zugemessen wurde. 1974 wurde beispielsweise die hohe Quote von Schul- und Berufslehrabbrüchen durchaus mit Migration erklärt.[18] Die Gründe für die mangelhafte Integration in das schweizerische Schul- und Berufsbildungswesen lagen nur bedingt in sprachlichen Defiziten, sondern vielmehr darin, dass die Arbeitsmigrantinnen und -migranten wegen Arbeit in die Schweiz einwanderten und Italien nicht aus Bildungsabsichten verliessen. Ruft man sich dies ins Bewusstsein, ist auf den ersten Blick – zumindest von der Nachfrageseite her – das Angebot von Berufsbildungskursen für genau diese Zielgruppe schwierig zu legitimieren, weshalb die Kurse auch intensiv beworben werden mussten.[19]

14   So beispielsweise die bereits oben erwähnten Zahlen der «Associazione nazionale famiglie degli emigrate». ASTi, FPC 41, ECAP, B2, Mappe 2, Documenti elaborati della giunta federale delle CLI, Zürich, 28.–29. Juni 1969, Abschnitt 3, Formazione professionale.
15   ASTi, FPC 41, ECAP, A12bis, Mappe 3, Mitgliederbefragung «I nostri soci», 1970.
16   ASTi, FPC 41, ECAP, B8, Mappe 3, D. Rivoir: Situation et problèmes du travailleur émigré. Enquête parmi les membres des Colonie Libere Italiane, 14. Juli 1972.
17   ASTi, FPC 41, ECAP, A12bis, Mappe 3, Inchiesta delle Colonie Libere Italiane «Chi sono i nostri soci», 30. September 1975.
18   ASTi, FPC 41, ECAP, B17, Mappe 2, 4° convegno ECAP «Emigrazione e apprendistato», 16.–17. März 1974.
19   So die zahlreichen Inserate zum Kurswesen der ECAP in der von den Colonie Libere herausgegebenen Zeitschrift «Emigrazione Italiana».

Doch obwohl das Kriterium «Zuwanderung» in diesen Statistiken wiederholt auftauchte, griffen die Colonie Libere deutlich öfter auf ökonomische Erklärungen zurück, um die geringen Chancen auf sozialen Aufstieg aufzuzeigen.[20] Dieser Erklärungsansatz wurde einige Jahre zuvor schon in bildungsstatistischen Darstellungen zur schulischen Benachteiligung von Arbeiter- und Bauernkindern in Italien vorgebracht[21] und von den Colonie Libere für die Berufsbildung adaptiert. Ein tiefer sozioökonomischer Status mindere nicht nur die Chancen auf den Schulerfolg der Kinder, sondern verhindere tendenziell auch den sozialen Aufstieg über Nachqualifikationen, da aufgrund ökonomischer Notwendigkeiten gar keine Möglichkeiten offenstünden, Weiterbildungen zu besuchen. Folgerichtig wurde daraus die bildungspolitische Forderung nach mehr Allgemeinbildung für Erwachsene im Erwerbsalter abgeleitet.[22]

Die gewerkschaftsnahen italienischen Organisationen wie die Colonie Libere oder die ECAP machten vor allem die kapitalistische Funktion des Bildungswesens für die Aufrechterhaltung der kapitalistischen Arbeitsorganisation verantwortlich. Ein wichtiger Aspekt dieser ökonomischen Argumentation war denn auch, diese gesellschaftliche Benachteiligung nicht beschränkt auf die italienischen Arbeiterinnen und Arbeiter in der Schweiz zu betrachten, sondern als Phänomen zu fassen, das die ganze *classe operaio*, die gesamte Arbeiterschicht unabhängig von der nationalen Herkunft, betraf.[23]

Dies verdeutlicht die ausgeprägt klassenkämpferische Berufsbildungspolitik, welche die Colonie Libere und die ECAP verfolgten. Gegen aussen – insbesondere gegenüber den Schweizer Behörden – vermieden sie jedoch eine solch pointierte Darstellung.[24] Die sorgfältig erhobenen Daten und die daraus erstellten Tabellen und Grafiken erlaubten eine erfolgreiche Objektivierung der klassenkämpferischen Argumentation; die statistischen Befunde wurden als apolitisch charakterisiert, um die Notwendig des eigenen Standpunkts jenseits der politischen Gesinnung zu untermauern.

Tatsächlich aber verfolgten die ECAP und die Colonie Libere mit den statistischen Befunden ausgesprochen politische Zwecke. Auf der Basis selbst gewonnener oder von anderen Stellen übernommener Daten plädierten sie für Bildungsangebote, die den Arbeiterinnen und Arbeitern eine ökonomische

---

20 Eine Ausnahme bildete die Beurteilung des schweizerischen Lehrlingswesens, weil italienischen Schulabgängern der Zugang zur beruflichen Grundbildung deutlich erschwert war. ASTi, FPC 41, ECAP, B21, Mappe 2, Leonardo Zanier: Problemi dell'apprendistato in Svizzera, 1974.
21 ASTi, FPC 41, ECAP, B2, Mappe 2, La Cultura Popolare, No. 3, Juni 1970.
22 ASTi, FPC 41, ECAP, B21, Mappe 3, Caratteri dell'emigrazione presente ai corsi dell' ECAP-CGIL, sede svizzera, undatiert.
23 Ebd.
24 In schulpolitischen Fragen verhielten sich die Colonie Libere genauso. Siehe dazu Kap. 7.

Unabhängigkeit ermöglichten. Erreicht werde dies gleichermassen durch berufliche Qualifikationen und allgemeinbildende Kurse zur Aufklärung über gesellschaftliche Verhältnisse.[25] Insofern wurde über diese Argumentation die Legitimation sowohl der berufsbildenden Kurse wie auch der Kurse zur Erlangung der *licenza media* gestützt.

4.2. Bildungsurlaub nach dem Vorbild der «150 ore»

Obwohl der Bildungsbedarf mit diesen statistischen Daten ausgewiesen wurde, bestanden deutliche Schranken beim Zugang zu den Kursen der italienischen Emigrationsorganisationen. Wenn italienische Arbeiterinnen und Arbeiter nach den langen Arbeitsschichten abends nochmals einige Stunden für den Kursbesuch aufwenden müssten, sei das für manche Emigranten eine Überbelastung.[26] Vor diesem Hintergrund war es erstaunlich, dass die Weiterbildungskurse in der Emigration sich einer guten Nachfrage erfreuten.

Doch die von den Weiterbildungsinstitutionen erhobenen Teilnehmerzahlen zeigten eben nicht nur eine rege Teilnahme an den Kursen, sondern auch, dass etliche italienische Arbeitsmigrantinnen und -migranten in der Schweiz keine solche Kurse besuchten. Dies diente als Folie für die politische Forderung einer strukturellen Öffnung der Berufs- und Weiterbildung. Die Argumentation war dahingehend, dass auf der einen Seite – gemessen an den Lebensumständen der Migrantinnen und Migranten – das Berufs- und Weiterbildungsangebot der italienischen Emigrationsorganisationen als grosser Erfolg bewertet werden müsse, auf der anderen Seite – gemessen an grundsätzlichen Überlegungen – das Potenzial bei Weitem noch nicht ausgeschöpft sei. Weil auch der Arbeiterschicht das universale Recht auf Bildung zukomme, müsse die Nachfrage erweitert werden.[27]

Folgerichtig wurde daraus die bildungspolitische Forderung nach einem allgemeinen Bildungsurlaub abgeleitet. Die Arbeiterinnen und Arbeiter – auch die ausländischen – in der Schweiz sollten das Recht erhalten, für eine bestimmte Zeitspanne von der Arbeit beurlaubt zu werden, um sich der Allgemeinbildung widmen zu können. Als Vorbild für diese Forderung galt die Regelung der *150 ore* in der italienischen Metallindustrie.

Die italienische Metallarbeitergewerkschaft «Federazione lavoratori metalmeccanici» (FLM) in Modena erreichte 1973, dass im Tarifvertrag das Recht jedes

25 ASTi, FPC 41, ECAP, B4B, Mappe 3, Seminario di Milano, 27.–28. März 1970.
26 ECAP-CGIL, 1972, S. 26; SSA, Ar 429.60.2, Mappe 3, Unterlagen zur Sitzung der Aufsichtskommission, 5. November 1975.
27 ECAP-CGIL, 1972, S. 27.

Arbeiters auf 150 Stunden bezahlten Bildungsurlaub pro Jahr verankert wurde. Diese Stunden wurden für allgemeinbildende Kurse der Gewerkschaften aufgewendet, wobei der Bildungsurlaub vorrangig dazu genutzt wurde, die *licenza media* nachzuholen. Andere Gewerkschaften Italiens übernahmen diese Idee rasch in ihren Forderungskatalog. Weitere freie Träger von Angeboten der politischen Bildung in Italien versuchten die Programme der 150 Stunden auch auf Hausfrauen und Arbeitslose zu übertragen, die zunächst nicht zu den Adressaten gewerkschaftlicher Programme gehörten.[28] Auch die ECAP in Italien knüpfte hier an, um ein allgemeines Recht auf die Teilnahme an Bildungsangeboten zu fordern.

Die Idee der *150 ore* kam in italienischen Gewerkschaftskreisen auf, stand gleichzeitig aber in der Tradition der Erwachsenenbildung.[29] In diesem Zusammenhang wurde die Idee eines Bildungsurlaubs auch in der Schweiz wahrgenommen. Die Erwachsenenbildung in der Schweiz vermochte in den 1960er- und 70er-Jahren ebenfalls zuzulegen, da sich die damalige Bildungseuphorie auch diesen Bildungsbereich übertrug.[30] Deren Anbieter wurden seit 1950 von der «Schweizerischen Vereinigung für Erwachsenenbildung» (SVEB) koordiniert und über die Einrichtung und den Aufbau einer ständigen Geschäftsstelle nach 1966 zunehmend stabilisiert.[31] Die Vereinigung prägte die Weiterbildungspolitik jener Jahre in der Schweiz.[32] Ebenso vermittelte sie zwischen gewerkschaftsnahen Anbietern von Erwachsenenbildung aus der Tradition der Arbeiteruniversität oder der Arbeiterbildung und Anbietern von humanistisch orientierten Kursen der Volkshochschulen oder der privaten Klubschulträger.[33] Die Frage eines allgemeinen Bildungsurlaubs für Erwachsene nahm in den frühen 1970er-Jahren auch die SVEB auf.[34]

Bereits bevor die Metallarbeiter im italienischen Modena 1973 ein im Tarifvertrag verbrieftes Recht auf Weiterbildung erhielten, forderte ein Zusam-

---

28 Heigl, 2015, S. 98.
29 De Sanctis, 1978; Causarano, 2000, S. 102–111.
30 Für eine umfassende Bestandsaufnahme der Erwachsenenbildung in der Schweiz der frühen 1960er-Jahren: Walter, 1964.
31 Schweizerische Vereinigung für Erwachsenenbildung, 1976.
32 Geiss, 2016.
33 Zur Geschichte der Erwachsenenbildung: Furrer, 2005; zur Geschichte der Arbeiteruniversität: Schärer, 1994; zur Geschichte der Arbeiterbildung: Gschwend, 1987; zur Geschichte der Volkshochschulen: Mattmüller, 1976; zur Geschichte der Migros-Klubschule als private Weiterbildungsinstitution: Gericke, 2003.
34 Schweizerische Vereinigung für Erwachsenenbildung, 1976, S. 59. Die Forderung nach einer gesetzlichen Regelung von Bildungsurlauben steht noch heute auf der Agenda der schweizerischen Gewerkschaften; auch das neue schweizerische Weiterbildungsgesetz, das seit 2017 in Kraft ist, sieht keinen Weiterbildungsurlaub vor. Schweizerische Eidgenossenschaft, 2014.

menschluss verschiedener Weiterbildungsanbieter in Italien – neben der ECAP war auch ENAIP daran beteiligt – 1971 die Einlösung des verfassungsmässigen Rechts auf Grundbildung für alle. Weil seit 1962 die Pflichtschulzeit in Italien auf acht Jahre verlängert wurde,[35] leiteten die Weiterbildungsorganisationen und die Gewerkschaften daraus einen Rechtsanspruch auf das Nachholen des seit 1962 allgemeinen Pflichtschulabschlusses der *licenza di terza media* für diejenigen ab, die über keinen solchen Abschluss verfügten.[36] In Städten wie Mailand entstanden zudem Zusammenschlüsse von *lavoratori studenti,* also Werkstudenten, die sich über die Kurse zur *licenza media* organisierten und den Zugang zu weiterführenden Studienmöglichkeiten forderten.[37]
Da für die zugewanderten italienischen Arbeiterinnen und Arbeiter in der Schweiz eine tiefe schulische Grundbildung konstatiert wurde, intensivierten ECAP und ENAIP Zürich ihre allgemeinbildenden Kurse zur Erlangung der *licenza media.*[38] Gleichzeitig war es der ECAP ein Anliegen, die Idee eines Bildungsurlaubs für Arbeiterinnen und Arbeiter auch in der Schweiz voranzutreiben. Zu diesem Zweck veranstaltete sie 1973 die dritte Ausgabe ihrer jährlichen Berufsbildungstagung zu dieser Frage. Die Tagung verfolgte zwei Ziele: Die italienischen Arbeiterinnen und Arbeiter in der Schweiz sollten über die Möglichkeiten informiert werden, wie die *licenza media* nachgeholt werden konnte. Die schweizerische Öffentlichkeit sollte mit der Idee eines vertraglich abgesicherten und bezahlten Bildungsurlaubs konfrontiert werden.[39]
Innerhalb der schweizerischen Gewerkschaften wurde die Idee eines Bildungsurlaubs ebenfalls diskutiert.[40] Bildungsfragen wurden jedoch der «Schweizerischen Arbeiterbildungszentrale» übertragen, die primär für die Organisation von Kursen verantwortlich zeichnete.[41] Ein politischer Vorstoss für einen Bildungsurlaub wurde von der «Schweizerischen Arbeiterbildungszentrale» zwar wiederholt gefordert, die Chance einer vertraglichen Festschreibung des Rechts auf Bildungsurlaub aber als sehr gering eingeschätzt.[42] Auch für die einzelnen Gewerkschaften stand der Bildungsurlaub nicht an erster Stelle der Prioritätenliste. Die Selbstdarstellung des «Schweizerischen Gewerkschafts-

---

35 Genovesi, 2004, S. 189.
36 ASTi, FPC 41, ECAP, B5, Mappe 1, Questa scuola è scuola di classe, 1971.
37 ASTi, FPC 41, ECAP, B4B, Mappe 3, Licenza media dei lavoratori studenti e lotta di classe, 16. September 1971.
38 Siehe Kap. 3.2.
39 ASTi, FPC 41, ECAP, B12, Mappe 2, 3° Convegno ECAP-CGIL, Lavoratori e diritto allo studio, 29. Juni bis 1. Juli 1973.
40 Degen, 2000.
41 Gschwend, 1987.
42 ECAP-CGIL, 1976a; darin Victor Moser, Adjunkt der Schweizerischen Arbeiterbildungszentrale: Bestandesaufnahme über den Bildungsurlaub für Arbeitnehmer in der Schweiz.

bunds» die 1984 erschien, macht deutlich, dass lediglich der «Schweizerische Lithographenbund» es schaffte, den Bildungsurlaub im Gesamtarbeitsvertrag zu verankern. Auch in anderen Gewerkschaften wurden zwar Bildungsfragen diskutiert, weitere Hinweise auf Anstrengungen zur vertraglichen Zusicherung des Bildungsurlaubs lassen sich jedoch nicht finden.[43] Auch aufgrund der nicht ganz spannungsfreien Beziehung[44] zwischen den schweizerischen Gewerkschaften und den italienischen Emigrationsorganisationen blieb ein gemeinsamer Positionsbezug für einen Bildungsurlaub aus, wenngleich wiederholt Bemühungen um eine gemeinsame Strategie liefen.[45] Die italienischen Emigrationsorganisationen blieben daher mit ihrem Begehren auf sich allein gestellt.[46] Bildungsurlaube wurden in der Folge in der Schweiz auch nicht generell gewährt.[47]

Die Regelung der 150 Stunden Bildungsurlaub für die norditalienischen Metallarbeiter motivierte insbesondere die ECAP und die Colonie Libere nochmals, für einen allgemeinen Bildungsurlaub einzutreten. Sie nahmen die Erfahrungsberichte aus Norditalien mit Begeisterung zur Kenntnis[48] und versuchten nochmals, die Idee eines Bildungsurlaubs in der Schweiz zu propagieren. Dazu wurden Erfahrungsberichte in die deutsche Sprache übersetzt und als «gewerkschaftliche Information» der ECAP Schweiz in Umlauf gebracht.[49] In der Zeitschrift «Emigrazione Italiana» wurde zudem ganzseitig über die Errungenschaft der Metallarbeitergewerkschaft in Norditalien berichtet.[50]

Die ECAP in Rom präzisierte die Zwecksetzung dieses bezahlten Bildungsurlaubs wie folgt: Weder sei es zulässig, diese 150 Stunden für die berufliche Qualifizierung im Sinn einer Einführung in eine neue Arbeitsmethode einzusetzen noch dürften die Gewerkschaften einen Anspruch darauf erheben, den Bildungsurlaub für gewerkschaftliche Schulung zu nutzen. Die 150 Stunden seien für die «intellektuelle Bildung» der Arbeiterinnen und Arbeiter zu verwenden, wobei eine Möglichkeit im Nachholen von Schulabschlüssen bestehe. Doch blieb das Ziel letztlich ein politisches, das darin bestand, den Arbeitern im Rahmen einer «kritischen Bildung» Kenntnisse über die soziale Lage zu

43 Schweizerischer Gewerkschaftsbund, 1984.
44 Steinauer, von Allmen, 2000; Degen, 2000.
45 ASTi, FPC 41, ECAP, B2, Mappe 4, Brief von Leonardo Zanier an das Gewerkschaftskartell Zürich, 21. Oktober 1970.
46 ASTi, FPC 41, ECAP, D5, Mappe 3, Leonardo Zanier: Diritto allo studio, 20. September 1974.
47 Für einen internationalen Vergleich der Regelungen zum Bildungsurlaub in Europa: Degen, Nuissl, 1983.
48 ASTi, FPC 41, ECAP, A4bis, Mappe 1, Bollettino FLM zona rho, «150 ore», 1974.
49 ASTi, FPC 41, ECAP, B12, Mappe 2, Anwendung der 150 Stunden, 1974.
50 EI, 13. Februar 1974, «Le ‹150 ore› conquistate dai metallurgici e il diritto allo studio per i lavoratori».

vermitteln, um diese verändern zu können.[51] In diesem Sinn knüpfte die ECAP direkt an die politische Tradition der Erwachsenenbildung an.

Mit der Idee eines allgemeinen Bildungsurlaubs aktualisierten Mitte der 1970er-Jahre die italienischen Emigrationsorganisationen den Anspruch eines Bildungsangebots jenseits beruflicher Qualifizierung. Dies wurde von der deutlich weniger links stehenden Organisation ENAIP mitgetragen. Das italienische Bildungsministerium anerkannte die Forderung der Arbeiterschaft nach Möglichkeiten zum Nachholen der *licenza media* als legitim und legte 1975 die Lehrinhalte für diese Kurse fest, wobei insbesondere den Sprachkenntnissen Bedeutung zugemessen wurde.[52] Dies korrespondierte mit der Feststellung eines verbreiteten Analphabetismus der zugewanderten Arbeiterinnen und Arbeiter.[53] Wenige Jahre später zeigte sich vor allem die SPE im Hinblick auf die sprachliche Schulung der Arbeiterinnen und Arbeiter mit geringer Schulbildung innovativ.[54]

Die ECAP in Zürich beschränkte sich nicht darauf, die allgemeinbildenden Kurse zur Nachholung der *licenza media* ausschliesslich auf die Inhalte zu beziehen, die vom italienischen Bildungsministerium vorgegeben wurden. Vielmehr nutzte sie diese Kurse, um politische Inhalte zu vermitteln und den Arbeitern die Notwendigkeit der gewerkschaftlichen Agitation nahezulegen. Entgegen der andernorts geäusserten Beteuerung, die Gewerkschaften hätten eigene Zugänge für die Gewerkschaftsbildung zu schaffen,[55] richtete die ECAP ihre Kurse zur Erlangung der *licenza media* dezidiert klassenkämpferisch aus und gestaltete sie als gewerkschaftliche Schulung.

---

51 ASTi, FPC 41, ECAP, B12, Mappe 2, Anwendung der 150 Stunden, 1974.
52 Privatarchiv ENAIP, Circolari ENAIP Svizzera e sede centrale 1974–76, Bollettino ufficiale, Corsi sperimentali di scuola media per lavoratori, 16.–23. Januar 1975.
53 EI, 21. August 1974, «Analfabetismo. Esclusi dalla società milioni di italiani».
54 Siehe Kap. 2.3.
55 ASTi, FPC 41, ECAP, B12, Mappe 2, Anwendung der 150 Stunden, 1974.

4.3. Berufs-, Allgemein- und Gewerkschaftsbildung als Mittel zur Demokratisierung

Das Kurswesen beinhaltete von Beginn an mehr als berufliche Qualifikationen. Der Anspruch, nicht nur eine Vorbereitung auf die Erwerbsarbeit zu bieten, sondern auch ein Bewusstsein über gesellschaftliche Arbeitsbeziehungen zu schaffen, wurde schon in den frühen 1960er-Jahren geäussert: «Il lavoro non è una maledizione, l'unica maledizione è dover subire il lavoro come se fosse una maledizione.»[56]

Der politische Charakter sowie die Nähe zu gewerkschaftlichen Themen in den allgemeinbildenden Kursen der ECAP wurden um 1970 bestärkt, als Ideen zu Weiterbildungsseminaren entwickelt wurden, welche die Kursleiter dazu befähigen sollten, die Teilnehmerinnen und Teilnehmer auf das gewerkschaftliche Leben vorzubereiten.[57] Die Bedeutung, die den politischen und den gewerkschaftlichen Inhalten zuzumessen sei, betonte Leonardo Zanier, der damalige Leiter der ECAP, auch gegenüber den regionalen Kursverantwortlichen und lud sie ein, Gewerkschaftskurse der CGIL in Italien zu besuchen.[58] Diese Korrespondenzen verdeutlichen wiederum, wie dezidiert politisch und gewerkschaftsnah die ECAP intern kommunizierte, während sie sich nach aussen – insbesondere gegenüber der schweizerischen Öffentlichkeit – als Weiterbildungsorganisation präsentierte, die den italienischen Arbeiterinnen und Arbeitern zu beruflichen Qualifikationen verhalf.

Die in den Kursen zur Erlangung der *licenza media* verwendeten Unterlagen verdeutlichen die politischen Intentionen, die mit den allgemeinbildenden Kursen verfolgt wurden. Die Anwärterinnen und Anwärter auf die *licenza media* wurden mit denselben statistischen Daten zur schulischen Benachteiligung von Arbeiter- und Bauernkindern konfrontiert, mit welchen die ECAP ihr Kurswesen gegen aussen legitimierte und die Colonie Libere ihre bildungspolitischen Forderungen begründeten.[59]

---

56 ASTi, FPC 41, ECAP, D1, Mappe 1, Leonardo Zanier: Emigrazione, istruzione professionale e Colonie 8. März 1963: «Die Arbeit allein ist kein Fluch, der einzige Fluch ist, wenn die Arbeit erleidet wird, als wäre sie ein Fluch.» Eigene Übersetzung.
57 ASTi, FPC 41, ECAP, A1, Mappe 1, ECAP programma, 1970.
58 ASTi, FPC 41, ECAP, D1, Mappe 4, Brief von Leonardo Zanier an die regionalen Kursverantwortlichen, 2. Dezember 1970.
59 ASTi, FPC 41, ECAP, B14, Mappe 1, La selezione scolastica funzionale alle esigenze del capitale. Appunti per gli allievi dei corsi professionali che si preparano agli esami per il conseguimento della licenza di scuola media inferiore, April 1973.

Die Kursunterlagen bezog die ECAP in Zürich von ihrer Mutterorganisation in Rom.[60] Besonders gefragt war deren «Cassetta di cultura civica», die als neues didaktisches Instrument, das antiautoritären Prinzipien folge, beworben wurde.[61] Die Kassette war eine umfassende Materialsammlung für den Unterricht in Zivilkunde. Sie enthielt sowohl Materialien zuhanden der Kursteilnehmerinnen und -teilnehmer wie Dokumente zu sozialen Verhältnissen und gesellschaftlichen Transformationen als auch didaktische Anleitungen für die Kursleiter.[62]

Die Kassette informierte über soziale Benachteiligungen im Schulwesen und in der beruflichen Grundbildung, über den Wandel der Beschäftigungsstruktur, über demografische Entwicklungen, Arbeitsmigration und Arbeitskämpfe sowie über die daraus resultierende gewerkschaftliche Organisation der Arbeiter, die notwendigerweise international sein müsse. Die in diesen Abschnitten abgelegten Texte übten Kritik an der kapitalistischen Gesellschaftsform und der autoritären Tendenz im Bildungswesen. Die Unterlagen bezogen sich auf italienische Verhältnisse. Erstaunlich ist, wie stark sie auf die schulischen Belange fokussierten. Insbesondere wurde die öffentliche Schule Italiens als hochselektiv kritisiert, wobei die Selektion funktional auf den kapitalistischen Arbeitsmarkt ausgerichtet sei und die öffentliche Schule somit einer Klassenschule entspreche. Gleichermassen wurde Kritik an der Berufslehre in Italien geübt, die keine Absicherung gegenüber Arbeitslosigkeit biete und aufgrund der möglichen schnellen Integration in den Produktionsprozess in der Industrie keine Berechtigung habe.[63]

Die im Bildungsurlaub zu absolvierenden Kurse sollten also Wissen über die gesellschaftlichen Verhältnisse vermitteln und somit den Arbeiterinnen und Arbeitern zu einem Bewusstsein ihrer gesellschaftlichen Lage verhelfen. Inwiefern die Angaben in den Materialien der Kassette, die sich auf die italienischen Verhältnisse bezogen, für die Kurse in der Schweiz an die hiesigen Begebenheiten angepasst wurden, ist schwierig zu eruieren. Aufgrund der Bezugnahme auf die Verhältnisse in Italien und in der Schweiz[64] darf angenommen werden, dass Argumente, die vor dem Hintergrund Italiens entwickelt wurden, auch auf die Schweiz angewandt wurden, obwohl deren Kontexte nur beschränkt zu

---

60 ASTi, FPC 41, ECAP, D1, Mappe 4, Brief von Leonardo Zanier an die ECAP in Rom, 5. November 1970.
61 ASTi, FPC 41, ECAP, D1, Mappe 4, Brief der ECAP in Rom an alle ECAP-Zentren, 6. Oktober 1970.
62 ASTi, FPC 41, ECAP, B3, Mappe 4, Cassetta di cultura civica, undatiert.
63 ASTi, FPC 41, ECAP, B3, Mappe 4, Cassetta di cultura civica, parte A–D, undatiert.
64 Siehe Kap. 7.

vergleichen waren. Insbesondere die Auseinandersetzung mit dem schweizerischen Lehrlingswesen war von den damaligen Verhältnissen in Italien geprägt.[65] Neben diesen gesellschaftspolitischen Unterlagen und Materialien enthielt die Kassette pädagogische Texte für die Kursleiter. Deren Auswahl war amerikanisch dominiert[66] und umfasste Übersetzungen sowohl eines Kapitels aus John Deweys Lerntheorie «How We Think»,[67] eines Artikels von Leo Huberman, dem Mitherausgeber der sozialistischen «Monthly Review», über richtige Unterrichtsmethoden[68] sowie der Abhandlung «On Intellectual Craftsmanship» des Soziologen Charles Wright Mills.[69] Mit dem Abdruck dieser lerntheoretischen Texte adressierte die ECAP Kursteilnehmer ebenso wie Kursleiter, da Erstere sich über diese Lektüre Einsichten in das eigene Lernen verschaffen könnten.[70]

Die pädagogischen Unterlagen ebenfalls zielten darauf ab, den Kursteilnehmerinnen und -teilnehmern die eigenen Lernprozesse bewusst zu machen, um diese besser steuern zu können. Denselben Zweck verfolgten die politischen Inhalte dieser Unterrichtsmaterialien: sie dienten der Aufklärung der Arbeiterinnen und Arbeiter über die klassenspezifischen Selektionsprozesse des Schulwesens sowie über Produktionsverhältnisse und propagierten gleichzeitig die Notwendigkeit von gewerkschaftlicher Agitation. In diesem Sinn waren sie Klassenkampf und Gewerkschaftsbildung zugleich.

Als Schlüsselfigur für die pädagogische Programmatik der ECAP erwies sich der italienische Pädagoge Ettore Gelpi. 1933 in Mailand geboren, befasste sich Gelpi bereits während seines Studiums mit Fragen der Erwachsenenbildung und war seit den späten 1950er-Jahren auch als Erwachsenenbildner in der philanthropischen «Società Umanitaria» in Mailand tätig, die in engem Kontakt mit den Colonie Libere und der ECAP stand. Seit 1970 präsidierte Ettore Gelpi die didaktische Kommission der kommunistischen Gewerkschaft CGIL und war so gewissermassen der didaktische Leiter der ECAP in Italien,[71] in dessen Funktion er die «Cassetta di cultura civica» zusammenstellte. Somit prägte er

---

65 Nach 1945 geriet die betriebliche Berufsausbildung in Italien gegenüber der schulisch organisierten Qualifizierung unter Druck. Italien kannte zwar auch eine betriebliche Berufsbildung wie das Lehrlingswesen in der Deutschschweiz, diese war aber wenig verbreitet. Abraham, 1963.
66 Die Auswahl amerikanischer pädagogischer Literatur war darauf zurückzuführen, dass Ettore Gelpi, der die Kassette zusammenstellte, einige Jahre an der Columbia University in New York Pädagogik studiert hatte.
67 Dewey, 2002; für eine Dewey-Rezeption aus sozialistischer Sicht: Mchitarjan, 2012.
68 Huberman, 1969.
69 Wright Mills, 1959.
70 ASTi, FPC 41, ECAP, B3, Mappe 4, Cassetta di cultura civica, parte E, undatiert.
71 ASTi, FPC 41, ECAP, B3, Mappe 2, Biografie von Ettore Gelpi, 10. Juli 1970; ASTi, FPC 41, ECAP, B13, Mappe 1, Biografie von Ettore Gelpi, 1973.

auch die pädagogische Ausrichtung der ECAP in Zürich stark. Es gab kaum eine Tagung der ECAP in Zürich, an die Gelpi nicht als Redner eingeladen wurde. Er blieb selbst dann ein gern gesehener Gast in Zürich und ein wichtiger Ideengeber, als er bei der Unesco in Paris den Bereich der *éducation permanente* leitete.[72]

Aufgrund seiner starken Präsenz an Veranstaltungen in Zürich vermochte Ettore Gelpi die pädagogische Ausrichtung der ECAP massgeblich zu prägen. Er vertrat durchgehend die Ansicht, dass eine Reform der Berufsbildung sowohl in Italien wie auch in der Schweiz, wenngleich mit anderen Vorzeichen, notwendig sei. Die Reformen hätten die Berufsausbildung unbedingt in den Dienst der Arbeiterklasse zu stellen. Dazu gehöre, bei allgemeinen Bildungsreformen nicht nur die Bildung von Eliten zu berücksichtigen, sondern auch die Berufsbildung einzubeziehen. Gelpis klassenkämpferische Kritik betraf das gesamte Bildungssystem, das bereits in der Grundschule selektiere und so den Teil der Bevölkerung auswähle, der später durch intellektuelle Arbeit privilegiert sei. Gelpi pochte darauf, dass auch Arbeiter Anrecht auf theoretische Bildung hätten, was mit der Forderung eines allgemeinen Bildungsurlaubs korrespondierte. In der Folge sei die Trennung von manueller und intellektueller Arbeit aufzuheben, um gegen die Klassentrennung der Arbeit vorzugehen. Denn in der Verbindung von Kopf- und Handarbeit biete sich dem Arbeiter die Gelegenheit, «seine eigene Berufsausübung wiederzugewinnen, seine eigenen Aufgaben wiederzuerkennen».[73]

Die Überlegungen Gelpis zielten darauf ab, den Arbeitern die Grundlagen zur Selbstermächtigung in der Arbeitswelt zu verschaffen. Gelpi setzte sich dafür ein, über die Berufsbildung die Voraussetzung dafür zu schaffen, dass die Verfügbarkeit über die Produktion wieder in die Hände der Arbeiter gelegt werden könne. Eine solch umfassende Berufsausbildung habe zugleich auch Gewerkschaftsschulung zu sein: «Deshalb kann man Berufsbildung und Gewerkschaftsausbildung nicht voneinander trennen. Man kann sie nicht als zwei verschiedene oder einander gegenübergestellte Realitäten leben, ausser man betrachte die erste als reine Ausbildung und die zweite als Erwerb von Verhandlungstechniken. Die Gewerkschaftsschulung kann nur eine für jeden Arbeiter nötige Grund-Berufsschulung sein und nicht Endziel für eine Elite. Die Berufsbildung andererseits kann die gewerkschaftspolitische Dimension nicht auslassen.»[74]

72 Die Literatur hält auch fest, dass der Kontakt zur ECAP Zürich für die Karriere von Ettore Gelpi ebenso entscheidend war, weil er da mit den Themen der Migration und der Internationalität konfrontiert wurde. Riccardi, 2012, S. 7.
73 Gelpi, 1973, S. 42. Eine frühere Version des Textes wurde als Referat an der Studientagung der ECAP im Jahr 1972 vorgetragen: Gelpi, 1972.
74 Gelpi, 1973, S. 42.

Doch auch wenn sich die Gewerkschaften stärker in der Berufsbildung engagieren müssten, dürfe dies nicht von einer gewerkschaftlichen Elite vorgegeben werden. Hier zeigt sich Gelpis Skepsis gegenüber einer gewerkschaftlichen Kaderschmiede. Sein Ziel war, nicht nur die Produktionsprozesse in der Arbeitswelt, sondern auch die gewerkschaftlichen Belange in die Hände der Arbeiter legen. Dies gehe aber nur, wenn Berufsbildung und Gewerkschaftsschulung als Einheit gedacht würden: «Sich zum Meister der eigenen Arbeit zu machen, bedeutet in erster Linie, sich zum Meister der eigenen Ausbildung zu machen. [...] Der Arbeiter muss die einheitliche Rolle des Produzenten, des Lernenden und des Lehrenden beanspruchen und ausüben, sich weigern, nur auf die erste oder die zweite Rolle fixiert zu werden.»[75]
Die pädagogische Programmatik Gelpis, die von der ECAP in Zürich mit grossem Interesse zur Kenntnis genommen wurde, bezweckte eine Demokratisierung von Arbeitswelt und Berufsbildung, wenngleich er selbst es nicht explizit so nannte, und stand im Einklang mit der seitens der gewerkschaftlichen Bildungsarbeit zunehmend diskutierten Idee, die Vermittlung gesellschaftstheoretischen Wissens über die Alltagserfahrungen der Kursteilnehmerinnen und -teilnehmer anzugehen.[76] In Gewerkschaftskreisen blieb diese Idee jedoch umstritten und wurde insbesondere von marxistischer Seite abgelehnt.[77]
Dieser Anspruch knüpfte an die Forderung an, die Bildungsinstitutionen organisatorisch breiter in der Gesellschaft zu verankern, wie das in Italien zu Beginn der 1970er-Jahre unter dem Begriff der *gestione sociale* diskutiert wurde.[78] Die Forderung ging von der Kritik an den bürokratischen Zuständen der italienischen Grundschulen und Kindergärten aus und zielte darauf ab, die Eltern stärker in die Entscheide der Schule einzubinden.[79] Dieser Demokratisierungsanspruch wurde bald auf Institutionen der beruflichen Bildung ausgeweitet: hier sollte den Kursteilnehmerinnen und -teilnehmern selbst eine Partizipation ermöglicht werden. Alle drei untersuchten italienischen Berufsbildungsorganisationen in Zürich übernahmen diese Forderung und sprachen sich dafür aus, ihre eigene Organisation im Sinn der *gestione sociale* auszurichten.[80]

75 Ebd., S. 43–44.
76 Für den deutschsprachigen Raum wird die Idee des exemplarischen Lernens mit Oskar Negt verbunden. Negt, 1975.
77 Elsholz, Meyer, 2003, S. 96.
78 Genovesi, 2004, S. 194.
79 ASTi, FPC 41, ECAP, A2, Mappe 3, Protokoll der CGIL-Scuola, 12. September 1975.
80 Privatarchiv ENAIP, Circolari ENAIP Svizzera e sede centrale 1974–76, Gestione sociale nei centri di formazione professionale ENAIP, 20. Dezember 1974; ASTi, FPC 41, ECAP, A2, Mappe 3, Protokoll, 28. Mai 1975.

Insbesondere die SPE stellte sich als Weiterbildungsorganisation dar, die von den Emigrantinnen und Emigranten selbst gestaltet wurde. Das Beispiel der SPE verweist aber auch auf die Grenzen partizipativer Organisationsformen. Die Initiative hatte von Beginn an den Anspruch, den Arbeitsmigrantinnen und -migranten einen Zugang zur gesellschaftlichen Teilhabe zu eröffnen.[81] Seit der Gründung im Frühjahr 1974 verfolgte die SPE das Ziel der Selbstbestimmung: «Non lasciamo mai decidere gli altri sul nostro futuro.»[82]
Unter diesem Motto wurde zur Gründungsversammlung eingeladen und so den italienischen Arbeiterinnen und Arbeitern, welche die Kurse besuchten, gleich der Wunsch nach Selbstbestimmung unterstellt. An den weiteren Vereinsversammlungen sowie bei den öffentlichen Kundgebungen zur Unterstützung der SPE waren sehr wohl Kursteilnehmerinnen und -teilnehmer beteiligt.[83] Jedoch ist zweifelhaft, inwiefern das Bildungsbedürfnis, das als Motiv der Vereinsgründung vermutet werden kann, tatsächlich «von unten» kam. Denn das Projekt blieb sehr stark von dessen Initiator Luciano Persico abhängig. Die pädagogische Ausrichtung der Schule, von den Kursleitern auch als «idea Persiconiana» bezeichnet,[84] wurde von Persico wie von keinem anderen geprägt.
Kern dieser Ausrichtung war eine partizipative Vereinsorganisation. Die Kursteilnehmerinnen und -teilnehmer waren wie die Kursleiterinnen und -leiter automatisch Vereinsmitglied und so statutarisch befugt, die Schule mitzugestalten.[85] Die Schule wurde als Projekt vorgestellt, an dem die Arbeitsmigrantinnen und -migranten mitbeteiligt waren. Aus diesem Grund blieb die Umgangssprache innerhalb des Vereins italienisch. In einem Aufruf zu einer Versammlung wurde betont, dass mit der Schule lange gehegte Wünsche realisiert werden sollten: «Siamo emigrati che vogliono concretizzare ciò che abbiamo sempre chiesto e mai ottenuto.»[86]
Wenngleich die Initiantinnen und Initianten der SPE den Aufruf an die Arbeitsmigrantinnen und -migranten zur Mitarbeit ernst meinten, finden sich in den Quellen wenige Hinweise darauf, dass die Kursleiterinnen und -leiter von sich aus eine Vereinsgründung in die Wege geleitet hätten. Doch die Kursteilneh-

---

81   SSA, Ar 429.90.3, Mappe 2, Communiqué der SPE, 2. Juni 1975.
82   SSA, Ar 429.90.3, Mappe 2, Einladung zur Versammlung, 12. Juni 1974: «Niemals lassen wir die anderen über unsere Zukunft entscheiden.» Eigene Übersetzung.
83   Siehe Kap. 2.3.
84   SSA, Ar 429.90.3, Mappe 1, Brief der Kursleiter an Alberto Valentini, 9. Februar 1974.
85   SSA, Ar 429.90.3, Mappe 2, Statuten der Scuola Professionale Emigrati (S. P. E.), 12. Juni 1974.
86   SSA, Ar 429.90.3, Mappe 2, Communiqué von Exlehrern und Exschülern, 8. April 1974: «Wir sind Emigranten, die realisieren wollen, was wir stets begehrten, aber niemals erreichten.» Eigene Übersetzung.

merinnen und -teilnehmer schätzten die partizipative Organisationsform und fühlten sich von der Schulleitung wie den Kursleiterinnen und -leitern ernst genommen.[87]
So waren vor und während der Vereinsgründung die Aufrufe an die Kursteilnehmerinnen und -teilnehmer zur Partizipation durchaus erfolgreich und die öffentlichen Kundgebungen gut besucht.[88] Doch schon bald nahm das Engagement der Kursteilnehmerinnen und -teilnehmer wieder ab und es musste in den Leitungsgremien der SPE darüber diskutiert werden, wie die Partizipation der Kursteilnehmerinnen und -teilnehmer gefördert werden könnte.[89] Der Anspruch der SPE, die Arbeitsmigrantinnen und -migranten an der Organisation der eigenen beruflichen Qualifikation zu beteiligen, wurde kaum in dem Umfang eingelöst, der angestrebt war, denn die italienischen Arbeiterinnen und Arbeiter interessierten sich weniger für die aktive Mitgestaltung des Vereins als für eine solide Berufsbildung mit zertifizierten Abschlüssen, die den Anschluss an die Beschäftigungssysteme der Schweiz und Italiens versprachen. Dennoch gelang es der SPE, unter den Kursteilnehmerinnen und -teilnehmern eine starke Identifikation mit der Organisation zu erzeugen und die Vorstellung einer gemeinsamen Verantwortung für die Belange der Institution aufrechtzuerhalten.[90]
Im Grunde verfolgten Persico und die weiteren in der SPE Involvierten ein *pädagogisches* Programm der Anleitung zur gesellschaftlichen Teilhabe. Mit der Betonung, eine partizipative Schule zu betreiben, war stets der Aufruf verbunden, die Möglichkeit der Teilhabe auch wahrzunehmen. Dies ging so weit, dass in den 1980er-Jahren die Verantwortlichen entschieden, an den Generalversammlungen die Geschichte der eigenen Schule zum Thema zu machen, um den Vereinsmitgliedern ins Gedächtnis zu rufen, aus welchem Engagement heraus die Schule entstanden war.[91] Die Gründungsgeschichte wurde zum Mythos stilisiert, um intern die aktive Beteiligung an der Schule zu fördern. Diese pädagogische Initiative sollte bewusst machen, was es bedeutete, Mitglied einer selbstorganisierten Schule zu sein. Nach aussen diente die Betonung des partizipativen Modells als Legitimationsgrundlage der SPE.[92]
Im Kontrast dazu gelang es Persico als Vereinspräsident und Schulleiter allerdings, die Schule weitgehend nach seinen Vorstellungen zu gestalten. Dies kam

---

87 SSA, Ar 429.90.3, Mappe 1, Manuskript von Zacheo D. aus der Klasse 2 CM, 19. März 1974.
88 SSA, Ar 429.90.3, Mappe 1, Fotos zur Kundgebung vom 27. April 1974; Aufruf zur Versammlung, 9. Mai 1974, 15. Mai 1974.
89 SSA, Ar 429.60.2, Mappe 1, Protokoll der Vorstandssitzung, 18. Juni 1977; Protokoll der Lehrerversammlung, 6. Dezember 1975.
90 Gespräch mit Marianne Sigg, 28. November 2015.
91 SSA, Ar 429.60.2, Mappe 2, Protokoll der Generalversammlung, 26. April 1985.
92 SSA, Ar 429.90.3, Mappe 2, Pressecommuniqué der SPE, 13. Juni 1975.

etwa darin zum Ausdruck, dass er sich an Vorstandssitzungen und Mitgliederversammlungen sehr viel Redezeit gewährte.[93] Persico war zwar als Arbeitsmigrant in die Schweiz eingereist, hatte aber über sein Universitätsstudium und das Mandat der ACLI Zugang zur italienischen Elite in der Schweiz erhalten. Insofern erfolgte die Gründung der SPE nur bedingt als Emanzipationsakt ehemaliger ENAIP-Kursteilnehmer «von unten». Die SPE war in erster Linie ein Projekt des Schulleiters und seines Umfelds.

Das auf Partizipation ausgerichtete Programm der SPE lehnte sich an die Ideen von Paulo Freire an, wonach eine grössere Teilhabe in der Gesellschaft qua Bewusstseinsbildung realisiert werden könne. Persico wie auch manche Kursleiterinnen und -leiter der SPE beschäftigten sich mit den Ideen Freires[94] und suchten nach praktischen Umsetzungsmöglichkeiten der Freire-Pädagogik in ihrer Schule.[95] So wurden etwa Fortbildungsveranstaltungen für die Kursleiterinnen und -leiter auf die Inhalte der Freire-Methoden ausgerichtet.[96] Und letztlich verweisen auch die pädagogischen Massnahmen gegen die mangelnde Partizipation an den Versammlungen des Vereins – eben Bewusstseinsbildung – auf die intellektuelle Beschäftigung mit den Ideen Freires.[97]

Die Organisation von Kursen zur beruflichen Qualifikation durch die Kursteilnehmerinnen und -teilnehmer mitbestimmen zu lassen stand darüber hinaus im Zusammenhang mit den gleichzeitigen Bestrebungen nach mehr betrieblicher Mitbestimmung im Sinn einer Demokratisierung der Wirtschaft.[98] In der Verknüpfung von *gestione sociale* der beruflichen Bildung und der Forderung nach betrieblicher Mitbestimmung blieb die Partizipation der Teilnehmer an den Entscheidungen der Berufsbildungsorganisation nicht Selbstzweck, sondern erhielt eine pädagogische Funktion in der Vorbereitung auf die Wahrnehmung der Rechte im Betrieb. Partizipation an der eigenen Weiterbildung könne zur

93 SSA, Ar 429.60.2, Mappe 1, Diverse Protokolle von Vorstandssitzungen und Mitgliederversammlungen, 1974–1980.
94 Insbesondere wurde auf Freires 1970 erstmals erschienene «Pädagogik der Unterdrückten» verwiesen: Freire, 1972.
95 Gespräch mit Marianne Sigg, 28. November 2015; SSA, Ar 429.120.1, Mappe 1, L'eco, 3. April 1974, «Aperture poco gradite».
96 SSA, Ar 429.90.3, Mappe 2, Programm des Fortbildungsseminars für Kursleiter, 26.–27. August 1978. Persico nahm zudem seit Ende der 1970er-Jahre regelmässig an Treffen der Europäischen Arbeitsgruppe «Bewusstseinsbildung» teil, die nach einer Anwendbarkeit von Freires pädagogischem 3.-Welt-Entwicklungshilfe-Programm im hoch entwickelten Europa fragte. SSA, Ar 429.90.1, Mappe 1.
97 Paulo Freire erwies sich auch im englischsprachigen Raum als Bezugspunkt für erwachsenenpädagogische Initiativen. So verweist beispielsweise Tom Woodin auf Autorenworkshops für Industriearbeiter in den 1970er-Jahren in England, die ebenfalls aus der Beschäftigung mit den Ideen Freires entwickelt wurden. Woodin, 2007a.
98 ASTi, FPC 41, ECAP, B6, Mappe 2, Typoskript des Sekretariats des SMUV, 26. Februar 1972; siehe auch Degen, 2010.

betrieblichen Mitbestimmung befähigen.[99] In dieser Form war Pädagogik für die Emigrationsorganisationen das Mittel zur Schaffung einer demokratischen Gesellschaft.

Ein ähnliches pädagogisches Programm der gesellschaftlichen Teilhabe findet sich bei der ECAP. In Ettore Gelpis Worten hiess dies, den Lernenden zum Meister seiner eigenen Ausbildung zu machen, indem ihm die pädagogischen Prozesse zugänglich gemacht würden. Dies stand im Einklang mit der Vorgabe, die pädagogisch-didaktischen Inhalte der Unterrichtsmaterialien auch den Kursteilnehmerinnen und -teilnehmern zur Verfügung zu stellen. Die Vermittlung von Methodenkenntnissen wurde somit zu einem Aspekt der politischen Bildung, die sich gegenüber jeglichen autoritären Tendenzen abgrenzte. Gemäss Gelpis Sichtweise waren Bildungsprozesse so zu gestalten, dass sie in hohem Mass vom Lernenden selbst gelenkt wurden. Ausgearbeitet hatte er diese Überlegungen in seiner pädagogischen Hauptschrift mit dem Titel «Scuola senza cattedra»,[100] was sich mit «Schule ohne Schulmeister» oder «Bildung ohne Lehrstühle» übersetzen lässt.

Die antiautoritäre Pädagogik Gelpis sah dennoch nicht vor, auf die Lehrpersonen ganz zu verzichten: das *pädagogische* Programm musste von einem Kursleiter oder einer Lehrperson angestossen werden. Hätte Gelpi die Verantwortung für die Bildung vollständig den Lernenden überantwortet, hätten die von der ECAP organisierten Kursleiterseminare, die stark von ihm selbst geprägt waren,[101] im Widerspruch zu seinen Idealen gestanden. Insofern verfolgte er auch kein Programm, das auf die vollständige Auflösung jeglicher Ordnungen und Strukturen zielte, sondern unterstrich die Bedeutung der Gewerkschaften, wenngleich er deren hierarchische Strukturen kritisierte.

Darin unterschieden sich ECAP wie SPE massgeblich von den sozialen Arbeiterbewegungen, die in den späten 1960er-Jahren die Arbeitskämpfe im Norden Italiens prägten und unter dem Begriff des Operaismus bekannt wurden. Diese Bewegung war explizit aussergewerkschaftlich angelegt. Operaisten richteten sich gegen eine Vereinnahmung durch die Gewerkschaften und liessen sich von diesen auch nicht kontrollieren. Sie grenzten sich auch klar von der Kommunistischen Partei Italiens ab. Die Radikalität der Operaisten zeigte sich insbesondere in ihrer grundsätzlichen Ablehnung der Erwerbsarbeit. Ihre Agitation kulminierte in den Protesten und Ausschreitungen des *autunno caldo*, des

---

99   SSA, Ar 429.90.3, Mappe 1, Manuskript von Zacheo D. aus der Klasse 2 CM, 19. März 1974; ASTi, FPC 41, ECAP, B8, Mappe 4, Berichte von «lavoratori studenti», 1972.
100 Gelpi, 1969.
101 ASTi, FPC 41, ECAP, B2, Mappe 3, Einladung zu einem Kursleiterseminar der ECAP in Mailand, 18. Juni 1970.

«heissen Herbsts», 1969 in den Industriestädten Mailand und Turin, wo sich die Studentenbewegung und streikende Arbeiter verbrüderten.[102]
Für die soziale Bewegung des Operaismus in Norditalien stellte die italienische Binnenmigration einen wichtigen Referenzpunkt dar, waren doch an den Protesten zahlreiche Süditaliener beteiligt.[103] Eine internationale Perspektive, die auch die italienischen Arbeitsmigrantinnen und -migranten in den mitteleuropäischen Staaten umfasst hätte, stand für die Operaisten aber nicht im Vordergrund, wenngleich einige Schriften sich auch direkt an die Kameraden in der Emigration richteten.
Die im Umfeld des Operaismus produzierten Agitationsschriften des «Potere operaio» oder der «Lotta continua» nahm die ECAP in Zürich durchaus zur Kenntnis.[104] Leonardo Zanier, der Leiter der ECAP, interessierte sich zudem für ausserparlamentarische Gruppierungen in der Schweiz, die ebenfalls ausserhalb der Gewerkschaften agierten und Kritik an der Berufslehre übten. Sowohl Schriften und Flugblätter der Lehrlingsorganisation «Hydra» wie auch die Zeitschrift «Agitation» der «Fortschrittlichen Arbeiter, Schüler und Studenten» (FASS), die das schweizerische Lehrlingswesen als Ausbeutung kritisierten,[105] wurden im Archiv der ECAP abgelegt.[106] Dennoch blieb die ECAP eine gewerkschaftsnahe Organisation, die weder auf einen revolutionären Umsturz hin arbeitete noch die Erwerbsarbeit prinzipiell ablehnte, sondern eine gesellschaftliche Transformation durch die Gewerkschaften anstrebte.
Für Gelpi war Berufsbildung der entscheidende Ansatzpunkt, um einen solchen gesellschaftlichen Wandel voranzutreiben.[107] Dazu sei aber eine Erneuerung der Gewerkschaftsbildung notwendig, die nicht reagiere, sondern antizipiere, wobei internationale Erfahrungen zur Kenntnis genommen werden müssten.[108]

102 Zur Arbeiterbewegung und zu Protestformen in Italien zwischen 1965 und 1975: Tarrow, 1989; spezifisch zum Operaismus: Moroni, Balestrini, 2002; Danyluk, 2012, S. 129–191; eine Theoriegeschichte des Operaismus gibt Wright, 2005; literarische bzw. theoretische Aufarbeitungen der eigenen Mitwirkung an der Bewegung bieten Balestrini, 2003; Tronti, 2012; Kleiner, 2010; zum Zusammenhang von Operaismus und workplace learning: Avis, 2014, S. 67.
103 Moroni, Balestrini, 2002, S. 23; Balestrini, 2003.
104 ASTi, FPC 41, ECAP, B2, Mappe 3, Potere operaio: Compagni dell'emigrazione, Dezember 1970; ASTi, FPC 41, ECAP, B4, Mappe 2, Lotta continua: Vogliamo la 2.a per tutti, 17. November 1971.
105 Zur Lehrlingsbewegung nach 1968 in der Schweiz: Eigenmann, Geiss, 2016.
106 ASTi, FPC 41, ECAP, B4, Mappe 2, Agitation Nr. 1, 1971; ASTi, FPC 41, ECAP, B5, Mappe 2, Hydra zur Wahl, 1971; ASTi, FPC 41, ECAP, B6, Mappe 1, Nachrichten für Unzufriedene, Nr. 5, 1971.
107 Den bei Gelpi und Zanier ausgeprägten technologischen Optimismus, der in ihrem Festhalten an technischer beruflicher Bildung zum Ausdruck kam, lehnten die Operaisten hingegen vehement ab. Wright, 2005, S. 122.
108 ASTi, FPC 41, ECAP, B3, Mappe 2, Bericht über ein Kursleiterseminar, 10. Juli 1970.

Entsprechend der Forderung, die Lenkung des Bildungsprozesses in die Hände der Lernenden zu legen, wies Gelpi eine Festlegung der gewerkschaftsbildenden Elemente allein durch Erziehungsspezialisten und Wissenschaftler zurück. Vielmehr plädierte er dafür, die Gewerkschaft als Arbeiterorganisation ernst zu nehmen und deren Bildungsangebote über die demokratischen Strukturen der Gewerkschaft gemäss den Interessen der Arbeiter auszurichten.[109] Daher seien nicht einfach die Bildungsinhalte der Gymnasien für die allgemeinbildenden Kurse der Gewerkschaften zu übernehmen, sondern diese hätten sich direkt auf den Erfahrungsraum der Arbeiter zu beziehen.[110] Auf diesen Überlegungen gründete letztlich auch die Auswahl der Unterrichtsmaterialien der «Cassetta di cultura civica». Die von Gelpi intendierte Allgemeinbildung war eine politische Bildung dezidiert marxistischer Prägung.

Diese Vorstellung einer Verbindung von Berufs-, Allgemein- und Gewerkschaftsbildung war eine spezifisch italienische Angelegenheit. Die Gewerkschaften Italiens postulierten einen Reformbedarf der beruflichen Qualifikation, der vor dem Hintergrund der strukturellen Krise der italienischen Industrie noch dringlicher erschien. Die CGIL übernahm in dieser Diskussion eine Vorreiterrolle und organisierte Konferenzen, die auch von Vertretern anderer italienischer Gewerkschaften besucht wurden. An einzelne dieser Veranstaltungen, wie beispielsweise jene vom Frühjahr 1972, wurde zwar Leonardo Zanier von der ECAP Zürich eingeladen, um über die Probleme der Berufsbildung in der Emigration zu sprechen, im Grunde aber blieb die Debatte auf Italien bezogen, indem die Fragen behandelt wurden, inwiefern das Qualifikationssystem auf den industriellen Wandel vorbereitet sei oder wie die beiden Teilbereiche der schulischen Grundbildung und der beruflichen Qualifikation im Bildungssystem aufeinander abgestimmt seien.[111]

Die ECAP lehnte sich stark an die Vorgänge in Italien an und definierte diese als relevante Ausgangspunkte für die Gestaltung der eigenen berufsbildenden Tätigkeiten. ECAP wie ENAIP blieben von ihren Mutterorganisationen in Rom abhängig. Diesen Zentralstellen waren die Aktivitäten in der Emigration zwar ein grosses Anliegen, dennoch definierten sie das Kurswesen ausserhalb Italiens immer von Italien aus. Dazu gehörte beispielsweise, dass die Reintegration derjenigen Arbeiter, welche aus der Emigration zurückkehrten, in den

---

109 ASTi, FPC 41, ECAP, B1, Mappe 2, Ettore Gelpi: Sindacati e formazione: Linee di tendenza», 1976 (Typoskript).
110 ASTi, FPC 41, ECAP, B7, Mappe 3, Ettore Gelpi: Riflessioni sulla formazione professionale, 11.–12. März 1972.
111 ASTi, FPC 41, ECAP, B7, Mappe 3, Convegno ECAP-CGIL, Scuola sulla formazione professionale, 24.–25. März 1972.

Arbeitsmarkt Italiens einer der Leitgedanken für die berufliche Bildung in der Emigration war.[112]

4.4. Emigrationsorganisationen als Agenten transnationaler Vermittlung

Für die berufsbildenden Emigrationsorganisationen in der Schweiz waren dies nicht die einzigen Bezugspunkte in der Bestimmung des eigenen Kurswesens. Gerade für die ECAP stellte auch der schweizerische Arbeitsmarkt eine relevante Bezugsgrösse dar. Dies wirkte sich aber mehr auf die von der ECAP vermittelten beruflichen Qualifikationen aus, weniger hinsichtlich der pädagogischen Grundlagen des Kurswesens. Für diese grundsätzlichen Fragen schien die Debatte zur Berufsbildungsreform Italiens handlungsleitender zu sein als die schweizerische Reformdebatte.[113] Bei ENAIP führte in den frühen 1970er-Jahren die vom damaligen Zentrumsleiter Luciano Persico initiierte Hinwendung zu den schweizerischen Verhältnissen letztlich zum Bruch mit der Mutterorganisation in Rom.[114]

Die italienischen Emigrationsorganisationen in der Schweiz, die berufsbildend tätig waren, sahen sich mit unterschiedlichen Ansprüchen aus der Schweiz und aus Italien konfrontiert. Die Vermittlung zwischen den aufgrund unterschiedlicher nationalstaatlicher Kontexte geäusserten Ansprüchen wurde dadurch erschwert, dass gleichzeitig zwei unterschiedliche Qualifikationssysteme und deren Besonderheiten berücksichtigt werden mussten. Darin zeigt sich auch die transnationale Vermittlungsleistung der untersuchten Berufsbildungsorganisationen. Während die ECAP in erster Linie zwischen den links stehenden Gewerkschaften Italiens und der Schweiz zu vermitteln hatte, leistete ENAIP dasselbe bezüglich der christlichen Arbeiterorganisationen der beiden Länder.[115] Obwohl die Qualifikationssysteme Italiens und der Schweiz ähnliche Strukturen aufwiesen – beide Länder kannten sowohl betriebliche wie auch schulische

112 ASTi, FPC 41, ECAP, B6, Mappe 2, Commissione delle comunità Europee: Primo seminario per quadri dirigenti della formazione professionale dei lavoratori migranti della comunità, Turin, 2.–6. Oktober 1972.
113 Zur Berufsbildungsreform der zweiten Hälfte des 20. Jahrhunderts in Italien: D'Amico, 2015, S. 374–449; eine Chronik der Entwicklung der Berufsbildung in der Schweiz bietet Wettstein, 1987; programmatische Schriften für die Berufsbildungsreform der 1970er-Jahre in der Schweiz: Sommerhalder, 1970; Chresta, 1970.
114 Siehe Kap. 2.3.
115 ENAIP pflegte auf internationaler Ebene zum europäischen Verband christlicher Gewerkschaften Kontakte, während in der Schweiz die «Schweizerische katholische Arbeitsgemeinschaft für die Fremdarbeiter» einen wichtigen Partner darstellte. Privatarchiv ENAIP, SKAF 1973–81.

Berufsbildungsgänge[116] –, unterschieden sie sich in den spezifischen Realisierungsmodi und Steuerungsmodellen. Wenn also die Emigrationsorganisationen ihre Positionen, die sich auf die spezifische Situation der Qualifikation in der Emigration bezogen, gegenüber beiden berufsbildungspolitischen Räumen plausibilisieren wollten, mussten sie in der Lage sein, die Spezifika beider Qualifikationssysteme zu berücksichtigen. Sie waren also auf Systemvergleiche angewiesen, über deren Sinn und Zweck die vergleichende Erziehungswissenschaft beziehungsweise die vergleichende Berufsbildungsforschung noch heute angeregt debattiert.[117]

Wenn also die ECAP im Jahr 1974 eine Tagung zum Thema Emigration und Berufslehre veranstaltete[118] und dazu Vertreter aus beiden Ländern einlud, so mussten diese sich bemühen, die jeweiligen nationalstaatlichen Verhältnisse in ihre Überlegungen einzubeziehen. Der transnationale Charakter der Tätigkeit der ECAP zeigt sich darin, dass die Problematik des erschwerten Zugangs zur schweizerischen Berufslehre für italienische Jugendliche erst mittels Vergleich und Übersetzung adressiert und verständlich gemacht werden konnte.[119]

Derselbe Übersetzungsbedarf resultierte aus den grossen Unterschieden der Involviertheit der Gewerkschaften in die politische Steuerung der beruflichen Bildung in den beiden Ländern.[120] In Italien agierten die Gewerkschaften über Berufsbildungszentren selbst als Kursanbieter, die Berufszertifikate ausstellten, und gestalteten somit das berufliche Qualifikationssystem direkt mit.[121] Die schnell steigende Nachfrage nach Berufsqualifikationen in Zeiten des wirtschaftlichen Aufschwungs vermochten die staatlichen Institutionen Italiens nur unzureichend zu decken, weshalb die italienischen Gewerkschaften eigene Organisationen gründeten, die für die berufliche Qualifizierung zuständig waren. So entstand in Italien ein Berufsbildungssystem, das von den vielen italienischen Gewerkschaften massgeblich mitgetragen wurde und somit vielseitig aufgestellt war, aber bisweilen chaotisch wirkte.[122]

In der Schweiz hingegen traten die Gewerkschaften nicht als Anbieter von beruflichen Qualifikationskursen in Erscheinung. Dafür waren die Unternehmen

116 Für Italien siehe Abraham, 1963. Noch heute sind beide Qualifikationswege in Italien üblich. Cedefop, 2014.
117 Zur vergleichenden Erziehungswissenschaft: Schriewer, 2000b; Schriewer, 2000a; zur vergleichenden Berufsbildungsforschung: Mayer, Solga, 2008; Busemeyer, Trampusch, 2012; Pilz, 2012.
118 Siehe Kap. 3.5.
119 ASTi, FPC 41, ECAP, B18, Mappe 2, 4° convegno ECAP-CGIL Emigrazione e apprendistato, 16.–17. März 1974.
120 Zu Strukturunterschieden und gemeinsamen Tendenzen der Gewerkschaften in Europa: Streeck, 2014.
121 ASTi, FPC 41, ECAP, B6, Mappe 1, Il servizio formativo dell'ENAIP, 1972.
122 D'Amico, 2015, S. 379.

über betriebliche Berufslehrgänge deutlich stärker involviert als in Italien. Die Gewerkschaften waren als Sozialpartner in die korporatistisch geprägte, politische Steuerung der Berufsbildung der Schweiz einbezogen, wenngleich sie in diesem Setting eine untergeordnete Rolle spielten.[123] Dies wurde auch von den Gewerkschaften so wahrgenommen, schätzten sie selbst doch ihre Einflussmöglichkeiten auf die politischen Entscheide als gering ein.[124] Aufgrund dieser Konstellation übten die schweizerischen Gewerkschaften bei der Gestaltung der Berufsbildung eine ganz andere Funktion aus als die Gewerkschaften Italiens.[125] Dennoch verfolgte die ECAP die berufsbildungspolitischen Vorstösse der schweizerischen Gewerkschaften mit Interesse und lud deren Vertreter zum Austausch ein.[126]

Wenn sich also an einer Veranstaltung der ECAP Schweiz, die im Juni 1976 in Basel stattfand, Vertreter italienischer und schweizerischer Gewerkschaften trafen, um über die Rolle der Gewerkschaften für die berufliche Qualifikation von Arbeiterinnen und Arbeitern zu diskutieren, ging es den Veranstaltern letztlich um ein gegenseitiges Verständnis der unterschiedlichen Funktion der Gewerkschaften in Italien und in der Schweiz im Hinblick auf die berufliche Bildung.[127]

Über ihre Kontakte zu schweizerischen und italienischen Gewerkschaften war die ECAP in der Lage, die berufliche Qualifikation von italienischen Arbeiterinnen und Arbeitern in der Emigration als transnationales Phänomen wahrzunehmen. Der transnationale Charakter ergab sich aus der spezifischen, unentschiedenen Situation der italienischen Arbeiterinnen und Arbeiter zwischen permanenter Niederlassung und baldiger Rückwanderung. Die migrantischen Berufsbildungsorganisationen reagierten so auf diese Situation, dass die bei ihnen erworbenen Qualifikationen möglichst in beiden Arbeitsmärkten von Nutzen waren. Insofern mussten sie sich in ihrer Tätigkeit auf die Verhältnisse in beiden nationalstaatlichen Kontexten beziehen.

Während ENAIP in den späten 1970er-Jahren noch sehr stark auf Italien ausgerichtet war und die SPE mit ihren Kursen vor allem den schweizerischen

123 Farago, 1987; Armingeon, 1997. Die Gewerkschaften verloren seit den 1990er-Jahren in der korporatistischen Aushandlungsarena deutlich an Relevanz. Oesch, 2011.
124 ECAP-CGIL, 1976a; darin die Zusammenfassung der Rede von Victor Moser zur Jugendarbeitslosigkeit, Berufsbildungsreform und Weiterbildungsförderung.
125 Die Unterschiede betrafen vor allem die berufliche Grundbildung der beiden Länder, nicht die politische oder gewerkschaftliche Erwachsenenbildung, die von den Gewerkschaften – wenngleich mit unterschiedlicher Ausrichtung – mitgestaltet wurde.
126 So finden sich in den Quellenbeständen der ECAP Unterlagen des Schweizerischen Gewerkschaftsbunds, die im Zug der Reform des schweizerischen Berufsbildungswesens der 1970er-Jahre entstanden: ASTi, FPC 41, ECAP, B18, Mappe 1, Schweizerischer Gewerkschaftsbund: Verbesserung der Berufsbildung, 25. Januar 1971. ASTi, FPC 41, ECAP, B20, Mappe 1, Werner Carobbio: La formazione professionale, 15. August 1973.
127 ECAP-CGIL, 1976a.

Arbeitsmarkt im Blick hatte, gelang es der ECAP am ehesten, den transnationalen Charakter der beruflichen Qualifikation von Arbeitsmigrantinnen und -migranten zu berücksichtigen. Als gewerkschaftsnahe Organisation vollzog die ECAP die notwendige Übersetzung zwischen den beiden nationalstaatlichen Berufsbildungssystemen über ihre Kontakte zur italienischen kommunistischen Gewerkschaft CGIL einerseits und zum SMUV und zum Schweizerischen Gewerkschaftsbund andererseits.[128]

Zwei Aspekte förderten den transnationalen Austausch. Erstens beförderten die damaligen Anstrengungen zur Internationalisierung der europäischen Gewerkschaften auch die bilaterale Zusammenarbeit. Der im Zug der europäischen Wirtschaftsintegration 1973 gegründete Europäische Gewerkschaftsbund vermochte sich rasch zu etablieren,[129] wobei sich das Feld der beruflichen Bildung als eines seiner politischen Handlungsfelder herausstellte.[130] Des Weiteren sind Anstrengungen der Gewerkschaften dokumentiert, die spezifische Frage der beruflichen Qualifikation von Arbeitsmigrantinnen und -migranten gemeinsam auf internationaler Ebene anzugehen,[131] was letztlich aber ohne grosse Resonanz blieb. Zweitens erwies sich der auf internationaler Ebene aufkommende Diskurs über eine permanente Weiterbildung als anschlussfähig für die Berufsbildungspolitiken der schweizerischen wie auch der italienischen Gewerkschaften. Gerade auf die von der Unesco geförderte Initiative der *éducation permanente* wurde seitens der Gewerkschaften wiederholt Bezug genommen, um Reformen in der Berufsbildung anzustossen oder das Recht auf Bildungsurlaub zu begründen. Wegleitend für die Weiterbildungspolitik der Unesco war einerseits die Einführung von Paul Lengrand zur *éducation permanent* von 1970, andererseits der im gleichen Jahr erstmals erschienene Report von Edgar Faure unter dem Titel «Learning to Be. The World of Education Today and Tomorrow».[132]

Ettore Gelpi, der wichtige pädagogische Referent der ECAP in Zürich, gab 1972 seine Stelle als didaktischer Leiter der GCIL in Rom auf und wechselte zur Unesco nach Paris in ebendiese Abteilung der *éducation permanente*.[133] Weil er weiterhin als Referent an die Tagungen der ECAP in Zürich eingeladen wurde und somit die Programmatik der beruflichen Bildung der ECAP auch Mitte der

---

128 Zum transnationalen Engagement in Emigrationsvereinen: Cattacin, Domenig, 2012.
129 Reutter, Rütters, 2014.
130 ASTi, FPC 41, ECAP, D8, Mappe 1, Europäischer Gewerkschaftsbund: Séminaire sur la formation professionelle, 21.–27. September 1975.
131 ASTi, FPC 41, ECAP, B16, Mappe 2, II. Konferenz der Gewerkschaften über Emigration, November 1973.
132 Lengrand, 1972; Faure, 1973; siehe dazu auch Gonon, 2002, S. 387–389.
133 ASTi, FPC 41, ECAP, B13, Mappe 1, Biografie von Ettore Gelpi, 1973.

1970er-Jahre mitprägte, stellte die Idee des lebenslangen Lernens für die ECAP in der Schweiz eine wichtige Bezugsgrösse dar.
Gelpi verstand auch während seiner Zeit bei der Unesco Bildung und Erziehung als Emanzipationsprojekt für die Arbeiterschicht. In seinen in den folgenden Jahren publizierten Überlegungen zum lebenslangen Lernen beschäftigte er sich mit der Frage, wie der Zugang zu Bildung ein Befreiungsinstrument der Arbeiterschaft werden könne.[134] Wie prägend für Gelpi die Zusammenarbeit mit Leonardo Zanier und der ECAP in Zürich war, zeigt sich darin, dass auch in seinen Schriften aus den 1980er-Jahren Migration und internationaler Austausch wichtige Aspekte seiner Theorien blieben.[135]
Die von Gelpi vertretene Variante des lebenslangen Lernens knüpfte an die Studien von Faure und Lengrand an und profilierte so die Weiterbildungsprogrammatik der Unesco als Mittel des sozialen Ausgleichs. Die Unesco setzte dabei auf bestehende Bildungsinstitutionen, seien diese staatlich oder von Gewerkschaften getragen.[136] Daran konnte die ECAP in Zürich erfolgreich anknüpfen. Für sie war die von Ivan Illich als «Entschulung der Gesellschaft» bezeichnete Variante der permanenten Erwachsenenbildung, die das Ideal des Lernens in losen sozialen Verbunden jenseits bestehender Bildungsinstitutionen formulierte,[137] keine Option – wie auch die von den Operaisten verfolgte Agitation ausserhalb bestehender Institutionen von der ECAP zwar mit Interesse, aber durchaus skeptisch verfolgt wurde. Die dritte von der OECD verfolgte Politik des lebenslangen Lernens wurde unter dem Begriff der *recurrent education* eingeführt, war deutlich auf ökonomische Bedürfnisse abgestimmt und enthielt die Idee von wiederkehrenden Bildungsphasen über die ganze Lebenszeit, nicht zuletzt um dem Qualifikationsbedarf hochindustrialisierter Volkswirtschaften zu genügen.[138] Auch die Variante der OECD versprach einen sozialen Ausgleich über mehr Bildungsmöglichkeiten; dennoch bot sie für die ECAP in der Schweiz aufgrund der klar ökonomischen Ausrichtung zu wenige Anknüpfungspunkte.
Den drei unterschiedlichen Initiativen von Unesco, OECD und den Institutionskritikern wie Illich war gemeinsam, dass sie Bildung als einen Prozess verstanden, der nicht auf den Schulbesuch in frühen Lebensjahren zu reduzieren

---

134 Gelpi, 1985.
135 Die Unesco beschäftigte sich in den 1970er-Jahren ebenfalls mit Fragen der Bildung von Arbeitsmigrantinnen und -migranten sowie von deren Kindern. ASTi, FPC 41, ECAP, B18, Mappe 1, Unesco: Réunion d'experts sur l'éducation des travailleurs étrangers migrants et de leurs enfants, 1973.
136 Ireland, 1978.
137 Illich, 1972. Ivan Illichs Position zeigt einige Parallelen zu Paulo Freire, mit dem er in Mittelamerika zeitweise zusammenarbeitete.
138 Center for Educational Research and Innovation, 1973.

sei, sondern über die gesamte Lebensphase zu erfolgen habe. Wenngleich ihre Überlegungen zur Entgrenzung der Bildungsphase unterschiedliche Ausgangspunkte hatten, divergierenden politischen Intentionen folgten und verschiedene Massnahmen beinhalteten, führte die etwa gleichzeitige Formulierung der drei Programmatiken dazu, dass lebenslanges Lernen zu einer unausweichlichen Formel in der Weiterbildungspolitik wurde.[139]

Diese Grundlage bot der ECAP in Zürich die Legitimation für ihre Forderung nach einem unbezahlten Bildungsurlaub. Der Verweis auf die Notwendigkeit der permanenten Bildung bot die Möglichkeit, die Forderung nicht nur politisch-gewerkschaftlich, sondern auch pädagogisch und ökonomisch zu begründen. Der Forderung nach einer *éducation permanente* stand die schweizerische Berufsbildungspolitik sehr offen gegenüber. In der schweizerischen Bildungspolitik wurde weniger auf die Variante der Unesco als auf die ökonomisch begründete Version der OECD rekurriert. 1975 erschien der Länderbericht der OECD zur rekurrenten Bildung in der Schweiz, der vom Bundesamt für Wissenschaft und Forschung in Zusammenarbeit mit der Universität Genf und der Schweizerischen Konferenz der kantonalen Erziehungsdirektoren verfasst wurde und einen Entwicklungsrückstand in der Weiter- und Erwachsenenbildung konstatierte.[140]

Seitens der Bildungsplanung dominierten pädagogische Argumente. Der 1971 erstmals publizierte Bericht «La Suisse au-devant de l'éducation permanente»,[141] der von Bildungsplanungsstellen der französischsprachigen Schweiz initiiert wurde, bot eine Gesamtschau der schweizerischen Bildungsmöglichkeiten und propagierte ebenfalls eine Bildungsoffensive im Erwachsenenalter. Diese Studie nahm die gesellschaftspolitischen Anliegen, welche die Unesco mit ihrer Vorstellung der *éducation permanente* verfolgte, zum Ausgangspunkt der Forderungen und stand somit deutlich näher bei der Position der ECAP in Zürich. Im Bericht wurde sogar auf die Möglichkeit eines bezahlten Bildungsurlaubs hingewiesen, wenngleich dieser – für die ECAP zentrale – Aspekt nicht in den abschliessenden Forderungskatalog aufgenommen wurde.[142]

Die Aufbruchsstimmung im schweizerischen Berufs- und Weiterbildungswesen der frühen 1970er-Jahre bot den untersuchten italienischen Emigrationsorganisationen ein hervorragendes Umfeld, um ihre Kurse gegenüber der schweizerischen Öffentlichkeit als Realisierung der Forderung nach lebenslan-

---

139 Field, 2001. Selbstverständlich wurden schon früher Ideen einer Bildung über die Lebensspanne geäussert.
140 Bottani et al., 1975.
141 Gretler et al., 1972; Die Schweiz auf dem Weg zur Education permanente.
142 Gretler et al., 1972, S. 140–151.

ger Bildung zu legitimieren.[143] Gleichzeitig nutzten die Anbieter ihr Kursprogramm, um die eigene politische Zielsetzung der Gesellschaftstransformation voranzutreiben. Denn trotz der gemeinsamen Bezugnahme auf das Argument, das Kursprogramm stehe im Einklang mit dem Ziel einer Bildung über die Lebensspanne, unterschieden sich die Programmatiken der untersuchten Emigrationsorganisationen beträchtlich.

Während die ECAP über eine pointierte Gewerkschaftsbildung zur Emanzipation der Arbeiterschaft beitragen wollte, versuchte die SPE über partizipative Organisationsformen der *gestione sociale* den Arbeitern zur Trägerschaft der eigenen Bildungsprozesse zu verhelfen.[144] ENAIP schliesslich verfolgte als katholische Organisation immer auch moralische Zielsetzungen, die über allgemeinbildende Angebote für Erwachsene realisiert werden sollten. Gemeinsam war den drei berufsbildenden Institutionen, dass sie sich nicht auf eine rein berufliche Qualifikation der italienischen Arbeiterinnen und Arbeiter beschränkten, sondern allgemeinbildende Elemente vermittelten, die in der vielseitigen Tradition der Erwachsenenbildung standen und sich über die Formel der *éducation permanente* legitimieren liessen.

---

143 Nicht nur die ECAP knüpfte an die Programmatik des lebenslangen Lernens an, in den 1975 überarbeiteten Statuten von ENAIP wurde als Zielformulierung eine Bildung gemäss dem Programm einer «educazione permanente» festgehalten. Privatarchiv ENAIP, Circolari ENAIP Svizzera e sede centrale 1974–76, Circolare No. 13, 31. Januar 1975.
144 Eine internationale Vernetzung ist für die SPE erst in den 1980er-Jahren erkennbar, als sich der Schulleiter Luciano Persico der Europäischen Arbeitsgruppe «Bewusstseinsbildung» anschloss. SSA, Ar 429.90.1, Mappe 1, Akten der Europäischen Arbeitsgruppe «Bewusstseinsbildung», 1980–1994.

«Kalter Schulkrieg»

Beschulung von Immigrantenkindern

5. Zwischen zwei Zukünften

«Scuole italiane» oder schweizerische Regelklasse

Für die Frage der angemessenen Beschulung der Kinder der italienischen Arbeitsmigrantinnen und -migranten stellte die Überarbeitung des bilateralen Abkommens zwischen Italien und der Schweiz von 1964 eine einschneidende Zäsur dar.[1] Die partielle Erleichterung des Familiennachzugs, die im neuen Abkommen festgeschrieben wurde,[2] führte dazu, dass Kinder von italienischen Migrantinnen und Migranten offiziell in der Schweiz gemeldet waren und somit ein Recht auf Schulbesuch hatten. Die Beschulung italienischer Kinder in der Schweiz stellte für die italienischen wie für die schweizerischen Behörden, für die einzelnen Schulen und insbesondere für die Zugewanderten selbst eine erhebliche Herausforderung dar.

In erster Linie ging es um die Frage, ob die Kinder der Arbeitsmigrantinnen und -migranten in den öffentlichen Schulen der Schweiz beschult oder ob für sie nicht besser italienische Schulen nach italienischem Lehrplan eingerichtet werden sollten. Die italienische Bevölkerung in der Schweiz war in dieser Frage gespalten. Während die katholischen italienischen Missionen über den ganzen Untersuchungszeitraum hinweg ihre eigenen, nach italienischem Lehrplan geführten Schulen verteidigten, schwenkten die Colonie Libere Ende der 1960er-Jahre auf eine integrative Schulpolitik um, die eine möglichst baldige gemeinsame Beschulung von allen in der Schweiz wohnhaften Kindern vorsah. Eine Dynamisierung dieser Frage ging nicht zuletzt von einem italienischen Schulgesetz von 1971 aus, das den transnationalen Charakter öffentlicher Schulen deutlich macht.

5.1. Pädagogische Folgen der Abkehr vom Rotationsprinzip

Kinder italienischer Saisonniers hielten sich schon vor 1964 in der Schweiz auf. Da jedoch das Saisonnierstatut keinen Familiennachzug vorsah, lebten diese Kinder ohne Berechtigung in der Schweiz, meistens im Versteckten. Schulbesuch war für diese Kinder unmöglich, dafür hätten sie offiziell registriert

[1] Eine gekürzte, vorläufige Fassung dieses Kapitels ist bereits in englischer Sprache erschienen: Eigenmann, 2015.
[2] Niederberger, 2004.

werden müssen.³ In der Überarbeitung des bilateralen Abkommens zwischen Italien und der Schweiz von 1964 wurde zwar der Familiennachzug erleichtert, das Saisonnierstatut jedoch nicht aufgehoben. Weil weiterhin auf eine Saison befristete Aufenthaltsgenehmigungen ausgesprochen wurden, blieb die Problematik der «versteckten» Kinder bestehen. Wie viele italienische Kinder in der Schweiz damals tatsächlich im Verborgenen lebten, ist nur schwer zu rekonstruieren. In Quellen ist von 10 000–15 000 versteckten Kindern um 1970 zu lesen; andere Dokumente gehen von einigen Tausend Kindern aus, die sich ohne Bewilligung in der Schweiz aufhielten.⁴ Während der 1960er- und 70er-Jahre lebten also noch immer zahlreiche schulpflichtige Kinder italienischer Saisonniers ohne Bewilligung in der Schweiz – und hatten deshalb keinen Zugang zu schulischer Bildung. Um nicht entdeckt zu werden, wurden diese Kinder von ihren Eltern, die oft beide ganztags arbeiteten, dazu angehalten, möglichst geräuschlos in der abgedunkelten Wohnung zu bleiben. Soziale Kontakte waren ausgeschlossen, viele dieser Kinder berichteten im Nachhinein von traumatisierenden Einschränkungen während dieser Jahre ihres Lebens.⁵
Dennoch bewirkte das neue Abkommen zwischen Italien und der Schweiz von 1964 eine gewisse Entschärfung der Problematik, weil über die etwas tiefer definierten Hürden zur Niederlassungsbewilligung und zum Familiennachzug ein Teil der italienischen Kinder in der Schweiz die Aufenthaltsberechtigung erlangte. Und sobald ihre Anwesenheit in der Schweiz offiziell war, unterstanden sie der Schulpflicht beziehungsweise erhielten sie das Recht auf Schulbesuch.
Dass auch vor 1964 italienische Kinder das Aufenthaltsrecht in der Schweiz besassen, zeigen Schulen an einzelnen Industriestandorten, die teilweise schon vor dem sogenannten zweiten Italienerabkommen spezielle Klassen für italienische Schulkinder führten. In Baden beispielsweise, wo vor allem die Maschinenfabrik BBC Arbeiterinnen und Arbeiter in Italien rekrutierte, wurden Ende der 1950er-Jahre Deutschkurse für italienischsprechende Kinder eingerichtet.⁶ Bereits vor den frühen 1960er-Jahren waren in einzelnen Gemeinden der Schweiz schulpflichtige italienische Kinder registriert, die zu beschulen waren. Es blieb bei lokalen Absprachen und pragmatisch ausgehandelten Lösungen. Eine eigentliche bildungspolitische Debatte über die Einzelfälle hinaus fand so

3   Ricciardi, 2010.
4   Frigerio, 2014, S. 22–24; Rinauro, 2009, S. 131.
5   Frigerio, 2014.
6   Schon zu Beginn des 20. Jahrhunderts wurden an einigen Orten spezielle Klassen für fremdsprachige Kinder eingerichtet, so beispielsweise im Kanton Basel-Stadt. Boscardin, 1962.

lange nicht statt, wie eine längerfristige Niederlassung in der Schweiz für die allermeisten italienischen Eltern weder vorstellbar noch Wirklichkeit war. Dies änderte sich in den frühen 1960er-Jahren, als die OECD und Italien Druck auf die Schweiz auszuüben begannen, ihre auf Nichtintegration ausgerichtete Ausländerpolitik weniger restriktiv zu gestalten und den Familiennachzug zu erleichtern. Zudem geriet die Schweiz als Zielland von Arbeitsmigrantinnen und -migranten zunehmend unter Druck von direkten Konkurrenten, wie beispielsweise Deutschland, welche bedeutend bessere arbeitsrechtliche und soziale Absicherungen aufwiesen.[7] Dass die Schweiz 1964 das zweite Italienerabkommen unterzeichnete, war demnach weniger Ausdruck einer plötzlichen Einsicht, die schweizerische Ausländerpolitik nicht allein nach wirtschaftlichen Kriterien zu gestalten, sondern vielmehr eine Folge des wachsenden internationalen Drucks.

Internationale Kritik wurde seit den 1960er-Jahren insbesondere am Rotationsprinzip geübt. Zuvor blieb das Rotationsprinzip, wonach die ausländischen Arbeitskräfte die Schweiz spätestens nach neun Monaten Erwerbstätigkeit wieder verlassen mussten, weitgehend unhinterfragt. Die erzwungene Rotation schien – so die staatliche Haltung – gar dazu geeignet zu sein, «Überfremdung» abzuwehren.[8] Dies ist insofern nicht weiter erstaunlich, als über das Rotationssystem der gesellschaftspolitische Aspekt der Migration ausgeklammert wurde; Migration und deren Steuerung wurde ausschliesslich ökonomisch verstanden.[9] Solange Migrantinnen und Migranten gezwungen waren, nach getaner Arbeit an ihren Herkunftsort zurückzukehren, bestand keine Notwendigkeit, sich um deren Integration zu kümmern. Und vice versa wurde der Topos der «Überfremdung» im politischen Diskurs erst dann wirkmächtig, wenn der Zwang zur baldigen Rückreise zu bröckeln begann.[10]

Genau dies ereignete sich in der ersten Hälfte der 1960er-Jahre, als allmählich eine Abkehr vom Rotationsprinzip erkennbar wurde. Die Relevanz der sozialen Einbindung von südeuropäischen Arbeitnehmerinnen und Arbeitnehmern gewann zunehmend an Bedeutung und vermehrt wurde auch von staatlicher Seite eine «aktive Assimilationspolitik» gefordert.[11] So fortschrittlich die Hinwendung zu sozialen Aspekten der Anwesenheit ausländischer Arbeitskräfte war, so sehr barg sie die Gefahr der Forderung nach einer einseitigen Angleichung – wie dies später im Begriff der Assimilation kritisiert wurde.[12] Lucio

7 Berlinghoff, 2013, S. 97–100.
8 Braun, 1965, S. 102–103.
9 D'Amato, 2001, S. 46.
10 Zum Begriff «Überfremdung»: Kury, 2003; Misteli, Gisler, 1999.
11 Braun, 1965.
12 Zur Kritik am Assimilationskonzept: Aumüller, 2009, S. 189–214.

Boscardin schrieb beispielsweise 1961 in seiner staatswissenschaftlichen Dissertation über die italienische Einwanderung in die Schweiz zwischen 1946 und 1959: «Jedes kulturell und wirtschaftlich fortgeschrittene Land, das Einwanderer aufnimmt, wird bestrebt sein, die Neuankömmlinge so rasch als möglich zu assimilieren, um keine fremden Minderheiten im Lande zu haben, die für seine Unabhängigkeit gefährlich werden und den Volkscharakter ändern können.»[13] Bekanntlich, so Boscardin weiter, bestehe der erste Schritt zur Assimilation in der Erlernung der Landessprache, was am besten in der schweizerischen Volksschule geschehe.[14] In gewisser Hinsicht war das Assimilationsparadigma der schweizerischen Ausländerpolitik von der Vorstellung einer drohenden «Überfremdung» getrieben, galt es doch mit der schnellen Assimilation zu verhindern, dass die Schweiz von fremden Personengruppen beeinflusst oder gar verändert würde.

Trotzdem – oder gerade deswegen – war die Abkehr vom Rotationsprinzip einschneidend. Zudem verlangten nicht alle Stimmen eine einseitige Angleichung, sondern argumentierten differenzierter. Deutlich nüchterner findet sich dieser Wandel der schweizerischen Ausländerpolitik im 1964 publizierten Schlussbericht der «Studienkommission für das Problem der ausländischen Arbeitskräfte». Die Kommission wurde im Februar 1961 vom Eidgenössischen Volkswirtschaftsdepartement beauftragt abzuklären, inwieweit die schweizerische Zulassungspolitik weiterhin vorwiegend auf der Grundlage von wirtschaftlichen Überlegungen formuliert werden sollte oder ob darüber hinaus bevölkerungspolitische, soziologische und staatspolitische Aspekte einbezogen werden müssten. Der Kommission gehörten der Direktor des Bundesamts für Industrie, Gewerbe und Arbeit (BIGA), der Direktor der Eidgenössischen Fremdenpolizei, der Direktor des Eidgenössischen statistischen Amts, einige Parlamentarier, Wirtschafts- und Sozialwissenschafter sowie Vertreterinnen und Vertreter von gemeinnützigen Vereinen an, die in Gruppen während drei Jahren an der Abfassung des Berichts arbeiteten.[15] Erziehungswissenschafter arbeiteten am Kommissionsbericht nicht mit.

Zur gleichen Zeit wurden die bilateralen Verhandlungen mit Italien vorangetrieben, weshalb sich die Veröffentlichung des Berichts der Kommission verzögerte, da die Kommissionsmitglieder, wie sie im Vorwort angaben, stets neue Realitäten berücksichtigen mussten.[16] Der Bericht stellte insofern einen Wendepunkt dar, als er von der Grundhaltung geprägt war, dass zwar die italienischen Arbeitskräfte oftmals immer noch von einem befristeten Aufenthalt

13 Boscardin, 1962, S. 17.
14 Boscardin, 1962.
15 Bundesamt für Industrie, Gewerbe und Arbeit, 1964, S. 7–8.
16 Ebd., S. 8.

in der Schweiz mit anschliessender Rückkehr nach Italien ausgingen, zunehmend jedoch die Tendenz festzustellen sei, dass italienische Familien durchaus längerfristig in der Schweiz blieben. Diese Prämisse war grundlegend für den gesamten Bericht der Kommission, insbesondere deren Leitgedanken, den Umgang der Schweiz mit der Arbeitsmigration nicht allein nach ökonomischen Massstäben zu gestalten. Die Kommission formulierte eine eigentliche Integrationspolitik[17] für verschiedene sozialpolitische Bereiche, darunter prominent für die Bildungspolitik.

Das Integrationsprogramm basierte auf der Idee der Assimilation.[18] In einem soziologischen Sinn, wie es Hans-Joachim Hoffmann-Nowotny in Anlehnung an Shmuel Noah Eisenstadt ausführte, betrifft Assimilation die kulturell und symbolisch verstandene Partizipation, Integration die Partizipation an der Gesellschaft.[19] Eine so verstandene Integration – von Eisenstadt «institutionelle Dispersion» genannt – bedeutet in ihrer Idealvorstellung, dass Einwanderergruppen in unterschiedlichen gesellschaftlichen Institutionen Aufnahme finden und so gewissermassen gleichförmig über die Gesellschaft verteilt werden.[20] Damit einher ging die Vorstellung einer offenen Gesellschaft, in der grundsätzlich alle sozialen Positionen allen Mitgliedern offenstehen sollten. Gemäss der empirischen Analyse von Hoffmann-Nowotny und seinen Schlussfolgerungen der Unterschichtung der zugewanderten Arbeiter und der neofeudalen Absetzung der schweizerischen Bevölkerung nach oben blieb das Versprechen einer «institutionellen Dispersion» – also der Möglichkeit der Integration – für die italienischen Arbeitskräfte eine Farce. Mit «Unterschichtung» bezeichnete Hoffmann-Nowotny die Einreihung eingewanderter Arbeiterinnen und Arbeiter in die untersten sozialen Schichten einer Gesellschaft. «Unterschichtet» wurde demnach die bis anhin unterste Sozialschicht. Die gleichzeitig stattfindende Absetzung nach oben nennt Hoffmann-Nowotny deswegen «neofeudal», weil sie auf askriptiven Merkmalen wie der Ethnizität beruhten und nicht auf erwerbbaren Merkmalen, wie dies die Moderne verspricht. Dabei war die Tendenz zu beobachten, sich nicht gegen den Abbau des Bestands der Ausländer zu wehren, gleichzeitig aber deren Integration zu erschweren, um den eigenen Status abzusichern.[21] Das Rotationsprinzip war in gewisser Hinsicht die ideale Verwirklichung von Unterschichtung und neofeudaler Absetzung und funktionierte so lange, wie jeden Frühling die Saisonnierstellen mit italienischen Arbeitskräften besetzt werden konnten. Doch auch nach der Abkehr

17 So die Einschätzung von Niederberger, 2004, S. 57.
18 Zum migrationspolitischen Konzept von Assimilation: Aumüller, 2009.
19 Hoffmann-Nowotny, 1973, S. 172.
20 Eisenstadt, 1954, S. 13.
21 Hoffmann-Nowotny, 1973.

vom Rotationsprinzip und der Wende zur Assimilation blieben die sozialen Mechanismen der Unterschichtung und der neofeudalen Absetzung wirkmächtig. Die weiterhin über die soziale Stratifikation sehr wirksamen Integrationshindernisse sollten über verstärkte Assimilationsbemühungen kompensiert werden. Nichtsdestotrotz war Assimilation aufgrund der ausgeprägten Schichtung der Gesellschaft eigentlich nur als eine «Angleichung an die ihrer jeweiligen Schichtlage entsprechende Subkultur»[22] denkbar. Eine allgemeine Forderung nach Assimilation hingegen ergab für Hoffmann-Nowotny unter den gegebenen Rahmenbedingungen der Zuwanderung wenig Sinn.

Diese konzeptionellen Differenzierungen überging die Studienkommission und präsentierte in ihrem Bericht eine Assimilationspolitik, die vom zuvor gängigen Rotationsprinzip abzugrenzen sei. Dabei ging sie von der Annahme aus, es bestehe eine Verknüpfung von Assimilation und Integration. Sie behandelte erstens Assimilation als notwendige Bedingung für eine «völlige Verschmelzung der Normen- und Wertsysteme und der Verhaltensweisen»[23] – also als eine vollständige kulturelle Angleichung. Indem die Kommission dafür den Begriff der Integration verwendete, vernachlässigte sie die soziologische Komponente des Integrationsbegriffs über weite Strecken. Eine einseitige Anpassung an schweizerische kulturelle Werte war damit dennoch nicht gemeint. Denn Assimilation sei kein «einseitiger Eingliederungsvorgang», sondern eher ein wechselseitiger Prozess, wenngleich die «eigenständige Kultur des Landes im wesentlichen massgebend»[24] bleibe. Ausschlaggebend für den Erfolg der Assimilation seien nicht nur Faktoren der Zugewanderten wie deren «Assimilationsfähigkeit und -bereitschaft»,[25] sondern auch die Haltung der schweizerischen gegenüber der zugewanderten Bevölkerung.

Integration in soziologischem Sinn, also die Partizipation an Bereichen und Positionen der Gesellschaft, blieb implizit in der Argumentation des Studienberichts dennoch zentral, da die Chancen und Herausforderungen einer so verstandenen Assimilation anhand gesellschaftlicher Institutionen wie der Erwerbsarbeit, des Verbandswesens oder der Bildungsinstitutionen betont wurden.[26] Die Integration der ausländischen Arbeitskräfte und von deren Familien in gesellschaftliche Institutionen bildete die Voraussetzung für den gewünschten Zielzustand der Assimilation. Dafür müsse eine zureichende Infrastruktur, namentlich Wohnungen, Spitäler, Schulen, Kindergärten und Horte, zur

22   Ebd., S. 176.
23   Bundesamt für Industrie, Gewerbe und Arbeit, 1964, S. 143.
24   Ebd., S. 142.
25   Ebd., S. 143.
26   Ebd., 1964, S. 146–147.

Verfügung gestellt werden, hielt der Bericht fest.[27] Der Schule wurde eine Schlüsselstellung zugeordnet. Die Kinder der ausländischen Arbeitskräfte seien der Schulpflicht zu unterstellen, und die Schule entfalte ihre Funktion als Integrations- beziehungsweise Assimilationsagent nur dann, wenn alle Kinder die öffentlichen Volksschulen besuchen würden. Davon ausgehend sei eine separative Beschulung in getrennten ausländischen Schulen abzulehnen, womit die Studienkommission in der Frage nach der Berechtigung von italienischen Schulen in der Schweiz, die in den darauffolgenden Jahrzehnten äusserst kontrovers diskutiert wurde, eindeutig Position bezog. Die ablehnende Haltung der Kommission gegenüber Schulen nach italienischem Curriculum in der Schweiz, welche in der Folge auch die schweizerischen Behörden vertraten, wurde mit der Ungewissheit begründet, ob ausländische Arbeitskräfte wieder nach Italien zurückkehren würden.[28] Insofern war die bildungspolitische Diskussion über die Beschulung der italienischen Kinder ebenso von der Situation des Dazwischen der Arbeitsmigrantinnen und -migranten geprägt wie diejenige zur beruflichen Grund- und Weiterbildung.

Durch die Abwendung vom Rotationsprinzip und die Darlegung eines umfassenden Assimilationsprogramms fällte die Studienkommission mit ihren Empfehlungen einen richtungsweisenden Entscheid für die bildungspolitische Debatte über die Frage der Beschulung italienischer Gastarbeiterkinder in den folgenden Jahren. Die Beschulung habe in der Sprache des Wohnsitzes zu erfolgen, Einführungskurse würden die Aufnahme in die Regelklassen erleichtern, und gegebenenfalls wäre im Hinblick auf eine allfällige Rückkehr nach Italien zusätzlich Unterricht in italienischer Sprache anzubieten.[29] Der Kommissionsbericht gab also eine bildungsorganisatorische Antwort auf die Frage, wie Kinder von italienischen Arbeitsmigrantinnen und -migranten in der Schweiz zu beschulen seien. Dabei wurde die staatspolitische Bedeutung einer integrativen anstatt separativen Beschulung ausländischer Kinder deutlich in den Vordergrund gerückt.

Es kann nicht davon ausgegangen werden, dass unter den Verantwortlichen der Studienkommission Migration als Herausforderung für das Bildungswesen verstanden wurde – auch dann nicht, als sie in quantitativer Hinsicht an Bedeutung gewann. Für die Studienkommission scheint Bildung vielmehr eine der Ressourcen gewesen zu sein, mit der «das Problem der ausländischen Arbeitskräfte», wie die Fragestellung der Kommissionsarbeit beschrieben wurde, angegangen werden konnte. Gerade die gemeinsame Beschulung von italienischen und schweizerischen Kindern versprach eines der Mittel einer umfas-

27 Ebd., S. 192.
28 Ebd., S. 148.
29 Ebd., S. 193.

senden «aktiven Assimilationspolitik»[30] zu sein, mit der die als problematisch begriffenen Folgen der Arbeitsmigration verhindert werden konnten. Insofern wurde die Bewältigung der gesellschaftlichen Herausforderungen, die sich im Anschluss an die Arbeitsmigration ergaben, dem Bildungssystem zugewiesen. Eine eigentliche «Pädagogisierung»[31] von Migration ging damit jedoch noch nicht einher. Die Debatte über die angemessene Beschulung der Kinder italienischer Arbeitskräfte wurde vorwiegend staatspolitisch und bildungsorganisatorisch, aber nicht pädagogisch geführt. Sie drehte sich eher um die angemessenen Rahmenbedingungen einer gemeinsamen Beschulung denn um pädagogische oder didaktische Programme. Dies widerspiegelte eine Sondernummer der «Schweizerischen Lehrerzeitung» vom Dezember 1964, zu der die Privatbank Julius Bär, der Berner Pädagogikprofessor Jakob Robert Schmid, der Schulvorsteher Max Gygax aus Bern sowie der Schularzt Emil Munz aus Arbon je einen Artikel beisteuerten. Auch hier fällt bei der Auswahl der Beitragenden auf, dass nicht nur schulinterne Aspekte thematisiert wurden, sondern – gerade von der Privatbank und vom Schularzt – eine volkswirtschaftliche und eine gesellschaftliche Sicht der Aufgaben von Bildung und Schule im Hinblick auf die Kinder der italienischen Arbeitskräfte dargelegt wurde.

Die Sondernummer der Lehrerzeitung setzte andere Schwerpunkte als der Bericht der eidgenössischen Studienkommission. Während die Letztere konstatierte, offene Fremdenfeindlichkeit sei nicht mehr anzutreffen, es stecke höchstens «in manchen Schweizern noch eine verborgene Abneigung gegen Ausländer»,[32] enthielt die Lehrerzeitung offen artikulierten Widerwillen gegen hohe Ausländerzahlen in schweizerischen Regelklassen. Mit «Überfremdung» stand dabei ein Schlagwort zur Verfügung, um diesen Ressentiments Ausdruck zu verleihen.

Der gewichtigste Artikel stammte vom Schularzt Emil Munz. Munz teilte die von der Studienkommission vertretene Haltung hinsichtlich der Integrationsleistung der staatlichen Schulen in der Deutschschweiz, italienischsprachige Klassen lehnte der Autor mit dem Verweis auf Erfahrungen seiner Heimatgemeinde aus den Anfängen des Jahrhunderts ab. Ehemalige Schülerinnen und Schüler dieser Klassen würden dies noch heute bedauern. Gleichzeitig würden die Regelklassen italienische Kinder jedoch nicht in unbegrenzter Zahl aufzunehmen vermögen. Dafür war das Bild der «Überfremdungsgefahr» zu wirkmächtig: «Einzelne italienische Kinder sind in einer deutschschweizerischen

---

30 Braun, 1965, S. 102.
31 Proske, 2001.
32 Bundesamt für Industrie, Gewerbe und Arbeit, 1964, S. 145.

Klasse wohl tragbar und bedeuten oft einen Gewinn. Grössere italienische Minoritäten können oft schwierig werden.»[33]
Diese Haltung wurde dadurch verstärkt, dass Munz in der ersten Spalte des Artikels bereitwillig eingestand, dass das Ausmass der «Überfremdung» ihm Sorgen bereite. Er verwies zwar wiederholt auf die Schwierigkeiten, die sich den italienischen Kindern insbesondere hinsichtlich der Sprache stellten, und führte plausible Argumente auf, weshalb die italienischen Kinder in ihrer Entwicklung grössere Herausforderungen zu bewältigen hätten als schweizerische Kinder. Munz bewies in seinem Text durchaus Empathie für Einzelschicksale, begegnete der Einwanderung aber grundsätzlich kritisch.[34]
Dennoch passt der Text von Munz zur Tendenz der Abkehr vom Rotationsprinzip und der Hinwendung zu einer zunehmend integrativen Haltung gegenüber den Zugewanderten, indem die Integrationsleistung der schweizerischen Regelklassen betont wurde. Genauso unterstützte die Privatbank Julius Bär, die einen Auszug ihres Wochenberichts in der besagten Ausgabe der Lehrerzeitung abdruckte, die neu definierte Integrationspolitik gegenüber den Zugewanderten. Wenig überraschend geschah dies mit ökonomischen Argumenten: Ausländische Arbeitskräfte seien auch in Zukunft für die Schweizer Wirtschaft unersetzlich, weshalb deren Niederlassung und deren verstärkte Assimilation erwünscht seien. Das Bankhaus mass wie die Studienkommission der schweizerischen Regelschule eine grosse Bedeutung für die Integration der zweiten Generation zu. Italienische oder spanische Schulen für die Kinder der Arbeitsmigrantinnen und -migranten wurden abgelehnt, um eine Ghettobildung zu vermeiden. Die offensichtlich liberale Ausrichtung der Privatbank zeigte sich in der Forderung nach uneingeschränktem Bildungszugang, der zu sozialem Aufstieg führen könne. Doch anders als die üblichen Stimmen aus der Schweiz führt das Bankhaus die Differenzen zwischen Einheimischen und Zugewanderten nicht primär auf den unterschiedlichen «Volkscharakter» oder dergleichen, sondern auf «Klassenunterschiede» zurück. Soziale Distanz und Diskriminierung gingen Hand in Hand und erschwerten die Assimilation der Zugewanderten, hielt die Privatbank schliesslich mit einem kritischen Blick gegenüber der schweizerischen Bevölkerung fest und nahm diese in die Pflicht, zur neuen Integrationspolitik beizutragen.[35]
Von den beiden weiteren Beiträgern der Sondernummer begrüsste der Oberlehrer Max Gygax den neu eingeschlagenen Weg der Integration ebenfalls, nicht ohne auf den Hinweis zu verzichten, dass für diese kostspielige Variante

---

33 Munz, 1964, S. 1429.
34 Munz, 1964.
35 Schweizerische Lehrerzeitung 109, 4. Dezember 1964, S. 1417–1419.

die notwendigen finanziellen Mittel bereitzustellen seien.[36] Die einzige kritische Stimme gegenüber der Assimilationsstrategie kam vom Berner Pädagogikprofessor Jakob Robert Schmid: Die schweizerische Assimilationspolitik diene in erster Linie der schweizerischen Wirtschaft, und die Zahl der zugewanderten italienischen Arbeiterinnen und Arbeiter, welche eine Niederlassung in der Schweiz ernsthaft in Erwägung zögen, sei verschwindend klein. Deshalb sei die Assimilationspolitik psychologisch unrealistisch und daher verfehlt. Viel eher müsse eine Grundhaltung der «aktiven Toleranz» den Umgang mit den Zugewanderten und deren Kindern leiten. Für die Schule bedeute dies, italienische Schulen in grösseren Schweizer Ortschaften zuzulassen.[37] Schmid sah sich deshalb berechtigt, diesen Standpunkt zu vertreten, weil er einige Jahre lang eine Schweizerschule in Italien geleitet hatte, wobei er aus dieser Erfahrung Parallelen zog. Genauso wenig, wie eine Aufhebung der Schweizerschulen in Italien durch die dortigen Behörden von Schweizer Seite verstanden würde, könnten die sowieso nur vorübergehend in der Schweiz ansässigen italienischen Eltern die schulorganisatorische Assimilationspolitik nachvollziehen.[38] Anders als der Artikel der Privatbank Bär verkannte jedoch Schmid die soziale Lage der zugewanderten italienischen Arbeiterinnen und Arbeiter in der Schweiz. Während die Schweizerschulen im Ausland vorwiegend privilegierte Kreise als ihre Adressaten sehen, waren die damaligen italienischen Kinder in der Schweiz vorwiegend Unterschichtskinder. Anderseits erhielt die Argumentation Schmids Gewicht, weil er als Gründer und Förderer eines Heims für italienische Kinder in seiner Wohngemeinde Thun in direktem Kontakt mit Zugewanderten stand.[39] Die Hinwendung zu einer Assimilationspolitik nahm Schmid nicht nur mit Wohlwollen auf. Der Kulturpessimismus des damaligen Berner Pädagogikprofessors spiegelte sich auch in seinen Schriften, in denen er sich wiederholt über das sinkende Ansehen der Erziehung in der Pädagogik beklagte.[40] Dazu gehörte, dass er sich kritisch damit beschäftigte, was unter dem Schlagwort der «antiautoritären Erziehung» propagiert wurde.[41] Auf dieser Basis verfasste er den Zeitschriftenartikel. So setzte Schmid einen Kontrapunkt zu den optimistischen Sichtweisen der Studienkommission und der Privatbank. Denn diese setzten grosse Erwartungen in die öffentliche Schule, mit der die kulturellen und sozioökonomischen Unterschiede zwischen Zugewanderten und Einhei-

36 Gygax, 1964.
37 Schmid, 1964.
38 Ebd., S. 1421.
39 NZZ, 2. März 1977, Nr. 51, S. 28, «Zum Hinschied von Prof. Robert Jakob Schmid».
40 Schmid, 1970.
41 Schmid, 1971. Bereits in seiner Dissertation, 1936 in französischer Sprache veröffentlicht, auf Deutsch 1973 erschienen, befasste sich Schmid mit Gemeinschaftsschulen und Schulrevolutionen «vom Kinde aus» in den 1920er-Jahren in Deutschland. Schmid, 1973.

mischen angegangen werden könnten. Solange die zweite Generation der Einwanderer die gleiche Schule besuche wie die Kinder der Mehrheitsbevölkerung, erfolge die Angleichung an kulturelle Normen und Werte der Letzteren einfacher, hielt die Studienkommission fest.[42] Und die Privatbank argumentierte, damit könnten Klassenunterschiede überwunden werden.[43] In dieser optimistischen Sichtweise übernahm die öffentliche Schule den Status einer Demokratisierungsagentur. Um die Abkehr vom Rotationsprinzip und die Hinwendung zur Assimilations- und Integrationspolitik zu propagieren, war der Verweis auf die etablierte demokratische Institution der öffentlichen Schule zentral, welche in liberaler Diktion seit jeher darauf ausgerichtet war, über die Generationengrenzen hinweg Ungleichheiten nicht festzuschreiben, sondern nach meritokratischen Prinzipien neu zu verteilen.[44]

Die Verschiebung in der schweizerischen Politik gegenüber der Zuwanderung wurde demnach nicht von pädagogischen Kreisen forciert, sondern vielmehr wurde dem pädagogischen Personal die Beförderung der Assimilation von der Politik überantwortet. Dass der Schule damit eine Aufgabe zugeschoben werde, bei der gar nicht geklärt sei, ob sie eigentlich zum Auftrag der öffentlichen Schule gehöre, wurde denn auch beklagt: «Über die Haltung, die wir dem Fremdarbeiterproblem gegenüber einnehmen sollen, herrscht im ganzen Lande eine bedenkliche Verwirrung, und nebst den Fremdarbeitern selbst ist es vor allem die schweizerische Schule, die dies auszubaden hat.»[45]

Schmid zeigte sich irritiert darüber, wie selbstverständlich davon ausgegangen werde, dass die bestehenden Bildungsinstitutionen in der Lage seien, sich um die Kinder der zugewanderten italienischen Arbeiterinnen und Arbeiter zu kümmern. Bei den Lehrpersonen war die Zurückhaltung etwas anders gelagert, auch wenn Schmid davon ausging, dass seine Skepsis gegenüber der Integrationsfunktion der öffentlichen Schule vom Lehrpersonal geteilt werde. Die schulische Verantwortung für Integrationsprozesse werde nochmals zur Diskussion gestellt, sobald die Lehrerschaft «einmal hörbar ihre Stimme» erhebe.[46] Gygax befürchtete durch die Eingliederung fremdsprachiger Schüler in die Regelklassen eine «übermässige, unzumutbare und oft nutzlose Überlastung von Lehrkräften und Klassen».[47] Er stellte zwar nicht in Abrede, dass die Integration fremdsprachiger Kinder eine sinnvolle Aufgabe der öffentlichen Schule

---

42 Bundesamt für Industrie, Gewerbe und Arbeit, 1964, S. 143.
43 Schweizerische Lehrerzeitung 109, 4. Dezember 1964, S. 1418.
44 Zur Meritokratie als Legitimationsprinzip sozialer Ungleichheit: Hadjar, 2008; zur Kritik an der meritokratischen Statuszuordnung durch die Schule: Graf, Lamprecht, 1991; Bornschier, 1988.
45 Schmid, 1964, S. 1419.
46 Ebd.
47 Gygax, 1964, S. 1424.

sei, aber dafür müssten auch die notwendigen Ressourcen bereitgestellt werden – vielleicht gar seitens der Unternehmen, die für den Zuzug ausländischer Arbeiter letztlich verantwortlich seien.[48] Hier betrieb der Autor Standespolitik. Der Schweizerische Lehrerverband reagierte in den 1970er-Jahren ähnlich, als er das offizielle Integrationsprogramm der Erziehungsbehörden mittrug und die Integration italienischer Schülerinnen und Schüler in die öffentlichen Regelklassen befürwortete, im gleichen Atemzug jedoch auf eine Entlastung der Lehrkräfte pochte: ein fremdsprachiger Schüler sei «für zwei ‹Normalschüler›»[49] zu zählen.

Dies hatte zur Folge, dass die alltäglichen Herausforderungen, die sich den Schulen mit der Aufnahme italienischer Kinder stellten, nur am Rand thematisiert wurden. Es waren vor allem die schulnahen Stimmen, die darauf hinwiesen. Insbesondere die Problematik des Fremdspracherwerbs wurde von der Studienkommission und vor allem von der Privatbank vernachlässigt, nur Lehrer Gygax stellte diesen Aspekt ins Zentrum seines Artikels.[50] Gygax' Einwand fand kaum Resonanz, das Thema wurde erst gegen Ende der 1960er-Jahre intensiver diskutiert.

Dies hing auch damit zusammen, dass die italienischen Kinder vor der Überarbeitung des bilateralen Fremdarbeiterabkommens zwischen Italien und der Schweiz gar nicht so zahlreich in den öffentlichen schweizerischen Schulen vertreten waren. In der Stadt Zürich beispielsweise stieg der Anteil der ausländischen Schüler zwischen 1950 und 1964 nur unwesentlich von 4 Prozent auf etwa 5 Prozent. Erst das zweite Italienerabkommen von 1964 schlug sich in der Schulstatistik nieder, denn der Anteil der ausländischen Kinder stieg bis 1974 auf 17 Prozent und aufgrund einer Abnahme der Gesamtschülerzahl bis 1984 auf 31 Prozent an.[51] Auch zeitgenössische wissenschaftliche Abhandlungen kommentierten die demografischen Veränderungen dahingehend, dass aufgrund der Liberalisierung der Familiennachzugsbestimmungen und der hohen Geburtenrate der Zugewanderten die Zahl der fremdsprachigen Kinder in den öffentlichen Schulen markant ansteigen werde.[52]

Allerdings ist zu betonen, dass die neu in die schweizerischen Schulen aufgenommenen italienischen Kinder eine höchst heterogene Gruppe darstellten. Sie unterschieden sich stark hinsichtlich ihrer geografischen und sozialen Herkunft sowie bezüglich des Bildungsstands und der Migrationsmotive ihrer

---

48 Gygax, 1964.
49 Schweizerische Lehrerzeitung 49, 29. November 1973, S. 1949.
50 Gygax, 1964.
51 Daten aus Bildungsstatistik des Kantons Zürich, http://www.bista.zh.ch (Zugriff am 26. Juni 2012).
52 Braun, 1970, S. 365.

Abb. 12: Anteil ausländischer Schülerinnen und Schüler in der Stadt Zürich, 1948–1985. (Daten aus der Bildungsstatistik des Kantons Zürch, http://www.bista.zh.ch (Zugriff am 26. Juni 2012); für die Jahre 1966–1971 fehlen die Werte der ausländischen Schülerinnen und Schüler. Eigene Darstellung)

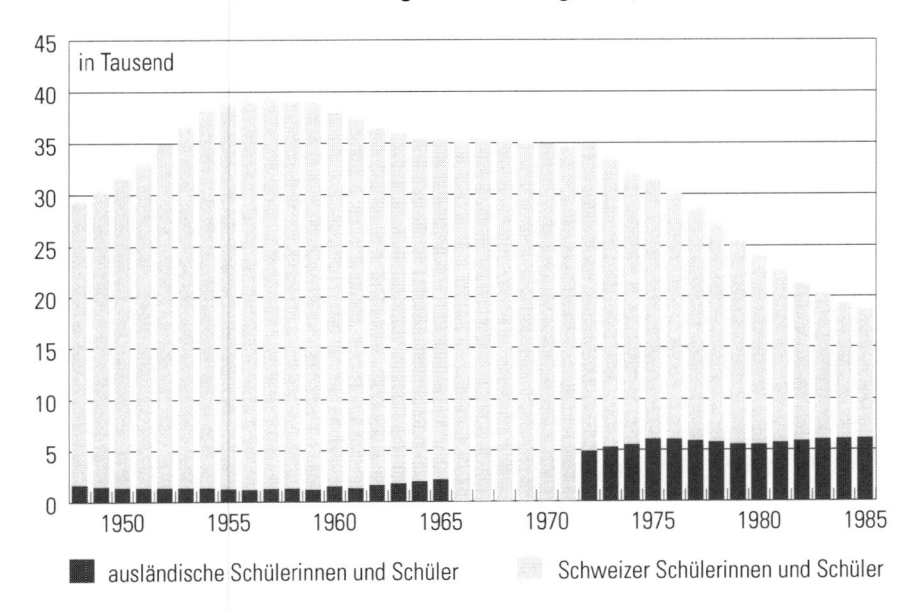

Eltern.[53] Die Mehrheit bildeten offensichtlich die Kinder von italienischen Arbeiterinnen und Arbeitern. Das Personal der italienischen Konsulate und der Botschaft sowie wohlhabende italienische Familien in der Schweiz hatten zwar auch Kinder im schulpflichtigen Alter, ihr sozialer Status ermöglichte jedoch im Regelfall die Nutzung hiesiger italienischer Schulen. So findet sich im Erzählband von Saraccio Marretta, einem Lehrer an einer italienischen Schule in der Schweiz, die Geschichte vom Sohn eines italienischen Grossindustriellen in seiner Klasse, der sich aufgrund der Position seines Vaters in der Schule grosse Freiheiten herausnehmen konnte.[54]

53 Barcella, 2012.
54 Marretta, 1970, S. 12–13.

5.2. Italienische Emigrationsorganisationen zwischen permanenter Niederlassung und baldiger Remigration

Die italienischen Organisationen selbst hielten sich in den frühen 1960er-Jahren noch weitgehend aus den bildungspolitischen Debatten zurück. Tatsächlich existierten einige italienische Grundschulen in der Schweiz, allen voran solche der katholischen italienischen Missionen. Diese führten ab 1958 in Baden, 1960 in Winterthur, 1962 in Biel und Thun, 1963 in Bern und 1965 in St. Gallen und Basel Grundschulen nach italienischem Lehrplan.[55] Im gleichen Zeitraum eröffnete der italienische Staat zwei Grundschulen in der Schweiz, 1959 in Zürich und 1960 in Basel.[56] Diese Schulen standen im Einklang mit dem damaligen Rotationsprinzip und waren nicht auf eine dauerhafte Niederlassung von Arbeitsmigrantinnen und -migranten sowie deren Kindern ausgerichtet. Bis Mitte der 1960er-Jahre wurden diese Schulen mit Verweis auf die Artikel zu den Privatschulen in den kantonalen Schulgesetzen von den Schulbehörden ohne Weiteres geduldet.[57] Vom Schweizer Standpunkt aus waren alle diese Schulen als Privatschulen zu betrachten, auch wenn einige staatlich waren. Sie galten als Privatschulen, weil sie nicht von schweizerischen Behörden geführt wurden. Insofern ging es in der im Folgenden geschilderten Auseinandersetzung auch um die Frage nach einem adäquaten Umgang mit Privatschulen.[58]

Von der grössten italienischen Emigrantenorganisation, der FCLIS, wurden italienische Schulen in der Schweiz zunächst unterstützt. In ihrem Publikationsorgan «Emigrazione Italiana» wurden, zunächst in kürzeren Beiträgen, wiederholt eigene Schulen für italienische Kinder gefordert.[59] Hinter dieser Position stand eine grundsätzliche Kritik an der Assimilationspolitik, auf welche die Schweiz im Umgang mit den italienischen Arbeitskräften nach 1964 einschwenkte. Die Vorstellung der schweizerischen Behörden, die Integration italienischer Kinder in das schweizerische Schulsystem erfolge problemlos, sei vor dem Hintergrund der Fremdsprachigkeit naiv. Aufgrund der bestehenden Ausländergesetzgebung und dem Willen der Schweiz, nur 200 000 Ausländer

---

55 ZBZ, Nachl M Jungo 15.8, Dr. Michael Jungo: Vereinigung zu Schutz und Förderung der Fremdarbeiterkinder in der Schweiz, 14. Februar 1970.
56 Barcella, 2012, S. 199–200.
57 ZBZ, Nachl M Jungo 15.8, Dr. Michael Jungo: Vereinigung zu Schutz und Förderung der Fremdarbeiterkinder in der Schweiz, 14. Februar 1970.
58 Dabei muss berücksichtigt werden, dass in den Debatten über Privatschulen üblicherweise die Beschulung der Kinder von Privilegierten verhandelt wird. Im vorliegenden Fall handelte es sich aber um italienischsprachige Privatschulen in der Schweiz für die Kinder von Arbeitsmigrantinnen und -migranten. Es liegt also der weitaus seltenere Fall einer Privatschule für Nichtprivilegierte vor.
59 EI, Februar 1965, «Scuola italiana e sede sociale».

zu assimilieren, sei die flächendeckende Integration der italienischen Kinder in die schweizerischen Schulen nicht sinnvoll. Doch etliche Industriegemeinden seien zu klein, um italienische Privatschulen aufzubauen. Insofern würden die italienischen Konsulate ernsthafte Bemühungen zeigen, die italienischen Kinder in schweizerische Regelklassen einzugliedern. Der Unterricht könnte mit italienischen Sprachkursen ergänzt werden, was allerdings nicht ideal sei, da so der freie Nachmittag der Schüler wegfalle. Insofern wäre es angebracht, den italienischen Eltern in der Schweiz Wahlmöglichkeiten hinsichtlich der schulischen Bildung ihrer Kinder zu bieten. Dafür müssten aber die schweizerischen und italienischen Behörden viel besser zusammenarbeiten.[60]
Die unentschiedene Betrachtungsweise seitens der Colonie Libere rührte daher, dass innerhalb der Organisation unterschiedliche Positionen vertreten wurden.[61] Die einen bevorzugten italienische Schulen in der Schweiz, die anderen schickten ihre Kinder lieber in Schweizer Regelklassen und zusätzlich in italienische Sprachkurse. So wurden gleichzeitig widersprüchliche Ansichten vertreten. Auf der einen Seite etwa wurden Stimmen laut, welche die Schliessung der von der Colonia Libera in Burgdorf gegründeten italienischen Schule kritisierten. Auf der anderen Seite bestand schon damals ein gewisses Verständnis für die integrative Ausrichtung der offiziellen schweizerischen Politik.[62]
Diese Unentschlossenheit widerspiegelte die ungewisse Zukunft der italienischen Familien in der Schweiz. Einst als Arbeitskräfte geholt, schien ihre Anwesenheit mittlerweile immer weniger erwünscht zu sein. Trotzdem wollten sie – aus ökonomischen oder familiären Gründen – nicht umgehend nach Italien zurückreisen. Oftmals wirkte sich diese Unsicherheit bei einzelnen Familien so aus, dass sie zwar die Absicht hegten, in den nächsten Jahren in ihre Heimatdörfer zurückzukehren, diese schliesslich doch in die Tat umsetzten.[63]
Über die Frage, wie das Recht auf schulische Grundbildung eingelöst werden konnte, wurde also seitens der schweizerischen Bevölkerung und der schweizerischen Behörden ebenso kontrovers diskutiert wie seitens der Italienerinnen und Italiener in der Schweiz. Vor dem Hintergrund der ungewissen Zukunft der italienischen Zugewanderten fand die Forderung nach eigenen Schulen – zumindest in den grösseren Zentren der Schweiz – bei den italienischen Vereinigungen in der Schweiz zunächst durchaus Unterstützung.
In der zweiten Hälfte der 1960er-Jahre fanden jedoch die kritischen Stimmen zu den Schulen nach italienischem Curriculum innerhalb der Colonie Libe-

60 EI, Juli 1965, «Emigrazione e scuole».
61 EI, Oktober 1965, «Scuole democratiche e laiche».
62 EI, August 1965, «Un tema in discussione: Scuole italiane o svizzere per i figli degli emigrati».
63 Zum Mythos der Rückkehr: Barcella, 2012, S. 77–78.

re immer mehr Gehör. Die Kritik an der separativen Beschulung italienischer Kinder wurde unterschiedlich begründet, zielte aber vorderhand auf die Missioni Cattoliche Italiane, welche italienische Schulen in der Schweiz betrieben. Einige Sektionen, wie zum Beispiel Zürich, befürworteten noch bis circa 1968 italienische Schulen in der Schweiz, sofern diese laizistisch ausgerichtet und durch die italienischen Konsulate in der Schweiz – also nicht von den katholischen Missionen – geführt waren.[64] Nach und nach kristallisierte sich aber die Überzeugung heraus, die der Forderung nach italienischen Schulen inhärente nationalistische Haltung sei zu überwinden und durch einen universalistischen Ansatz, wie ihn die Unesco verfolge, zu ersetzen.[65] Daher sei die Beschulung in der öffentlichen Schule vor Ort die sinnvollere Variante, wenngleich – nun etwas widersprüchlich zur voranstehenden Absage an die nationalistische Haltung – italienische Inhalte in Schweizer Schulen zu kurz kämen.[66]

Dies verdeutlicht die teilweise unauflösliche Widersprüchlichkeit, die keine einfachen Lösungen zuliess und der sich die italienischen Zuwanderer im Hinblick auf die Beschulung ihrer Kinder zu stellen hatten. Auf der einen Seite führten die katholischen italienischen Missionen ihre Schulen in der Schweiz weiter. Auf der anderen Seite waren ab 1965 die kantonalen Erziehungsbehörden zunehmend kritisch gegenüber den italienischen Schulen eingestellt. In Luzern wurde der katholischen italienischen Mission die Gründung einer eigenen Schule nicht bewilligt, die Zürcher Behörden beschlossen, dass die Kinder die fremdsprachigen Schulen höchstens zwei Jahre besuchen durften, und die Berner Erziehungsdirektion arbeitete auf eine Schliessung der italienischen Schulen im Kanton hin.[67] Als positives Beispiel, wie mit dieser Herausforderung umgegangen werden könne, zogen die Colonie Libere wiederholt den Kanton St. Gallen heran, dessen Erziehungsbehörden mit italienischen Stellen in Kontakt traten, was die Schaffung von Einführungsklassen für die italienischen Kinder zur Folge hatte.[68] Damit war das Konfliktfeld, auf dem die bildungspolitische Debatte der italienischen Vereinigungen in der Schweiz in den folgenden Jahren stattfand, abgesteckt.

64 EI, Januar 1967, «Assemblea generale, ordinaria dei soci della C. L. I. di Zurigo».
65 In der Unesco ist diese Meinungsänderung ebenfalls nachzuvollziehen. 1953 wurde noch festgehalten, die Kinder seien in der Muttersprache zu unterrichten. Unesco, 1953, S. 6. – Spätestens seit den 1970er-Jahren galt diese Ansicht als überholt, denn schulischer Erfolg hänge nicht mit der Unterrichtssprache, sondern vielmehr mit sozio-kulturellen Faktoren zusammen. Cummins, 2001, S. 74. – Melanie Bashor (Oxford Brookes University) befasst sich mit der Entstehung multikultureller Bildungspolitiken im internationalen Vergleich.
66 EI, April 1966, «La scuola svizzera».
67 ZBZ, Nachl M Jungo 15.8, Dr. Michael Jungo, Vereinigung zu Schutz und Förderung der Fremdarbeiterkinder in der Schweiz, 14. Februar 1970.
68 EI, März 1966, «Prospettive dell'accordo sulla scuola»; EI, April 1966, «La scuola svizzera».

Schulpolitik wurde in den Colonie Libere immer bedeutender. Im Frühjahr 1967 räumten die Colonie Libere an ihrem XXII. Kongress in Bern bildungspolitischen Fragen zum ersten Mal einen wichtigen Platz ein. Die Bedeutung der Schulpolitik für die Emigrationsorganisation zeigte sich auch darin, dass in der Region Zürich nach 1970 eine Arbeitsgruppe zu Schulfragen eingerichtet wurde.[69]
In der zweiten Hälfte der 1960er-Jahre festigte sich innerhalb der Colonie Libere diejenige Position, die in den folgenden Jahren vertreten wurde: die Beschulung der italienischen Kinder in schweizerischen Regelklassen. Einführungsklassen, die insbesondere mittels Deutsch- oder Französischunterricht auf den Besuch der Regelklassen vorbereiteten, seien zwar unabdingbar, dürften jedoch nur so lange wie notwendig besucht werden. Darüber hinaus seien Kurse für den Unterricht in italienischer Sprache und Kultur möglichst flächendeckend einzurichten, um italienischen Kindern bei der Rückreise nach Italien eine nahtlose Fortsetzung der Schulkarriere zu ermöglichen. Diese eindeutige Position für eine integrative Ausrichtung ihrer Bildungspolitik bezog die FCLIS am besagtem Kongress von 1967. In der eigenen Zeitschrift wurde die Hinwendung zur integrativen Bildungspolitik wie folgt kommentiert: «Oggi l'emigrazione è convinta della necessità di una scuola integrata.»[70]
Die in diesem Kontext entscheidende Frage, ob die italienischen Kinder besser möglichst rasch in die Regelklassen der öffentlichen schweizerischen Schulen integriert werden sollten oder ob sie nicht besser eine Schule nach italienischem Lehrplan besuchen sollten, stand im Zentrum der Debatte der folgenden Jahre, die von der Unentschlossenheit der italienischen Bevölkerung in der Schweiz geprägt war, sich permanent hier niederzulassen oder doch bald in die Herkunftsgemeinde zurückzureisen. Wer sich in den 1960er- und 70er-Jahren in der Öffentlichkeit zu dieser Frage äusserte, hatte auch eine pointierte Meinung dazu, ob die Mehrzahl der italienischen Arbeitsmigrantinnen und -migranten letztlich in der Schweiz bleiben oder doch zurückwandern würde. Wie hypothetisch die damaligen Prophezeiungen waren, spiegelt sich darin, dass selbst heute noch Historikerinnen und Historiker darüber streiten, ob die Rückwanderung oder die Niederlassung für die Aushandlung der Lebensrealitäten der Arbeitsmigrantinnen und -migranten handlungsleitend war beziehungsweise das historiografische Narrativ prägen soll.[71]

69 SSA, Ar 40.50.2, Mappe 1, Statuten des «Gruppo scuola delle CLI del Cantone Zurigo», 15. April 1971. Siehe dazu auch Kap. 6.3.
70 EI, Mai 1967, «Commissione sul ‹Problema della scuola›»: «Heute ist die Emigration von der Notwendigkeit einer integrierten Schule überzeugt.» Eigene Übersetzung.
71 Richter, Richter 2009 und 2012 plädieren dafür, die Perspektive der Rückwanderung in der historischen Migrationsforschung stärker zu gewichten. Kritisch dazu Pleinen, 2013.

Die Einsicht, dass die Vorstellung einer temporären Emigration sich immer öfter als illusorisch erweise, aber auch die wachsende Fremdenfeindlichkeit in der Schweiz, die Kontingentierung der ausländischen Arbeitskräfte und die wirtschaftliche Situation in Italien führten zur Erkenntnis, eine integrative Beschulung italienischer Kinder in der Schweiz sei die einzige vernünftige Lösung. Mit dem Verweis auf die disparate wirtschaftliche Entwicklung der verschiedenen Teile Italiens konnte deutlich gemacht werden, wie unattraktiv eine Rückwanderung vor allem für die Emigrantinnen und Emigranten aus Süditalien war. Das italienische Wirtschaftswunder fand nur in Norditalien und nur dank zahlreichen Arbeitskräften aus Süditalien statt. Der Mezzogiorno konnte für die Jahrzehnte nach dem Zweiten Weltkrieg kein substanzielles Wirtschaftswachstum verzeichnen, und die Perspektiven für Arbeitssuchende waren Ende der 1960er-Jahre nicht besser als zuvor.[72]

Der Meinungsumschwung innerhalb der Colonie Libere ist nicht als ein Einknicken gegenüber der schweizerischen Assimilationspolitik zu deuten, sondern vielmehr im Sinn einer universalistischen Vorstellung gemeinsamer Bildung zu verstehen. Unterschiedliche Traditionen hätten dabei zwar ihre Berechtigung und würden sich gegenseitig befruchten, entscheidend für die Colonie Libere war aber die Betonung der schulischen Bildung als gemeinsames und insbesondere einheitliches Projekt. Zudem sprachen für die Colonie Libere fiskalische Gründe für diesen Entscheid: wenn Emigranten in der Schweiz schon Steuern zahlen müssten, so hätten sie auch das Recht, die öffentlichen Schulen zu nutzen.[73] Für die Colonie Libere war demnach das Szenario der Niederlassung handlungsleitend.

Auf der anderen Seite hielten die italienischen Missionen an ihren Schulen nach italienischem Lehrplan fest. Für die italienischen Eltern in den grösseren Zentren, wo italienische Schulen existierten, bedeutete dies vordergründig eine Wahlfreiheit. Faktisch bestand diese indes kaum, weil die Frage der permanenten Niederlassung in der Schweiz (was den Besuch der schweizerischen Regelklasse nahelegte) oder der baldigen Rückkehr nach Italien (was den Besuch von Schulen nach italienischem Lehrplan als sinnvoll erscheinen liess) nicht einfach zu beantworten war. Die Perspektive der Rückkehr in den Heimatort erwies sich oft als Mythos, wie Erfahrungsberichte von Betroffenen zeigen.[74]

In der Frage der angemessenen Beschulung italienischer Kinder schieden sich die Positionen der italienischen Organisationen in der Schweiz an genau diesem Punkt. Konsens bestand darüber, dass die Fremdsprachigkeit eine Herausforderung darstellte. Über den Umgang damit gingen die Meinungen jedoch

72 Ginsborg, 1990, S. 223–225.
73 EI, Mai 1967, «Commissione sul ‹Problema della scuola›».
74 Barcella, 2012, S. 77–78.

auseinander. Auch der grosse Kongress aller italienischen Emigrationsorganisationen in der Schweiz, der im Frühjahr 1970 in Luzern stattfand, konnte diesen Zwiespalt nicht überwinden. Die Schlusserklärung, welche die Forderung nach einer Schule für zwei Zukünfte unterstreicht, war ein deutliches Plädoyer dafür, was heute interkulturell genannt würde. Überkunft wurde zwar darüber erzielt, «dass das Schulproblem angepackt werden muss, wobei zwei Punkte zu beachten sind: Die Gefahr der Absonderung ist zu vermeiden und die Möglichkeiten einer Wiedereingliederung in das Herkunftsland ist präsent zu halten. Einerseits ist es unmöglich, für alle eine italienische Schule zu schaffen und anderseits lehnt man eine einseitige Integrationsschule ab. Man ist für eine Schule, aufgebaut auf einer pluralistischen Gesellschaft, als Voraussetzung für eine kulturelle und menschliche Bereicherung, die auch die Eingliederung in beide Gesellschaften ermöglicht.»[75]

Die Differenzen waren aber nicht zu überwinden. Der Standpunkt der Missioni Cattoliche stand demjenigen der Colonie Libere diametral entgegen. Als Betreiber eigener Schulen in der Schweiz sprachen sie sich für separate Klassen für die italienischen Kinder aus. Vordergründig wurde behauptet, die separate Beschulung sei eine adäquate Antwort auf die herrschende Ausländerpolitik.[76] Diese hatte sich zwar offiziell vom Rotationsprinzip losgesagt, das Prinzip war jedoch für die Anwerbe- und Entlassungspraktiken der Unternehmer noch immer handlungsleitend – und sorgte auch für eine Rotation unter den italienischen Kindern.[77] Zudem mussten die italienischen Arbeitnehmerinnen und Arbeitnehmer in ihrer Funktion als «Konjunkturpuffer» stets mit der Entlassung rechnen.[78] Aus dieser Perspektive erschien es plausibel, die eigene Bildungspolitik auf eine Rückwanderung nach Italien auszurichten und die Niederlassung in der Schweiz eher als Ausnahmefall zu betrachten.

Im Kern beinhaltete die Position der Missioni Cattoliche auch eine Kritik an der offiziellen Assimilationspolitik der Schweiz und war – zumindest im Kanton Zürich – unter anderem konfessionell begründet. Denn mit eigenen Schulen für italienische Kinder konnte vermieden werden, dass die vornehmlich katholischen Einwanderer ihre Kinder in die öffentlichen Schulen schicken mussten, die zwar per Gesetz säkular waren, aber in reformierter Tradition standen. Der konfessionelle Aspekt dieser Auseinandersetzungen zeigte sich

---

75 ASTi, FPC 41, ECAP, B2, Mappe 2, Primo convegno delle associazioni di emigrati italiani in Svizzera, Luzern, 25.–26. April 1970.
76 ZBZ, Nachl M Jungo 15.8, Dr. Michael Jungo: Vereinigung zu Schutz und Förderung der Fremdarbeiterkinder in der Schweiz, 14. Februar 1970.
77 Niederberger, 2004, S. 73.
78 Mahnig, Piguet, 2003.

etwa darin, dass die Missioni Cattoliche vor allem in reformierten Gebieten der Schweiz aktiv waren.[79]
Die Schulen der katholischen italienischen Missionen gerieten durch die schweizerischen Behörden unter Druck, weil ihr Besuch zunehmend mit der Auflage verbunden wurde, dass die Eltern die beabsichtigte Rückkehr nach Italien nachzuweisen hatten. Damit beabsichtigten die schweizerischen Behörden, den Besuch italienischer Schulen möglichst zu beschränken. So sollten Anschlussprobleme vermieden werden, da die Kinder, die in der Schweiz einen italienischen Schulabschluss erlangten, einen deutlich schwierigeren Einstieg in die berufliche Grundbildung hatten.[80]
Begründet wurden diese Schwierigkeiten beim Zugang zur Berufsausbildung in erster Linie mit fehlenden Deutschkenntnissen. Darüber hinaus wurden die italienischen Schulen deshalb klein gehalten, weil sie dem Assimilationsgedanken der schweizerischen Ausländerpolitik zuwiderliefen. Die Beschränkung des Besuchs der italienischen Schulen auf höchstens zwei Jahre wirkte sich selbstverständlich auf die bereits angesprochene Wahlfreiheit der italienischen Eltern bezüglich der Beschulung ihrer Kinder aus. Denn diese war deshalb nicht echt, weil sie im Grund diejenige Option ausser Acht liess, die aufgrund der ökonomischen und sozialen Umstände der Emigrantinnen und Emigranten in der Schweiz am nächsten gelegen hätte: den Entscheid zwischen der Niederlassung in der Schweiz und der Rückwanderung nach Italien immer weiter hinauszuzögern. So blieb nur die Wahl zwischen einer kompletten Integration in das schweizerische Schulsystem mit mangelhaften Italienischkursen, was bei einer allfälligen Rückkehr nach Italien eine lückenlose Aufnahme in das dortige Schulsystem verunmöglichte, und dem Besuch italienischer Schulen in der Schweiz um den Preis von Klassenrücksetzungen beim Wechsel in das schweizerische Schulsystem, sollte die Niederlassung in der Schweiz doch länger dauern. So war es nicht erstaunlich, dass italienische Eltern versprachen, die Schweiz innert zweier Jahre wieder zu verlassen, um die Zulassung ihrer Kinder an italienischen Schulen zu erlangen, und diese Zusage nach dem Ablauf der Frist jährlich erneuern wollten.[81] Die katholischen Missionen konnten sich darauf berufen, dass ihre Schulen gefragt waren.
Die Kritik der katholischen Missionen an der von den Behörden vertretenen integrativen Haltung bezüglich der Beschulung ausländischer Kinder war nicht ganz unbegründet, da in vielen Gemeinden keine Vorbereitungsklassen einge-

79 Barcella, 2012, S. 69.
80 Barcella, 2014a, S. 148–150.
81 SSA, 40.50.2, Mappe 5, Brief des «Centro informazioni scolastiche delle CLI» an die Erziehungsdirektion des Kantons Zürich und an das Schulamt der Stadt Zürich, 20. September 1974.

richtet waren und die italienischen Kinder oftmals in die ihrem Alter entsprechenden Jahrgangsklassen gesetzt wurden, obwohl sie weder Deutsch sprachen noch mit den Begebenheiten der schweizerischen Schulen vertraut waren.[82] Im Grunde beharrten die katholischen Missionsschulen auch deshalb auf ihrem Standpunkt, weil sie mit der Beschulung katholischer Kinder in den laizistischen oder gar reformierten öffentlichen Schulen der Schweiz nicht einverstanden waren. In der schweizerischen Assimilationspolitik, in der die Beschulung der zweiten Generation eine zentrale Rolle spielte, sahen sie das katholische italienische Erbe bedroht, das sie aufrechterhalten wollten.

Die Politik der separaten Beschulung wurde – vor allem in publizistischer Weise – vom katholischen Pater Michael Jungo aus Einsiedeln unterstützt. Pater Jungo wuchs französisch- und deutschsprachig auf und war in den 1940er-Jahren im Collegio Papio in Ascona als Lehrer tätig. In den 1960er-Jahren wandte sich Jungo vermehrt der italienischen Emigration zu. In Einsiedeln übernahm er die Seelsorge für Italiener und gründete in diesem Zusammenhang eine Krippe für Kinder italienischer Emigranten, die bis 1987 betrieben wurde.[83] Jungo war – sei es im Kloster Einsiedeln oder an öffentlichen Schulen – mehrfach als Religionslehrer tätig, was sein Interesse an der angemessenen Beschulung der Kinder italienischer Arbeitsmigrantinnen und -migranten in der Schweiz weckte. Zudem pflegte Jungo enge Kontakte mit den Missioni Cattoliche Italiane in der Schweiz, was zu seiner fürsprecherischen Haltung für deren Schulen gegenüber der Schweizer Öffentlichkeit führte.[84]

Pater Jungo gründete noch vor 1970 die «Vereinigung zum Schutz und Förderung der Fremdarbeiterkinder in der Schweiz», die der Verteidigung der Schulen der katholischen italienischen Missionen in der Schweiz diente. Jungo begründete in verschiedenen Schriften die Notwendigkeit italienischer Schulen in der Schweiz: Nur ein kleiner Teil der in der Schweiz lebenden italienischen Familien schickten ihre Kinder in eine schweizerische Schule. Oftmals reisten die Kinder spätestens vor dem Schuleintritt zu Verwandten nach Italien, würden sich dort für die Schule einschreiben und auf die Rückkehr der Eltern warten. Von den 250 italienischen Kindern, die seine Kinderkrippe in Einsiedeln in den ersten vier Jahren ihres Bestehens besuchten, sei kein einziges in die Schweizer Schule übergetreten.[85] Was die katholischen italienischen Missionen in der Schweiz zur Begründung der Notwendigkeit ihrer Schulen behaupteten – die Rotationsquote sei auch in der zweiten Hälfte der 1960er-Jahre kaum zurück-

---

82 Barcella, 2014a, S. 150–156.
83 Siehe Kap. 6.3.
84 ZBZ, Nachl M Jungo 13.12, Todesanzeige von P. Michael (E.) Jungo, undatiert; Von Michael Jungo selbst verfasstes Curriculum Vitae, undatiert.
85 ZBZ, Nachl M Jungo 15.8, Manuskript zuhanden der Ärztezeitung, undatiert.

gegangen –, versuchte der Pater anhand von Daten des Bundesamts für Industrie, Gewerbe und Arbeit darzulegen. Demnach reisten noch immer 70 Prozent aller italienischen Arbeiter in der Schweiz innert vier Jahren wieder aus.[86] Aus Jungos Schriften ist auch ersichtlich, dass die Kritik der Colonie Libere an den Schulen der katholischen Missionen auf Gegenseitigkeit beruhte. Jungo führte aus, dass die kommunistisch beherrschten Colonie Libere ebenfalls eigene Schulen hätten gründen wollen, obwohl sie – hier wird Jungos Aversion gegenüber den Colonie Libere deutlich – dazu gar nicht in der Lage seien; sogar bei der Gründung von Kinderkrippen seien sie gescheitert. Die schweizerischen Behörden hätten in der Folge nicht nur die Schulpläne der Colonie Libere nicht bewilligt, sondern auch begonnen, die Berechtigung der italienischen Schulen der Missionen anzuzweifeln. Jungo wertete dies als «politischen Schachzug» der Colonie Libere, der darauf ausgerichtet war, dass die Schulen der katholischen italienischen Mission von den Schweizer Behörden geschlossen würden.[87] Jungos Haltung gründete letztlich auf einer Ablehnung der schweizerischen Assimilationspolitik, indem er die italienischen Kinder als Opfer dieser Politik bezeichnete. Die Schweiz trage eine Verantwortung sowohl gegenüber den zahlreichen italienischen Kindern, die – kaum im schulpflichtigen Alter – von ihren Eltern getrennt würden, als auch gegenüber denjenigen, die aufgrund des Schulbesuchs in der Schweiz nach einer Rückkehr nach Italien dort völlig entwurzelt seien.[88] Gleichzeitig übernahm Jungo die Überfremdungsrhetorik, in dem er davon sprach, dass infolge der Schliessung der italienischen Schulen der Anteil italienischer Kinder in den öffentlichen schweizerischen Schulen steige. Dies führe zu einer Überbelastung der Schweizer Klassen durch «fremdsprachige Elemente, die als ‹Niveausenker› wirken».[89] An Glaubwürdigkeit verlor Jungo mit dieser Aussage nicht, was darauf hinweist, wie verbreitet das Bild der «Überfremdungsgefahr» damals war.

Die diametral entgegengesetzten Lösungsvorschläge der Colonie Libere und der Missioni Cattoliche waren letztlich mit dem ideologischen Hintergrund und dem politischen Selbstverständnis der beiden Organisationen zu erklären. Dass die linken, der Kommunistischen Partei Italiens nahestehenden Colonie Libere von den konservativen, katholischen Missionen kritisch beargwöhnt wurden, ist auch mit der politischen Grosswetterlage des Kalten Kriegs zu er-

---

86 ZBZ, Nachl M Jungo 15.8, Dr. Michael Jungo: Vereinigung zu Schutz und Förderung der Fremdarbeiterkinder in der Schweiz, 14. Februar 1970.
87 ZBZ, Nachl M Jungo 15.8, M. Jungo: Notstand der Fremdarbeiterkinder. Zur Gründung der interkonfessionellen Vereinigung zu Schutz und Förderung der Fremdarbeiterkinder in der Schweiz, undatiert.
88 ZBZ, Nachl M Jungo 15.8, M. Jungo: Situation der italienischen Schulkinder in der Schweiz, 6. März 1969.
89 ZBZ, Nachl M Jungo 15.8, Manuskript zuhanden der Ärztezeitung, undatiert.

klären, als Europa zwischen den Westmächten und dem Ostblock aufgeteilt war.[90] Eine politische Position zu beziehen war oft damit verknüpft, für die eine oder andere Seite Partei zu ergreifen. Dementsprechend betonte Jungo als Fürsprecher der katholischen Missionen die Verbindungen der Colonie Libere zur Kommunistischen Partei Italiens, um den Gegenspieler in der politischen Öffentlichkeit zu diskreditieren. Auch die Gegenseite nutzte ihre Möglichkeiten, die Tätigkeiten oder die Gesinnung der Missioni Cattoliche in ein schlechtes Licht zu rücken. Treffend bezeichnete Jungo 1975 diesen seit zehn Jahren andauernden Kampf um eine adäquate Beschulung italienischer Kinder in der Schweiz als «Kalten Schulkrieg».[91]

Die weltanschaulichen Differenzen zwischen Jungo und den Colonie Libere wurden von Jungo schon Jahre zuvor geäussert. In einem Brief an die von den Colonie Libere herausgegebene Wochenzeitschrift «Emigrazione Italiana» hielt Jungo fest, der Standpunkt der Colonie Libere weiche von seinem zu sehr ab, um zusammenarbeiten zu können. Wahrscheinlich reiche die gemeinsame Grundlage gerade dazu aus, um Informationen auszutauschen. Die hauptsächliche Differenz sah Jungo darin, dass die Schweizer in erster Linie aus privater Initiative handelten, während die Italiener stets den Staat aufforderten, für das Wohl aller zu sorgen. Jungo verquickte hierbei eine nationale Zuschreibung mit den Differenzen in der politischen Ausrichtung. Seine Kritik war zwar so formuliert, als richte sie sich gegen so etwas wie den italienischen Nationalcharakter. Im Grund aber spiegelte sich darin ein im Umfeld des Kalten Kriegs üblicher antikommunistischer Reflex gegenüber denjenigen Positionen, die zur Anhebung der Staatsquote führten und angeblich in der Allzuständigkeit des Staats resultierten[92] – auch wenn dieser Vorwurf für die Colonie Libere nur teilweise zutraf.

Erstaunlich ist dabei, dass beide Seiten, Personen aus dem Umfeld der Colonie Libere wie aus dem Umfeld der Missioni Cattoliche Italiane, auf dieselben psychologischen Studien zurückgriffen, um das Scheitern der jeweils anderen Position zu begründen. Dabei handelte es sich um zwei Diplomarbeiten am Institut für Angewandte Psychologie in Zürich.[93] Die Autorin der einen Arbeit, Margret Hurst, führte mit 32 italienischen Kindern in schweizerischen Schulklas-

---

90 Zur Ausländerpolitik der Schweiz im Kalten Krieg: Cerutti, 1994, S. 67–78; zur Schweiz im Kalten Krieg: Tanner, 2015, S. 292–353; zu den verschiedenen Facetten des Antikommunismus in der Schweiz: Caillat et al., 2009.
91 Jungo, 1975, S. 9.
92 SSA, Ar 40.50.1, Mappe 2, Brief von Pater Michael Jungo an die Redaktion der «Emigrazione Italiana», 26. April 1969.
93 Hurst, 1970b; Schuh, 1970.

sen eine Untersuchung mit dem Zulliger-Tafel-Test[94] durch. Dabei lieferte sie einen psychologisch geführten Nachweis dafür, mit welchen Schwierigkeiten fremdsprachige Kinder in Regelklassen in ihrer psychischen Entwicklung konfrontiert waren. Kinder zugewanderter Arbeitskräfte seien besonders gefordert, was dazu führe, dass sie schlechtere Schulleistungen erbrächten, obwohl bei den Probandinnen und Probanden keine unterdurchschnittliche Intelligenz nachgewiesen werden könne. Sibilla Schuh, die Autorin der anderen Diplomarbeit, knüpfte an die Ergebnisse der Arbeit von Hurst an und untersuchte italienische Kinder, welche die italienische Schule in der Schweiz besuchten. Diese seien in der psychischen Entwicklung zwar weniger beeinträchtigt als italienische Kinder in Schweizer Schulen, sie lebten jedoch mit einem völlig illusorischen Realitätsbezug, solange ihre Eltern mit überzogenen Erwartungen an eine prosperierende Wirtschaft in ihrem Herkunftsort in Süditalien die baldige Rückkehr erwarteten und somit optimistisch in die Zukunft blickten. Beide Studien unterstrichen die Notwendigkeit einer angemessenen Unterstützung italienischer Kinder in der Schweiz.[95]

Der in beiden Studien deutlich herausgestrichene Befund, wonach italienische Kinder in schweizerischen Schulen in ihrer psychologischen Entwicklung mit Problemen konfrontiert waren,[96] welche die einheimischen Kinder nicht zu bewältigen hatten, wurde von den italienischen Vereinigungen in der Schweiz aufgegriffen und zur Stützung der beiden diametral entgegengesetzten Argumentationen verwendet. Die Colonie Libere nahmen die Erkenntnisse von Hurst und Schuh als Beleg dafür, wie wichtig zusätzliche Massnahmen für die Eingliederung italienischer Kinder in Schweizer Regelklassen seien.[97] Auf der anderen Seite las Pater Jungo die Ergebnisse der Studien so, dass die Entwicklungsschwierigkeiten italienischer Kinder auf die Assimilationsbemühungen der Schweiz zurückzuführen seien.[98]

---

94 Dieser Test wurde vom Psychotherapeuten und Psychoanalytiker Hans Zulliger als Anwendung des Rorschach-Tests für Schulkinder entwickelt. Das Formdeuteexperiment diente der Erstellung eines Psychogramms von Versuchspersonen, um eine therapeutische Behandlung bzw. die Zuweisung in eine Hilfsklasse zu rechtfertigen oder die Berufswahl zu unterstützen. Ursprünglich wurde der «Z-Test», wie er auch genannt wurde, im wehrpsychologischen Dienst der Armee verwendet. Zulliger, 1954.
95 Hurst, 1974; Hurst, 1970a.
96 Zu einem Überblick und einer Kritik von Integrationskonzepten und zu deren Implikationen für die Identitätsentwicklung der Kinder von Zuwanderern: Faina, 1980.
97 SSA, Ar 40.50.2, Mappe 4, Informationsschreiben des «Gruppo scuola delle CLI del Cantone Zurigo», 3. September 1971; FCLIS, 1973, S. 28; zur Informationsoffensive der Colonie Libere siehe auch Kap. 6.1.
98 ZBZ, Nachl M Jungo 15.8, Dr. Michael Jungo: Vereinigung zu Schutz und Förderung der Fremdarbeiterkinder in der Schweiz, 14. Februar 1970; Jungo, 1972.

Tatsächlich finden sich in den Ausführungen von Hurst und Schuh Hinweise auf eine Kritik an der Assimilationspolitik. Schuh kritisierte in ihrer Arbeit die vornehmlich ökonomischen Motive, welche die Schweiz für ihre Assimilationspolitik anführten.[99] Auf der anderen Seite hielt Hurst fest, dass gemäss ihren Studienresultaten die italienischen Kinder in Schweizer Schulen tatsächlich sehr gut assimiliert seien – zumindest äusserlich assimiliert, indem sie nicht auffallen und kein Ärgernis erregen würden, ohne innerlich, in der psychischen Entwicklung, an Hemmung, Unsicherheit und Angst zu leiden. Hurst schlug denn auch vor, sich vom Konzept der Assimilation zugunsten desjenigen der «Beheimatung» zu verabschieden, da dieses viel deutlicher mit Gegenseitigkeit operiere und nicht von einer einseitigen Anpassung ausgehe. Denn – und hier bezieht sich Hurst wiederum auf die soziologische Unterscheidung zwischen Assimilation und Integration – «nur durch Gegenseitigkeit können aus assimilierten integrierte Kinder werden».[100] Obwohl diese Argumentation die Positionen von Hurst näher bei der inklusiven Haltung der Colonie Libere vermuten lässt, wollte Hurst selbst sich nicht in politische Auseinandersetzungen einspannen lassen.[101] Sie konnte aber nicht verhindern, dass ihre Studie in der politischen Auseinandersetzung um die adäquate Beschulung italienischer Kinder in der Schweiz für sich widersprechende Argumente herangezogen wurde. Im Gegensatz dazu setzte sich Sibilla Schuh in der Folge noch viel intensiver mit diesen Fragen auseinander: mit der Gründung einer Beratungs- und Informationsstelle 1973 führte sie ihre bildungspolitische Tätigkeit fort.[102]
Ebenfalls auf die Unzulänglichkeit einer rein schulorganisatorischen Antwort auf die Frage nach der angemessenen Beschulung italienischer Kinder in der Schweiz wies 1969 der Publizist Frank A. Meyer in einem Artikel der «Zürcher Woche» hin. Ausgehend von der Beobachtung der Schuluniformen der Missioni Cattoliche in der Schweiz, welche die Schülerinnen und Schüler eindeutig als Aussenseiter der schweizerischen Gesellschaft identifizieren liessen, beschrieb Meyer die bedenkliche Situation, in der sich alle schulpflichtigen Kinder italienischer Arbeiterinnen und Arbeiter in der Schweiz befinden würden: «Sie stehen draussen vor der Tür eines Bildungssystems, das jedem Kind die gleichen Chancen einzuräumen vorgibt.»[103] Ob dies in italienischen oder schweizerischen Klassen geschehe, war für den Autor unerheblich. Selbst wenn er sich letztlich für die Stärkung der integrativen Variante inklusive ergänzender

99 Schuh, 1970, S. 90.
100 Hurst, 1974, S. 42.
101 Hurst, 1970a, S. 30.
102 Zum «Centro Scuola e Famiglia delle Colonie Libere Italiane» siehe Kap. 6.1.
103 Zürcher Woche, 21. Juni 1969, Frank A. Meyer: «Die schizophrene Welt unserer Gastarbeiterkinder: Sind Italienerkinder dümmer?».

Massnahmen wie der Einführung von Tagesschulen, zusätzlichen Unterrichts in italienischer Sprache und Kultur sowie des Einbezugs der ausländischen Eltern einsetzte,[104] scheint ihn dabei die Frage nach der Berechtigung von Schulen mit italienischem Lehrplan nicht sonderlich interessiert zu haben. Die Colonie Libere – in ihrer Position gestärkt – liessen den Meyers Text ins Italienische übersetzen und im gleichen Jahr in ihrer Wochenzeitung abdrucken.[105]
Die Abwendung von der organisatorischen Frage, ob italienische Kinder besser in separaten italienischen Schulen oder in schweizerischen Regelklassen zu unterrichten seien, nahm der Auseinandersetzung zwischen den Colonie Libere und den Missioni Cattoliche sowie deren Fürsprechern den Wind aus den Segeln. Die Frage schien sich auch aufgrund der zunehmend restriktiven Haltung der kantonalen Behörden gegenüber den italienischen Schulen nach und nach zu erübrigen. Stattdessen rückten die unterschiedlichen Folgeprobleme[106] der Beschulung fremdsprachiger Kinder zunehmend in den Fokus der bildungspolitischen Auseinandersetzung.

Die Schulen der italienischen katholischen Missionen gaben sich jedoch nicht so einfach geschlagen und führten den «Kalten Schulkrieg» fort. 1971 veröffentlichten Protagonisten aus dem Umfeld der Missionen einen Sammelband unter dem Titel «Una scuola in agonia»,[107] um den Stellenwert italienischer Schulen in der Schweiz aus ihrer Perspektive nochmals zu unterstreichen. Die Publikation wurde von katholischen Kreisen in Italien – unter anderem von der Gewerkschaft ACLI – unterstützt.

Den Ausgangspunkt des Bands bildete die zunehmend schwierige rechtliche Lage der Missionsschulen in der Schweiz. So bezeichnete dessen Hauptherausgeber, Adriano Baglivo, die zunehmend restriktive Haltung der Schweizer Behörden gegenüber italienischen Schulen als «guerriglia scolastica», als Schul-Kleinkrieg.[108] Michael Jungo trug – wenig erstaunlich – ebenfalls zum Band bei und erhielt somit nochmals die Gelegenheit, die schweizerische Assimilationspolitik, welche über die öffentlichen Schulen umgesetzt wurde, umfassend zu kritisieren. Sein Kernargument war – wie in seinen anderen Schriften – die fehlende Wahlmöglichkeit der Eltern hinsichtlich der Beschulung ihrer Kinder. Erstaunlich ist dabei, dass sich Jungo an dieser Stelle ebenfalls auf ein Universalrecht berief und dazu eine Erklärung der Unesco heranzog, wie dies die Colonie Libere einige Jahre zuvor getan hatten. Anders als die Letzteren, welche die Beschulung in öffentlichen Regelklassen mit diesem Ver-

---

104 Zu den weiteren Argumenten in Meyers Artikel siehe Kap. 7.
105 EI, September 1969, «I bambini italiani sono più stupidi?».
106 Detailliert in: Kap. 7.
107 Baglivo et al., 1971: «Eine Schule im Todeskampf». Eigene Übersetzung.
108 Baglivo, 1971, S. 173.

weis rechtfertigten, führte der Geistliche das Recht der Eltern an, die Art der Bildung ihrer Kinder zu bestimmen, um die Notwendigkeit italienischer Schulen zu begründen.[109] In Wirklichkeit sei diese Wahl aufgrund der rechtlichen Restriktionen der italienischen Schulen massiv eingeschränkt, was sich letztlich darin zeige, dass viele italienische Familien die Schulpflicht in der Schweiz umgingen, indem sie remigrierten oder ihre Kinder zu Verwandten nach Italien schickten, sobald sie ins schulpflichtige Alter kamen.[110]

In einer Besprechung in der «Emigrazione Italiana», der Wochenzeitschrift der Colonie Libere, wurden die Intentionen des Sammelbands – wenig erstaunlich – einer harschen Kritik unterzogen. Die Schrift diene in erster Linie der Verteidigung der italienischen Schulen der katholischen Missionen in der Schweiz und löse die Schulprobleme der Kinder der Emigranten nicht. Die Autorin der Rezension stimmte zwar dem Sammelband zu, dass die Schweiz die Tendenz zur Assimilation durch die Schule habe. Ihrer Ansicht nach sei aber das einzige Mittel dagegen nicht die Schaffung von italienischen Schulen, sondern vielmehr die Motivation der italienischen Eltern, an der Verhandlung der aktuellen Schulprobleme teilzunehmen, um Änderungen zu bewirken.[111]

Zu Beginn der 1970er-Jahre nahmen die Missioni Cattoliche Italiane einen neuen Anlauf, der ihren Schulen nochmals Auftrieb verleihen sollte. Eine Studiengruppe, in der wiederum Pater Jungo eine führende Stellung einnahm, erarbeitete ein Konzept für «Drehscheibenschulen» *(scuole a due uscite)*, zu welchen die Missionsschulen umgestaltet werden könnten. Darin war eine partielle Anpassung der Schulen an die einzelnen kantonalen Privatschulgesetze erkennbar. So beinhaltete das Projekt eine klarere Distanzierung von der Missione Cattolica, welche die Schule verantwortete. Darüber hinaus sollte mit dem Begriff «Drehscheibenschule» angedeutet werden, dass italienische Kinder, die diese Schulen besuchten, in Schulen in Italien wie in der Schweiz Anschluss finden könnten. Diese hehre Absicht blieb jedoch ein Lippenbekenntnis. In den Ausführungen zur organisatorischen Umsetzung dieses Schulprojekts ist im gleichen Dokument zu lesen, wie schwierig der Anschluss an weiterführende Schweizer Schulen zu bewerkstelligen sei und dass deshalb die «Drehscheibenschulen» unbedingt eigene Sekundarklassen *(scuola media)* zu führen hätten.[112] Auch diese Schulen blieben vor allem auf eine baldige Rückwanderung ausge-

---

109 Jungo, 1971a, S. 68. Jungo bezieht sich hierbei auf die Allgemeine Erklärung der Menschenrechte, Art. 26, Abs. 3: «Die Eltern haben ein vorrangiges Recht, die Art der Bildung zu wählen, die ihre Kinder erhalten sollen.»
110 Jungo, 1971b.
111 EI, 19. Januar 1972, Rosanna Zanier: «‹Una scuola in agonia›. Libro bianco sulla scuola italiana in Svizzera». Zur Aufforderung zur Elternmitwirkung siehe Kap. 6.2.
112 Jungo, 1972.

richtet. Retrospektiv betrachtet war dieser Versuch, die eigenen Schulen in der Schweiz als erfolgreiche Privatschulen zu positionieren, wenig erfolgreich.
In der weiteren Auseinandersetzung um die angemessene Beschulung italienischer Kinder in der Schweiz tauchte denn auch der Begriff «Drehscheibenschule» nicht mehr auf. Die rechtliche Situation der Missionsschulen in den Kantonen blieb prekär. Die Schulen existierten weiterhin parallel zur öffentlichen Schulstruktur und erhielten teilweise die Bewilligung als Privatschulen. In den 1970er-Jahren verzeichneten sie noch beachtliche Schülerzahlen, die rückläufigen Zahlen italienischer Kinder im schulpflichtigen Alter setzten sie in den 1980er-Jahren indes erneut unter Druck.[113] In der bildungspolitischen Debatte hingegen war die Sache entschieden: die Schulen nach italienischem Lehrplan durften nur diejenigen Kinder besuchen, deren Eltern nachvollziehbare Rückwanderungsabsichten beweisen konnten.
Dazu kam, dass die Stimme von Pater Jungo, um 1970 herum noch tonangebend, nun immer weniger beachtet wurde. Die Niederlage schien Jungo zu schmerzen, die in den späten 1970er- und in den 1980er-Jahren von Jungo verfassten Dokumente lassen auf eine zunehmende Verbitterung des Paters schliessen. Er verstrickte sich schliesslich in einen juristischen Schlagabtausch mit der Erziehungsdirektion des Kantons Bern. Dem Leiter des Amts für Unterrichtsforschung und -planung Hans Stricker warf Jungo vor, Schüler mit dem Ziel aus der Missionsschule zu nehmen, dass diese schliessen müsse. Die Klageschrift verkam zu einem Rundumschlag gegen «Marxisten, Kommunisten und Sozialisten». Die Anschuldigungen richteten sich gegen die Colonie Libere, die spanische Arbeiterorganisation in der Schweiz (), gegen die Erziehungsbehörden in der Person von Walter Kurmann[114] und gegen die Sozialwissenschaft in der Person des Historikers Rudolf Braun.[115] Sie gipfelten darin, dass Jungo Braun als «Chefideologen der marxistischen Gegner unserer katholischen scuole delle missioni» bezeichnete.[116] So führte Jungo den von selbst proklamierten «Kalten Schulkrieg» weiter.
Doch waren nicht nur die italienischen Organisationen mit der Frage der angemessenen Beschulung italienischer Kinder in der Schweiz beschäftigt, auch di-

113 ZBZ, Nachl M Jungo 13.15, M. Jungo: Presenza dei bambini italiani nelle scuole svizzere, 1985.
114 Walter Kurmann war von 1966 bis 1987 im Erziehungsrat des Kantons Luzern für die Schulung der fremdsprachigen Kinder zuständig. Später hatte er die Position des Delegierten für Migrationsfragen der Schweizerischen Konferenz der kantonalen Erziehungsdirektoren (EDK) inne.
115 Braun wurde für seine vielzitierte Studie «Sozio-kulturelle Probleme der Eingliederung italienischer Arbeitskräfte in der Schweiz» kritisiert: Braun, 1970.
116 ZBZ, Nachl M Jungo 7.2, Klage gegen Dr. Hans Stricker, Erziehungsdirektion Bern, undatiert, 1980er-Jahre.

verse schweizerische Behörden begannen um 1970 herum, Kommissionen mit dieser Fragestellung zu beauftragen. In der Folge erschienen 1972 Berichte der Stadt Zürich, des Kantons Zürich und der Schweizerischen Konferenz der kantonalen Erziehungsdirektoren (EDK) zur Beschulung fremdsprachiger Kinder. Die Empfehlung der EDK war sehr knapp gehalten und wies die Kantone an, die Integration der fremdsprachigen Kinder in die öffentlichen Schulen zu befördern, ohne sie dabei zu benachteiligen.[117] Die Kommissionsberichte des Kantons und der Stadt Zürich waren umfassender und enthielten detailliertere Massnahmenvorschläge. So finden sich in beiden Berichten Abschnitte über die Notwendigkeit einer besseren Information immigrierter Eltern, zu Massnahmen für Kinder im vorschulpflichtigen Alter und über Herausforderungen, welche die Berufsbildung ausländischer Jugendlicher stellte. Hinsichtlich der Beschulung der Kinder in den öffentlichen Schulen, die beide Kommissionen als grundlegend für eine erfolgreiche Assimilation und Integration fremdsprachiger Kinder erachteten, erhielten sowohl Förderunterricht, Einführungs- und Sonderklassen wie auch die Anpassung der Lehreraus- und -fortbildung grosses Gewicht.[118]

Im Bericht der kantonalen Kommission wurde die restriktive Haltung der kantonalen Behörden gegenüber den italienischen Schulen erneut deutlich: diese wurden verpflichtet, neben dem obligatorischen Deutschunterricht, der mindestens 6 Stunden pro Woche zu betragen hatte, weitere Fächer in deutscher Sprache zu unterrichten – ebenfalls während mindestens 6 Stunden pro Woche. Des Weiteren wies die Kommission die Schulen an, in Geschichte und Geografie schweizerische Gegebenheiten nicht zu vernachlässigen. Und schliesslich müssten die Deutschlehrer der betreffenden Schulen strenger kontrolliert werden, da sie oft nicht für die Aufgabe befähigt seien. Sofern die italienischen Schulen diese Auflagen erfüllen würden, seien sie subventionsberechtigt, da den schweizerischen Schulen dadurch Arbeit abgenommen werde.[119] Seitens der schweizerischen Behörden war klar, dass der einzig gangbare Weg der Beschulung italienischer Kinder die Integration in die schweizerischen Regelklassen war, wobei diese mit geeigneten Förder- und Übergangsmassnahmen zu unterstützen seien. Der Besuch italienischer Schulen war nur im Ausnahmefall vorgesehen, wobei auch dann eine allfällige Aufnahme in die schweizeri-

---

117 SSA, Ar 40.50.3, Mappe 3, Schweizerische Konferenz der kantonalen Erziehungsdirektoren (EDK): Grundsätze zur Schulung der Gastarbeiterkinder, 2. November 1972; EDK, 1995, S. 11. Diese Grundsätze wurden 1974 und 1976 mit Empfehlungen zur Lehrerbildung und zum Deutscherwerb im Vorschulalter ergänzt.
118 Schlussbericht der Kommission zur Eingliederung fremdsprachiger Kinder, 1972; Städtische Kommission für Assimilierungsfragen, 1972.
119 Schlussbericht der Kommission zur Eingliederung fremdsprachiger Kinder, 1972, S. 32–36.

sche Volksschule gewährleistet sein musste. Den italienischen Schulen in der Schweiz wurde somit nach und nach die Existenzberechtigung entzogen. Auch die Lehrer der öffentlichen Schulen in der Schweiz stellten sich mehrheitlich hinter das Prinzip der möglichst raschen Integration italienischer Kinder in die Regelklassen der örtlichen, öffentlichen Schulen. Der Lehrerverband beschloss diese Grundsatzerklärung aber mit dem Zusatz, bei Klassen mit fremdsprachigen Kindern sei die Klassengrösse zu verkleinern.[120]

5.3. Transnationale Wirkungen des italienischen Gesetzes Nr. 153

Für die eigentliche Trendwende in der Frage, wie der Unterricht für fremdsprachige Kinder in der Schweiz organisatorisch gelöst werden sollte, waren aber letztlich weder eine Einigung zwischen den italienischen Opponenten in den bildungspolitischen Debatten innerhalb der Schweiz noch die von den schweizerischen Behörden beauftragten Kommissionen verantwortlich, sondern erstaunlicherweise ein neuer Artikel des italienischen nationalen Bildungsgesetzes. Er brachte Bewegung in die ziemlich festgefahrene Situation und leitete eine Dynamisierung der bildungspolitischen Diskussion in der Schweiz ein. Das 1971 vom italienischen Parlament verabschiedete Gesetz mit der Nummer 153 schrieb vor, wie italienische Kinder, die im Ausland beschult worden und im schulpflichtigen Alter remigriert waren, in das italienische Schulsystem aufzunehmen waren.[121] Es bezweckte, möglichst viele Kinder prüfungsfrei und ohne Klassenwiederholung in die italienischen Regelklassen einzugliedern – auch wenn sie von Orten zurückkehrten, an denen keine Schulen nach italienischem Lehrplan existierten. Voraussetzung dafür waren einerseits die Zeugnisse der bisher besuchten Regelschule, andererseits der Nachweis eines ausreichenden Unterrichts in italienischer Sprache.[122]

Beide Voraussetzungen wirkten sich auf die Beschulung der zugewanderten Kinder in der Schweiz aus. Der geforderte Unterricht in italienischer Sprache führte zu einem weitreichenden Ausbau von Kursangeboten für italienische Kinder, in denen die «heimatliche Sprache und Kultur» vermittelt werden sollte und die später als HSK-Kurse bekannt wurden. Die Anrechenbarkeit von im Ausland absolvierten Schuljahren bei einer Rückkehr und die Möglichkeit

---

120   Schweizerische Lehrerzeitung 49, 29. November 1973, S. 1949.
121   Zur gleichen Zeit expandierte das italienische Schulwesen aufgrund von neuen Gesetzesbestimmungen, da die obligatorische Schulzeit verlängert und mit einer scuola media unica, vergleichbar mit einer Gesamtschule auf der Sekundarstufe I, ergänzt wurde. Genovesi, 2004, S. 185–195.
122   SSA, Ar 40.50.7, Mappe 3, Italienisches Gesetz Nr. 153, 3. März 1971.

einer nahtlosen Schulkarriere trotz Schul- und Schulsystemwechsel gaben denjenigen Personen, die eine integrative Beschulung italienischer Kinder forderten, ein gewichtiges Argument in die Hand. Dazu kam, dass von der italienischen Seite offiziell bekräftigt wurde, italienische Kinder sollten möglichst die Regelklassen der lokalen öffentlichen Schulen besuchen.[123] Dadurch wurde den Schulen nach italienischem Lehrplan der Boden noch mehr entzogen. Dies ermöglichte es den Colonie Libere, kompromisslos die Einschulung italienischer Kinder in die öffentlichen Schulen der Schweiz zu fordern, ohne deren Eltern die (bisweilen utopische) Vorstellung zu nehmen, in absehbarer Zeit in ihre Heimatorte zurückzukehren, wie es die offizielle Migrationspolitik von Italien und der Schweiz noch immer vorsah.

Allerdings stellte das schweizerische föderale Bildungswesen mit seinen kantonalen Gesetzen und seiner unterschiedlichen Gliederung der öffentlichen Schulen die italienischen Behörden vor das Problem der Vergleichbarkeit der Schulstufen und -abschlüsse. Dies hatte zur Folge, dass im Anhang des Gesetzes Nr. 153, in dem die Schulgliederung der damaligen italienischen Auswanderungsländer dargestellt und deren Äquivalenz zu den italienischen Schultypen bescheinigt wurde, die Übersicht zur Schweiz sehr ausführlich geriet.[124] Staatliche Bildungssysteme hatten aufgrund der Arbeitsmigration Entwicklungen ausserhalb des eigenen Zuständigkeitsbereichs zu berücksichtigen.

Dies galt insbesondere für die schweizerische Seite. Die bereits erwähnten «Grundsätze zur Schulung der Gastarbeiterkinder», welche die EDK am 2. November 1972 beschloss, wären ohne das neue italienische Gesetz Nr. 153 und ohne die Initiativen der Emigrationsorganisationen wohl nicht so deutlich ausgefallen. Denn die Erklärung der EDK enthielt zwar an erster Stelle den Grundsatz, Kinder von ausländischen Arbeitskräften seien möglichst in die öffentlichen Schulen zu integrieren. Darüber hinaus sah sie jedoch die Kantone in der Pflicht, eine allfällige Rückkehr in das Ursprungsland nicht zu erschweren, wie das auch das italienische Gesetz vorsah. Es sei wohl nicht die Aufgabe der Kantone selbst, entsprechende Massnahmen zu treffen; wenn jedoch ausländische Behörden oder Organisationen Vorkehrungen «zur Verhinderung einer Entwurzelung» treffen würden, seien sie darin von den kantonalen Behörden zu unterstützen.[125] Die Etablierung dieses Grundsatzes in den folgenden Jahr-

---

123 SSA, Ar 40.50.7, Mappe 3, Italienisches Aussenministerium: Richtlinien zur Umsetzung der Gesetze 153 und 327, undatiert.
124 SSA, Ar 40.50.6, Mappe 3, Italienisches Aussenministerium: Tabelle über Anrechnung von Schulabschlüssen für das Gesetz 153, 3. März 1971.
125 SSA, Ar 40.50.3, Mappe 3, Schweizerische Konferenz der kantonalen Erziehungsdirektoren (EDK): Grundsätze zur Schulung der Gastarbeiterkinder, 2. November 1972; EDK, 1995, S. 11.

zehnten bestätigt, wie wichtig der damalige Umgang mit migrantischen Kindern in Regelklassen der öffentlichen Schulen für die Herausbildung heutiger Schulstrukturen war – insbesondere hinsichtlich des Unterrichts in «heimatlicher Sprache und Kultur».[126]

Trotz dieser Öffnung war die schweizerische Ausländerpolitik noch immer auf eine Assimilation ausgerichtet, was gegenüber einer vom damaligen Überfremdungsdiskurs geprägten Öffentlichkeit sehr anschlussfähig war. Die italienischen Behörden ihrerseits erkannten die Unmöglichkeit, in jeder – auch kleineren – westeuropäischen Industriegemeinde, die italienische Arbeitsmigrantinnen und -migranten anwarb, eigene Schulen zu unterhalten, und zählten somit auf die schulische Infrastruktur der Emigrationsländer, die mit italienischen Inhalten gezielt ergänzt werden sollte, um dem Anspruch einer national geprägten Schulbildung für italienische Kinder zu genügen. Unter bildungsorganisatorischer Perspektive resultierte daraus dieselbe Lösung. Die italienischen Schülerinnen und Schüler sollten möglichst in die schweizerischen Regelklassen aufgenommen werden, ohne dass bei einer allfälligen Rückkehr nach Italien die Integration in die dortige öffentliche Schule allzu sehr erschwert würde. Nur diente diese Lösung unterschiedlichen Interessen. Dieser Zielkonflikt entbrannte vor allem um zwei Bereiche: die curriculare Ausrichtung des Regelunterrichts in öffentlichen Schulen und die organisatorische Regelung des italienischen Zusatzunterrichts.

Denn sobald die Anerkennung der im Ausland besuchten Schuljahre für italienische Kinder beschlossen war, kam seitens Italien der Wunsch nach der Aufnahme von Italienischunterricht ins Curriculum der schweizerischen Volksschule auf. Auf nationaler Ebene wurde in einer italienisch-schweizerischen Ad-hoc-Kommission für Schulfragen angeregt, in der Deutschschweiz Italienisch als erste Fremdsprache zu unterrichten. Dabei brachte die italienische Seite das starke Argument vor, Italienisch sei auch eine Landessprache der Schweiz und die Forderung diene folglich auch dem nationalen Zusammenhalt in der Schweiz.[127] Die Idee wurde im Rahmen dieser bilateralen Absprachen jedoch nicht weiterverfolgt.[128]

Darüber hinaus wurde die Überlegung, Italienisch als Schulfach ins ordentliche Curriculum aufzunehmen, auch von nichtstaatlicher Seite geäussert. Im Kanton Zürich verfasste die Schulgruppe der Colonie Libere der Region Zürich

---

126 Kurmann, 1999; Giudici, Bühlmann, 2014.
127 SSA, Ar 40.50.3, Mappe 3, Italienisch-schweizerische Ad-hoc-Kommission für Schulfragen, 2. Sitzung in Rom, 28.–30. Mai 1973. Bereits 1966 wurden ähnliche Gespräche in einer gemischten italienisch-schweizerischen Kommission aufgenommen, die aber aufgrund von Unstimmigkeiten in Schulfragen 1970 wieder abgebrochen wurden. Kurmann, 1999, S. 2.
128 Kurmann, 1983.

1972 ein Schreiben an die Erziehungsdirektion Zürich, in dem die Eingliederung von Italienischunterricht in den regulären Stundenplan angeregt wurde. Eine ausschliesslich auf Integration ausgerichtete Schulpolitik sei für die Kinder in der Emigration sehr ungünstig, da diese eine erfolgreiche Reintegration nach der Rückkehr erschwere oder gar verunmögliche. Um dem Argument mehr Gewicht zu geben, verwies die Schulgruppe auf das in der Menschenrechtserklärung der UNO festgehaltene allgemeine Recht auf Bildung sowie auf die kurz zuvor vom Europarat verabschiedete Resolution zur Bildung der Kinder von Arbeitsmigranten.[129]

Der Vorschlag fand in der bildungspolitischen Debatte der Zeit jedoch keine Resonanz, da die Diskussion über den Fremdsprachenunterricht in der Schweiz unter anderen Vorzeichen lief. Die EDK unterhielt seit 1969 ein Projekt zur «Einführung und Koordination des Fremdsprachenunterrichts in der obligatorischen Schulzeit».[130] Aus diesem Projekt resultierte 1975 ein Empfehlungsschreiben an die Kantone, wonach in der deutsch- und der italienischsprachigen Schweiz als erste Fremdsprache Französisch, in den Schulen der Romandie als erste Fremdsprache Deutsch unterrichtet werden soll. Italienisch spielte in diesen Erwägungen keine Rolle.[131] Angeregt wurde die Aufnahme des Fremdsprachenunterrichts in der obligatorischen Schulzeit zwar durch neue Erkenntnisse der Entwicklungspsychologie und der Linguistik sowie aufgrund von Empfehlungen des Europarats.[132] Die Einführung des Fremdsprachenunterrichts in die öffentliche Schule blieb damals aber ein Anliegen des nationalen Zusammenhalts, nicht der internationalen Verständigung. Der italienischen Sprache wurde dabei nicht derselbe Stellenwert zugeschrieben wie dem Französischen – obwohl sie genauso eine Landessprache der Schweiz ist.[133] Die Auseinandersetzung folgte also den Motiven nationaler Einheit – entgegen dem Argument beispielsweise von Will Kymlicka, die Schweiz sei ein multinationaler Staat.[134]

---

129 SSA, Ar 40.50.1, Mappe 2, Brief des «Gruppo scuola delle CLI del Cantone Zurigo» an die Erziehungsdirektion des Kantons Zürich, 17. März 1972. Zur Genese der Resolution des Europarats: Bürgi, Eigenmann, 2015.
130 EDK, 1995, S. 23. Die EDK übernahm dabei die Vorarbeiten des Schweizerischen Lehrervereins und der Regionalkonferenzen der EDK in dieser Angelegenheit.
131 Darüber hinaus sollte der Fremdsprachenunterricht bereits im 4. oder 5. Schuljahr einsetzen und die Lehreraus- und -fortbildung entsprechend ausgestaltet werden. EDK, 1995, S. 25.
132 EDK, 1992, S. 10.
133 Manno, 2011; Giudici, Grizelj, 2014.
134 Kymlicka, 1995, S. 13; zur Kritik an Kymlickas Vorstellung der Schweiz als multinationaler Staat: Stojanovic, 2003. Ebenso ist die im vorliegenden Kontext der schulischen Sprachbildung häufige Bezugnahme auf Kymlickas Unterscheidung der Minderheitengruppen

Sprachregionale Minderheiten versuchen gerade in föderalen Staatsgebilden ihre politische Autonomie zu erhalten. Bei der Regelung des schulischen Sprachunterrichts schlägt sich dies im Territorialprinzip nieder, wonach in unterschiedlichen Landesteilen die jeweilige Mehrheitssprache zur Unterrichtssprache wird. Auch hier bleibt eine auf die Sprachregion bezogene Homogenitätsannahme handlungsleitend. Das sprachliche Territorialprinzip fungiert als «Mittel, den Nationalstaat auf der dezentralen Ebene zu verwirklichen».[135]
In der Auseinandersetzung um den Fremdsprachenunterricht in der obligatorischen Schule zeigte sich diese Differenz in ähnlicher Weise. Allerdings unterschied sich der Umgang der Behörden mit diesen beiden Personengruppen aufgrund von deren Ansprüchen. Hinsichtlich des Umgangs mit nationalen Minderheiten wurde und wird der Sprachunterricht in der Schweiz gemäss dem Territorialprinzip geregelt, wonach die Erst- und Unterrichtssprache einer Schule die Sprache vor Ort ist.[136] Bezüglich des Sprachunterrichts der eingewanderten Minderheiten hielten die Behörden für die Unterrichts- und Erstsprache zwar am Territorialprinzip fest, modifizierten die Schule auf Drängen der Emigrantenorganisationen aber so weit, dass ein Unterricht in der jeweiligen Muttersprache der Zugewanderten zumindest nicht verunmöglicht wurde. Eine Selbstbestimmung über die zu lernende erste Fremdsprache wurde den zugewanderten Minderheiten nicht gewährt. 1973 wiederholte die Schulgruppe der Colonie Libere Zürich an einer Pressekonferenz ihre Forderung nach italienischem Fremdsprachenunterricht in der obligatorischen Schule – nun in abgeschwächter Form und mit der Ergänzung, es sollte den Eltern die Wahl gestattet werden, ob ihre Kinder Italienisch, Französisch oder Spanisch als erste Fremdsprache in der öffentlichen Schule erlernen müssten.[137] Doch auch auf diesen Vorschlag wurde nicht eingegangen. Als Gründe dafür nannten die Behörden meist schulorganisatorische Überlegungen, wenngleich in den offiziellen Beschlüssen durchdrang, dass die Forderungen nach Italienischunterricht für potenziell Zurückkreisende zwar durchaus berechtigt seien, dieser jedoch aus nationalen Gründen nicht in den Zuständigkeitsbereich der schweizerischen Institutionen gehöre.[138] Die Zusammenführung von italienischem Anfängerunterricht für Deutschschweizer Kinder und Italienischunterricht für

---

wenig hilfreich, da sie auf den Prämissen der Schweiz als multinationaler Staat beruht. Siehe Kymlicka, 2000; kritisch dazu: Barry 2001, S. 217–220.
135   Richter, 2005, S. 149 (im Original kursiv).
136   Manno, 2011, S. 126.
137   SSA, Ar 40.50.2, Mappe 1, Pressekonferenz des «Gruppo scuola delle CLI del Cantone Zurigo», 30. Januar 1973.
138   So beispielsweise in: StABS, ED-REG 5a, Beschluss des Regierungsrats Basel-Stadt, 15. Oktober 1974. Für die Hinweise auf die Geschichte des Fremdsprachenunterrichts in der Schweiz danke ich Anja Giudici.

Kinder mit italienischer Muttersprache wurde darüber hinaus aus pädagogischen Gründen als wenig sinnvoll erachtet. Schliesslich wollten die Kantone die italienischen Generalkonsulate auch nicht von ihrer Aufgabe der Führung von Kursen in italienischer Sprache, Kultur, Geschichte und Geografie entbinden.[139] Das Curriculum der obligatorischen Schule in der Schweiz vermochte das italienische Gesetz Nr. 153 also nicht zu beeinflussen. Viel deutlicher waren jedoch die Konsequenzen dieses neuen Gesetzes beim raschen Aufbau und bei der schnellen Entwicklung der «Kurse für heimatliche Sprache und Kultur» zu beobachten. Vereinzelte Kurse in italienischer Sprache existierten in Zürich zwar bereits in den 1930er-Jahren, und seit den 1960er-Jahren sind Bestrebungen von italienischen Emigrantenorganisationen oder des italienischen Generalkonsulats zu erkennen, mehr Italienischkurse für Emigrantenkinder anzubieten.
Die «Kurse für heimatliche Sprache und Kultur» sind heute als etabliert zu bezeichnen, wenngleich weniger auf eine allfällige Rückwanderung als auf eine Bewahrung von Traditionen ausgerichtet.[140] Die Entstehung und der Aufbau eines beinahe flächendeckenden Netzes von privat organisierten, aber koordinierten «Kursen für heimatliche Sprache und Kultur» in den einzelnen Gemeinden war auf das italienische Gesetz Nr. 153 zurückzuführen. Im Sommer 1975 existierten allein in der Stadt Zürich 20 solcher Kurse für knapp 500 Schülerinnen und Schüler. Drei dieser Kurse waren explizit für circa 65 Kinder der Mittelstufe und fanden – wie acht weitere Kurse – zentral in der Casa d'Italia statt, einem vom italienischen Konsulat in den 1930er-Jahren als Kulturzentrum erstellten Gebäude.[141] Sechs Kurse waren zudem bereits für das darauffolgende Schuljahr geplant.[142] In den Statistiken der Konsulate vom Herbst 1975 sind für die Region Zürich 138 Kurse verzeichnet, für die gesamte deutsch- und französischsprachige Schweiz 969.[143] Gleichzeitig kamen Fragen auf, wie diese Kurse inhaltlich zu gestalten seien und welche Ausbildung die Lehrkräfte vorzuweisen hätten. An einer Tagung, die im Mai 1972 gemeinsam von den Colonie Libere, dem italienischen Generalkonsulat und der Zürcher Kontaktstelle veranstaltet wurde, standen genau diese Fragen im Zentrum.[144]

139 Schlussbericht der Kommission zur Eingliederung fremdsprachiger Kinder, 1972, S. 23–24.
140 Giudici, Bühlmann, 2014. Aufgrund von Sparüberlegungen wird die Weiterführung dieser Kurse heute infrage gestellt. Siehe beispielsweise NZZ, 17. August 2013, «Italienisch für Italiener».
141 Zur Geschichte der Casa d'Italia: Ineichen, 2009, S. 204.
142 SSA, Ar 40.50.1, Mappe 1, Übersicht über Sprach- und Kulturkurse in der Stadt Zürich, 3. Juni 1975.
143 SSA, Ar 40.50.1, Mappe 1, Kurse im Konsularbezirk, nach Regionen und Niveau differenziert, September 1975.
144 ASTi, FPC 41, ECAP, B13, Mappe 3, La problematica nei corsi di lingua e cultura italiana, seminario di studio, Zurigo, 27.–28. Mai 1972.

Für den rasanten Ausbau dieses Kurswesen nach dem Inkrafttreten des Gesetzes Nr. 153 im Jahr 1971 sind ökonomische, aber auch schulorganisatorische Gründe anzuführen. Denn erstens unterstützten die schweizerischen Behörden den Aufbau, indem Räumlichkeiten für die Kurse zur Verfügung gestellt wurden.[145] Einige Jahre später konnten die Kurse in einigen Kantonen gar in den Zeugnissen bestätigt werden. Darüber hinaus gewährten einige Schulgemeinden den italienischen Kindern für zwei der üblichen vier Wochenstunden dieser Kurse eine Dispens vom regulären Unterricht. Doch bei Weitem nicht alle Gemeinden boten diese Möglichkeit an; im Kanton Zürich waren es nur 5 Prozent aller Schulgemeinden. Dies hatte Auswirkungen auf das Verhalten der italienischen Eltern in der Schweiz. Solange die «Kurse in heimatlicher Sprache und Kultur» ausschliesslich in der Freizeit der italienischen Schulkinder stattfanden, waren sie für manche Eltern wenig attraktiv.[146] Die Eltern versuchten, ihre Kinder unter Vorspiegelung einer Rückkehrbereitschaft in den nächsten Jahren in die italienischen Schulen in der Schweiz zu schicken – oder sie sandten ihre Kinder zu den Grosseltern oder in ein Internat in Italien, damit sie dort die obligatorische Schule absolvierten.[147] So sahen sich die Colonie Libere weiterhin veranlasst, die Gemeinden darauf hinzuweisen, die italienischen Schülerinnen und Schüler für zwei der vier Kursstunden vom regulären Unterricht zu befreien.[148]

Zweitens wurden von italienischer Seite für diese Kurse finanzielle Subventionen in Aussicht gestellt, weil sie gemäss dem Gesetz Nr. 153 eine Voraussetzung für die Reintegration der italienischen Kinder ins italienische Schulsystem waren. In der Folge versuchten verschiedene italienische Organisationen in der Schweiz, weitere Bildungs- und Betreuungsangebote aufzubauen und diese durch das italienische Aussenministerium subventionieren zu lassen. Die lokalen Colonie Libere wurden von der FCLIS gar explizit dazu aufgefordert, beim italienischen Aussenministerium Gelder für solche Kurse zu beantragen.[149] Weil das Gesetz Nr. 153 dahingehend unklar blieb, welche Angebote tatsächlich subventionsberechtigt waren, beantragten die italienischen Vereinigungen in der Schweiz bei den italienischen Behörden nicht nur Subventionen für die schulergänzenden Kurse in italienischer Sprache und Kultur, sondern auch

---

145 Schlussbericht der Kommission zur Eingliederung fremdsprachiger Kinder, 1972, S. 21–23.
146 Dies im Widerspruch zur andernorts intensiv geführten Diskussion um die ausserschulische Betreuung der italienischen Kinder. Vgl. Kap. 6.3.
147 NZZ, 21. Juli 1974, S. 31, «Einschulungsprobleme fremdsprachiger Kinder. Von Kanton zu Kanton unterschiedliche Lösungsversuche».
148 Beispielsweise SSA, Ar 40.50.1, Mappe 1, Forderungskatalog, undatiert.
149 SSA, Ar 40.50.1, Mappe 1, Brief des «Comitato nazionale della scuola» an alle Schulgruppen der Colonie Libere, 4. November 1973.

für weitere Kurs- oder Betreuungsangebote,[150] so auch die Colonie Libere, die neben den Sprach- und Kulturkursen Nachhilfekurse, Deutschkurse und Tagesstätten gemäss dem Gesetz Nr. 153 finanziert haben wollten.[151] Diese Anträge wurden jedoch meistens zurückgewiesen. Der Hauptgrund bestand nicht darin, dass die Angebote nicht subventionsberechtigt gewesen wären, sondern vielmehr in der starken Konkurrenz zu anderen italienischen Vereinigungen wie beispielsweise den Missioni Cattoliche, die sich ebenfalls um Subventionen für Bildungsangebote bemühten. Doch gerade die Nachhilfekurse und die Tagesstätten, die an einigen Orten sozusagen als unintendierter Effekt der Gesetzgebung Nr. 153 entstanden, verdeutlichen das bildungspolitische Engagement der italienischen Emigrationsorganisationen, das nicht auf Belange der Migration zu reduzieren ist, sondern mit dem darüber hinaus allgemeine sozialpolitische Ziele verfolgt wurden.

Am Beispiel des Gesetzes Nr. 153 verdeutlicht sich, wie ein italienisches Gesetz zum Auslöser für eine Dynamisierung der Bildungspolitik sowie der konkreten Bildungsangebote in der Schweiz wurde. Erstaunlich ist dabei erstens, wie stark – trotz oder gerade wegen ihrer transnationalen Ausrichtung – eine Emigrationsorganisation wie die Colonie Libere von den unterschiedlichen Gesetzgebungen in Italien und der Schweiz abhängig war. Denn die im Gesetz vorgesehene Finanzierung der Kurse durch das Aussenministerium war letztlich eine Ermöglichungsbedingung für den Aufbau eigener Bildungsangebote. Zweitens wird deutlich, dass wegen der bildungspolitischen Einflussnahme der Migrantenorganisationen, die auf den Erlass des Gesetzes Nr. 153 folgte, auch die schweizerischen Bildungsbehörden reagieren mussten, indem Räume zur Verfügung gestellt und die Möglichkeit diskutiert wurde, den Besuch von «Kursen in heimatlicher Sprache und Kultur» im Zeugnis zu bescheinigen.

Die Voraussetzung für eine effektive Beeinflussung der schweizerischen Gesellschaftspolitik durch Emigrationsorganisationen war – wie bei der beruflichen Qualifizierung der migrantischen Arbeiterinnen und Arbeiter – eine gewisse Etablierung der eigenen bildungspolitischen Grundsätze. Darin waren die Colonie Libere bedeutend erfolgreicher als die Missioni Cattoliche. Im Wissen um den prinzipiellen Konsens, die Kinder der italienischen Arbeiterinnen und Arbeiter in den schweizerischen Regelklassen zu beschulen, gelang des den Colonie Libere bedeutend einfacher, darauf hinzuweisen, was an dieser Integration schlecht oder gar überhaupt nicht funktioniere.[152]

150 SSA, Ar 40.50.1, Mappe 2, Informationsschreiben der Regionalgruppe Zürich an alle Elternkomitees der Colonie Libere, 16. Oktober 1972.
151 SSA, Ar 40.50.3, Mappe 1, Diverse Subventionierungsgesuche von lokalen Colonie Libere. Zur Betreuung italienischer Kinder in der Schweiz siehe auch Kap. 6.3.
152 Vgl. dazu Kap. 7.

Deshalb wurde von den Colonie Libere umso deutlicher Kritik geübt, sobald dieser Konsens infrage gestellt wurde. Dies geschah beispielsweise 1974 im Kanton St. Gallen, als dessen Regierung die Einführung von speziellen Klassen für italienische Primarschulkinder in grösseren Städten und zugleich erleichterte Zulassungsbedingungen für die italienischen Schulen der katholischen Mission beschloss. Gegenüber beiden Änderungen regte sich in den Colonie Libere Widerstand.

Die im Kanton St. Gallen beabsichtigten Ausländerklassen unterschieden sich von der bisherigen Praxis der Einführungsklassen, die in der Regel nicht länger als ein Jahr besucht wurden, um intensiv Deutsch zu lernen. Fremdsprachige Kinder sollten gemäss dem Erziehungsrat des Kantons St. Gallen bis zu drei Jahre in den Spezialklassen bleiben. Zudem hatten diese Ausländerklassen dem staatlichen Lehrplan zu folgen, um den ausländischen Schülerinnen und Schülern nach etwa drei Jahren den Übergang in die Regelklasse zu ermöglichen. Begründet wurde die Massnahme mit einem zu hohen Anteil fremdsprachiger Kinder in den Regelklassen – die Spezialklassen dienten der Entlastung der Lehrerinnen und Lehrer. Darüber hinaus wurde explizit die Befürchtung geäussert, dass Schweizer Eltern aufgrund der hohen Ausländerzahlen in den Schulklassen ihre Kinder aus den jeweiligen Schulen nehmen wollten, sei es durch die Wahl einer Privatschule oder sei es über einen Wechsel des Wohnorts. Dieses Argument barg zugleich eine staatspolitische Komponente, denn die schulische Integrationspolitik wurde als «Farce» bezeichnet, sobald der Anteil fremdsprachiger Kinder 30 Prozent überschreite.[153] Hier äusserte sich wohl auch ein Unbehagen, ob Schule selbst dann zur Bildung nationaler Identität tauge, wenn sie gleichzeitig die Aufgabe der gesellschaftlichen Integration von Zugewanderten zu übernehmen habe.[154]

Darauf reagierten die Colonie Libere in ihrer Zeitschrift «Emigrazione Italiana» vehement. Zwar würden tatsächlich Probleme bei der Beschulung italienischer Kinder in schweizerischen Regelklassen auftreten. Diese seien aber keinesfalls über die Schaffung von Spezialklassen für Ausländerkinder zu lösen, was nur zur Ghettobildung führe. Vielmehr müssten die vorschulischen Strukturen ausgebaut und stärker auf den Spracherwerb ausgerichtet werden, müssten Aufgabenhilfen geschaffen und allgemein die Schulklassen verkleinert werden. Unter dem Strich sei der St. Galler Beschluss als eine Absage an die integrative Bildungspolitik zu verstehen und deshalb abzulehnen. Darüber hi-

---

153 NZZ, 24. Januar 1974, S. 14, «Die Schulung fremdsprachiger Kinder in St. Gallen. Abkehr vom reinen Integrationsgedanken».

154 Zur Schule als Institution der Nationalstaatsbildung: Ramirez, Boli, 1987; zur Widersprüchlichkeit unterschiedlicher Funktionen des Bildungssystems: Graf, Lamprecht, 1991, S. 74–79.

naus widerspreche der Vorstoss den Empfehlungen sowohl der EDK als auch der italienisch-schweizerischen Ad-hoc-Kommission für Schulfragen, welche beide für eine Integration der italienischen Schülerinnen und Schüler in die schweizerischen Regelklassen plädierten.[155]
Um ihre Kritik nicht nur an die italienische Bevölkerung, sondern an eine breitere Öffentlichkeit in der Schweiz zu adressieren, startete die «Commissione Nazionale Scuola della Federazione delle Colonie Libere Italiane in Svizzera», kurz darauf eine Petition mit der Forderung an die Schweizer Behörden, die schulergänzenden Massnahmen für fremdsprachige Kinder so weit auszubauen, dass eine separate Beschulung derjenigen Kinder mit schwachen Deutschkenntnissen nicht mehr nötig sei.[156] Die Colonie Libere waren in der Lage, innert fünf Monaten mehr als 4000 Unterschriften für diese Petition zu sammeln.[157] Dieses Vorgehen der Colonie Libere wiederum empfand die «Neue Zürcher Zeitung» als unnötiges «Lamento» und sah sich im Sommer 1974 gezwungen, einen ganzseitigen Artikel über «Einschulungsprobleme fremdsprachiger Kinder» zu verfassen.[158] Das liberal-bürgerliche Blatt unterstellte den Colonie Libere auf der einen Seite zwar, die Realitäten der schweizerischen obligatorischen Schule zu wenig zu kennen, wies aber gleichzeitig auf Problemlagen hin, die sich aus der Strategie ergaben, die Beschulung auf zwei mögliche Zukünfte in der Schweiz und in Italien auszurichten.
Ebenso deutlich wurde seitens der Colonie Libere die zweite Änderung kritisiert, mit welcher der St. Galler Erziehungsrat eine erleichterte Zulassungspraxis zur italienischen Schule der Missione Cattolica vorsah. Der Besuch von deren Schule sollte nicht mehr strikt an den Nachweis einer beabsichtigten Rückkehr nach Italien innert zweier Jahre geknüpft sein, sondern über eine paritätisch zusammengesetzte Zulassungskommission geregelt werden. Der Kanton St. Gallen hoffte mit dieser situativen Abklärung zu ermitteln, wie ernst es den Eltern, die ihre Kinder von der Missione Cattolica beschult haben wollten, mit der Rückkehr war. Die Schulen der katholischen Mission hätten dabei für einen mit dem der öffentlichen Volksschule vergleichbaren Unterricht zu sorgen, wobei mindestens sechs Wochenstunden Deutschunterricht von einer dafür qualifizierten Lehrkraft anzubieten seien. Darüber hinaus regte der Erziehungsrat des Kantons St. Gallen an, an der Schule der katholischen

155 EI, 13. Februar 1974, «In onta al concetto della parità nell'istruzione scolastica. Il Cantone di San Gallo vuole istituire classi ‹speciali› per gli alunni emigrati».
156 ASTi, FPC 41, ECAP, B23, Mappe 3, Petizione, undatiert.
157 EI, 10. Juli 1974, «Una cosciente risposta ad un atto discriminatorio. Presentate dalle associazioni del sangallese 4083 firme contro le ‹classi-ghetto›».
158 NZZ, 21. Juli 1974, S. 31, «Einschulungsprobleme fremdsprachiger Kinder. Von Kanton zu Kanton unterschiedliche Lösungsversuche».

Mission eine *scuola media* einzurichten, was dem Unterricht auf der Sekundarstufe I entsprach.[159]

Die «Neue Zürcher Zeitung» berichtete sehr wohlwollend über diesen Beschluss. Die Bewilligung der Schule der katholischen Mission wertete die Zeitung als Überwindung der bis anhin geltenden «starren Integrationspolitik»; in der Zulassungskommission sah der Redaktor Vorteile gegenüber der «bürokratischen» Zweijahresregelung bei der Zulassung, da im direkten Gespräch die italienischen Eltern gleich über das schweizerische Schulwesen informiert werden könnten – mit dem Resultat, dass Vorbehalte gegenüber dem Besuch der schweizerischen Regelklasse abgebaut würden.[160]

Während sich die «Neue Zürcher Zeitung» kritisch gegenüber der geltenden Integrationspolitik über die Beschulung der zweiten Generation äusserte, verwiesen die Colonie Libere auf dieselbe Integrationspolitik, welche sich in anderen Kantonen bewähre, mit den Vorschlägen des Kantons St. Gallen nun aber unterminiert werde. Ihre Kritik richtete sich in erster Linie gegen die Angebotsverlängerung der Missionsschule durch die Einführung einer *scuola media*. Da erfahrungsgemäss nur sehr wenige Kinder tatsächlich nach Italien zurückkehren würden, bedeute dies eine Verlängerung des Besuchs einer italienischen Schule in der Schweiz, was sich letztlich erschwerend auf die Integration in weiterführende Schulen oder in die Berufsbildung in der Schweiz auswirke.[161] Die von den Colonie Libere verwendeten Daten zum Beweis der sehr tiefen Rückkehrquoten stammten aus dem Kanton Basel-Stadt und standen im Kontrast zu den von Pater Jungo herumgereichten Quoten aus Einsiedeln, wonach die Rückreisequote aufgrund der fehlenden italienischen Schulen in der Schweiz vor allem für Kinder im Vorschulalter noch immer sehr hoch sei.[162] Die Zahlen waren letztlich nicht vergleichbar und die divergierenden Positionen somit nicht vereinbar.

Schliesslich lohnt sich ein Blick auf die lokale Ebene, auf der sich örtlichen Akteuren ein beachtlicher Spielraum bot, wie der Umgang mit den italienischen Kindern in der örtlichen Schule gestaltet werden konnte. Als Beispiel dafür dient die Gemeinde Wattwil im Kanton St. Gallen.[163] Bereits in den frü-

---

159 ASTi, FPC 41, ECAP, B23, Mappe 3, Beschluss des Erziehungsrates betreffend die Bewilligung der Schule der «Missione Cattolica Italiana» in St. Gallen (Missionsschule), 7. Januar 1974.

160 NZZ, 24. Januar 1974, S. 14, «Die Schulung fremdsprachiger Kinder in St. Gallen. Abkehr vom reinen Integrationsgedanken».

161 ASTi, FPC 41, ECAP, B23, Mappe 3, «Protesta» der «Commissione Nazionale Scuola» der FCLIS, 6. März 1974.

162 Jungo, 1975.

163 Die dort ansässige Textilindustrie verzeichnete in den 1950er- und 60er-Jahren ein beachtliches Wachstum, das auch auf der Rekrutierung italienischer Arbeiterinnen und Arbeiter basierte. Knoepfli, 2006.

hen 1960er-Jahren nahm sich die Schulgemeinde der italienischen Kinder an. Rasch wurden zusätzliche Intensivkurse in deutscher Sprache eingerichtet, um die Wiedereinführung von «Italienerklassen» zu vermeiden.[164] Der Kanton St. Gallen unterstützte die Realisierung solcher Integrationsmassnahmen. Die Gemeinde kannte auch restriktive Massnahmen. Um die hohen Absenzenzahlen der italienischen Kinder zu reduzieren, wurden Geldstrafen und juristische Androhungen eingeführt, was aber letztlich nicht die erwünschte Wirkung zeitigte. Entscheidend ist vielmehr, dass die Gemeinde die Kurse selbst dann aufrechterhielt, wenn die fremdsprachigen Kinder dem Angebot wiederholt fernblieben. Auch das örtliche Textilunternehmen, das einen grossen Teil der italienischen Eltern in der Gemeinde beschäftigte, zeigte Engagement und setzte sich dafür ein, dass Angebote der ausserschulischen Betreuung realisiert werden konnten.[165]

Hier scheint eine Einzelgemeinde auf, welche die kantonalen Empfehlungen auf sehr konstruktive Weise umzusetzen versuchte. Die bildungspolitischen Forderungen, welche die Colonie Libere an die Öffentlichkeit trugen, entstanden mit Blick auf diejenigen Schulgemeinden, welche deutlich weniger Anstrengungen zur schulischen Integration der italienischen Kinder unternahmen als Wattwil. Die Schulgemeinden hatten indes durchaus Spielraum, um ihre bestehenden pädagogischen Institutionen auf Migration auszurichten.

Lokal wie auf übergeordneter Ebene setzte sich nach und nach die integrative Haltung zur Beschulung ausländischer Kinder durch, die gewissermassen eine programmatische Bekräftigung der Volksschule als Schule für alle beinhaltete.[166] Das bedeutete aber keinesfalls, dass die komplexen Herausforderungen an die Schule, welche Migration insbesondere hinsichtlich der Mehrsprachigkeit stellte und noch immer stellt,[167] damit auch bewältigt gewesen wären. Der Konsens beschränkte sich auf das schulorganisatorische Prinzip der Integration ausländischer Schüler in die schweizerischen Regelklassen, was weder Benachteiligungen noch interne Vorgänge der Exklusion im Schulwesen vermeiden konnte. Gleichzeitig stellte es die Grundlage dar, um Auseinandersetzungen

164 Solche «Italienerklassen» kannte Wattwil schon im frühen 20. Jahrhundert, als der Eisenbahntunnel durch den Ricken mithilfe italienischer Arbeiter gebaut wurde. Für Hinweise auf italienische Schulen der katholischen italienischen Missionen, die an der Wende zum 20. Jahrhundert in Gemeinden geführt wurden, in welchen grosse Infrastrukturbauten, insbesondere Eisenbahntunnels, realisiert wurden, siehe Trincia, 1998, S. 42. Thomas Ruoss (Zürich) hat mich auf die «lange Dauer» des hier verhandelten Zusammenhangs hingewiesen.
165 Küng, 2012.
166 Siehe dazu beispielsweise die von der EDK veröffentlichten «Ergänzungen zur Schulung der Gastarbeiterkinder» von 1976 und die «Empfehlungen zur Schulung der fremdsprachigen Kinder» von 1985 und 1991. Vgl. EDK, 1995.
167 Vgl. beispielsweise Gogolin, 1994.

über Diskriminierungen fremdsprachiger Kinder in der und durch die Schule überhaupt führen zu können.

Darüber hinaus gestaltete sich in der Folge die Debatte um die Beschulung fremdsprachiger Kinder zunehmend facettenreicher. Der Anteil italienischer Kinder im vorschul- und schulpflichtigen Alter nahm nach 1980 ab, nach und nach wurden andere Sprachen und Nationen in den Schulen registriert. Die Erziehungsdepartemente in den Kantonen begannen Fachstellen für Ausländerpädagogik oder interkulturelle Erziehung einzurichten, welche Beratungs- und Entwicklungsaufgaben in Fragen zu Schule, Bildung und Migration übernahmen.[168] Dies geschah immer im Wissen um die Erfahrungen, die in den Jahrzehnten zuvor mit der Beschulung der italienischen Kinder gemacht wurden.

Vor dem Hintergrund des nationalen Charakters der öffentlichen Schule ist es beachtlich, wie die Colonie Libere innert einem Jahrzehnt ihre skeptische Haltung gegenüber einer integrativen Beschulung italienischer Kinder in Schweizer Regelklassen ablegten und in der Folge auch gegenüber etablierten Meinungsbildnern in der Schweiz wie der «Neuen Zürcher Zeitung» beharrlich die Meinung verteidigten, dass die Kinder der italienischen Emigranten möglichst in die Regelklassen der öffentlichen Schulen der Schweiz aufgenommen werden sollten. Das Festhalten am integrativen Prinzip bildete für die Colonie Libere den Ausgangspunkt für ihre weiteren Tätigkeiten im schulpolitischen Feld, sei es im Aufbau von Unterstützungs- und Aufklärungsangeboten für italienische Eltern in der Schweiz, sei es bei der Initiierung von lokalen Elternkomitees durch Migranten oder sei es im Kampf gegen die Benachteiligung der ausländischen Kinder im schweizerischen Schulsystem.

---

168 Allemann-Ghionda, 1999.

6. Wirken vor Ort

Informationsoffensiven, lokale Einflussnahme und Betreuungsangebote

Italienische Familien mit Kindern waren in der Schweiz mit verschiedenen alltäglichen Herausforderungen konfrontiert. Die zugewanderten Eltern waren mit dem hiesigen Schulsystem kaum vertraut, sie verfügten über keine Rechte zur politischen Einflussnahme und waren oft beide erwerbstätig. Dass ihre Kinder, sobald sie sich legal in der Schweiz aufhielten, der Schulpflicht unterstellt waren und die öffentliche Schule am Wohnort zu besuchen hatten, stellte den institutionellen Rahmen dar, in dem diese alltäglichen Herausforderungen artikuliert und bewältigt werden konnten. Die Emigrationsorganisationen stellten sich dabei für die Migrantinnen und Migranten als hilfreiche Ressource heraus. Dank ihrer dichten lokalen Vernetzung erreichten sie die italienischen Eltern selbst in kleineren Gemeinden. So konnten die alltäglichen Herausforderungen der migrantischen Eltern nicht nur auf der politischen Ebene zur Sprache gebracht werden, sondern auch pragmatisch vor Ort angegangen werden.

Die Herausforderungen in der Bewältigung des Familienalltags waren vielschichtig. Erstens fehlten vielen italienischen Eltern in der Schweiz Kenntnisse der lokalen Gepflogenheiten in der Schule, was sich insbesondere bei Zuteilungs- oder Übertrittsfragen nachteilig auf ihre Kinder auswirkte. Die Etablierung eines schulischen Informations- und Beratungszentrums für migrantische Eltern wirkte diesem Problem entgegen. Zweitens verfügten die Arbeitsmigrantinnen und -migranten weder über das politische Recht, an den demokratischen Prozessen der Gestaltung der lokalen Schule teilzunehmen, noch über das Wissen über alternative Möglichkeiten, die eigenen Interessen gegenüber der lokalen Schulpolitik zu artikulieren. Mit dem Aufbau von Elternkomitees konnten vielerorts lokale Mitsprachemöglichkeiten in schulischen und erzieherischen Belangen realisiert werden. Drittens schränkte die Berufstätigkeit beider Elternteile in der Emigration die familienbezogenen Handlungsmöglichkeiten ein, weshalb die Betreuung sowohl der Vorschulkinder wie auch – in Randzeiten – der schulpflichtigen Kinder organisiert werden musste. Die italienischen Vereinigungen, aber auch andere soziale Organisationen in der Schweiz boten dabei Hand zum Aufbau unterschiedlicher Betreuungsangebote für die Kinder der Zugewanderten.

In diesen drei Bereichen der lokalen Einflussnahme italienischer Emigrationsorganisationen auf die Erziehungs-, Unterrichtungs- und Betreuungsrealitäten italienischer Kinder in der Schweiz – der Bereitstellung von Informations- und Betreuungsangeboten sowie der Verwirklichung von Mitsprachemöglichkeiten – zeigt sich sehr deutlich der pragmatische Aspekt dieses Wirkens vor Ort. Strategien zur Bewältigung dieser Herausforderungen wurden nicht in Opposition zur bestehenden institutionellen Ordnung, sondern entlang von Spielräumen gesucht, die sich aus der gesellschaftlichen Aufbruchsstimmung der 1960er-Jahre ergaben.[1]

Dabei waren es oft Einzelpersonen oder -gruppierungen, die geschickt Handlungsspielräume zwischen gesetzlichen Bestimmungen und staatlichen Regulierungen nutzten. Schliesslich ergänzten alle drei in diesem Kapitel besprochenen Felder der lokalen Einflussnahme die bestehenden Strukturen des Erziehungs- und Bildungswesens. Sie erlaubten es, auf die spezifischen Problemlagen der italienischen Familien in der Schweiz zu reagieren. So konnte das bestehende System dazu genutzt werden, gezielte Hilfs- und Unterstützungsmöglichkeiten bereitzustellen.

Die Benennung der Herausforderungen bildete die Grundlage wie den Impetus für die lokale Einflussnahme. So pointiert Bildungspolitiken von Emigrationsorganisationen formuliert wurden,[2] in der lokalen Bearbeitung der Probleme zeigte sich ein dezidiert pragmatisches Vorgehen. Das lokale Engagement war – anders als auf politischer Ebene – nur in seltenen Fällen auf Konfrontation ausgerichtet. Neben den offiziellen, von Behörden und Politik vorgesehenen Möglichkeiten erwiesen sich das schulische Informationszentrum für italienischsprachige Eltern in Zürich, die migrantischen Elternkomitees in den Schulgemeinden und die ausserschulische Betreuung der Migrantenkinder – zumindest in der Selbstwahrnehmung der Beteiligten – als eigene, durchaus erfolgreiche Wege zum Bestehen der eingangs genannten Herausforderungen. In der pragmatischen Lösungssuche trugen diese drei im Folgenden detaillierter besprochenen Aspekte zu einer Stabilisierung der Lebensverhältnisse migrantischer Familien bei.

---

1 König et al., 1998.
2 Vgl. Kap. 7.2.

6.1. Das «Centro Informazioni Scolastiche delle Colonie Libere Italiane» als Elternberatungsstelle

Eine erste Intervention, die für die Colonie Libere in den frühen 1970er-Jahren relevant wurde, resultierte aus dem Befund, den italienischen Eltern fehle es an grundlegendem Wissen über die schulischen Strukturen und Möglichkeiten in der Schweiz. Die schweizerischen Behörden stellten zwar eine Vielzahl von Informationsbroschüren zu schulischen Strukturen und Angeboten wie auch eine breite Palette an Elternbildungskursen zur Verfügung,[3] aber zu lange nur in deutscher Sprache. Die Relevanz der Elterninformation wurde von der Schulgruppe der Colonie Libere anerkannt, aufgrund der fehlenden Übersetzungen wurden die italienischen Arbeitereltern jedoch nicht erreicht.[4]

Die Diagnose, italienische Eltern seien über die hiesige Schule nur mangelhaft informiert, fand starke Resonanz. Eine 1970 vorgestellte Untersuchung der «Zürcher Kontaktstelle für Italiener und Schweizer», für die schweizerische und italienische Eltern zweier Gemeinden im Kanton Zürich befragt wurden, ergab, dass die Beschaffung von Informationen über das schweizerische Schulwesen überwiegend den Eltern überlassen war. Dies bereite den italienischen Eltern in beiden Gemeinden besondere Schwierigkeiten, insbesondere wenn die Informationen nicht in italienischer Sprache verfügbar seien. Vor allem seien Informationen über die Schulstrukturen, über die Zuteilungsmechanismen und über die Bedingungen und Möglichkeiten weiterführender Schulen oder einer Berufsausbildung erwünscht. Die Autorin schloss ihre Interpretation der Ergebnisse mit dem Fazit, eine verständliche und auf den Empfänger ausgerichtete Informationspolitik sei eine Grundbedingung für eine gelingende Integration.[5]

Schweizerische Behörden teilten diese Diagnose. So forderte die städtische Kommission für Assimilierungsfragen 1972 eine neutrale Beratungsstelle für ausländische Eltern, die einerseits als niederschwellige Anlaufstelle diene, andererseits spezifische Kurse für Einwanderereltern anbiete.[6] Die vom Kanton eingesetzte Kommission war in ihrer Einschätzung zwar etwas skeptischer, da für einen funktionierenden Informationsfluss oft das Vertrauen seitens der italienischen Eltern fehle. Italiener seien eine Auseinandersetzung mit «geistigen

---

3   Elternbildungskurse waren keine neue Erscheinung der zweiten Hälfte des 20. Jahrhunderts. Die Elternbildung erfuhr in den Jahrzehnten nach dem Zweiten Weltkrieg aber eine Institutionalisierung, beispielsweise durch die Gründung von Arbeitsgemeinschaften, die sich der Thematik annahmen. Braunschweig, 2002; eine Übersicht über die Elternbildungsangebote in den frühen 1960er-Jahren bei Walter, 1964, S. 103–110.
4   Commissione Culturale della Federazione delle Colonie Libere Italiane in Svizzera, 1969.
5   Zürcher Kontaktstelle für Italiener und Schweizer, 1970, S. 31–34.
6   Städtische Kommission für Assimilierungsfragen, 1972, S. 4–5.

Problemen» nicht gewohnt, weshalb Vorträge und Diskussionen an Elternabenden kurz und einfach gestaltet werden sollten. Der Einsatz von Dolmetschern wurde als zweckmässig erachtet. Schliesslich seien von Formularen und Informationsschreiben leicht verständliche Übersetzungen anzufertigen.[7] Die Kommission stellte in Aussicht, dass die Informationsschreiben zum Übertritt von der Primarschule in die Sekundarstufe I in Zukunft in verschiedenen Sprachen erhältlich seien. Nach und nach wurden weitere Broschüren, mit welchen die kantonalen Behörden die Eltern informierten, in Fremdsprachen übersetzt. Diese Anstrengungen gingen den Colonie Libere zu wenig weit. Sie starteten eine doppelte Informationsoffensive. Einerseits bereiteten sie eine Publikation vor, welche die italienischen Eltern in der Schweiz direkt über die schulischen Verhältnisse in der Schweiz informierte. Dabei wurde auch auf Aspekte und Schwierigkeiten hingewiesen, mit denen sich das italienische Kind beim Besuch der schweizerischen obligatorischen Schule konfrontiert sehe. Die 1973 erschienene, 80 Seiten starke Informationsbroschüre mit dem Titel «Gli emigrati e la scuola» ging über die nüchterne Information der behördlichen Informationsblätter hinaus und stellte die schweizerische Schule in ihrer Funktion als Selektionsinstanz der Klassengesellschaft dar.[8] Die Hauszeitschrift der Colonie Libere, die «Emigrazione Italiana», diente ebenfalls als Informationsmedium für die italienischen Eltern in der Schweiz, indem eine Rubrik zu Schulfragen eingeführt wurde.

Andererseits führte die Informationsoffensive zur Gründung eines eigenen Informationszentrums für Schulfragen. Das «Centro Informazioni Scolastiche delle Colonie Libere Italiane», das schulische Informationszentrum der Colonie Libere Italiane, wurde 1973 von der Schulgruppe des Regionalverbands Zürich der Colonie Libere eingerichtet. Die im Raum Zürich zuvor von Einzelpersonen geleistete Betreuung und Beratung von italienischen Familien in schulischen Angelegenheiten konnte so institutionell verankert werden. Sibilla Schuh übernahm die Leitung des Informationszentrums. Sie engagierte sich schon vorher in den Colonie Libere und verrichtete Verlagsarbeiten für die «Emigrazione Italiana».[9] Kurz nach der Gründung konnte eine zweite Mitarbeiterin eingestellt werden. Zu den Aufgaben des Zentrums zählten neben der Einzelberatung auch die Betreuung der Elternkomitees und die Durchführung von Elternkursen. Etwas später kamen Präventionsangebote dazu. Bildungspo-

---

7 Schlussbericht der Kommission zur Eingliederung fremdsprachiger Kinder, 1972, S. 38–40.
8 FCLIS, 1973; inhaltlich zur Publikation: Kap. 7.2.
9 Sibilla Schuh war in der Schweiz aufgewachsen und kam über einen Freiwilligeneinsatz in Sizilien während des Studiums in Kontakt mit Fragen der Emigration und später mit der «Federazione delle Colonie Libere Italiane in Svizzera». Vgl. Gespräch mit Sibilla Schuh, 11. Dezember 2015.

litisch vertrat das Informationszentrum dieselben Positionen wie die Colonie Libere. Insbesondere teilte es die Skepsis gegenüber den italienischen Schulen der katholischen Missionen in der Schweiz, welche die Integration italienischer Kinder praktisch verunmöglichen würden.[10] Das Zentrum hatte sich bis in die 1980er-Jahre endgültig etabliert, was sich darin äusserte, dass die Schulgemeinden es als Ansprechpartner zunehmend ernst nahmen. Später nannte es sich «Centro Scuola e Famiglia delle Colonie Libere». Es existierte insgesamt über 30 Jahre.[11]

Sibilla Schuh qualifizierte sich für die Leitung des Zentrums mit ihrer bereits erwähnten Diplomarbeit am Institut für Angewandte Psychologie in Zürich über die Identitätsentwicklung italienischer Kinder in den Schweiz. Schuh kam in ihrer Studie zum Schluss, dass der grossen Verunsicherung italienischer Kinder, die als Folge der gemeinsamen Beschulung auftreten könne, in erster Linie über ein vermehrtes Entgegenkommen beider Seiten, insbesondere durch die Intensivierung des Kontakts zwischen italienischen Eltern und schweizerischen Lehrern sowie durch die umfassende Information ausländischer Eltern über das schweizerische Schulsystem entgegengewirkt werden könne.[12] Dies war die Legitimationsgrundlage für das Informationszentrum.

Als Multiplikatoren für die Informationsoffensive der Colonie Libere und von deren Informationszentrum dienten die Elternkomitees. Das Informationszentrum unterstützte den Aufbau neuer Elternkomitees und beriet bestehende Elternkomitees bei deren Tätigkeiten. Dazu stellte es eine breite Palette von Informationsunterlagen zur Verfügung, half bei der Organisation von Elternbildungskursen vor Ort und bot Weiterbildungsveranstaltungen für die Mitglieder der Elternkomitees an.[13] Dem Zentrum ging es insbesondere darum, den Eltern Kenntnisse über Strukturen und Eigenheiten der öffentlichen Schulen in der Schweiz zu vermitteln sowie die Elternkomitees darin anzuleiten, wie diese Vermittlung zu leisten sei.[14] Zudem riet es den schweizerischen Behörden, die Vereinigungen der Zugewanderten unbedingt mit einzubeziehen, um die ausländischen Eltern zu erreichen. Nur wenn das tatsächlich weitverbreitete

10 SSA, Ar 40.50.2, Mappe 5, Brief des «Centro Informazioni Scolastiche delle Colonie Libere Italiane» an die Erziehungsdirektion des Kantons Zürich und an das Schulamt der Stadt Zürich, 20. September 1974.
11 SSA, Ar 201.253.2; Eigendokumentation der Geschichte des «Centro Scuola e Famiglia delle Colonie Libere», 1998; Gespräch mit Sibilla Schuh, 11. Dezember 2015.
12 Schuh, 1970.
13 SSA, Ar 201.253.2; Eigendokumentation der Tätigkeitsbereiche des «Centro Scuola e Famiglia delle Colonie Libere», 1973–1998.
14 SSA, Ar 40.50.2, Mappe 5, Informationsbroschüre, Juni 1977; SSA, Ar 40.50.2, Mappe 2, «Gruppo scuola delle CLI del Cantone Zurigo», Protokolle, Seminar für alle Elternkomitees, 13. April 1972.

Misstrauen gegenüber den Emigrationsvereinigungen abgelegte werde, sei ein konstruktiver Dialog möglich, erklärte die Zentrumsleiterin Sibilla Schuh dem Thurgauer Synodalrat.[15]
Die Benachteiligung italienischer Kinder bei Zuteilungs- und Selektionsentscheiden in den öffentlichen Schulen der Schweiz war eine Problematik, zu deren Bearbeitung es mehr als die Aufklärung der italienischen Eltern brauchte und womit auch die schweizerische Schule konfrontiert werden musste.[16] Insbesondere der Befund, dass italienische Kinder in den schweizerischen Schulen überdurchschnittlich oft Sonderklassen zugewiesen wurden, hatte in der Arbeit des Zentrums einen zentralen Stellenwert. Über das Zentrum wurden Rekurse geführt, um Einteilungen von italienischen Schülern in Sonderklassen rückgängig zu machen. Das Informationszentrum trat gegenüber den Schulbehörden im Namen der italienischen Eltern auf, welche die hiesigen Schulverhältnisse kaum kannten und zudem über keine politischen Rechte zur Einflussnahme verfügten.
Dieser Kampf um Zuteilungen ist sehr gut dokumentiert. Die Psychologin Schuh verfasste 1975 ein ausführliches Dossier über ausländische Kinder in den schweizerischen Sonderklassen, in dem sie die psychologischen Abklärungen scharf kritisierte, die den Zuteilungsentscheiden zugrunde lagen. Nur allzu oft würden diese die sprachlichen Fähigkeiten, nicht aber das eigentliche schulische Potenzial der italienischen Kinder messen. Denn die verwendeten verbalen Tests würden die italienischen Kinder wegen ihrer Fremdsprachigkeit benachteiligen. Die Folge davon sei, dass italienische Kinder mit durchschnittlicher Intelligenz viel zu häufig in Sonderklassen für «Schwachbegabte» eingeteilt würden. Weil die Testfragen zudem bildungsbürgerlich orientiert seien, zeige sich darüber hinaus ein deutlicher Klasseneffekt, was italienische Arbeiterkinder letztlich doppelt diskriminiere.[17] Diese Art der Zuteilung unterlief das Versprechen der Chancengleichheit, mit dem während der Bildungsexpansion die Öffnung des Bildungswesens vorangetrieben wurde.[18]
Schuhs Engagement ging über das Aufzeigen dieser Benachteiligung hinaus. Sie nahm Zweitabklärungen vor und unterstützte – im Fall einer in ihren Augen ungerechtfertigten Zuweisung – italienische Eltern bei den rechtlichen Schritten eines Rekurses. Oft vermittelt durch ein lokales Elternkomitee, wandten sich italienische Eltern an das Informationszentrum, in dem das betroffene

---

15 SSA, Ar 40.50.2, Mappe 4, Brief von Sibilla Schuh an den Thurgauer Synodalrat, 13. Dezember 1974.
16 Dies ist die Kehrseite spezifischer pädagogischer Zuwendung den immigrierten Kindern gegenüber, wie etwa am Beispiel Birminghams rekonstruiert wurde. Ydesen, Myers, 2016.
17 Schuh, 1975, S. 1–15.
18 Für eine ähnliche Kritik an der sprach- und schichtbasierten Beurteilung der Schulreife von italienischen und schweizerischen Kindergartenkindern: Beurer, 1977.

Kind einem Intelligenztest unterzogen wurde, der nicht auf verbalen Kenntnissen und Fertigkeiten beruhte. In den meisten Fällen konnte Schuh mit diesen Zweitabklärungen einen vergleichsweise hohen Intelligenzquotienten nachweisen. War dies der Fall, legte das Zentrum im Namen der Eltern bei den betroffenen Behörden Rekurs ein. So wurde in zahlreichen Fällen erreicht, dass die Zuteilung rückgängig gemacht wurde.[19] Die Sensibilisierungskampagne des Zentrums legt nahe, dass die betroffenen Schulgemeinden die Zuteilung oft wider besseres Wissen vorgenommen hatten und die Intervention des Zentrums als notwendiges Korrektiv ihrer eigenen Praxis anerkannten.

Jedoch war nicht jeder Rekurs erfolgreich. 1973 wandte sich das Elternkomitee einer Ostschweizer Schulgemeinde an das Zentrum, weil dort ein Viertel der italienischen Kinder in die Sonderklassen eingeteilt wurde. Das Zentrum testete in der Folge die Intelligenz dieser Schülerinnen und Schüler und kam zum Schluss, dass bei den meisten Kindern dieser Gruppe keine kognitiven Gründe für die Beschulung in einer Sonderklasse vorliegen würden. Damit konfrontierte Schuh die Schulgemeinde. In ihrer Antwort lehnte die Schulgemeinde das Begehren, die Zuteilung rückgängig zu machen, ab und verwies dabei auf die Stellungnahme des kantonalen schulpsychologischen Dienstes, der die Zuteilung vorgenommen hatte. Der Volksschulunterricht basiere auf der Sprache und bei ungenügenden Kenntnissen der Sprache sei diese einzuüben, bevor der Unterricht in der Regelklasse besucht werden könne.[20] Die Vermischung von Einführungs- und Sonderklassen, die gemäss dieser Antwort augenscheinlich vorlag, erzürnte die Leitung des Zentrums.

Der Problematik, dass Übertritts-, Selektions- und Zuweisungsentscheide der öffentlichen Schule, die auf Kenntnissen der deutschen Sprache basierten, eine Verzerrung der Chancengleichheit bewirkten, wurde bereits 1970 in der Kommission für Schulfragen der «Zürcher Kontaktstelle für Italiener und Schweizer diskutiert».[21] Auch die schweizerischen Behörden waren sich dieses Aspekts zunehmend bewusst. 1972 hielt die Schweizerische Konferenz der kantonalen Erziehungsdirektoren (EDK) noch etwas vage fest, Übertritt und Selektion seien nicht zu stark von den Leistungen in der Unterrichtssprache abhängig zu machen.[22] Im gleichen Jahr kamen auf kantonaler Ebene migrationsspezifische Fachkommissionen überein, geeignete nonverbale oder fremdsprachige Testinstrumente für die Zuteilungsentscheide entwickeln zu müssen.[23] Die italienisch-schweizerische Ad-hoc-Kommission für Schulfragen widmete sich seit

---

19 Schuh, 1975, S. 14.
20 Ebd., S. 15–23.
21 SSA, Ar 48.20.1, Mappe 1, Bericht der Kommission für Schulfragen, 25. Februar 1970.
22 EDK, 1995, S. 11.
23 Schlussbericht der Kommission zur Eingliederung fremdsprachiger Kinder, 1972, S. 24–25.

1974 der Thematik und forderte wiederholt, ein fremdsprachiges Kind dürfe aufgrund von Schwierigkeiten in der Lokalsprache allein nicht Sonder- oder Spezialklassen zugeteilt werden.[24] 1976 wurden die Empfehlungen der EDK deutlich expliziter formuliert, indem gefordert wurde, die Fremdsprachigkeit sei bei Selektions- und Zuteilungsentscheiden angemessen zu berücksichtigen, wozu nichtverbale Testinstrumente auszuarbeiten seien.[25] Trotz dieser Empfehlungen sahen sich die Mitarbeiterinnen des Informationszentrums auch in der zweiten Hälfte der 1970er-Jahre noch gezwungen, italienische Kinder, die Sonderklassen zugeteilt wurden, einer Zweitabklärung zu unterziehen und gegebenenfalls bei der Schulgemeinde zu intervenieren.[26] Das deutet darauf hin, dass die von der EDK und von kantonalen Kommissionen herausgegebenen Empfehlungen nicht in allen Schulgemeinden berücksichtigt wurden. Die Interventionen des Zentrums erfolgten meistens in kleinen, ressourcenschwachen Schulgemeinden, die in solchen Fragen wenig Unterstützung erhielten.[27] Insofern musste das Zentrum gegenüber einzelnen Schulgemeinden noch in den späten 1970er-Jahren auf Verfahren pochen, die von den kantonalen Behörden seit Jahren empfohlen wurden. Dies konnte sich auch negativ auf das Vertrauen einer Schulgemeinde in das Informationszentrum auswirken, was der Arbeit nicht förderlich war. Erst Mitte der 1980er-Jahre fand das Informationszentrum seitens der Schulgemeinden eine breite Akzeptanz.[28] Insofern nahm es in gewisser Hinsicht die Rolle der Vollzugsaufsicht über die interkantonalen und kantonalen Empfehlungen zur Beschulung ausländischer Kinder in schweizerischen Regelklassen ein.[29]

Doch auch das Informationszentrum löste die von den Colonie Libere und der Zürcher Kontaktstelle erhobene Forderung nicht vollständig ein, die italienischen Eltern über Organisation, Programm und Möglichkeiten der schweizerischen Schule zu informieren und die schweizerischen Eltern, Lehrer sowie Behörden-, Partei- und Kirchenvertreter über die ausländische Wohnbevölkerung und deren Situation aufzuklären. Diese umfassende Forderung gründete in der Annahme, nur so sei eine aktive Integration der ausländischen Kinder

24 Kurmann, 1983, S. 30.
25 EDK, 1995, S. 43.
26 SSA, Ar 201.253.2, Eigendokumentation der Tätigkeitsbereiche des «Centro Scuola e Famiglia delle Colonie Libere», 1973–1998.
27 Schuh, 1975, S. 24–25.
28 SSA, Ar 201.253.2, Eigendokumentation der Tätigkeitsbereiche des «Centro Scuola e Famiglia delle Colonie Libere», 1973–1998.
29 Deshalb beharrte das Zentrum gegenüber den kantonalen Behörden darauf, die geltenden Zulassungsbedingungen für italienische Schulen – vor allem der katholischen Missionen – konsequenter durchzusetzen. Vgl. SSA, Ar 40.50.2, Mappe 5, Brief des «Centro Informazioni Scolastiche delle Colonie Libere Italiane» an die Erziehungsdirektion des Kantons Zürich und an das Schulamt der Stadt Zürich, 20. September 1974.

in der öffentlichen Schule zu erreichen.[30] In diesem Programm wurde bereits 1970 vorweggenommen, was später von der interkulturellen Pädagogik als notwendige gegenseitige Öffnung postuliert wurde.

6.2. Elternkomitees als Türöffner zur lokalen Schulpolitik

Das «Centro Informazioni Scolastiche delle Colonie Libere Italiane» konnte nichts an der Tatsache ausrichten, dass die zugewanderten Eltern von der lokalen Bildungspolitik ausgeschlossen waren. Aufgrund der fehlenden Staatsbürgerschaft verfügten sie über keine politischen Rechte, um über schulische Belange mitentscheiden zu können. In der föderal und subsidiär organisierten Bildungspolitik der Schweiz verfügten die Schulgemeinden durchaus über Entscheidungskompetenzen, indem die örtlichen Behördenvertreter gewählt und Schulangelegenheiten an Gemeindeversammlungen oder in Abstimmungen entschieden wurden. Ohne schweizerisches Bürgerrecht waren die Arbeitsmigrantinnen und -migranten jedoch von dieser Art der Mitbestimmung ausgeschlossen. Problematisch war dies insofern, als fraglich war, wie eine gesellschaftliche Integration der Migrantinnen und Migranten zu erreichen war, wenn ihnen eine politische Integration verwehrt wurde und sie in einem der zentralsten Bereiche – der Beschulung der eigenen Kinder – über keine Möglichkeit der Mitsprache verfügten.[31]

Im Nachgang erwies sich gerade die lokale Bildungspolitik als dasjenige Politikfeld, in dem die Migrantinnen und Migranten die grössten Chancen hatten, zu Aushandlungen beigezogen zu werden.[32] Dazu trug bei, dass auch vonseiten der öffentlichen Schule der Bedarf an einer engeren Zusammenarbeit mit italienischen Eltern geäussert wurde. Dies geschah zwar kaum aus dem Bestreben, den Migrantinnen und Migranten zu politischen Rechten zu verhelfen, sondern vielmehr aus der Sorge um die persönliche Entwicklung der italienischen Kinder.[33] Es legitimierte jedoch die Existenz von Gremien seitens der eingewan-

---

30 SSA, Ar 48.20.1, Mappe 1, Bericht der Kommission für Schulfragen, 25. Februar 1970.
31 D'Amato, 2001, S. 220–230; für eine historische Analyse, inwiefern demokratische Verfahren ihr Versprechen vermehrter politischer Rechte gerade hinsichtlich Migrationsbewegungen nicht durchweg einlösen konnten: Davidson, 2016.
32 Layton-Henry, 1990a, S. 100–102.
33 Exemplarisch dazu ein Bericht einer schweizerischen Kindergärtnerin über den Wunsch, mit den italienischen Eltern in Kontakt zu kommen, um die Situation oder teilweise gar die Hilflosigkeit der zugewanderten Eltern erst verstehen zu können: Der schweizerische Kindergarten (61) 4, April 1971, «Fremdarbeiterkinder in unseren Kindergärten», S. 190–196.

derten Eltern, die von den öffentlichen Schulen als Ansprechpartner anerkannt wurden. So wurde bereits 1968 an einer breit aufgestellten Podiumsdiskussion, an welcher der italienische Vizekonsul, der Zürcher Erziehungsdirektor, der Integrationsbeauftragte der Stadt Zürich sowie Lehrer und Psychologen teilnahmen und die von über 200 meist italienischen Interessierten besucht war, die Schaffung von Elternräten – wörtlich *consigli dei genitori* – durchaus wohlwollend diskutiert.[34] Die Colonie Libere nannten ihre von den lokalen Ortsgruppen initiierten Elternzusammenschlüsse nicht «Elternräte», sondern *comitati dei genitori*, «Elternkomitees». Der Anspruch der Colonie Libere an die Elternkomitees ging zudem darüber hinaus, lediglich als Ansprechpartner für Lehrer zu fungieren, damit dieser die italienischen Eltern erreichen könne. Sie wurden geschaffen, um den italienischen Eltern eine Einflussnahme auf die lokale Bildungspolitik zu ermöglichen, wenn sie aufgrund der fehlenden Staatsbürgerrechte schon nicht an den Wahlen der lokalen Schulbehörden teilnehmen durften. Die ersten Elternkomitees wurden bereits in den 1960er-Jahren in einzelnen Ortsgruppen der Colonie Libere aufgebaut. Die meisten wurden jedoch in der ersten Hälfte der 1970er-Jahre gegründet.[35] Im Kanton Zürich rapportierten 1974 insgesamt 19 Elternkomitees an die regionale Schulgruppe.[36] Für die ganze Schweiz sind im Untersuchungszeitraum Korrespondenzen zu Elternkomitees aus 39 verschiedenen Gemeinden dokumentiert.[37]

In den frühen 1970er-Jahren häuften sich die pädagogischen Aktivitäten der Emigrationsorganisationen, als vielerorts neben den Elternkomitees auch Hausaufgabenhilfen und HSK-Kurse eingerichtet wurden. Eine erste Voraussetzung dafür war ein bestehendes Netz lokaler Ortsgruppen der Colonie Libere, das auch kleinere Industriegemeinden in der Peripherie umspannte. Gegründet wurden die meisten dieser Ortsgruppen schon in den frühen 1960er-Jahren.[38] Dazu kam, dass in den späten 1960er-Jahren pädagogische Themenfelder auf die Agenda des Dachverbands der Colonie Libere kamen, die über eine geschickte Publikationsstrategie auch den Mitgliedern in den peripheren Regionen nahegebracht werden konnten. Schliesslich trugen die im vorherigen Kapitel beschriebenen Veränderungen der strukturellen Rahmenbedingungen dazu bei, dass lokale Aktionen finanziell und ideell unterstützt werden konnten. Die Umsetzung dieser pädagogischen Angebote und Aktivitäten vor Ort blieb auf das Engagement der Mitglieder der Ortsverbände angewiesen, auch

---

34   EI, April 1968, «A Zurigo nel corso di una ‹tavola rotonda›».
35   SSA, Ar 40.50.1, Mappe 1, Inchiesta, 1984.
36   SSA, Ar 40.50.2, Mappe 1, Berichte der einzelnen Elternkomitees, Januar 1974.
37   SSA, Ar 40.50.3, Mappe 1, Korrespondenzen mit den Elternkomitees, 1969–1976.
38   Ricciardi, 2013, S. 140.

Abb. 13: «I comitati dei genitori». (FCLIS 1973, S. 53)

wenn deren Initiierung vom Dachverband der Colonie Libere oder von der regionalen Schulgruppe ausging. Gerade an den Elternkomitees lässt sich dies verdeutlichen. Obwohl die konzertierten Aktionen der Colonie Libere keine eigentlichen Akte der «Selbsthilfe» waren, sondern von einer etablierten Elite italienischer Migranten gesteuert wurden, sind die lokalen Elternkomitees, die auch in kleineren Ortschaften aufgebaut wurden, Ausdruck davon, dass Arbeitsmigrantinnen und -migranten bildungspolitisch tatsächlich Einfluss nahmen und sich aktiv für die Schulbildung ihrer Kinder einsetzten.
Die Initiierung der Elternkomitees erfolgte über die regionale Schulgruppe der Colonie Libere in der Region Zürich. Eine Anleitung zur Gründung solcher lokalen Elterngruppierungen fand sich in der Broschüre «Gli emigrati e la scuola» abgedruckt. Da individuelle Aktionen einzelner zugewanderter Eltern im Fall von schulbedingten Problematiken bei den lokalen Schulbehörden sowieso nichts ausrichten könnten, seien kollektive Aktivitäten notwendig. Zu diesem Zweck seien in den lokalen Schulgemeinden Elternkomitees zu gründen, die zwar in erster Linie von ausländischen Eltern geführt werden, jedoch

auch Schweizer Eltern, Lehrpersonen oder Vertretern von Gewerkschaften und politischen Vereinigungen offenstehen sollten.[39]
Die Aufgaben der Elternkomitees wurden in der Broschüre ebenfalls klar umrissen. Zunächst gehe es darum, die Situation der zugewanderten Kinder und die Schulstrukturen der Schweiz zu verstehen. Dazu sollte auch die Broschüre selbst dienen, die in eigens dafür einberufenen Versammlungen von Vertreterinnen der regionalen Schulgruppe detailliert vorgestellt wurde. Mitglieder der Colonie Libere dienten als Multiplikatorinnen und Multiplikatoren, denn um die Broschüre an möglichst vielen Orten bekannt zu machen, organisierte die regionale Schulgruppe Kurse, wie die Publikation am besten zu vermitteln sei.[40]
Darüber hinaus wurde vorgeschlagen, die Situation vor Ort mit einem Fragebogen zu erfassen. Wie eine solche Bevölkerungsbefragung durch die Ortsgruppen aussehen könnte, wurde gleich erklärt. Auf der einen Seite ging es bei der Umfrage darum, in Erfahrung zu bringen, wie viele italienische Kinder in der Gemeinde lebten und wie diese beschult wurden. So konnten Daten zu den Verhältnissen vor Ort, beispielsweise zum Anteil italienischer Kinder in Sonderklassen oder mit Klassenwiederholungen, erhoben werden. Andererseits wurde mit dem Fragebogen nach den drängendsten Problemen gefragt, mit denen die italienischen Eltern konfrontiert waren.[41] Der Fragebogen wurde aber nicht nur als Analyseinstrument, sondern gleichzeitig als Propagandamittel benutzt, um die Resonanz für die eigenen Anliegen zu vergrössern und geplante Aktivitäten zu legitimieren.[42]
Ziel dieser Befragung war es, das Elternkomitee zu mobilisieren, das sowohl gegenüber den örtlichen Behörden wie auch gegenüber dem italienischen Generalkonsulat die Interessen der italienischen Eltern zu vertreten hatte. Zudem zielte die Aktivierung der Migrantinnen und Migranten auf die Initiierung eigener Projekte, wie beispielsweise einer selbst organisierten *doposcuola* vor Ort.[43] Doch obwohl die Elternkomitees vom schulischen Informationszentrum der Colonie Libere unterstützt, beraten und mit Informationen versorgt wurden,[44] blieben sie Ausdruck eines Engagements migrantischer Eltern, die sich in die lokale Bildungspolitik einschalteten und sich für die Schulbildung ihrer Kinder einsetzten.
Die einzelnen Elternkomitees waren unterschiedlich erfolgreich. In einigen Gemeinden wurden die Elternkomitees von den lokalen Behörden als Ver-

39 FCLIS, 1973, S. 53–55.
40 SSA, Ar 40.50.2, Mappe 3, Brief der Schulgruppe an die Elternkomitees, 3. August 1973.
41 FCLIS, 1973, S. 55–66.
42 Wie schnell Demografie zur Propaganda genutzt werden kann, zeigt Norbert Grube in seinen Arbeiten zum Institut für Demoskopie Allenspach: Grube, 2014; Grube, 2015.
43 Doposcuole sind Angebote der Hausaufgabenhilfe nach der Schulzeit.
44 SSA, Ar 201.253.6, Mappe 1, Guida pratica per i comitati dei genitori, undatiert.

handlungspartner ernst genommen, in anderen hingegen ignoriert. Die unterschiedliche Durchschlagskraft ist darauf zurückzuführen, dass die Elternkomitees lokal agierten, während die Colonie Libere andere Tätigkeitsbereiche in der Regel zentralistisch angingen.

Eine gelungene lokale bildungspolitische Einflussnahme durch solche Elternkomitees ist für die Colonia Libera Italiana im zürcherischen Glattfelden zu verzeichnen. Glattfelden war ein klassischer Standort der Textilindustrie, die in der zweiten Hälfte des 20. Jahrhunderts Arbeitskräfte aus Italien rekrutierte. Die lokale Colonia Libera existierte seit 1959, insofern wurde sie nicht wie die ersten Colonie Libere in der Schweiz mit antifaschistischen Zielen gegründet, sondern vor allem als Vereinigung, welche die Interessen der Arbeitsmigranten vertrat. Mitte der 1960er-Jahre zählte der Verein circa 150 Mitglieder. 1968 entstand ein *comitato dei genitori*.[45] Im Vergleich zu anderen Orten, wo meist erst in den frühen 1970er-Jahren ein Elternkomitee aufgebaut wurde, erfolgte dessen Gründung in Glattfelden eher früh.[46]

Anlass dafür war das Anliegen der italienischen Eltern in der Gemeinde, auf das lokale öffentliche Schulwesen Einfluss auszuüben. Wie in jeder schweizerischen Gemeinde war die Schulbehörde Glattfeldens insoweit demokratisch legitimiert, als sie von der Stimmbevölkerung gewählt wurde. Auch hier waren die italienischen Arbeitsmigrantinnen und -migranten von der Mitbestimmung ausgeschlossen. Weil dies politisch nicht zu ändern war, suchte das Elternkomitee den Kontakt zur lokalen Schulpflege. Diese wiederum nahm das Komitee, das trotz der italienischen Namensgebung nicht nur italienische, sondern auch schweizerische Eltern vertrat, als Konsultativorgan ernst. So konnte gemeinsam nach Lösungen alltäglicher Herausforderungen des Familienlebens in der Emigration gesucht werden. Insbesondere wurde diskutiert, wie mit den sprachlichen Problemen der italienischen Kinder in der öffentlichen Schule umzugehen sei. So konnte beispielsweise ein schrittweiser Ausbau des lokalen Kindergartens realisiert werden. Das Elternkomitee vermochte die lokale Schulbehörde zu überzeugen, die italienischen Kinder so früh wie möglich in schweizerische Institutionen einzugliedern. Dazu war – neben dem infrastrukturellen Ausbau – auch eine Sensibilisierung der italienischen Eltern für die Relevanz des Kindergartenbesuchs notwendig. Zu diesem Zweck übersetzten die lokalen Schulbehörden ihre Informationsschreiben in die italienische Sprache und machten damit die Informationen über das lokale Bildungswesen den Arbeitsmigrantinnen und -migranten zugänglich.[47] Im Gegenzug half das Elternkomitee der Schulpflege, aktuelle Hinweise zum schulischen Alltag, wie

45 SSA, Ar 40.50.4, Mappe 6, Convegno di studio, Bülach, 1. Juni 1980.
46 SSA, Ar 40.50.1, Mappe 1, Inchiesta, 1984.
47 SSA, Ar 40.50.3, Mappe 1, Comitato dei genitori, Glattfelden, 16. Juli 1970.

beispielsweise Schulausfälle oder Feriendaten, der italienischen Bevölkerung mitzuteilen.[48] Schliesslich konnte auch mit der lokalen Lehrerschaft eine tragende Zusammenarbeit aufgebaut werden.[49]
Der Erfolg des Elternkomitees der Colonia Libera in Glattfelden kam jedoch nicht von ungefähr. Die italienischen Migrantinnen und Migranten in Glattfelden scheinen auch zuvor schon gewillt gewesen zu sein, ihre Interessen kundzutun. Denn bereits 1965 ist das Bestreben dokumentiert, in der Gemeinde eine Bibliothek für die italienischen Arbeiterinnen und Arbeiter einzurichten.[50] Das starke Engagement der Mitglieder der Colonia Libera in Glattfelden schlug sich später in der Initiative des Elternkomitees nieder. Das Glattfelder Komitee wurde bald zum Vorzeigeobjekt dafür, wie lokale bildungspolitische Einmischung auszusehen habe, und wurde angeführt, um die Vorzüge dieser Beteiligungsform zu beschreiben.[51] So erschien im Mai 1974 ein ganzseitiger Bericht in der «Emigrazione Italiana», der die Errungenschaften des Elternkomitees in Glattfelden anpries. Pathetisch verkündete der Titel, diese Form von Engagement sei der richtige Schritt in Richtung «wahrer Partizipation der Emigranten».[52]
Auch von Elternkomitees aus anderen Gemeinden des Kantons Zürich wurde Positives berichtet. An verschiedenen Orten konnten Elternversammlungen durchgeführt werden, teilweise in Zusammenarbeit mit den lokalen Schulbehörden, so etwa in Bonstetten im Juni 1973. In einigen Gemeinden resultierte das Engagement des lokalen Elternkomitees in einer *doposcuola,* zum Beispiel im aargauischen Spreitenbach oder im thurgauischen Frauenfeld. Die Gründung lokaler Elternkomitees ist aus Gemeinden der gesamten Schweiz dokumentiert. Koordiniert wurden sie alle zunächst von der regionalen Schulgruppe Zürich, später vom schulischen Informationszentrum der Colonie Libere in Zürich. So kontaktierten selbst die Elternkomitees aus der französischsprachigen Schweiz, beispielsweise aus Carouge oder aus Aigle, die Schulgruppe in Zürich und baten um Unterstützung bei der Organisation von lokalen Elternversammlungen.[53]

48 ASTi, FPC 41, ECAP, D21, Mappe 2, Bollettino informativo, CLI Glattfelden, 1975.
49 EI, 15. Mai 1974, «4 anni di attività del Comitato di genitori di Glattfelden. Verso la vera partecipazione degli emigrati».
50 ASTi, FPC 41, ECAP, D1, Mappe 2, Korrespondenz der CLI Glattfelden mit Leonardo Zanier, Juni 1965.
51 SSA, Ar 40.50.2, Mappe 2, Bericht für eine Radiosendung, 17. November 1972; SSA, Ar 40.50.2, Mappe 1, Pressekonferenz der Schulgruppe der CLI Region Zürich, 30. Januar 1973.
52 EI, 15. Mai 1974, «4 anni di attività del Comitato di genitori di Glattfelden. Verso la vera partecipazione degli emigrati».
53 SSA, Ar 40.50.3, Mappe 1, Korrespondenzen mit den Elternkomitees, 1969–1976.

Erfolge von Elternkomitees waren also nicht auf Glattfelden beschränkt, sondern wurden aus diversen Gemeinden berichtet. Im solothurnischen Gerlafingen wurde ein Vertreter des lokalen Elternkomitees gar als beratendes Mitglied in die Gemeindeschulpflege aufgenommen. Dies ermöglichte den Ausbau der Deutschkurse für italienische Kinder und die Unterstützung der HSK-Kurse durch die Schulgemeinde.[54] Eine andere erfolgreiche Organisationsform der Beteiligung ausländischer Eltern entstand in Winterthur. Die 1968 ins Leben gerufene *commissione scolastica* bestand nicht nur aus italienischen und schweizerischen Eltern, sondern auch aus Vertretern der Schulbehörden sowie von italienischen Vereinigungen.[55] In Gerlafingen und in Winterthur wurde nicht nur die Beteiligung der migrantischen Eltern, sondern gleich auch deren Kontakt zu den örtlichen Schulbehörden institutionalisiert.

Mit der Einbindung der Behörden konnte ein Anliegen realisiert werden, das auch von schweizerischer Seite unterstützt wurde. Dass die «Zürcher Kontaktstelle für Italiener und Schweizer» den Aufbau von Elternräten unterstützte,[56] ist wenig erstaunlich, da sich diese Organisation von ihrer Zwecksetzung her für die Intensivierung des Austauschs zwischen Zugewanderten und Behörden einsetzte. Aber auch die direkt von den Behörden eingesetzten Untersuchungskommissionen des Kantons und der Stadt Zürich erachteten den Anspruch der migrantischen Eltern auf Mitsprache in Schulangelegenheiten für legitim. Während die städtische Kommission für Assimilierungsfragen ein institutionalisiertes Elterngremium vollumfänglich unterstützte,[57] befürwortete die kantonale Kommission zur Eingliederung fremdsprachiger Kinder ein solches unter einem Vorbehalt. Sie forderte zwar die lokalen Schulbehörden explizit auf, den Kontakt mit örtlichen Elternkomitees zuzulassen und diese anzuhören, sofern die Elternvereinigungen dies wünschten. Dies würde sowohl die Berücksichtigung der spezifischen Lage der Migrantenkinder ermöglichen wie auch das gegenseitige Verständnis fördern. Gleichzeitig merkte die Kommission jedoch kritisch an, die Zusammensetzung der Elternvereinigungen sei laufend zu überprüfen, weil über diese auch politische Forderungen vorgebracht würden, die gar nicht von den Eltern selbst kämen.[58] An dieser Stelle schien einmal mehr die antikommunistische Haltung der Behörden gegenüber der linken Politik der Colonie Libere auf.

54 ASTi, FPC 41, ECAP, D21, Mappe 2, Tätigkeitsbericht der Schulgruppe der Zürcher Kontaktstelle für Italiener und Schweizer, 28. Februar 1974.
55 Zürcher Kontaktstelle für Italiener und Schweizer, 1970, S. 61–62.
56 SSA, Ar 48.20.1, Mappe 3, Schulprobleme, 16. März 1970 (Manuskript zu einer Mitgliederversammlung).
57 Städtische Kommission für Assimilierungsfragen, 1972, S. 9–11.
58 Schlussbericht der Kommission zur Eingliederung fremdsprachiger Kinder, 1972, S. 40–41.

Tatsächlich sind auch Berichte von Elternkomitees aus Gemeinden dokumentiert, in denen die Zusammenarbeit mit den lokalen Behörden nicht reibungslos funktionierte. In diesen Fällen erreichten die italienischen Elternvereinigungen weit weniger als in der Vorzeigegemeinde Glattfelden. So trat die Schulpflege von Regensdorf auf den Wunsch des dortigen Elternkomitees nach einer Aussprache zunächst nicht ein. Eine Elternversammlung richtete Forderungen an die öffentliche Schule, die von einem Ausbau der Einführungsklassen über die Integration der HSK-Stunden in den Regelstundenplan bis zur Einrichtung von Nachhilfekursen für italienische Kinder reichten.[59] Dieser umfassende Forderungskatalog kam bei der lokalen Schulbehörde nicht gut an. Das Problem sei erkannt, momentan werde aber nichts unternommen, lautete die Antwort der Schulgemeinde, die erst nach sechs Monaten verfasst wurde und den Mitgliedern des Elternkomitees vorwarf, sie zeigten zu wenig Bereitschaft zu aktiver Mitarbeit.[60]

Die Verzögerung der Antwort begründete die Schulgemeinde damit, dass inzwischen eine weitere Vereinigung italienischer Eltern aktiv geworden sei. Der von der katholischen italienischen Mission unterstützte *consiglio della missione* zeige deutlich mehr Engagement für die persönliche und finanzielle Mitwirkung an einer Aufgabenhilfe. Die Ablehnung einer Aussprache begründete die lokale Schulbehörde letztlich damit, dass sie nicht mit zwei Gesprächspartnern Verhandlungen aufnehmen könne. Eine Aussprache sei erst bei einer Kooperation der beiden Elterngremien möglich.[61] Aufgrund der im vorangehenden Kapitel dargelegten Differenzen zwischen den Colonie Libere und den Missioni Cattoliche,[62] die jeweils ein Elterngremium unterstützten, war ein gemeinsames Vorgehen der beiden Emigrationsorganisationen zwar wenig realistisch. Vor Ort liessen sich solche Absprachen aber durchaus realisieren, denn noch im gleichen Jahr konnten Vertreter der beiden Vereinigungen zu einer Schulpflegesitzung eingeladen werden. In der Folge wurde eine Aufgabenhilfe eingerichtet, die sich zu einem festen Bestandteil der Schule Regensdorf entwickelte.[63]

Die gelungene Vermittlung zwischen den Interessen von Immigranteneltern und lokalen Behörden, die sich am Beispiel des Elternkomitees von Glattfelden zeigt, verdeutlicht die Möglichkeiten einer Einflussnahme migrantischer Eltern auf die Schulrealität vor Ort im Fall einer gegenüber diesem Engagement offenen Schulgemeinde. Am Beispiel von Regensdorf, wo Differenzen zwischen

---

59 SSA, Ar 40.50.3, Mappe 1, Brief des Elternkomitees Regensdorf an die lokale Schulgemeinde, 28. März 1972.
60 SSA, Ar 40.50.3, Mappe 1, Brief der Schulgemeinde Regensdorf an das lokale Elternkomitee, 26. Oktober 1972.
61 Ebd.
62 Vgl. Kap. 5.2.
63 Eigenmann, 2018, in Vorbereitung.

italienischen Vereinigungen eine Zusammenarbeit mit den lokalen Schulbehörden in einem ersten Schritt verunmöglichten,[64] kann aufgezeigt werden, wie sich die Heterogenität der italienischen Vereinigungen mancherorts auf der lokalen Ebene niederschlug. Die schweizerischen Behörden fassten die Italienerinnen und Italiener als homogene Gruppe auf und erwarteten von den verschiedenen italienischen Vereinigungen einheitliche Begehren.

In denjenigen Gemeinden, in welchen das lokale Elternkomitee von der örtlichen Schulgemeinde als Gesprächspartner anerkannt wurde, erhielten die migrantischen Eltern eine Möglichkeit zur Mitsprache in der Gestaltung der örtlichen Schule, auch wenn die gängigen demokratischen Verfahren dies so nicht vorsahen. Insofern können die migrantischen Elternkomitees auch als Zeichen der Demokratisierung der lokalen Schule gelesen werden.[65] Die Initiative für eine solche Einflussnahme kam letztlich nicht von den Arbeitsmigrantinnen und -migranten selbst, sondern wurde von der Dachorganisation der Colonie Libere und somit von einer italienischen Elite in der Schweiz angeregt. Dennoch zeigt das Beispiel eine durchaus erfolgreiche Aktivierung von Migrantinnen und Migranten. Die Einmischung in die lokale Bildungspolitik erfolgte tatsächlich von unten – insbesondere an denjenigen Orten, wo eigene Betreuungsangebote realisiert wurden.

6.3. Zur Angebotsvielfalt in der ausserschulischen Betreuung

Wegen der Erwerbstätigkeit beider Elternteile erwies sich die Frage der Betreuung der Kinder ausserhalb der Schulzeiten als eines der drängendsten Probleme der italienischen Familien in der Schweiz. Der erleichterte Familiennachzug nach 1964 ermöglichte es auf der einen Seite zwar, dass italienische Kinder bei ihren Eltern aufwachsen konnten, gleichzeitig verschärfte die Neuregelung aber die Problematik der ausserschulischen Kinderbetreuung in der Schweiz. Bis diese Fragen in der schweizerischen Öffentlichkeit diskutiert wurden, dauerte es noch einige Jahre.

Eine Ursache für das mangelnde öffentliche Problembewusstsein in dieser Angelegenheit war zunächst die tendenzielle Zurückhaltung der schweizerischen Familienpolitik, dem Staat neue Zuständigkeiten einzuräumen und so die

---

64 Eine Erschwerung der Zusammenarbeit zwischen italienischen Elternvereinigungen und lokaler Schulgemeinde wegen des uneinheitlichen Auftretens der Emigrationsvereine zeigte sich auch andernorts, beispielsweise in Bülach. Vgl. SSA, Ar 40.50.3, Mappe 1, Commissione scolastica locale da Bülach, Protokoll, 25. August 1971.

65 Zu Demokratisierung und deren Kehrseite: Eigenmann, Studer, 2016.

Staatsquote zu erhöhen.[66] Darüber hinaus spielte die bürgerliche Vorstellung eine tragende Rolle, wonach die primäre Erziehung innerhalb der Familie zu leisten sei.[67] Auf der einen Seite verunmöglichte die Erwerbstätigkeit beider Elternteile in den Arbeitsmigrantenfamilien die Realisierung dieser Norm. Auf der anderen Seite bestanden aufgrund dieser bürgerlichen Familienvorstellungen kaum Infrastrukturen zur Kinderbetreuung, die von den erwerbstätigen Eltern hätten in Anspruch genommen werden können. Die wenigen vorhandenen Angebote in privaten oder kirchlichen Einrichtungen erwiesen sich als äusserst kostspielig und lagen ausserhalb der finanziellen Möglichkeiten von Arbeitsmigrantinnen und -migranten. Eine gängige Alternative italienischer Eltern in der Emigration bestand darin, sich in der Nachbarschaft zu organisieren oder die Kinderbetreuung innerhalb der Familie aufzuteilen, indem abwechslungsweise Schicht gearbeitet wurde, sodass immer jemand zu Hause sein konnte.[68]

So waren es die italienischen Emigrationsorganisationen, die sich in den 1960er-Jahren um die ausserschulische Kinderbetreuung in der Schweiz zu kümmern begannen. Gerade die katholischen Missionen stellten schon früh entsprechende Angebote zur Verfügung. Vorerst zielten solche Betreuungsangebote auf den Erwerb der italienischen Sprache. 1965 forderte die «Emigrazione Italiana», die Zeitschrift der Colonie Libere, ein flächendeckendes Betreuungsangebot und somit die Schaffung eines institutionalisierten Rahmens, in dem – im Hinblick auf eine allfällige Remigration – die italienische Sprache gelernt werden konnte.[69]

Doch die Frage der ausserschulischen Betreuung italienischer Kinder in der Schweiz war damals kein familienpolitisches Anliegen, denn die grosse Herausforderung, neben der Erwerbstätigkeit beider Elternteile die Kinderbetreuung sicherzustellen, wurde dabei nicht zur Sprache gebracht. Es brauchte Migrantinnen, die auf Anliegen von erwerbstätigen Frauen und Müttern aufmerksam machten, bis innerhalb der migrantischen Organisationen Fragen der ausserschulischen Betreuung zur Sprache kamen. Dies stiess jedoch auch auf Widerstand, sogar in progressiven Emigrationsorganisationen wie den Colonie Libere, da auch diese äusserst patriarchalisch geprägt waren. An den Angeboten der ausserschulischen Betreuung oder der Unterstützung migrantischer Eltern waren deutlich mehr Frauen als Männer beteiligt, während in Angelegenheiten,

66   Huber, 1991.
67   Gugerli, 1991.
68   Mattes, 2005, S. 283.
69   EI, August 1965, «Una tema in discussione: Scuole italiane o svizzere per i figli degli emigrati»; EI, November 1965, «Problemi della scuola: Poche centinaia di maestri italiani per risolvere il problema della scuola».

welche die berufliche Qualifikation betrafen,[70] sowie bei den bildungspolitischen Aushandlungen über die adäquate Beschulung der Migrantenkinder[71] in erster Linie Männer die entscheidenden Sprechpositionen innehatten.

Im Lauf der 1960er-Jahre drängten die Frauen innerhalb der Colonie Libere darauf, ein Bewusstsein über die spezifische Lage von Migrantinnen innerhalb der Organisation zu schaffen. Die spezifischen Herausforderungen der Migrantinnen als Frauen, die oftmals neben der Erwerbstätigkeit sich um die Kinderbetreuung und um den Haushalt kümmern mussten, seien zu berücksichtigen.[72] So wurde in der FCLIS eine Frauenkommission geschaffen, um den Arbeiterinnen eine Stimme zu geben. Eines der drängendsten Probleme wurde in der Vereinbarkeit von Kinderbetreuung und Erwerbsarbeit verortet.[73] 1967 wurde deshalb im Nachgang zur Regionalkonferenz der Colonie Libere im Raum Zürich, an der unter anderem über Schulthemen debattiert wurde, gegenüber den kantonalen Bildungsbehörden erstmals die Forderung nach einem Ausbau der Kinderbetreuung für Arbeiterfamilien erhoben. Gerade für italienische Arbeiterfamilien in der Emigration seien solche Angebote unerlässlich, weil sie sonst ihre Kinder in Italien zurücklassen müssten.[74] Eine grosse Resonanz erzeugte dieser Aufruf jedoch noch nicht. Denn am XXII. Kongress der FCLIS, der im gleichen Frühjahr in Bern stattfand, wurden die pädagogischen Fragen zur Betreuung der Arbeiterkinder noch immer von der Diskussion über eine separative oder eine integrative Beschulung der italienischen Kinder überschattet.[75]

Nach und nach intensivierten die Migrantinnen ihre Aktivitäten innerhalb der FCLIS – auch gegen die patriarchalische Ordnung, in der das Engagement von Migrantinnen formal zwar unterstützt, gleichzeitig aber immer wieder ausgebremst wurde.[76] Die Fokussierung auf ein eigenständiges Themenfeld – in diesem Fall Schule und Erziehung – war implizit mit der Kritik an den männlichen Mitgliedern der Colonie Libere und an deren patriarchalischem Gestus verbunden.

1971 leiteten Vertreterinnen der Frauenkommission die Gründung der Schulgruppe der Colonie Libere der Region Zürich in die Wege. Rosanna Ambrosi[77]

70 Vgl. Kap. 2–4.
71 Vgl. Kap. 5 und 7.
72 Baumann, 2014, S. 58.
73 Ebd.
74 EI, April 1967, «Congresso regionale di Zurigo. Risoluzione finale».
75 EI, Mai 1967, «Commissione sul ‹Problema della scuola›»; Commissione Culturale della Federazione delle Colonie Libere Italiane in Svizzera, 1969; ASTi, FPC 41, ECAP, B1, Mappe 5, Mozione finale del XXII. Congresso nazionale tenutosi a Berna il 22 e il 23 Aprile 1967.
76 Baumann, 2014, S. 101–106.
77 Rosanna Ambrosi stammte aus einer bürgerlichen Familie aus Padua und zog 1964 als 20-Jährige zu ihrem Ehemann Leonardo Zanier nach Zürich. Baumann, 2014, S. 61.

prägte zusammen mit Sibilla Schuh und weiteren Protagonistinnen die Gruppe, die sich fortan in enger Zusammenarbeit mit dem schulischen Informationszentrum um die Unterstützung der Elternkomitees und die Aufklärung italienischer Eltern kümmerte.[78] Letzteres zeigt sich etwa in zahlreichen Artikeln der Vereinszeitschrift «Emigrazione Italiana», die Rosanna Ambrosi zu Bildungs- und Erziehungsthemen veröffentlichte.

In der Beschränkung der Tätigkeiten der Migrantinnen auf die traditionell den Frauen zugeordnete Domäne der Erziehung und Kinderbetreuung lag aber die Gefahr der Entpolitisierung dieses Engagements. Die auf Schule, Erziehung und Betreuung ausgerichteten Aktivitäten galten nicht als politisch, sondern eher als fürsorgerisch und wurden somit nicht der öffentlichen, sondern der privaten Sphäre zugeordnet.[79] Bezüglich ihrer Aktivitäten wahrgenommen zu werden war für die Migrantinnen nur zum Preis dessen zu haben, dass sie sich in ihrem Engagement auf einen Bereich fokussierten, der traditionell dem häuslichen Bereich zugeordnet und somit als Aufgabe der Frauen verstanden wurde. Explizit frauenspezifische Themen wurden innerhalb der Colonie Libere auch in den darauffolgenden Jahren nur am Rande diskutiert.[80] Doch erhielten die Aktivistinnen Zugang zu anderen Foren in der Schweiz, um Anliegen von arbeitenden Frauen – egal ob dies Schweizerinnen oder Italienerinnen waren[81] – an die Öffentlichkeit zu tragen. Sie traten zunehmend in Kontakt mit den schweizerischen Behörden oder Bildungsinstitutionen und übten so eine wichtige Vermittlerrolle zwischen schweizerischen Institutionen und den migrantischen Eltern aus.

Die Protagonistinnen selbst verfügten über höhere Bildungsabschlüsse und somit über grössere Ressourcen als die italienischen Fabrikarbeiterinnen.[82] Abstrakte Diskurse über fehlende Rechte und Emanzipation der Frau trugen kaum dazu bei, dass sich Arbeitsmigrantinnen an politischen Debatten beteiligten, was auch, aber nicht nur, mit der Mehrfachbelastung von Erwerbs- und Familienarbeit zusammenhing.[83] Für konkrete Unterstützungstätigkeiten im Bereich der Beschulung und Betreuung von migrantischen Kindern liessen sich Arbeitsmigrantinnen hingegen durchaus einspannen. In alltäglichen Fragen der Erziehung, Bildung und Betreuung der eigenen Kinder war eine Animierung

78 SSA, Ar 40.50.2, Mappe 1, Aktivitätsbericht des «Gruppo scuola delle CLI del Cantone Zurigo», Juni 1972.
79 Baumann, 2014, S. 106.
80 Ebd., S. 89–93.
81 Von der durch die Unterschichtung ausgelösten Aufstiegsmobilität profitierten nur die männlichen Arbeiter, die bereits im Einwanderungsland tätig waren. Für die Arbeiterinnen hingegen ist praktisch keine Aufstiegsmobilität erkennbar. Mattes, 2005, S. 318–319.
82 Baumann, 2014, S. 61.
83 Ebd., S. 89.

der Arbeitsmigrantinnen zu mehr Teilhabe an den Organisationsaktivitäten möglich.

Doch bis in die späten 1960er-Jahre war die Problematik der ausserschulischen Betreuung wegen der dominierenden Frage der angemessenen Beschulung der eingewanderten Kinder nebensächlich. Pater Michael Jungo berichtete aus der Perspektive der katholischen Missionen zuhanden einer westeuropäischen Arbeitsgruppe ökumenischer Kirchenvertreter, die sich mit sozialen Fragen im Kontext der Arbeitsmigration befasste, in der Schweiz seien die Kinder der Zugewanderten ausserhalb der Schule oft sich selbst überlassen, lediglich die Schulen der katholischen Missionen kümmerten sich darum. Der entscheidende Punkt sei jedoch weder die Kinderbetreuung noch die Nichteinhaltung der Schulpflicht, sondern vielmehr der offen ausgetragene Kampf um eine integrative oder eine separative Beschulung.[84] Unter diesen Vorzeichen fiel die Forderung nach Kinderbetreuung auf wenig fruchtbaren Boden.

Obgleich Jungos Aussage, die katholischen Missionen würden sich als Einzige um die Kinderbetreuung kümmern, wohl zu einseitig war, engagierten sich diese in den 1960er-Jahren tatsächlich sehr stark für einen Ausbau der ausserschulischen Betreuung. Jungo selbst gründete 1964 eine Stiftung, mit der eine Krippe für italienische Kinder, *asilo* genannt, betrieben werden konnte. In deren Statuten wurde festgehalten, dass in besonderen Fällen auch einheimische Kinder aufgenommen würden.[85] Entgegen den üblicherweise kulturalisierenden Erklärungen der katholischen Missionen fasste auch Jungo die von der doppelten Berufstätigkeit der Eltern ausgehende Herausforderung, wie die Kinder betreut werden konnten, als ein Phänomen der Arbeiterschicht auf, das nicht nur die zugewanderten Arbeiterfamilien betraf.

Statistisch lässt sich feststellen, dass in der Schweiz seit den 1960er-Jahren die Erwerbsquote auch der einheimischen Frauen erheblich stieg.[86] Für die Bundesrepublik Deutschland wird die wachsende Zahl der Frauen auf dem Arbeitsmarkt auch mit dem Bau der Mauer 1961, die keine Arbeitskräfte aus Osteuropa mehr nach Deutschland wandern liess, und mit der Abnahme der Zahl der in Südeuropa neu angeworbenen Arbeitskräfte erklärt.[87] Dieser zweite Erklärungsansatz ist für den vorliegenden Gegenstand äusserst interessant.

84 Commissione Culturale della Federazione delle Colonie Libere Italiane in Svizzera, 1969; darin Michael Jungo: La scolarisation des enfants des travailleurs migrants en Suisse.
85 ZBZ, Nachl M Jungo 1.1, Gründungsurkunde des asilo in Einsiedeln, 29. Mai 1964. Die Stiftung bestand bis 1987, dann wurde die Schliessung des asilo aufgrund der veränderten Migrationslage veranlasst. Die Krippe, die noch immer in italienischer Sprache betrieben wurde, wurde den Ansprüchen der Kinder, die mittlerweile aus anderen Sprachregionen kamen, nicht mehr gerecht.
86 Ritzmann-Blickenstorfer, 1996, S. 81; Wecker, 1988.
87 Hagemann, 2009, S. 219.

So ist in Schweden für die späten 1950er-Jahre ein relativ starker Anstieg der Frauenerwerbsarbeit zu beobachten, der darauf zurückgeführt wird, dass die boomende Wirtschaft deshalb deutlich mehr Frauen rekrutierte als in anderen westeuropäischen Staaten, weil die schwedische Regierung die Anwerbung ausländischer Arbeiterinnen und Arbeiter nicht forcierte.[88] Dasselbe Erklärungsmuster dürfte mit Abstrichen auf die Schweiz der späten 1960er-Jahre übertragbar sein. So dürfte die im zweiten Italienerabkommen von 1964 festgeschriebene und mit dem Begriff der Plafonierung bekannt gewordene Massnahme zur Beschränkung der neuen Arbeitsbewilligungen für ausländische Arbeitnehmer[89] zu einem Anstieg der Erwerbstätigkeit der Frauen in der Schweiz beigetragen zu haben.

Es ist aber nicht davon auszugehen, dass Schweizerinnen nun Arbeiten verrichteten, die für die nun nicht mehr zugelassenen südeuropäischen Arbeitskräfte vorgesehen gewesen waren. Denn die meisten Frauen besetzten neu geschaffene Stellen im Dienstleistungssektor. Zudem war der Grossteil von ihnen lediglich Teilzeit beschäftigt, wobei die Verantwortung für die ausserschulische Kinderbetreuung innerhalb der Familie blieb. Das traditionelle Modell der «Ernährer/Hausfrau-Familie» wurde nur leicht angepasst in die Norm der «Ernährer/Hausfrau-Zuverdienerin-Familie» abgewandelt.[90]

Diese Umstände erschwerten noch in den 1960er-Jahren eine öffentliche Diskussion über die ausserschulische Betreuung. Erst in den 1970er-Jahren erzeugten diese Forderungen Resonanz in den bildungspolitischen Debatten, wenngleich nicht in erster Linie unter dem Aspekt der Betreuung von Kindern, sondern vielmehr in den Diskussionen um die Ausschöpfung von Begabungsreserven oder um die Chancengleichheit beziehungsweise die Kompensation von herkunftsbedingten Nachteilen im Rahmen der Bildungsexpansion. In der Folge wurde Kinderbetreuung zunehmend als Aufgabe des Erziehungssystems angesehen und aus der Verantwortlichkeit des Wohlfahrtssystems herausgelöst.[91] Durchsetzen konnten sich diese Ideen in der Schweiz indes nicht. In den 1970er-Jahren wurden Fragen der Kinderbetreuung in erster Linie im Zug der Forderungen zur Einrichtung von öffentlichen Tagesschulen in die Debatte eingebracht, die aber bildungspolitisch chancen- und meist auch folgenlos blieben.[92] Einzig mit der in den 1970er-Jahren einsetzenden Institutionalisierung des Kindergartens als Bestandteil der Schule, wurde – wenngleich nur in sehr

---

88 Hagemann, Jarausch, Allemann-Ghionda, 2011, S. 28.
89 Piguet, 2006, S. 24–26.
90 Crotti, 2011, S. 305.
91 Hagemann, Jarausch, Allemann-Ghionda, 2011, S. 29.
92 Mangold, Messerli, 2005, S. 108. Auch in der Bundesrepublik Deutschland liess sich eine flächendeckende Realisierung von ausserschulischen Betreuungsangeboten nicht realisieren. Mattes, 2012.

langsamen Schritten – die Problematik der Betreuung von Kindern im Vorschulalter angegangen.[93]

Insofern übernahmen italienische Organisationen in der Schweiz in den 1960er-Jahren eine Vorreiterrolle in Bezug auf die ausserschulische Betreuung von Arbeiterkindern. So erwähnte die italienische Botschaft in der Schweiz bereits 1969 eine umfassende Tätigkeit der italienischen Organisationen im Bereich der *assistenza scolastica,* also derjenigen Angebote, die eine Ergänzung zur bestehenden öffentlichen schulischen und betreuerischen Infrastruktur darstellten. In 68 italienischen Kindergärten *(scuole materne)* würden 3208 italienische Kinder betreut, 3661 Kinder besuchten die 46 bestehenden Horte oder Aufgabenhilfen *(doposcuole)* und zudem kümmerten sich 10 Kinderkrippen *(nidi d'infanzia)* um knapp 300 weitere italienische Kleinkinder.[94] Diese Zahlen zeugen von einer sehr frühen Sensibilisierung für die ausserschulische Betreuung im italienischen Emigrationskontext.

Die genaue Zuordnung, welche die italienische Botschaft in ihrem statistischen Bericht vornehmen konnte, erstaunt insofern, als in den Beschreibungen zu den einzelnen Angeboten der Begriff *doposcuola* sowohl für Aufgabenhilfen, für Kurse in italienischer Sprache als auch für Betreuungseinrichtungen für vorschulpflichtige Kinder verwendet wurde. Der Begriff war also alles andere als trennscharf. Zudem widerspiegelt dessen mehrdeutige Verwendungsweise auch die unterschiedlichen Ansprüche, die an diese Betreuungsform gestellt wurden.[95] Die unterschiedliche Verwendungsweise des Begriffs *doposcuola* verweist auch darauf, dass die verschiedenen Betreuungs- und Unterstützungsangebote aus lokalen Initiativen entstanden. Insbesondere die von den Ortsgruppen der Colonie Libere gegründeten Elternkomitees waren in der Lage, Betreuungsangebote zu realisieren. In den Schulgruppen der Regionalkonferenzen der Colonie Libere wurde über diese Aktivitäten Rechenschaft abgelegt. Der Aufbau dieser Angebote war zunächst zwar zentral von den regionalen Schulgruppen oder vom Dachverband angeregt worden. Die Realisierung erfolgte aber nicht von oben, sondern in einzelnen Gemeinden aufgrund des lokalen Engagements. So war es möglich, dass beispielsweise in den Gemeinden Regensdorf, Spreitenbach und Rafz schulergänzende Betreuungs- und

---

93 Nufer, 2012.
94 Commissione Culturale della Federazione delle Colonie Libere Italiane in Svizzera, 1969; Ambasciata d'Italia a Berna, Ispettorato scolastico: L'assistenza scolastica italiana in Svizzera, 15. Januar 1969.
95 Siehe dazu beispielsweise EI, 3. Dezember 1970, «Doposcuola, corsi di lingua e cultura italiana: due aspetti indispensabili dell'istruzione dei nostri figli».

Unterstützungsangebote verwirklicht wurden, die anschliessend als Vorbilder für weitere Lokalgruppen dienten.[96]
In der Region Basel entstanden schulergänzende Betreuungsangebote auch aus der Kooperation mit einer Gewerkschaft. Dieses Angebot wurde als schulische Nachhilfe ausgerichtet, bezweckte aber nicht nur die Hausaufgabenhilfe, sondern bot darüber hinaus Sprachunterricht und eine Unterstützung bei Lernschwierigkeiten der Schülerinnen und Schüler. Die *doposcuola* von Kleinhüningen wurde mit den Argumenten gerechtfertigt, dass es den Kindern, deren Eltern beide berufstätig waren, für den schulischen Erfolg in der Schweiz an den notwendigen elterlichen Anreizen und einer geeigneten Lernumgebung mangle. Die Kooperation zwischen der italienischen Emigrationsorganisation und der Gewerkschaft schlug sich auch darin nieder, dass das Angebot nicht nur von italienischen, sondern auch von einheimischen und spanischen Kindern frequentiert wurde.[97]
Trotz dieser positiven Beispiele funktionierender ergänzender Betreuungsangebote sahen sich die Initiantinnen und Initianten oft mit erheblichen Widerständen konfrontiert. Erstens übertraf die Zahl der an die verantwortlichen staatlichen Behörden gerichteten Forderungen nach einem Ausbau der Betreuungseinrichtungen diejenige der Erfolgsberichte. In Adliswil beispielsweise schrieb das Elternkomitee die lokale Schulbehörde mit der Bitte um ein Treffen an, um die Frage der Aufsicht der Kinder ausserhalb der Schulzeiten und während der Arbeitszeiten der Eltern gemeinsam anzugehen. Die *doposcuola* stelle hierbei eine erprobte und adäquate Massnahme dar, schrieb das Elternkomitee.[98]
In der Schulgruppe des Regionalverbands der Colonie Libere im Raum Zürich wurden diese Forderungen gebündelt und in Berichten oder Pressemitteilungen an die Öffentlichkeit getragen.[99] Wiederholt wurde dabei die Bedeutung der Zusammenarbeit auf der kommunalen Ebene für den Erfolg dieser Projekte betont. Doch längst nicht alle dieser Forderungen hatten Erfolg. Zweitens berichteten die Ortsgruppen der Colonie Libere oft von Schwierigkeiten beim Aufbau solcher Betreuungsangebote. Dies war die Kehrseite der dezentralen und subsidiären – weil auf das lokale Engagement angewiesenen – Organisation der Kinderbetreuung. So berichtete der Vorsitzende der Schulgruppe des

---

96 SSA, Ar 40.50.2, Mappe 1, Berichte der Elternkomitees an die regionale Schulgruppe, Januar 1974.
97 SSA, Ar 40.50.4, Mappe 1, Convegno sui problemi dei bambini stranieri, Basel, 16.–17. November 1974.
98 SSA, Ar 40.50.3, Mappe 1, Brief des «Comitato dei genitori» von Adliswil an die lokale Schulpflege, 22. März 1970.
99 SSA, Ar 40.50.2, Mappe 1, Bericht der Schulgruppe der Colonie Libere Italiane im Kanton Zürich über schulische Probleme von Italienerkindern in der Schweiz, 30. September 1972.

Regionsverbands der Colonie Libere im Raum Zürich 1970 davon, dass viele Versuche, eine *doposcuola* aufzubauen, aufgrund ungenügenden Interesses und mangelnder Beteiligung der Eltern gescheitert seien. Hierbei zeigte sich ein Auseinanderklaffen zwischen dem Anspruch auf derartige Betreuungs- und Erziehungseinrichtungen und der Wirklichkeit. Der Wunsch nach mehr Betreuungsangeboten war gross, doch fehlte es an Geld, Raum und Personal, um die Pläne umzusetzen. Vielerorts scheiterten die Initiativen daran, dass sich nicht genügend Personal für diese Versuche mobilisieren liess. Die Betreuerinnen oder Betreuer waren oft schlecht ausgebildet und schlecht bezahlt. Darüber hinaus war der Besuch der *doposcuola* bei grosser Entfernung von den Schulhäusern oder ungünstigen Stundenplänen der Regelklassen wenig attraktiv.[100]
So wurden in Kreisen der italienischen Emigration in der Schweiz 1970 erste Stimmen laut, die darauf verwiesen, dass *doposcuole* nur in Zusammenarbeit mit der schweizerischen Seite erfolgreich realisiert werden könnten. Wenig erstaunlich bot die «Zürcher Kontaktstelle für Italiener und Schweizer», die 1967 als Vermittlerin zwischen italienischen und schweizerischen Organisationen und Behörden gegründet worden war, den Raum und die Kommunikationskanäle an, um dieses Anliegen den schweizerischen Behörden vorzutragen.
Die italienischen Emigrationsorganisationen können zwar durchaus als Vorreiterinnen auf dem Feld dieser Angebote bezeichnet werden, die Einzigen waren sie indes nicht. So waren auch einzelne schweizerische Schulbehörden an Projekten der ausserschulischen Kinderbetreuung beteiligt. Beispielsweise begann der Schulkreis Letzi der Stadt Zürich bereits 1968 nach dem Ende des Unterrichts am späten Nachmittag Aufgabenstunden zu organisieren, die sich an Arbeiterkinder – insbesondere italienische – richteten. Doch auch diese staatlichen Angebote waren mit vergleichbaren Schwierigkeiten konfrontiert. Zwar fanden sich im Vorfeld zahlreiche Interessentinnen und Interessenten, aber die Hälfte nutzte das Angebot dann kaum, weshalb der Versuch abgebrochen wurde. In der Nachbearbeitung wurde die Frage aufgeworfen, ob das Angebot der *doposcuola* von den italienischen Arbeiterfamilien in der Schweiz wirklich so dringend gewünscht sei, wie dies die italienischen Emigrationsorganisationen vorgäben.[101] Zudem kamen die Verantwortlichen zur Einsicht, dass Aufgabenhilfen nur dann Erfolg hätten, wenn sie gemeinsam mit interessierten italienischen Eltern und gegebenenfalls Emigrationsorganisationen gestaltet würden. 1972 erschien in der von den Colonie Libere publizierten Zeitschrift «Emigrazione Italiana» ein Artikel zu solchen Angeboten, der anerkannte, dass die schweizerische Schule sich mittlerweile um die Frage der *doposcuole* kümmere:

100 SSA, Ar 48.10.1, Mappe 1, Protokoll der 6. Mitgliederversammlung der Zürcher Kontaktstelle für Italiener und Schweizer, 16. März 1970.
101 SSA, Ar 48.20.1, Mappe 1, Bericht der Kommission für Schulfragen, 25. Februar 1970.

während diese vor einigen Jahren noch als alleiniges Problem der italienischen Kinder wahrgenommen worden sei, werde sie nun als Angelegenheit der öffentlichen Schule diskutiert. Letztlich wünschten die Colonie Libere, die bisher vorwiegend auf privater Basis betriebenen Betreuungsangebote in die öffentliche Verantwortung zu überführen.[102]
Diese Forderung kam nicht aus dem Nichts. Quer durch Europa konnten Verschiebungen im Bereich der ausserschulischen Kinderbetreuung aufgrund der steigenden Frauenerwerbstätigkeit beobachtet werden. Westeuropäische Länder zeigten sich generell zurückhaltend, diesen Bereich als staatliche Angelegenheit zu verstehen. Im internationalen Vergleich sind aber durchaus Differenzen erkennbar. Wie die Frage der Kinderbetreuung in den einzelnen westeuropäischen Ländern angegangen wurde, hing vom jeweiligen Wohlfahrtsregime, von der unterschiedlichen Offenheit der Politik gegenüber ausländischen Arbeitskräften und vom Einfluss der katholischen Kirche ab. Am weitesten verbreitet war das Modell der Ganztagsschule, sei diese wie in Frankreich oder in den skandinavischen Ländern staatlich, wie in Grossbritannien von Privaten oder wie im katholisch geprägten Spanien von der Kirche betrieben. In Italien – zumindest im industrialisierten Norden – führte das Zusammenspiel von staatlichen und katholischen Akteuren zu einem breiten Angebot an Betreuungsmodellen und Ganztagsschulen. In den deutschsprachigen Ländern Westeuropas fand dieser Ausbau der Kinderbetreuung weit weniger ausgeprägt statt. In den sozialistischen Staaten Osteuropas hingegen wurde Ganztagserziehung aufgrund der Arbeitsmarktintegration von Frauen als Notwendigkeit angesehen, was sich im Ausbau des staatlichen Angebots zur Kinderbetreuung ausserhalb der Schulzeiten niederschlug.[103]
Insofern war auch diese Diskussion der ausserschulischen Betreuung von der Systemkonkurrenz überformt. In der Bundesrepublik Deutschland wurde die öffentliche Ganztagserziehung auch mit Blick auf die staatlichen Bestrebungen in der Deutschen Demokratischen Republik abgelehnt. Die Skepsis gegenüber einer staatlich organisierten Erziehung gründete auch in der Vorstellung der Familie als primärer Erziehungsort.[104] Ähnliche Argumente, um die Erziehung im privaten Bereich der Familie zu bewahren, fanden sich in der Schweiz,[105] wobei die Abwehrhaltung gegenüber staatlicher Kinderbetreuung und sozialistischer Gemeinschaftserziehung durchaus im Einklang mit dem damaligen An-

---

102 EI, 13. September 1972, «Nuove (ma caute) aperture sul problema scolastico».
103 Ein hervorragender Ländervergleich findet sich in Hagemann, Jarausch, Allemann-Ghionda, 2011; zu Italien: Allemann-Ghionda, 2011; zur BRD: Hagemann, 2009; Mattes, 2015; zur DDR: Mattes, 2009.
104 Hagemann, 2009.
105 Crotti, 2011.

tikommunismus stand. Ganztagsschulen hatten in bürgerlichen Politikordnungen einen schweren Stand. Solange die traditionelle Rollenaufteilung zwischen dem erwerbstätigen Mann und der haushaltenden Frau das dominante Muster darstellte, fanden Forderungen nach Ganztagsschulen wenig Resonanz – auch wenn auf der anderen Seite des Eisernen Vorhangs traditionelle Geschlechterrollen innerhalb der Familien trotz Bestrebungen der Politik bestehen blieben, Arbeiterfamilien sich kaum mit den bildungspolitischen Zielen und Reformen identifizierten und somit der Graben zwischen Westeuropa und Osteuropa weit weniger tief war, als damals behauptet wurde.[106]

In der Schweiz war die «neue Frauenbewegung» in erster Linie mit dem Kampf um politische Rechte beschäftigt.[107] Die Idee der Ganztagsschule oder von öffentlichen Kinderbetreuungseinrichtungen wurde vorderhand von der politischen Linken propagiert. So wurde 1970 im Zürcher Kantonsparlament eine Interpellation eingereicht, welche die Förderung von Ganztagsschulen durch den Kanton vorsah.[108] Eine flächendeckende Realisierung ausserschulischer Kinderbetreuung war aufgrund der bildungs- und staatspolitischen Situation in der Schweiz indes schwierig zu erreichen.[109]

Dennoch entstanden im Zeitraum nach 1970 einige neue *doposcuole* in verschiedenen Gemeinden im Raum Zürich. Offene Ohren fand dabei eher, wer die Notwendigkeit von Hausaufgabenhilfen nicht ausschliesslich mit der doppelten Erwerbstätigkeit der Eltern begründete, sondern mit den knappen Wohnverhältnissen der Migrantenfamilien oder gar dem Unvermögen italienischer Eltern, Hilfe bei den Hausaufgaben zu bieten.[110] Einerseits konnte damit eine Distanz zur bisherigen, klassenkämpferisch geprägten Argumentationslinie der Benachteiligung der Arbeiterschicht hergestellt werden, indem das Problem als eines von Migrantenfamilien dargestellt wurde. Anderseits wurden die Zugewanderten als hilfsbedürftig – etwas überspitzter: als nicht zur Selbsthilfe fähig – dargestellt. Dies stand allerdings im Kontrast zu den gemeinsamen Initiativen zur ausserschulischen Betreuung, die in vielen Schulgemeinden umgesetzt werden konnten.[111]

Die Zahl der Meldungen von funktionierenden Hausaufgaben- und Betreuungsangeboten stieg in der Zeit nach 1970 an. Eine Tagung mit dem Titel «Aufgabenhilfe – Notmassnahme oder mehr?» intendierte 1974 einen Erfah-

106 Mattes, 2009.
107 Broda, Joris, Müller, 1998.
108 Zürcher Kontaktstelle für Italiener und Schweizer, 1970, S. 57–58; darin Interpellation Ernst Rosenbusch, 9. November 1970.
109 Mangold, Messerli, 2005, S. 108.
110 SSA, Ar 48.20.1, Mappe 3, P. Gessler: Schulprobleme. Vortrag an der Mitgliederversammlung der Zürcher Kontaktstelle für Italiener und Schweizer, 16. März 1970.
111 Mehr zu den Argumentationsmustern in Kap. 7.

rungsaustausch über die mittlerweile in zahlreichen Gemeinden aufgebauten Betreuungsangebote.[112] Durchgeführt wurde diese Veranstaltung von der «Zürcher Kontaktstelle für Ausländer und Schweizer». Im Vorfeld der Tagung befragten die Veranstalter 46 Gemeinden im Kanton Zürich, ob in ihrer Gemeinde Angebote der Hausaufgabenhilfe bestünden und wie diese organisiert seien. Wie verbreitet die Aufgabenhilfen waren, zeigte sich darin, dass lediglich ein Drittel aller Gemeinden antworteten, keine solchen Angebote zu kennen. Darüber hinaus erlaubte die Befragung eine Kategorisierung unterschiedlicher Formen der Aufgabenhilfen in den verschiedenen Gemeinden. Während in den einen die Unterstützungskurse von den Schulbehörden oder von Lehrern organisiert wurden, fiel diese Aufgabe in anderen Einzelpersonen oder privaten, bisweilen auch kirchlichen Organisationen zu. Unabhängig davon bestand das Personal entweder aus professionellen Pädagoginnen, also aktiven oder pensionierten Lehrerinnen, Lehrern und Kindergärtnerinnen, oder aus Müttern, Studentinnen und weiteren Privatpersonen ohne entsprechende Ausbildung. Durchgeführt wurden die Betreuungsstunden in Schulräumen, Vereinslokalen sowie bei Schweizer Familien zu Hause. Erstaunlicherweise war es aber nicht so, dass eine öffentliche Trägerschaft garantieren konnte, dass die Kinder während der Aufgabenhilfe von ausgebildetem Personal und in geeigneten Schulräumen betreut wurden. Vielmehr war der Erfolg auch der staatlichen Angebote in erster Linie auf das persönliche Engagement von Einzelpersonen zurückzuführen – was damit zusammenhängen mag, dass die Betreuerinnen und Betreuer für ihre Arbeit oft nicht oder nur sehr gering entschädigt wurden.[113]

Zudem wurde an der besagten Tagung viel Zeit dafür aufgewendet, die geeignetsten Inhalte, Ziele und Organisationsformen einer Hausaufgabenhilfe zu definieren. An dieser Diskussion beteiligten sich vorab Schweizerinnen und Schweizer mit pädagogischem Profil, die in die Organisation oder Durchführung von Aufgabenhilfen bereits eingebunden waren. Im Gegenteil zu den Tagungen zur Berufsbildung der Zugewanderten finden sich kaum italienische Namen auf der Teilnehmerliste – und diese wenigen gehörten grösstenteils etablierten Personen der grösseren italienischen Emigrationsorganisationen.[114] Auch die Aufgabenhilfe war letztlich keine Initiative der Arbeitsmigrantinnen und -migranten selbst, wurde aber von den Emigrationsorganisationen entscheidend angestossen.

Dies zeigt sich auch in den Handlungsgrundsätzen, die am Ende der Tagung formuliert wurden. Das individuelle Engagement von Einzelpersonen sei dem Ge-

---

112 Zürcher Kontaktstelle für Ausländer und Schweizer, 1974.
113 Ebd., S. 4–8.
114 Ebd., 1974, S. 61–63.

lingen der Aufgabenhilfe zwar zuträglich, das Angebot gehöre letztlich jedoch in die Zuständigkeit der Schule. Nur eine öffentliche Trägerschaft gewährleiste, dass das Angebot längerfristig aufrechterhalten werden könne und tatsächlich denjenigen – ausländischen oder schweizerischen – Kindern offenstehe, welche es benötigen. Darüber hinaus enthielt die Zusammenfassung der Ergebnisse der Tagung eine deutliche Zurückweisung der Vorstellung, Aufgabenhilfe für ausländische Kinder als Wohltätigkeit zu verstehen.[115] Entscheidend war, dass das Angebote der Aufgabenhilfe nicht – wie oben dargelegt – als karitative Hilfeleistung verstanden wurde, sondern als Recht des Kindes formuliert wurde. Zu einer umfassenden Verstaatlichung der schulergänzenden Unterstützungsmassnahmen führte indes auch diese Initiative nicht. Vielmehr blieben die Angebote im Schnittbereich zwischen staatlicher Verantwortung und privater Initiative. Die Elternkomitees vermochten dabei als Vermittler zu den Behörden eine bedeutende Rolle zu spielen. Erfolgreich etablieren konnten sich aber durchaus auch rein private Initiativen, die wenige Kontakte zu den öffentlichen Schulen und deren Behörden suchten. Solche Initiativen blieben jedoch immer auf das Engagement von Einzelpersonen angewiesen. Beispielsweise wandte sich eine Pädagogikstudentin aus Zürich brieflich an die Colonie Libere und schlug ihre ehrenamtliche Mitarbeit in einer Betreuungseinrichtung vor. Sie konnte erfolgreich an eine *doposcuola,* die mit den Colonie Libere in Verbindung stand, vermittelt werden.[116]

Zu den privaten Initiativen gehörte auch eine Kinderbetreuung im Umfeld der Weiterbildungsorganisation ENAIP. Im Tätigkeitsbericht für das Kursjahr 1972/73 ist erwähnt, dass eine *doposcuola* betrieben wurde, die sowohl italienischen als auch schweizerischen Kindern offenstand.[117] Das Angebot, das den Namen «Quartierschule» beziehungsweise «Scuola di Quartiere» trug, wurde in den frühen 1970er-Jahren von einer Gruppe schweizerischer Lehrerinnen und Lehrer der städtischen Schule Zürichs initiiert.[118] Einige dieser Lehrkräfte hielten nebenbei auch Deutschkurse bei ENAIP und waren 1974 an der Gründung der «Scuola Professionale Emigrati» (SPE) beteiligt.[119] Die Quartierschule bot eine *doposcuola* als Aufgabenhilfe mitten im Zürcher Arbeiterquartier Aussersihl an. Das Angebot, das dank dem unbezahlten Engagement der Lehrerinnen und Lehrer für die Kinder kostenlos war, beschränkte sich nicht auf

---

115 Ebd., S. 38–41.
116 SSA, Ar 40.50.2, Mappe 4, Korrespondenz mit Sibilla Schuh, 24. Februar und 13. März 1975.
117 Privatarchiv ENAIP, Programma consuntivo di attività, 1972/73. Leider sind keine weiteren Informationen dazu überliefert, wie stark diese Kinderbetreuung nachgefragt wurde.
118 Gespräch mit Marianne Sigg, 28. November 2015.
119 Vgl. Kap. 2.3.

eine reine Aufgabenhilfe, sondern nahm sich zur Aufgabe, die Entwicklung der Kinder aus deren Erfahrungen und Interessen heraus pädagogisch zu gestalten.[120] Die Ausrichtung der Quartierschule, die sich eindeutig als Bildungsangebot und nicht nur als Betreuungseinrichtung verstand, wurde in einem umfangreichen Dossier unter dem Titel «Kinder lehren» von den Initiatorinnen und Initiatoren der Schule dargelegt. Das Autorenkollektiv, das sich «Lehrergruppe» nannte, bestand aus sieben Personen, wobei nur der spätere Leiter der SPE italienischer Immigrant war. Die anderen sechs Personen waren Schweizerinnen und Schweizer, Lehrerkräfte oder Pädagogikstudierende. In «Kinder lehren» argumentierte die Lehrergruppe ausgehend von einer Kritik an den bestehenden Verhältnissen der öffentlichen Schulen in der Schweiz: Die Schule rücke aufgrund ihres selektiven Charakters immer mehr von ihren demokratischen Prinzipien ab. Zudem seien die pädagogische Theoriebildung und die damit verbundene, an den Universitäten vermittelte Lehrerbildung zu stark von den Verhältnissen in den Quartieren abgehoben, was zu einer Entfremdung der Schule von der Realität führe. Deshalb müsse der spezifischen Bevölkerungsstruktur und dem Wandel des Stadtquartiers Aussersihl, in dem die Schule stehe, mehr Beachtung geschenkt werden.[121] Daran anschliessend wurde ein Programm formuliert, wonach der Ausgangspunkt der pädagogischen Bemühungen bei Erfahrungen der Kinder zu liegen habe, aus welchen auch die Lehrerinnen und Lehrer lernen könnten. Das Resultat sei ein gemeinsames Erforschen von Problemen, und deren Überwindung gehe von den Lebenserfahrungen der Kinder aus.[122]

Dass die Quartierschule von denselben Personen betrieben wurde, welche 1974 die SPE gründeten,[123] widerspiegelte sich auch in der pädagogischen Programmatik. Die Idee der Quartierschule entsprang wie die Ausrichtung der Weiterbildungskurse der Auseinandersetzung mit den pädagogischen Schriften von Paulo Freires, die bei den Lehrerinnen und Lehrern Begeisterung auslösten.[124] Die in der Begründung der Quartierschule formulierte Kritik an der staatlichen Schule und die daraus abgeleitete pädagogische Programmatik weisen auffällige Parallelen zu den Überlegungen des brasilianischen Pädagogen auf, obwohl im Dossier «Kinder lehren» Freire nicht explizit erwähnt ist. Die Diagnose der Entfremdung der Schule von der Realität sowie das daran anschliessende Plä-

---

120 SSA, Ar 429.120.1, Mappe 1, Züri Leu, 10. Mai 1974, «Zurück ins Getto?», S. 30–31; Zürcher Kontaktstelle für Ausländer und Schweizer, 1974, S. 20–24.
121 Kinder lehren – Quartierschule, 1972, S. 25–67.
122 Ebd., S. 123–130.
123 Vgl. Kap. 2.3.
124 Gespräch mit Marianne Sigg, 28. November 2015.

doyer für ein gegenseitiges Lehren und Lernen zwischen Schüler und Lehrer sind jedoch Schlüsselaspekte der Überlegungen Freires.[125]
Die für die Quartierschule propagierte Praxis wurde zuvor in einem Ferienkurs für Schulkinder aus dem Zürcher Arbeiterquartier Aussersihl erprobt, der während der Herbstferien 1971 durchgeführt wurde. Im Dossier «Kinder lehren» finden sich detaillierte Berichterstattungen und Reflexionen über diesen Kurs, die von einzelnen Mitgliedern des Autorenkollektivs verfasst wurden. Diese Berichte geben Zeugnis davon, was die Lehrerinnen und Lehrer von den Kindern lernen konnten und wie diese Einsicht sich wiederum auf das Lernen der Kinder auswirkte.[126]
Die Quartierschule war insofern kein aus migrantischen Kreisen initiiertes Angebot der Aufgabenhilfe und gründete im Engagement von Einzelpersonen – insbesondere von schweizerischen Lehrerinnen und Lehrern. ENAIP bot lediglich die Infrastruktur zur Realisierung des Angebots. Das pädagogische Programm scheint als Betreuungsangebot durchaus erfolgreich gewesen zu sein, denn trotz der wenigen Jahre, in denen die Quartierschule betrieben werden konnte, erzeugte sie öffentliche Resonanz.[127]
Die Quartierschule wurde aufgrund der progressiven Ausrichtung von den Colonie Libere denn auch positiv hervorgehoben – was aufgrund der Konkurrenzsituation im Bereich der beruflichen Qualifikation der erwachsenen Migrantinnen und Migranten nicht selbstverständlich war.[128] Die Colonie Libere schätzten an der Quartierschule, dass sie sich nicht auf die Hilfe bei den Hausaufgaben beschränke, sondern vielmehr gemeinsam mit den Kindern zu ergründen suche, worin die Konflikte und Frustrationen der italienischen Kinder in der Schule gründen. Im Gegensatz dazu seien die vom italienischen Generalkonsulat subventionierten Betreuungsangebote in der Casa d'Italia kaum geeignet. Nur ein Schulzimmer und eine Lehrerin würden zur Verfügung gestellt, und die Deutschkenntnisse der Lehrerin seien mangelhaft.[129] Diese ablehnende Haltung der Colonie Libere widerspiegelte letztlich wiederum den Konflikt darüber, ob die schulische Erziehung und Bildung eher auf die baldige Rückkehr nach Italien oder viel eher auf die langfristige Niederlassung in der Schweiz auszurichten sei.[130]

125 Freire, 1972; Freire, 1974; zu einer Kritik an der Theorie wie auch an der unreflektierten Rezeption Freires im deutschsprachigen Raum: Stauffer, 2007.
126 Kinder lehren – Quartierschule, 1972, S. 77–119.
127 Gespräch mit Marianne Sigg, 28. November 2015.
128 ASTi, FPC 41, ECAP, B6, Mappe 1, Einladung zum Informationsabend über die Quartierschule, 30. Juni 1972.
129 EI, 17. Januar 1973, «Fermenti nuovi nella scuola Svizzera».
130 Vgl. Kap. 5.2.

Die von den Colonie Libere kritisierte schlechte Ausstattung der Betreuungsangebote des Generalkonsulats gründete darauf, dass die italienischen Behörden der ausserschulischen Betreuung nicht die erste Priorität einräumten. Das Augenmerk des italienischen Generalkonsulats in Zürich – und damit verbunden auch der italienischen Botschaft in Bern – lag darauf, den italienischen Kindern in der Schweiz den Zugang zur Schule überhaupt zu ermöglichen. Zudem wurden die italienischen Generalkonsulate in der Schweiz infolge des neuen Gesetzes Nr. 153 mit Finanzierungsanträgen überrannt.[131] Der Bericht des Schulinspektors der italienischen Botschaft fokussierte hauptsächlich auf die schulische Integration der italienischen Kinder. Die seitens der Colonie Libere als Aufgabenhilfen konzipierten *doposcuole* sowie die vereinzelt geäusserte Forderung nach Ganztagsschulen wurden im Bericht nicht berücksichtigt. Der Aspekt der ausserschulischen Betreuung wurde lediglich in den kurzen Abschnitten über Krippen für Kinder im Vorschulalter angesprochen. Diese seien in der Schweiz kaum verbreitet und böten zu wenige Betreuungsplätze. Gleichzeitig verweist der Bericht anerkennend auf einzelne schweizerische Unternehmen, die Kinderkrippen für die Kinder der Arbeiterinnen und Arbeiter zur Verfügung stellen würden.[132]

Auch die schweizerischen Behörden begannen in den frühen 1970er-Jahren sich mit der Frage der ausserschulischen Betreuung zu befassen. So empfahl die EDK 1972 den Kantonen unter anderem, die ausserschulische Betreuung und Aufgabenhilfen zu fördern, um den Kindern der ausländischen Arbeitskräfte den schulischen Erfolg zu ermöglichen und sie vor schulischer Diskriminierung zu schützen.[133] Ebenfalls 1972 begrüsste die Kommission zur Eingliederung fremdsprachiger Kinder der Erziehungsdirektion des Kantons Zürich die Versuche einzelner Gemeinden, Aufgabenhilfen zu organisieren. Weitere Gemeinden, hielt der Bericht fest, sollten ermuntert werden, solche Angebote einzuführen. Dem Subsidiaritätsprinzip folgend blieb die Verantwortung dafür bei den einzelnen Gemeinden, während der Kanton lediglich den zeitlichen und finanziellen Rahmen vorgab.[134] Die wenig verpflichtende Haltung des Kantons führte dazu, dass die Frage der Betreuung und Aufgabenhilfe – wie letztlich von den Colonie Libere moniert – in den einzelnen Gemeinden sehr unterschiedlich gehandhabt wurde.

Die Diskussion über die Betreuung der Kinder im Vorschulalter wurde überlagert von der zunehmenden Institutionalisierung des Kindergartens in der

---

131 Vgl. Kap. 5.3.
132 ASTi, FPC 41, ECAP, B17, Mappe 1, Silvio Di Costanzo, Ispettore scolastico dell'Ambasciata d'Italia a Berna: L'assistenza scolastica italiana nella Confederazione Elvetica, 1973.
133 EDK, 1995, S. 11.
134 Schlussbericht der Kommission zur Eingliederung fremdsprachiger Kinder, 1972, S. 27

Schweiz. Ausdruck davon war die Erarbeitung eines ersten Rahmenlehrplans für den Kindergarten durch den schweizerischen Kindergärtnerinnen-Verein 1971. Noch in den 1970er-Jahren war der Status der Kindergärten in der Schweiz prekär. Viele Angebote stammten noch immer von Privaten, wenngleich die Gemeinden vielerorts die Trägerschaft für die Kindergärten zu übernehmen begannen. Die Kantone ihrerseits wandten sich zunehmend der Ausbildung der Kindergärtnerinnen zu.[135] Diese Erweiterung des staatlichen Zugriffs auf den vorschulischen Erziehungsbereich erfolgte nicht zufällig während der Zeit der Bildungsexpansion. Der Kindergarten rückte näher an die Schule, indem die Erarbeitung schulischer Wissensbestände und erste Zugänge zu Kulturtechniken vermehrt den Kindergärten übertragen wurden, ohne damit aber den Charakter des Kindergartens als spielerischen Freiraum grundsätzlich infrage zu stellen.[136] Der Kindergarten war damals noch ein schwach reglementierter Bereich des pädagogischen Zugriffs und bot so auf der einen Seite die Möglichkeit, neue pädagogische Modelle – auch solche der antiautoritären Erziehung – zur Sprache zu bringen und in Versuchsprojekten anzuwenden.[137] Auf der anderen Seite fand über diese ersten Schritte in Richtung einer Annäherung zwischen Kindergarten und Schule auch das Argument der Chancengleichheit Eingang in die Debatte, indem die Legitimation für den Ausbau des Kindergartens in seiner Funktion des Ausgleichs von vorschulischen Bildungsbenachteiligungen gesehen wurde.[138] Dabei wurde durchaus mit den Schwierigkeiten fremdsprachiger Kinder in den schweizerischen Schulen argumentiert, die von einem Ausbau des kompensatorischen Aspekts in den Kindergärten profitieren würden.[139]

Wie bei den Reformen der öffentlichen Schule oder der Berufs- und Weiterbildung blieb eine explizite Bezugnahme auf Migration auch in den Debatten um den Ausbau und die Neuausrichtung des Kindergartens eher die Ausnahme denn die Regel. Als Ausnahme sei hier die Studie von Paul Beurer erwähnt, der die Erziehungs- und Bildungsbarrieren italienischsprachiger Kinder in den öffentlichen schweizerischen Kindergärten untersuchte. Indem er Benachteiligungen bereits im Kindergarten feststellte, zeigte er auch die Grenzen der kompensatorischen Funktion des Kindergartens auf.[140] Der Kindergarten sei

135 Criblez, 2015, S. 66.
136 Lüscher, Ritter, Gross, 1972, S. 65–75; Vogt, 1972; Rüfenacht, 1983; zur Reflexion des Verhältnisses von Schule und Kindergarten: Wannack, 2004.
137 Stucky, 1972.
138 Nufer, 1978, S. 56–57. Analysen kompensatorischer Erziehungsprogramme in den Vereinigten Staaten boten Vorlagen für Reformen, dienten aber auch der Kritik an den Erwartungshaltungen. Du Bois-Reymond, 1971; Iben, 1972.
139 Lüscher, Ritter, Gross, 1972, S. 30–34.
140 Beurer, 1977.

nur beschränkt in der Lage, die herkunftsbedingte Benachteiligung einzelner Schülerinnen und Schüler aufzuheben.
Trotz dieser seltenen Bezugnahme auf Migrationsaspekte erwiesen sich auch im Bereich des Kindergartens die Spielräume, die sich aufgrund der damaligen Offenheit gegenüber Bildungsreformen ergaben, durchaus als anschlussfähig für die pädagogischen Ambitionen der italienischen Migrationsorganisationen in der Schweiz. Italienische Kindergärten gab es hierzulande indes schon in den 1960er-Jahren. Wie bereits erwähnt, bestanden 1969 68 italienische Kindergärten *(scuole materne)*, die von über 3000 italienischen Kindern besucht wurden.[141] Allen voran waren es die italienischen katholischen Missionen, aber auch einzelne Ortsgruppen der Colonie Libere, die solche Kindergärten in der Schweiz betrieben.
Schon Mitte der 1960er-Jahre gerieten diese Angebote in die Kritik der schweizerischen Behörden, insbesondere da, wo dem Kindergarten eine vorbereitende Funktion für die Schule zugesprochen wurde. Die Erziehungsbehörde des Kantons St. Gallen beispielsweise trat 1966 mit dem italienischen Generalkonsulat in St. Gallen in Verhandlungen, weil die von den italienischen Organisationen – seien es die Colonie Libere oder die Missione Cattolica – geführten Kindergärten ihre Pflichten zur Vorbereitung auf den Besuch der öffentlichen Schule nicht wahrnehmen würden.[142] Hintergrund dieser Kritik war die noch immer weitverbreitete Rückkehrorientierung der Arbeitsmigrantinnen und -migranten, die zu einer Bevorzugung der italienischen Anbieter im Schul- und Erziehungsbereich führte. Der in der Colonie Libere vollzogene Wandel, die Zukunft könnte ebenso gut in der Schweiz liegen,[143] hatte Konsequenzen für deren Vorstellung, wie der Kindergarten zu gestalten sei. In der Folge propagierten die Colonie Libere gegenüber ihren Mitgliedern, die italienischen Kinder sollten wenn möglich die örtlichen Kindergärten besuchen, dies sei für den frühen Erwerb der lokalen Sprache unerlässlich.[144] Insofern nahmen die Colonie Libere das Argument auf, der Kindergarten diene dem Ausgleich von Benachteiligungen bereits vor dem Schuleintritt. Währenddessen erhielten die katholischen italienischen Missionen ihre italienischsprachigen Kindergartenangebote aufrecht, die auf den Schulbesuch in Italien vorbereiten sollten.
Während der Pflichtschulzeit muss der Staat jedem Kind einen Platz in einer öffentlichen Schule garantieren. Für den Kindergarten bestand kein solches

---

141 Commissione Culturale della Federazione delle Colonie Libere Italiane in Svizzera, 1969; darin Ambasciata d'Italia a Berna, Ispettorato scolastico: L'assistenza scolastica italiana in Svizzera, 15. Januar 1969.
142 EI, März 1966, «Prospettive dell'accordo sulla scuola».
143 Vgl. Kap. 5.2.
144 FCLIS, 1973, S. 7.

Obligatorium. Insofern wurden die Gemeinden, welche die Verantwortung für die Kindergärten zunehmend übernahmen, lediglich aufgefordert, ihr Angebot auszubauen. Hingegen konnten sie nicht dazu verpflichtet werden. Den Kindergarten nicht besuchen zu können, weil dafür das Angebot nicht ausreiche, schien damals ein verbreitetes Problem zu sein.[145]

Die «Kommission Schulfragen» der «Zürcher Kontaktstelle für Italiener und Schweizer» berichtete 1970, dass zur Zeit der Raum fehle, der den zweijährigen Kindergartenbesuch aller italienischen Kinder gewährleisten würde. An einigen Orten sei dieser immerhin ein Jahr garantiert. Dies sei aber nicht ideal, denn besuche ein italienisches Kind den Kindergarten nur für ein Jahr, sei es wahrscheinlich, dass die erste Klasse wiederholt werden müsse.[146] Die Colonie Libere nahmen diesen Aspekt rasch auf, um von den kantonalen und kommunalen Behörden in der Schweiz das Recht auf einen zweijährigen Kindergartenbesuch zu fordern.[147]

Die Bedeutung der Kindergärten für die Integration der italienischen Kinder wurde auch von schweizerischen behördlichen Kommissionen hervorgehoben. Die «Kommission zur fremdsprachiger Kinder» der Erziehungsdirektion des Kantons Zürich formulierte das Ziel, auf lange Sicht allen Kindern, also auch den fremdsprachigen, die so explizit genannt wurden, einen zweijährigen Kindergartenbesuch zu ermöglichen. Separate Kindergärten für fremdsprachige Kinder seien dabei zu vermeiden. Gefordert seien jedoch nicht nur die Gemeinden, welche die notwendigen Plätze bereitzustellen hätten, sondern es müsse auch geprüft werden, ob die Kapazitäten der Kindergärtnerinnenseminare ausgebaut werden müssten.[148] Letztlich führten also auch strukturelle Gründe zu dieser Angebotslücke.

Die Debatte um die Integration der italienischen Kinder in den schweizerischen Kindergarten wurde aber nicht nur im Hinblick auf diese organisatorischen Aspekte, sondern auch inhaltlich geführt. 1971 erschien eine Sondernummer der Zeitschrift «Der schweizerische Kindergarten» unter dem Titel «Fremdarbeiterkinder in unseren Kindergärten». Die verschiedenen Artikel, alle von schweizerischen Kindergärtnerinnen verfasst, verdeutlichen, dass das pädagogische Personal seine Aufgabe in erster Linie in der spielerischen Beschäftigung der Kinder sah, welche durchaus auf die Entwicklung der Kinder

---

145 Zürcher Kontaktstelle für Italiener und Schweizer, 1970, S. 37. Dieselbe Forderung musste in den folgenden Jahren noch und noch wiederholt werden. Siehe beispielsweise EI, 3. Mai 1972, «Winterthur: 700 bambini non trovano posto nei giardini d'infanzia».
146 SSA, Ar 48.20.1, Mappe 1, Bericht der Kommission für Schulfragen, 25. Februar 1970.
147 SSA, Ar 40.50.2, Mappe 1, Bericht der Schulgruppe der Colonie Libere Italiane im Kanton Zürich über schulische Probleme von Italienerkindern in der Schweiz, 30. September 1972; EI, 13. September 1972, «Nuove (ma caute) aperture sul problema scolastico».
148 Schlussbericht der Kommission zur Eingliederung fremdsprachiger Kinder, 1972, S. 14.

ausgerichtet war, aber kaum eine direkte Vorbereitung auf die Schule darstellte. Die Schwierigkeiten bei der Integration der italienischen Kinder in die Kindergärten wurden in erster Linie bei den fehlenden Sprachkenntnissen verortet. Den italienischen Kindern wurde zwar ein impulsiveres Temperament nachgesagt. Doch das aggressive und störende Verhalten der Fremdsprachigen, das von mehreren Autorinnen beobachtet wurde, sei eigentlich kein Mentalitätsmerkmal der Italiener, sondern vielmehr Ausdruck einer Überforderung, insbesondere wenn den in Mundart erzählten Geschichten sprachlich nicht gefolgt werden könne, argumentierten die Kindergärtnerinnen. Von ihren positiven Erfahrungen mit spezifischen Sprachhilfen für fremdsprachige Kinder konnten zwei Autorinnen berichten. Im Gegensatz zur oben erwähnten Betonung des Spielerischen im Kindergarten wurde die Bedeutung zusätzlicher Mundartsprachkurse hervorgehoben, die gezielt auf die Sprachentwicklung der Kinder auszurichten seien.[149]

Wenn hingegen Migrationsfachpersonen den Kindergarten erwähnten, stand zunächst die Vorbereitung auf die Schule im Zentrum der Argumentation. In diesem Sinn erhielt der Kindergarten auch in den Berichten der Fachkommissionen für Migrationsfragen eine kompensatorische Funktion zugesprochen. Bezugspunkt war dabei in erster Linie eine möglichst reibungsfreie Integration in die öffentliche Schule beim Schuleintritt und weniger die Entwicklung des Kindes im freien Spiel. Unter diesen Vorzeichen konnte der Ausbau von Mundartkursen gefordert und die Einrichtung separater Kindergärten für fremdsprachige Kinder abgelehnt werden.[150] Der Kindergarten war in dieser Lesart eine Institution, die im Hinblick auf die weitere Schulkarriere zu gestalten sei – und somit nicht nur Aufgaben der Betreuung, sondern vielmehr auch der Bildung und der Erziehung der Kinder im Vorschulalter zu übernehmen habe. In der Betonung dieses Aspekts widerspiegelte sich die Hoffnung der Kompensation herkunftsbedingter Nachteile durch den Kindergarten.[151]

Auch wenn in den frühen 1970er-Jahren noch kein staatliches Monopol über den Kindergarten herrschte, waren die italienischen Emigrationsorganisationen – abgesehen von den italienischen katholischen Missionen – auf diesem Feld weniger umtriebig als in anderen pädagogischen Bereichen, in denen sich der Staat zurückhielt. Für 1973 findet sich zwar in den Unterlagen der Schulgruppe der Colonie Libere ein Flugblatt, das die Eröffnung eines von italienischen und schweizerischen Eltern selbst verwalteten Betreuungsangebots

---

149 Der schweizerische Kindergarten (61) 4, April 1971, «Fremdarbeiterkinder in unseren Kindergärten».
150 Schlussbericht der Kommission zur Eingliederung fremdsprachiger Kinder, 1972, S. 12–15.
151 Städtische Kommission für Assimilierungsfragen, 1972, S. 19.

mit dem Namen «Krippen-Kindergarten» in Zürichs Arbeiterquartier bewarb. Auch den Betreiberinnen dieses Angebots war es wichtig zu betonen, dass sie den Kindergarten als pädagogisches Angebot verstanden, das nicht nur eine vorschulische Aufsicht beinhalte, sondern eine sinnvolle Ergänzung zur Erziehung im Elternhaus darstelle.[152]

Dieses Angebot war jedoch eher die Ausnahme denn die Regel, und gerade die Colonie Libere pochten darauf, allen Kindern den zweijährigen Besuch in einem staatlichen, von der jeweiligen Gemeinde betriebenen Kindergarten zu ermöglichen. Kindergärten wurden im Hinblick auf die Einschulung in die schweizerische Regelklasse wegen des Kontakts mit der lokalen Sprache als sehr wichtig erachtet. Im gleichen Zug wurden die italienischsprachigen Kindergärten der katholischen italienischen Missionen von den Colonie Libere massiv kritisiert. Die Missionen würden zwar vieles richtig machen, indem sie eine Ganztagsbetreuung anböten und sich um die Verpflegung der Kinder kümmerten – Aspekte, welche die Protagonistinnen der Colonie Libere in den öffentlichen Kindergärten der Gemeinden durchaus vermissten. Doch umgingen sie so den Besuch des lokalen Kindergartens, der über den Spracherwerb und die Kontakte zu Gleichaltrigen die Eingliederung ins schweizerische Schulsystem am ehesten gewährleiste.[153] Das Schulinspektorat der italienischen Botschaft teilte diese Kritik erstaunlicherweise. In seinem Inspektionsbericht hielt Silvio Di Costanzo 1973 fest, dass es keine valable Alternative zum möglichst frühen Eintritt in eine lokale Betreuungs- oder Kindergarteneinrichtung gebe. Nur so sei gewährleistet, dass die italienischen Schüler später vom regulären Unterricht in der lokalen Schule profitierten.[154]

Die Colonie Libere forderten die städtischen Schulbehörden in Zürich gar dazu auf, diejenigen Eltern, welche ihre Kinder in italienischsprachige Kindergärten schicken würden, gezielt anzuschreiben und auf Italienisch über die Notwendigkeit des Kindergartens für die weitere schulische Integration zu informieren.[155] Das Schulamt der Stadt Zürich ergänzte im darauffolgenden Jahr seine – bereits in den Vorjahren in italienischer Sprache publizierten – Informationsbroschüren über den Kindergarten mit einem Abschnitt, dessen Relevanz für die Überwindung sprachlicher Schwierigkeiten betonte. Der

---

152 SSA, Ar 40.50.2, Mappe 4, Flugblatt, 1973.
153 SSA, Ar 40.50.2, Mappe 5, Korrespondenz der Colonie Libere mit dem Schulamt der Stadt Zürich, 20. September und 4. November 1974.
154 ASTi, FPC 41, ECAP, B17, Mappe 1, Silvio Di Costanzo, Ispettore scolastico dell'Ambasciata d'Italia a Berna: «L'assistenza scolastica italiana nella Confederazione Elvetica, 1973, S. 16.
155 SSA, Ar 40.50.2, Mappe 5, Korrespondenz der Colonie Libere mit dem Schulamt der Stadt Zürich, 20. September und 4. November 1974.

Kindergarten sei der «chiave per il successo scolastico».[156] Diese Ergänzung war indes kaum eine direkte Reaktion auf das Schreiben der Colonie Libere. Die Schulbehörden Zürichs stimmten jedoch mit den Colonie Libere dahingehend überein, dass die Relevanz des Kindergartens im Hinblick auf die weitere Schulkarriere des einzelnen Kindes zu beurteilen sei.

Die öffentlichen Kindergärten in der Schweiz, die während des Untersuchungszeitraums ausgebaut und stärker institutionalisiert wurden, waren für diejenigen italienischen Emigrationsorganisationen, die eine integrative Haltung bezüglich der Beschulung migrantischer Kinder verfolgten, hochgradig anschlussfähig, da sie gleichzeitig die ausserschulische Betreuung zur Entlastung der erwerbstätigen Eltern und die möglichst frühe Einbindung der italienischen Kinder in die öffentliche Bildungsstruktur der Schweiz erlaube. Mit seinem ungeklärten Doppelcharakter des spielerischen Freiraums einerseits und der schulischen Vorbereitung andererseits waren beide Anliegen der Colonie Libere abgedeckt.

Unter dem Aspekt der ausserschulischen Betreuung müssen schliesslich die «Kurse in heimatlicher Sprache und Kultur» betrachtet werden, die infolge des italienischen Gesetzes Nr. 153 von 1971 dank Subventionen des italienischen Aussenministeriums vielerorts eingerichtet wurden.[157] Solange diese Kurse nicht während der regulären Schulzeiten – also innerhalb des Stundenplans anstelle eines anderen Fachs – angeboten werden konnten, übernahmen sie ebenfalls die Funktion eines ausserschulischen Betreuungsangebots. Sie bildeten faktisch eine Möglichkeit für erwerbstätige Eltern, ihre Kinder in der Freizeit beaufsichtigen zu lassen, auch wenn ihre Notwendigkeit konsequent mit dem angestrebten Spracherwerb und dem Kennenlernen der Kultur legitimiert wurde.[158] Die Ambivalenz bestand darin, dass gerade die Forderung, die «Kurse für heimatliche Sprache und Kultur» in den regulären Stundenplan zu integrieren, ebenfalls mit dem Argument der Integration vorgebracht wurde, weil den italienischen Kindern der für die Integration so wichtige Kontakt mit den schweizerischen Kindern verwehrt bleibe, solange sie am Mittwochnachmittag die «Kurse in heimatlicher Sprache und Kultur» besuchen müssten.

Dadurch, dass der gesamte Bereich der ausserschulischen Betreuung staatlich wenig reglementiert war, boten sich den italienischen Emigrationsorganisation – im Vergleich zu anderen pädagogischen Feldern – gerade hier grosszügi-

---

156 «Schlüssel zum schulischen Erfolg». Eigene Übersetzung. Vgl. SSA, Ar 40.50.2, Mappe 8, Informationsbroschüre des Schulamts der Stadt Zürich über den Kindergarten, 1975.
157 Vgl. Kap. 5.3. Der Charakter dieser Kurse veränderte sich im Lauf der Zeit, indem sie weniger auf die Rückwanderung ausgerichtet wurden und in der muttersprachlichen Kompetenz eine Möglichkeit zum erweiterten Spracherwerb gesehen wurde. EDK, 1999, S. 11.
158 ASTi, FPC 41, ECAP, B13, Mappe 3, La problematica nei corsi di lingua e cultura italiana, Studientagung, Casa d'Italia, Zürich, 27.–28. Mai 1972.

ge Spielräume zur Gestaltung eigener Angebote und zum Aufbau von Kinderkrippen und Aufgabenhilfen. Die Aufbruchsstimmung der 1960er-Jahre, als im Zug der beiden Forderungen nach Ausschöpfung von Begabungsreserven einerseits und nach Chancengleichheit andererseits des Bildungswesen ausgebaut wurde, bot auch für die pädagogischen Ambitionen der italienischen Organisationen in der Schweiz Freiräume. Die katholischen italienischen Missionen, die ihre Kinderkrippen, ihre Kindergärten und ihre eigene Schule auf eine baldige Rückkehr nach Italien ausrichteten, konnten davon immerhin kurzfristig profitieren. Wer aber nach Italien remigrieren wollte, tat dies in den darauffolgenden Jahren. Mit dem Rückgang der Anwerbung von neuen Saisonniers und Jahresaufenthaltern verringerte sich auch die Nachfrage nach pädagogischen Angeboten, die auf eine Rückwanderung ausgerichtet waren. Auf der anderen Seite blieben die auf Integration ausgerichteten Betreuungs- und Erziehungsprojekte der Colonie Libere ungleich schwieriger zu realisieren. Doch auch so vermochten sie Diskurs und Praxis der ausserschulischen Erziehung und Betreuung mitzuprägen.[159] Insofern ist die Geschichte der Ganztagsschulen in der Schweiz tatsächlich nur mit Blick auf die Projekte jenseits der staatlichen Modelle adäquat zu fassen, wie Hans-Ulrich Grunder vorschlägt.[160] Dazu gehören aber nicht nur alternative Schul- und Betreuungsprojekte in der Tradition der Reformpädagogik, sondern es müssen ebenso die im Zug der Arbeitsmigration nach 1950 entstandenen migrantischen Angebote der ausserschulischen Betreuung und der Ganztagsschule berücksichtigt werden. Im Hinblick auf gesellschaftliche Integration erwiesen sich diese als ebenso prägend.

Trotz Rückschlägen konnten alltägliche Herausforderungen der Beschulung und Betreuung italienischer Kinder letztlich angegangen werden. Im Zusammenspiel zwischen Emigrationsorganisationen und italienischen Eltern wurden Betreuungsangebote aufgebaut, es wurde ein Informationszentrum eingerichtet, und Elternkomitees entstanden. Vor Ort erwies sich also der pragmatische Umgang mit den Alltagsproblemen der Beschulung und Betreuung als handlungsleitend. So konnten die italienischen Arbeiterinnen und Arbeiter für schulische Fragen sensibilisiert und deren Kindern betreut und unterstützt werden. Diskursiv gerahmt wurden diese Aktivitäten, indem auf bildungspolitischer Ebene wiederholt auf die schulische Benachteiligung italienischer Kinder in den schweizerischen Schulen hingewiesen wurde. Die dafür verwendeten Argumente blieben vielschichtig.

---

159 Gerade diese Angebote wurden in einem wahrscheinlich 1975 verfassten Bericht der Zürcher Soziologen Hoffmann-Nowotny und Bultmann als geeignete Massnahmen im Vorschulbereich hervorgehoben: Hoffmann-Nowotny, Bultmann, o. J., S. 22.
160 Grunder, 2008.

7. Chancengleichheit und Klassenkampf

Bildungspolitische Programmatiken zur Beschulung der Emigrantenkinder

Die Voraussetzung für eine Teilnahme italienischer Organisationen an den bildungspolitischen Debatten über die öffentliche Schule in der Schweiz bildete die Übereinkunft, dass die Kinder italienischer Zuwanderer möglichst rasch in die öffentlichen schweizerischen Schulen aufgenommen werden sollten.[1] Erst vor dem Hintergrund dieses von weiten Teilen der schweizerischen wie der italienischen Seite geteilten Konsenses konnten schulische Benachteiligungen italienischer Kinder in schweizerischen Regelklassen zur Sprache gebracht werden. Die «Federazione delle Colonie Libere Italiane in Svizzera» (FCLIS) erwies sich dabei als diejenige Emigrationsorganisation, die sich am umfassendsten mit schulpolitischen Fragen im Zusammenhang mit der Arbeitsmigration in der Schweiz beschäftigte und vielfältige Unterstützungs- und Informationsangebote bereitstellte.[2]

Die FCLIS richtete sich mit ihrer Bildungspolitik an unterschiedliche Adressaten. In erster Linie wurden die italienischen Arbeitsmigrantinnen und -migranten mit Kindern im schulpflichtigen oder im Vorschulalter angesprochen, um sie für Probleme fremdsprachiger Kinder in den schweizerischen Regelklassen zu sensibilisieren. Darüber hinaus richteten sich die Colonie Libere an eine breitere Öffentlichkeit in der Schweiz und in Italien, um auf unbefriedigende Aspekte der gemeinsamen Beschulung aufmerksam zu machen. Entsprechend den unterschiedlichen Adressatengruppen und den dafür verwendeten Publikationsorganen waren die Texte entweder in italienischer oder in deutscher Sprache verfasst.

In den beiden Sprachen verwendeten die Colonie Libere zwei unterschiedliche, sich im Grunde widersprechende Argumentationsmuster. Die in den italienischsprachigen Texten verwendeten Argumente wurden bildungspolitischen Debatten in Italien entnommen, während die in den deutschsprachigen

---

1 Vgl. Kap. 5.2.
2 Den Hintergrund dafür bildete das Streben der Migrantinnen und Migranten nach politischen Rechten im Zuwanderungsland, vermittelt über das bildungspolitische Engagement von Emigrationsorganisationen. Layton-Henry, 1990a, S. 100–102; Mahnig, Wimmer, 2001.

Veröffentlichungen eingesetzten Argumentationsbausteine der deutschschweizerischen bildungspolitischen Diskussion entliehen wurden. Die in beiden Sprachen angewandten Argumentationsmuster stammten aus den jeweiligen Bezugskontexten, wurden aber nicht konsequent aufeinander bezogen.
Dafür mag es auch semantische Gründe geben, unterliegen doch Sprachen in ihrem Gebrauch unterschiedlichen Konnotationen, die nicht ohne Weiteres vermittelbar sind.[3] Die in den beiden Sprachen angelegten unterschiedlichen Orientierungspunkte für die verwendeten Argumente ergaben sich aber vor allem aus der spezifischen Lage der italienischen Emigrationsorganisationen in der Schweiz: sie hatten sich auf die bildungspolitischen Verhältnisse und somit auf die Sagbarkeiten in den schulpolitischen Debatten der Schweiz einzustellen. Gleichzeitig bezogen sie die Prämissen ihrer Argumente aus den bildungspolitischen Diskussionen in Italien, welche stark durch die Gewerkschaften und linke Parteien geprägt waren. Und weil die Emigrationsorganisationen die unschlüssige Situation der italienischen Eltern in der Schweiz zwischen permanentem Aufenthalt und baldiger Rückkehr berücksichtigen mussten, blieb ihnen nichts anderes übrig, als diese unterschiedlichen Argumentationsmuster zu verknüpfen – und gleichzeitig widersprüchliche Standpunkte zu vertreten.

7.1. Zur Widersprüchlichkeit von Klassenkampf und Chancengleichheit

In den italienischsprachigen Publikationen argumentierten die Colonie Libere vornehmlich vor dem Hintergrund des Klassenkampfs, während dieses Argument in ihren deutschsprachigen Veröffentlichungen fehlte. Vielmehr wurde gegenüber deutschsprachigen Adressaten die schulische Chancengleichheit ins Zentrum der bildungspolitischen Programmatik gerückt. Aufgrund der Widersprüchlichkeit der beiden Argumentationslinien wurden Forderungen nach mehr schulischer Chancengleichheit, die in den deutschsprachigen Texten zu finden sind, durch Beiträge in italienischer Sprache indirekt widerrufen. Gleichermassen wurden die in den italienischsprachigen Texten enthaltenen Argumente des Klassenkampfs durch deutschsprachige Beiträge relativiert. So wurde beispielsweise in italienischer Sprache festgehalten, dass – aufgrund der Erkenntnis, dass schlechte Schulleistungen nicht ein individuelles, sondern ein Klassenphänomen seien – alle Verbesserungen der existierenden strukturellen

---

3   Zur Problematik der Übersetzung zwischen zwei kulturell unterschiedlich geprägten Semantiken siehe Srubar, 2009. Die gleichzeitige Orientierung an zwei Referenzrahmen ist Teil dessen, was Homi Bhabha «Hybridität» nannte. Bhabha, 2011.

Bedingungen der Schule der herrschenden Klasse dienten.[4] Unter dieser Prämisse macht es wenig Sinn, mehr Chancengleichheit zu fordern.
Da der Klassenkampf in eine klassenlose Gesellschaft münden soll, in der idealiter keine Verknappung von privilegierten sozialen Positionen mehr existieren wird, steht dieses Argument im Widerspruch zu demjenigen der Chancengleichheit. Das für die Chancengleichheit zentrale meritokratische Prinzip verliert an Bedeutung, weil der individuelle Wettbewerb in der klassenlosen Gesellschaft prinzipiell ins Leere läuft. Daraus folgt, dass, wer den Klassenkampf fordert, nicht gleichzeitig schulische Chancengleichheit fordern dürfte. Die eine Forderung zielt auf den Umbau der Gesellschaft, die andere setzt auf die individuelle Aufstiegsorientierung des Einzelnen.
Inwiefern diese unterschiedliche Rahmung desselben Befunds der schulischen Benachteiligung bewusst strategisch herbeigeführt wurde, ist schwierig abzuschätzen. Es ist durchaus vorstellbar, dass die Protagonisten der Colonie in den unterschiedlichen Sprachen auf verschiedene Orientierungsräume zurückgriffen, ohne dies strategisch geplant zu haben. Denn in den unterschiedlichen italienisch- und deutschsprachigen Schriften, welche die Protagonisten der Colonie Libere zur Verfassung ihrer eigenen Positionen zur Kenntnis nahmen, waren die beiden unterschiedlichen Begründungsmuster in den jeweiligen Sprachen bereits so angelegt.
Bei der Beantwortung der Frage, vor welchem Hintergrund welche Argumente von italienischen Immigranten in die bildungspolitische Debatte um die adäquate Beschulung der italienischen Kinder in der Schweiz vorgebracht wurden, ist also zu begründen, weshalb die von den italienischen Vereinigungen in der Schweiz vorgebrachten Argumente sich scheinbar paradoxerweise gleichzeitig an den Maximen der Chancengleichheit und des Klassenkampfs orientierten. Beide von den Colonie Libere verwendeten Argumentationsmuster – gegenüber italienischsprachigen Adressaten dasjenige des Klassenkampfs, gegenüber der deutschsprachigen Öffentlichkeit dasjenige der Chancengleichheit – basierten auf denselben Grundannahmen der strukturellen Benachteiligung der italienischen Kinder in der schweizerischen Schule. Insofern wurden die italienischen Zuwanderer am unteren Ende der Gesellschaft positioniert. Dennoch ist die Geschichte der bildungspolitischen Einflussnahme der Colonie Libere aus unterschiedlichen Gründen nur beschränkt eine Geschichte der Selbstermächtigung prekarisierter italienischer Einwanderer.
So ist erstens festzuhalten, dass die Positionierung italienischer Arbeiterinnen und Arbeiter am unteren Ende der Gesellschaft nur im Kontext der schweizerischen Gesellschaft zulässig war, nicht aber im Hinblick auf die italienische

---

4 SSA, Ar 40.50.1, Mappe 1, Grundsatzerklärung, undatiert.

Gesellschaft. Denn aus der Perspektive der potenziellen Rückkehr war eine Marginalisierung viel weniger erkennbar. Arbeitsmigrantinnen und -migranten waren hinsichtlich finanzieller Ressourcen oder Schulbildung oftmals deutlich besser gestellt als die nicht ausgewanderten Süditaliener. Die italienischen katholischen Missionen, die sich in ihrer bildungspolitischen Ausrichtung sehr stark an der Rückkehr nach Italien orientierten, zeigten sodann an den Befunden der schulischen Benachteiligung merklich weniger Interesse – in den italienischen Schulen in der Schweiz spielte dieser Aspekt denn auch kaum eine Rolle.

Dies widerspiegelt sich in der historischen Migrationsforschung. Wird darüber debattiert, inwiefern die Geschichte der Arbeitsmigration angemessen als eine Geschichte von unten geschrieben werden kann, sind die strittigen Positionen ebenfalls davon abhängig, ob die Geschichte im Hinblick auf die Rückkehr nach Italien oder auf die Niederlassung in Mitteleuropa ausgerichtet wird. Nur wer die Rückkehrorientierung auch in der historischen Erforschung der Arbeitsmigration betonen möchte, kann behaupten, die Geschichte der Arbeitsmigration sei «keine Geschichte von Opfern, die sich mühsam ihre Rechte gegen eine widerspenstige Mehrheitsgesellschaft erkämpfen müssen».[5] Hoffmann-Nowotnys Befund der Unterschichtung der Gesellschaft des Einwanderungslands durch zugewanderte Arbeitsmigrantinnen und -migranten bestätigt sich auch in aktuellen zeitgeschichtlichen Studien.[6] Aus dieser Perspektive, welche die Gesellschaft des Einwanderungslands als Referenzrahmen in den Vordergrund rückt, ist eine Selbstpositionierung der Colonie Libere am unteren Ende der Gesellschaft durchaus plausibel.

Allerdings muss zweitens die Aussagekraft dieser Selbstpositionierung dadurch relativiert werden, dass diejenigen, welche in den Colonie Libere hauptsächlich das Wort ergriffen, selbst oft keine bildungsfernen migrierten Arbeiterinnen und Arbeiter aus dem Süden Italiens waren, sondern innerhalb der Vereinigung eine privilegierte Position einnahmen. Wer in Publikationsorganen der Colonie Libere seinen Standpunkt vertreten konnte, war oftmals in einer regionalen Untergruppierung, wie beispielsweise der Schulgruppe, etabliert. Nicht selten waren diese Protagonisten zwar ebenfalls italienische Einwanderer, waren aber Jahrzehnte zuvor aus politischen Gründen in die Schweiz gekommen oder in der früheren Phase der Arbeitsmigration im Norden Italiens rekrutiert worden. In beiden Fällen verfügten sie über eine weit bessere Schulbildung als die später emigrierten Arbeiterinnen und Arbeiter aus dem Süden Italiens.

5 Richter, Richter, 2012, S. 197; kritisch dazu Pleinen, 2013.
6 Zum Befund der Unterschichtung siehe Hoffmann-Nowotny, 1973; eine aktuelle Studie zu diesem Befund: Mattes, 2005.

Damit könnte auch in Zusammenhang stehen, dass die Argumentationen der Colonie Libere letztlich erstaunlich strukturerhaltend waren – dies nicht nur im deutschsprachigen Kontext im Hinblick auf Chancengleichheit, sondern auch im italienischsprachigen Kontext mit Verweis auf den Klassenkampf. Denn parallel zur Debatte um die berufliche Weiterbildung der italienischen Arbeiterinnen und Arbeiter ist auch in der Frage der angemessenen Beschulung der Kinder der Zugewanderten eine Unterordnung unter strukturelle gesellschaftliche Bedingungen erkennbar. Bei den konservativen italienischen Organisationen in der Schweiz wie den katholischen Missionen ist dies wenig erstaunlich. Doch auch die progressiveren Colonie Libere plädierten letztlich nicht für ausserinstitutionelle Lösungsansätze. Vielmehr wurde innerhalb der bestehenden Strukturen nach Möglichkeiten gesucht, die eigenen Standpunkte zu platzieren. Diese nachdrückliche Suche nach Anschlussfähigkeit spiegelte sich letztlich in der Aufnahme klassenkämpferischer Argumente in die italienischsprachigen Veröffentlichungen. In der italienischen Linken wirkten diese Argumentationsmuster weit weniger progressiv als im deutschschweizerischen Kontext.

Ihre bildungspolitischen Argumente platzierten die Colonie Libere vorderhand in ihren eigenen Publikationen. Ihre Wochenzeitung «Emigrazione Italiana» enthielt eine wiederkehrende Rubrik zu schulischen Fragen. Zudem veröffentlichte der Dachverband der Colonie Libere 1973 eine Broschüre unter dem Titel «Gli emigrati e la scuola». Beide Publikationen erschienen in italienischer Sprache und verweisen damit auf den italienischsprachigen Referenzrahmen der Argumentationen der Colonie Libere, der sich darin zeigte, dass die bildungspolitische Einflussnahme unter dem Aspekt des Klassenkampfs versucht wurde. Es existieren jedoch auch Publikationen der Colonie Libere in deutscher Sprache. Diese sind aber deutlich weniger zahlreich. Die wenigen deutschsprachigen Texte erschienen im Umfeld der «Zürcher Kontaktstelle für Italiener und Schweizer» und transportierten diejenigen Argumente der Chancengleichheit, die dem deutschsprachigen Diskussionszusammenhang entnommen wurden.

Mit der Zeitschrift «Emigrazione Italiana» verfügten die Colonie Libere über ein eigenes periodisches Publikationsorgan. Das wöchentlich im Zeitungsformat herausgegebene Journal diente als Informationsblatt für die einzelnen lokalen Ortsgruppen. Darüber hinaus wurden publizistische Artikel abgedruckt, die sich um Themenfelder und Fragen drehten, welche die in die Schweiz emigrierten italienischen Arbeiterinnen und Arbeiter beschäftigten. Schule und Erziehung waren dabei während des gesamten Untersuchungszeitraums wiederkehrende Themen der Berichterstattung, was sich ab 1970 in einer eigenen Rubrik mit dem Titel «Scuola, scuola, scuola» niederschlug.

Abb. 14: «Emigrazione Italiana», Juni 1968.

Während die «Emigrazione Italiana», in der auch eingesandte Artikel oder Leserbriefe von Einzelmitgliedern der Colonie Libere abgedruckt wurden, ein eher weites Meinungsspektrum der italienischen Personen in der Schweiz umfasste, stellte die Publikation «Gli emigrati e la scuola»[7] vielmehr ein Kondensat der bildungspolitischen Positionen des Dachverbands der Colonie Libere und somit der intellektuellen Vordenker dieser Emigrantenorganisation dar. Die Broschüre wurde 1973 zunächst in 3000 Exemplaren aufgelegt, eine zweite, ähnliche Auflage folgte nur wenige Jahre später. Realisiert wurde die Publikation gemeinsam mit der philanthropischen «Società Umanitaria», die in Mailand Kurse für Erwachsene zum Nachholen des obligatorischen Schulabschlusses organisierte,[8] der ECAP[9] und der «Cineteca Alfredo Pollitzer», die den lokalen Emigrationsorganisationen in der Schweiz italienische Filme verlieh, insbesondere den Ortsgruppen der Colonie Libere.[10]

7 FCLIS, 1973.
8 ASTi, FPC 41, ECAP, B1, Mappe 3, Brief der «Società Umanitaria», April 1966.
9 Vgl. Kap. 2–4.
10 La Barba, 2013, S. 249.

Abb. 15: Titelblatt «Gli emigrati e la scuola». (FCLIS, 1973)

7.2. Klassenkampf! Die italienischsprachige Argumentation

Die Broschüre, die sich explizit an die italienischen Eltern mit Kindern im schulpflichtigen Alter in der Schweiz richtete, diente – wie im Vorwort zu lesen ist – eindeutig aufklärerischen Zielen: «La dispensa-filmina sulla scuola è nata da una precisa esigenza: avere a disposizione uno strumento che aiutasse, i gruppi scuola e i comitati dei genitori, nel loro lavoro di informazione, autoformazione, organizzazione dei genitori, intervento sulla realtà.»[11]

Dieser Impetus findet sich auch in zahlreichen bildungspolitischen Artikeln der «Emigrazione Italiana». Verfolgt wurde damit ein doppelter Anspruch der Information und der Handlungsanleitung. Die Texte enthielten einerseits einen Überblick über die Realitäten des schweizerischen Schulsystems, deren Möglichkeiten und die «Schulwirklichkeiten» in der Schweiz. Dabei gingen die Autoren der Broschüre über eine rein deskriptive Beschreibung der

---

11   FCLIS, 1973, S. 1: «Die Broschüre über die Schule ist aus einem einzigen Grund entstanden: Ein Instrument zur Verfügung zu haben, das die Schulgruppen und Elternkomitees in ihrer Arbeit der Information, der Selbstbildung, der Elternorganisation und der politischen Einflussnahme unterstützt.» Eigene Übersetzung.

schulischen Verhältnisse in der Schweiz hinaus und stellten diese – gerade im Hinblick auf die Möglichkeiten der Kinder von Zugewanderten – als ungerecht dar. Die Colonie Libere intendierten mit der Publikation, die öffentliche Schule der Schweiz als funktionale Zulieferin gesellschaftlicher Klassenverhältnisse zu kritisieren.
Andererseits enthielt die Publikation praktische Handlungsanleitungen, wie beispielsweise ein Elternkomitee zu konstituieren sei[12] und mit welchen Massnahmen schulische Benachteiligungen der italienischen Kinder beseitigt werden könnten. In der Gesamtbetrachtung der Publikation wird daher deutlich, wie vielschichtig das Argumentationsgefüge der italienischen Organisationen in der Schweiz war. Der Schwerpunkt der Publikation lag aber darin, die öffentliche Schule in der Schweiz als Klassenschule darzustellen.[13]
Auf etlichen Seiten der Publikation sind schulische Ungerechtigkeiten gegenüber den italienischen Kindern beschrieben, statistisch untermauert und grafisch aufbereitet. Vorbild dafür waren erste bildungssoziologische Studien, welche die statistischen Unter- beziehungsweise Überrepräsentationen einzelner Bevölkerungsgruppen in den verschiedenen Schultypen feststellten. Als Prototyp dieser Art von Studien kann die 1964 von Bourdieu und Passeron erstmals veröffentlichte Arbeit zur «Illusion der Chancengleichheit» genannt werden.[14] Für die Schweiz wurde die erste grössere Studie zur «Ungleichheit der Bildungschancen» 1966 von Franz Hess, Fritz Latscha und Willi Schneider vorgelegt.[15] Auffallend an diesen Modellstudien ist, dass weder ethnische noch kulturelle Kategorien als Erklärungsfaktoren für die schulische Benachteiligung genannt wurden. Benachteiligung sei hauptsächlich durch die soziale Lage zu erklären – ein Argument, das gegenwärtig eher zu kurz kommt. Heute besteht in der empirischen Bildungsforschung schon beinahe ein Konsens darüber, dass Kinder und Jugendliche mit dem Attribut «Migrationshintergrund» – ein etwas unglücklich gewählter Begriff – im Bildungsbereich benachteiligt seien.[16] Gekoppelt mit der Kategorie des geringen sozioökonomischen Kapitals der Eltern sind die Bildungsverlierer heute scheinbar einfach zu identifizieren, was sich in politischen, medialen und wissenschaftlichen Debatten niederschlägt. Es sind – durch PISA und andere Studien wiederholt bestätigt – die männlichen Jugendlichen mit Migrationshintergrund in den Ballungszentren.[17] Die wissenschaftliche Auseinandersetzung darüber, welcher der Faktoren «Klas-

12 Siehe Kap. 6.2.
13 FCLIS, 1973.
14 Bourdieu, Passeron, 1971.
15 Hess, Latscha, Schneider, 1966.
16 Vgl. beispielsweise Gomolla, Radtke, 2007.
17 Kritisch dazu beispielsweise Allemann-Ghionda, 2006, S. 360.

se», «Ethnie» und «Geschlecht» nun einflussreicher sei und wie diese Faktoren zusammenwirkten, wird intensiv, vehement und wahrscheinlich auch in absehbarer Zukunft noch geführt.
Es ist aber nicht so, dass in der Debatte um schulische Ungleichheit der Faktor «Migration» ein neues Phänomen wäre, das im Zusammenhang mit PISA von der empirischen Bildungsforschung erst beachtet worden wäre. Migration ist vielmehr der Normalfall in der Geschichte.[18] Menschen haben schon immer ihren Lebensmittelpunkt verschoben und werden dies aller Voraussicht nach auch in Zukunft tun. Nimmt man diese Prämisse als gegeben, stellt sich die Frage, wie es dazu kam, dass Migration beziehungsweise die Kategorie «Migrationshintergrund» zur Erfassung schulischer Benachteiligungen an Bedeutung gewann. Denn gerade für die Colonie Libere stellte die Kategorie der sozioökonomischen Herkunft – wie noch zu zeigen ist – die viel bedeutendere Erklärungsvariable für die schulische Benachteiligung der italienischen Kinder dar als die ethnische Herkunft.
Dies zeigt sich schon in der Art und Weise, wie in der Broschüre «Gli emigrati e la scuola» Befunde zur schulischen Benachteiligung italienischer Kinder dargestellt wurden. Vorbild dafür waren Studien aus Italien, welche die Auswirkungen der inneritalienischen Binnenmigration zu erklären versuchten und deren Kriterien und Kategorien die italienischen Emigrationsorganisationen in der Schweiz für ihre Befragungen und Analysen heranzogen.[19] Bevor die Colonie Libere eigene Statistiken produzierten, zogen sie Statistiken aus Italien heran. Deren Kategorien und Darstellungsformen dienten dann als Blaupausen für eigene Statistiken.
Die früheren, aus Italien herangezogenen Studien massen den Schulerfolg anhand der beiden Kriterien des Ausbleibens von Klassenwiederholungen und des erfolgreichen Abschlusses der *scuola media*, welche in der Schweiz der Sekundarstufe I entsprach. Sie zeigten eine Benachteiligung der Kinder von Arbeitern *(operai)* und Bauern *(contadini)* – ein heute allseits bekannter Befund der Abhängigkeit des Schulerfolgs von der sozialen Herkunft gemessen über die berufliche Stellung der Eltern. Gleichzeitig zeigten die mit Grafiken veranschaulichten Befunde eine schulische Benachteiligung der Schülerinnen und Schüler aus dem Süden Italiens sowie aus Sizilien und Sardinien.[20] Der Schulerfolg erwies sich für diese Mailänder Schüler insofern abhängig sowohl von der beruflichen Stellung des Vaters als auch von der regionalen Herkunft.
Interessant ist dabei die Bezugnahme auf das Kriterium der regionalen Herkunft. Damit wurde bezeichnet, was heute mit dem Label des «Migrations-

18 Bade, 2000.
19 Siehe auch Kap. 4.1.
20 ASTi, FPC 41, ECAP, B2, Mappe 2, La Cultura Popolare, No. 3, Juni 1970.

hintergrunds» wieder aufgegriffen wird, in der Mailänder Studie aber auf die Binnenmigration angewendet wurde. Für die italienische Sozialgeschichte war und ist die inneritalienische Arbeitsmigration weitaus bedeutender als die Auswanderung von Arbeitsmigrantinnen und -migranten in die Schweiz oder nach Deutschland. Die Wirtschaft des industrialisierten Nordens von Italien zog über Jahrzehnte eine immense Zahl an süditalienischen Bauern an, was im italienischen Forschungszusammenhang sowie in italienischen Gewerkschaften unter dem Begriff der *emigrazione* ausführlich behandelt wird.[21] Die Bedeutung der inneritalienischen Migration zeigt sich darüber hinaus in den Biografien einiger italienischer Arbeitsmigrantinnen und -migranten in der Schweiz, die zunächst von Süd- nach Norditalien gezogen waren, weil sie in Mailand oder Turin Arbeit gefunden hatten, bevor sie in einem zweiten Schritt in die Schweiz weiterwanderten.[22] Die Art und Weise, wie in Italien über diese Binnenmigration gesprochen wurde, diente als Vorbild dafür, mit welchen Kategorien in der Schweiz vergleichbare Sachverhalte verhandelt wurden.[23]

Diese ersten Studien wurden von schweizerischen und italienischen Behörden sowie von den Emigrationsorganisationen bald mit eigenen Erhebungen ergänzt, wobei dieselben Kategorien zur Feststellung von Benachteiligungen verwendet wurden. Oft fehlten jedoch Daten, was noch bis in die späten 1970er-Jahre nicht nur seitens der migrantischen Organisationen bemängelt wurde, sondern beispielsweise auch von staatlichen Kommissionen, die von den Schweizer Behörden eingesetzt wurden. Sowohl der Bericht der «Städtischen Kommission für Assimilierungsfragen» aus Zürich als auch der Schlussbericht der «Kommission zur Eingliederung fremdsprachiger Kinder» der Erziehungsdirektion Zürich des Kantons Zürichs, die beide 1972 veröffentlicht wurden, wiesen auf die ungenügende Datenlage hin.[24] Um das Jahr 1970 herum wurden immer mehr Zahlenreihen veröffentlicht, die tendenziell alle bestätigten, dass die italienischen Kinder im schweizerischen Bildungswesen benachteiligt wurden, was sich in der überdurchschnittlichen Zahl der Klassenrepetitionen, im hohen Anteil fremdsprachiger Kinder in den tiefen Sekundarschulniveaus und

---

21   Für einen Überblick zur italienischen emigrazione: Ginsborg, 1990, S. 217–229; spezifisch zur Frage der Süditaliener in Norditalien in den 1950er- und 60er-Jahren: Fofi, 1964. Die italienischen Berufsbildungsinstitutionen in der Schweiz nahmen die in Italien zahlreichen sozialwissenschaftlichen und gewerkschaftsnahen Zeitschriften zum Thema der emigrazione interessiert zur Kenntnis. ASTi, FPC 41, ECAP, B2.
22   ASTi, FPC41, ECAP, B21, Mappe 3, «Caratteri dell'emigrazione presente ai corsi dell' ECAP-CGIL, sede svizzera», 1974.
23   Zur Vergleichbarkeit der Wahrnehmung süditalienischer Arbeitskräfte in Turin und München: Sparschuh, 2011.
24   Städtische Kommission für Assimilierungsfragen, 1972; Schlussbericht der Kommission zur Eingliederung fremdsprachiger Kinder, 1972.

Sonderschulen wie auch ihrer geringen Beteiligung am Berufsbildungswesen zeigte.[25]
In der Aufbereitung und der Präsentation der Daten zeigten sich zwischen den Publikationen der staatlichen Behörden und denjenigen der Colonie Libere grosse Unterschiede. Die Daten der staatlichen Behörden in der Schweiz kamen sehr nüchtern daher, so beispielsweise diejenigen der «Städtischen Kommission für Assimilierungsfragen» der Stadt Zürich. Der Bericht zu «Schulproblemen der Ausländer» hielt in Tabellenform fest, welcher Schultyp welchen Anteil ausländischer Schüler aufwies. Daraus war abzulesen, dass ausländische Kinder in den tiefen Niveaus der Sekundarschule und in den Sonderschulen statistisch überrepräsentiert waren, auch wenn die tabellenförmige Darstellung wenig anschaulich war.[26] Eine anschaulichere Darstellungsform wählte der «Sozialpädagogische Dienst der Schulen des Kantons Basel-Stadt», um die statistische Verteilung einzelner Schülergruppen auf die verschiedenen Schultypen der Sekundarstufe I in Abhängigkeit der Staatsbürgerschaft aufzuzeigen. Hier war dieselbe statistische Überrepräsentation italienischer Kinder in den leistungsschwachen Abteilungen und in Hilfsklassen auf den ersten Blick erkennbar.[27]
Eine noch einprägsamere Darstellung wählten die Colonie Libere. Selbstverständlich unterschied sich ihre Hauptpublikation «Gli emigrati e la scuola» von den Kommissions- und Arbeitsgruppenberichten von Behörden hinsichtlich der Intention und der Adressaten. Die mit spitzem Stift gezeichneten und mit scharfer Zunge kommentierten Grafiken liessen keinen Zweifel offen, worin die schulische Diskriminierung italienischer Kinder bestand. Italienische Kinder mit Eltern in der Arbeiterschicht hatten in den öffentlichen Schulen in der Schweiz nicht dieselben Chancen auf eine erfolgreiche Schulkarriere wie Schweizer Kinder mit Eltern in höheren beruflichen Positionen (vgl. Abb. 16–19).
In Zahlen ausgedrückt bedeutete dies: Besuchten im Kanton Zürich 6 Prozent aller Kinder das leistungsschwächste Sekundarschulniveau der «Oberschule», wurden 20 Prozent aller italienischen Schüler diesem Schultyp zugewiesen. Und obwohl 53 Prozent aller Schüler die höchste Niveaustufe besuchten, waren es nur 28 Prozent der italienischen Kinder. Und sofern die Datenlage es zuliess, wie beispielsweise im Kanton Basel-Stadt, wurde die berufliche Stellung der Eltern als erklärender Faktor für die schulische Benachteiligung in den Vordergrund gerückt. Während 60 Prozent der Kinder von Kadermitglie-

---

25   Eine sozialwissenschaftliche Beschäftigung mit ausländischen Kindern in den schweizerischen Schulen kam jedoch erst gegen Ende der 1970er-Jahre auf. Häfeli, Schräder-Naef, Häfeli, 1979; Gurny et al., 1984.
26   Städtische Kommission für Assimilierungsfragen, 1972, S. 24–25.
27   ASTi, FPC 41, ECAP, B9, Mappe 3, Sozialpädagogischer Dienst der Schulen des Kantons Basel-Stadt: Die Situation der Italienerkinder im Kanton Basel-Stadt, 1972.

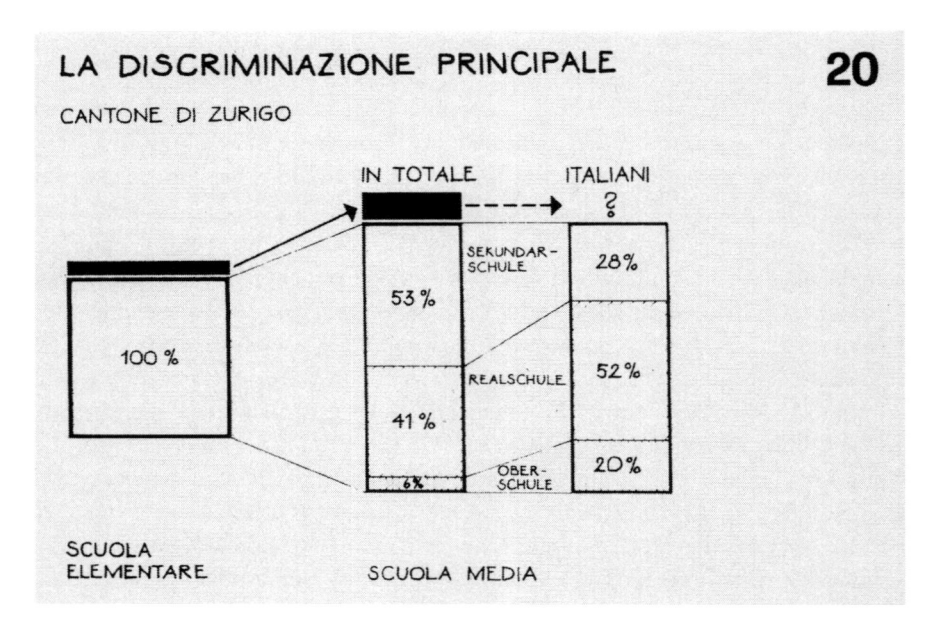

Abb. 16: «La discriminazione principale. Cantone di Zurigo». (FCLIS, 1973, S. 31)

dern das Progymnasium, also die Sekundarstufe I auf dem höchsten Leistungsniveau, besuchten, stand dieser Schultyp nur 10 Prozent der Kinder von Arbeitern und Angestellten beziehungsweise 5 Prozent aller italienischen Kinder mit Arbeiter- oder Angestellteneltern offen. In dieser Gegenüberstellung der beruflichen Stellung der Eltern – Kadermitglieder versus Arbeiter und Angestellte – erhielt der sozioökonomische Hintergrund als Erklärungsfaktor viel mehr Gewicht als die nationale Herkunft. Denn die Darstellung suggeriert einen verhältnismässig kleinen Unterschied zwischen italienischen Kindern von Arbeitern und Angestellten und der Gesamtgruppe der Kinder von Arbeitern und Angestellten.[28]

Diese Darstellungsform korrespondierte damit, dass die Colonie Libere wiederholt betonten, die schulische Benachteiligung treffe nicht nur die *italienischen* Kinder, sondern auch die *schweizerischen* Arbeiterkinder. Dies hängt damit zusammen, dass die von den Colonie Libere initiierten Elternkomitees[29] die Interessen aller Arbeitereltern vertraten. Es ist offensichtlich, dass die linken

---

28 FCLIS, 1973, S. 31–32; siehe zum selben Befund auch EI, 1971, No. 17, «Sviluppare la vertenza sulla scuola su base di classe e con precise alleanze».
29 Vgl. auch Kap. 6.2.

LA SCUOLA E IL CETO SOCIALE   **21**

CANTONE DI BASILEA CITTÀ (1970)

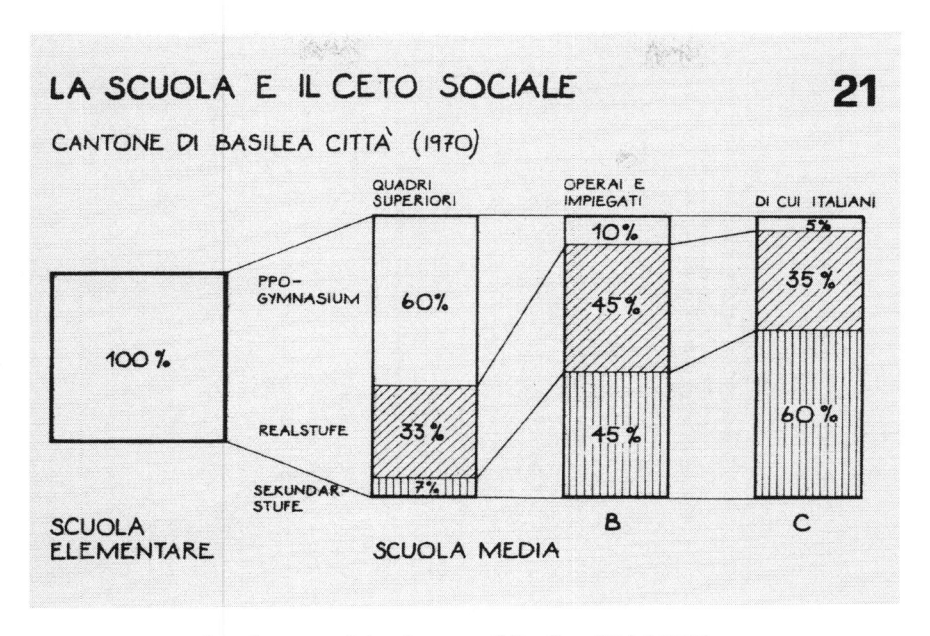

Abb. 17: «La scuola e il ceto sociale. Cantone di Basilea Città (1970)».
(FCLIS, 1973, S. 32)

Colonie Libere die schulischen Benachteiligungen nicht migrationsspezifisch, sondern sozioökonomisch zu erklären versuchten. Die Bildungspolitik der Colonie Libere rückte damit in die Nähe des Klassenkampfs. Weitere Illustrationen in der Broschüre verwiesen auf die scheinbaren Wahlmöglichkeiten und Durchlässigkeiten im schweizerischen Bildungssystem, die so nicht gegeben seien, da schon im Vorhinein klar sei, für wen die Plätze im Gymnasium und in den Universitäten reserviert seien. Die Schule trenne ab der Primarstufe diejenigen, welche an die Universität gehen, von denjenigen, welche Arbeiter werden.[30]

Der klassenkämpferische Charakter zeigte sich nicht unbedingt darin, dass die Häufung der Arbeiter- und Ausländerkinder in Sonderschulen und auf tiefen Sekundarschulniveaus angeprangert wurde, denn dies geschah auch in der im deutschsprachigen Kontext geläufigen sozialdemokratischen Variante des Verweises auf das, was heute «fehlende Chancengleichheit» genannt würde. Die Colonie Libere gingen darüber hinaus und brachten den Befund der leistungsunabhängigen Selektion an einer anderen Stelle der Broschüre auf den Punkt,

30 FCLIS, 1973, S. 19–20.

Abb. 18: «La scuola divide». (FCLIS, 1973, S. 21)

wo – ebenfalls in einer Grafik – konstatiert wird, die schweizerische Schule sei eine Klassenschule.[31] Diese polemische Aussage wurde damit begründet, dass die Schule in kapitalistischen Gesellschaften nicht den Kindern, sondern dem Profit diene.[32]
Das Verständnis von Bildungspolitik als Klassenkampf veranlasste sodann die Colonie Libere, in ihrer Broschüre «Gli emigrati e la scuola» einen Auszug aus Lenins Rede über die «Aufgaben der Jugendverbände» abzudrucken. Er wurde mit dem Titel «Scuola e lotta di classe», Schule und Klassenkampf, versehen und auf den hintersten Seiten der roten Broschüre der Colonie platziert. Lenin hielt die besagte Rede am 2. Oktober 1920 am Gesamtrussischen Kongress des kommunistischen Jugendverbands. In dieser gemäss der Überlieferung mit donnerndem Applaus aufgenommenen Rede stellte Lenin klar, dass «gerade vor der Jugend die eigentliche Aufgabe steht, die kommunistische Gesellschaft zu schaffen».[33] Dieses Ziel sei – so die pädagogisch gewendete Argumenta-

31 FCLIS, 1973, S. 30: «La scuola svizzera è una scuola di classe»; EI, 1971, No. 10, «XIV. mo Congresso, Intervento Giovanna Sabino», S. 6; EI, 1971, No. 15, «Basta con le mezze misure», S. 5.
32 SSA, Ar 40.50.1, Mappe 1, Grundsatzerklärung, undatiert.
33 Lenin, 1966, S. 272.

> **LA SOCIETÀ SVIZZERA,** **19**
> COME LA SOCIETÀ ITALIANA, **È DIVISA IN CLASSI**
>
> **LA SCUOLA SVIZZERA È UNA SCUOLA DI CLASSE**
>
> CIOÈ CONTRIBUISCE A MANTENERE — LA SOCIETÀ DIVISA IN CLASSI

Abb. 19: «La scuola svizzera è una scuola di classe». (FCLIS, 1973, S. 30)

tion Lenins – mittels Lernen zu erreichen und dazu müsse die Erziehung der Jugend grundlegend umgestaltet werden. Im weiteren Verlauf der Rede kritisierte Lenin die bürgerliche Ausrichtung der damaligen Erziehungs- und Bildungspraxis und forderte eine kommunistische Erziehung und Schulung, die vollends den Zielen des andauernden Kampfs des Proletariats gegen die Ausbeutung durch die Kapitalistenklasse unterzuordnen sei. Der proletarische Klassenkampf habe über die Erziehung zu erfolgen. Die entsprechende Schulung bestehe aus dem Studium des Kommunismus, habe jedoch nicht über eine theoretische Vermittlung von Zielen des proletarischen Kampfes, sondern vielmehr über die Erfahrung und das Bewusstwerden der ausbeuterischen gesellschaftlichen Verhältnisse zu erfolgen.[34]
Die Verknüpfung von Klassenkampf und Erziehung blieb in den italienischsprachigen bildungspolitischen Schriften der Colonie Libere zentral, aber während Lenin vom – in seinen Augen notwendigen – proletarischen Klassenkampf ausging und seine Überlegungen zu Erziehung und Schule daraufhin ausrichtete, argumentierten die Colonie Libere umgekehrt. Ausgehend von der Darstellung schulischer Benachteiligungen der italienischen Kinder in schwei-

---

34 Lenin, 1966.

zerischen Schulen rechtfertigte der Verweis auf den Klassenkampf die Einflussnahme auf die schulischen und erzieherischen Realitäten in der Schweiz. Stand für Lenin die Veränderung der gesellschaftlichen Verhältnisse im Zentrum – was auch eine veränderte Erziehung und Schulung verlangte –, so gingen die Herausgeber von «Gli emigrati e la scuola» in erster Linie von der Notwendigkeit der Veränderung des Bildungssystems aus und rechtfertigten dies unter anderem mit dem Verweis auf den Klassenkampf.

Die Schule sollte also nicht im klassenkämpferischen Sinn Lenins revolutioniert, sondern vielmehr gemeinsam verändert oder zumindest gemeinsam gestaltet werden. Dies stand im Einklang mit der Programmatik von Paulo Freires «Pädagogik der Unterdrückten»,[35] woraus in der Broschüre der Colonie Libere gleich nach dem Text Lenins ebenfalls ein Auszug abgedruckt wurde.[36] Freires Argumentation, dass die Interaktion, die im Erziehungshandeln stattfinde, dann zu einer Bewusstseinsbildung führe, wenn die konkreten Verhältnisse berücksichtigt würden, wirkte sich durchaus auf die Tätigkeiten der Colonie Libere und von deren Weiterbildungsorganisation ECAP aus.

So wurden die Befunde der schulischen Benachteiligung nicht nur zur Unterfütterung bildungspolitischer Forderungen wie beispielsweise der Kritik an der schulischen Selektion verwendet, sondern auch als Bildungsinhalte für Kurse der Erwachsenenbildung. Indem die Befunde der statistischen Überrepräsentation und Aussagen zur kapitalistischen Funktion der Schule in Schulungsunterlagen für Erwachsene abgedruckt wurden, die den Abschluss der *scuola media* nachholen wollten,[37] dienten die Kurse nicht nur der schulischen Nachholbildung, sondern hatten auch eine politische Funktion.[38] Gleichzeitig konnte damit der kommunistisch geprägte bildungspolitische Standpunkt der Colonie Libere innerhalb des Netzwerks italienischer Arbeiterinnen und Arbeiter in der Schweiz weiterverbreitet werden.

Dies lässt sich mit einer Einladung zu einer Elternversammlung im Zürcher Stadtkreis Aussersihl aus dem Jahr 1973 illustrieren, zu der unter dem Titel «I nostri figli, una nuova generazione di manovali?»[39] eingeladen wurde. Im Flyer verwies die Schulgruppe der Colonie Libere darauf, dass an der Veranstaltung über fehlende Bildungschancen italienischer Kinder in den Schulen

---

35 Freire, 1972.
36 FCLIS, 1973, S. 78–79.
37 ASTi, FPC 41, ECAP, B14, Mappe 1, La selezione scolastica funzionale alle esigenze del capitale. Appunti per gli allievi dei corsi professionali che si preparano agli esami per il conseguimento della licenza di scuola media inferiore, April 1973; siehe auch Kap. 4.3.
38 Vgl. dazu auch Kap. 2–4.
39 SSA, Ar 40.50.2, Mappe 3, Flugblatt des «Gruppo scuola delle CLI» zu einer Elternversammlung, 6. April 1973: «Unsere Kinder, eine neue Generation von Hilfsarbeitern?». Eigene Übersetzung.

> **I nostri figli, una nuova generazione di manovali?**
>
> Nel quartiere Zürichberg il 71% dei bambini frequenta la Sekundarschule, nel nostro quartiere solo il 40%!
>
> **Perche?**
> Il nostro è un quartiere operaio! Nel nostro quartiere vi sono molti bambini emigrati!
>
> **Che fare?**
> Sta a noi organizzarci e difendere l'avvenire dei nostri figli!
> Per discutere i problemi scolastici dei figli degli emigrati e per trovare mezzi e strumenti per la loro soluzione
>
> **TUTTI I GENITORI VENERDI 6 APRILE**, ORE 20.00 **ALLA CASA D'ITALIA**
> Erismannstrasse 6, Zurigo
>
> GRUPPO SCUOLA DELLE COLONIE LIBERE ITALIANE

Abb. 20: Flugblatt zu einer Elternversammlung, 6. April 1973. (SSA, Ar 40.50.2, Mappe 3)

der Stadt Zürich gesprochen werde. Das Flugblatt enthielt eine Analyse der Ursachen der schulischen Benachteiligung und schlug mögliche Massnahmen dagegen vor. Die Ursachen der Benachteiligung sahen die Colonie Libere in der sozioökonomischen Zusammensetzung des Stadtkreises. Es handle sich um ein Arbeiterquartier mit vielen Kindern von Zugewanderten. Auf die Frage, was dagegen zu tun sei, folgte der Aufruf, sich zu organisieren und sich für die Zukunft der eigenen Kinder einzusetzen.[40]

So scharf die Kritik in italienischen Publikationen der Colonie Libere vorbracht wurde, so zurückhaltend wurden die kommunistischen Argumente gegenüber

---

40 Zur Forderung lokaler Mitgestaltung der Schule durch Elternkomitees siehe auch Kap. 6.2.

der schweizerischen Öffentlichkeit verwendet. Der Ausdruck «Klassenschule» wurde offensichtlich vermieden. In deutschsprachigen Publikationen war vielmehr die mit den Sozialdemokraten geteilte Forderung nach mehr Chancengleichheit im Bildungswesen das dominante Argument. Die Argumentationsmuster in beiden Sprachen gründeten jedoch auf derselben Prämisse, dass die Mechanismen der schulischen Selektion als ungerecht aufgefasst wurden.
Den Hintergrund dieser weitgehend geteilten Kritik an der schulischen Selektion bildete die in verschiedenen europäischen Ländern aufkommende Forderung nach Gesamtschulen für die ganze Dauer der obligatorischen Schulzeit. Die vor allem im deutschsprachigen Raum rigide schulische Selektion nach der Primarschule kam zunehmend unter Druck. Während in der deutschsprachigen Schweiz eine Gesamtschule auf der Sekundarstufe I chancenlos blieb, setzte Italien mit der Einführung der *scuola media unica* einen entsprechenden Akzent in der Bildungspolitik. Die Schaffung dieser Einheitsschule fiel mit der Verlängerung der obligatorischen Schulzeit auf acht Jahre zusammen. Und weil sie nicht die Gliederung einer bestehenden obligatorischen Schulstufe ersetzen musste, wie das in der Debatte um die Einführung der Gesamtschule im deutschsprachigen Raum der Fall war, konnte sie letztlich trotz einiger Kritik durchgesetzt werden.[41] Eine gewisse Öffnung der sehr rigiden Selektion und somit des Zugangs zur erweiterten Allgemeinbildung konnte in der deutschsprachigen Schweiz zumindest mit der Schaffung von neuen Gymnasien auf dem Land – was mittlerweile vor allem unter dem Stichwort der Bildungsexpansion diskutiert wird – erreicht werden.[42] Die Gliederung der letzten Jahre der obligatorischen Schulzeit wurde aber nicht angetastet.
Die Protagonisten der Colonie Libere bewegten sich zwischen dem deutschsprachigen und dem italienischsprachigen Diskurszusammenhang. Aufgrund der engen Verbindung mit der Kommunistischen Partei Italiens (KPI) übernahmen sie für italienischsprachige Texte die Argumentationsmuster der Publikationen der Kommunisten.[43] Die KPI war auch deshalb eine naheliegende Bündnispartnerin für die Colonie Libere, weil sie eine prägende politische Kraft der

---

41   Zur Debatte über die Gesamtschulen in der Schweiz: Lüscher, 1997; Jenzer, 1998; der Kussau, 2000; zur Einführung der *scuola media unica* in Italien: Genovesi, 2004, S. 190–193. Interessant ist, dass gerade der Kanton Tessin aufgrund seiner Nähe zu Italien während dem Untersuchungszeitraum eine Einheitsschule auf der Sekundarstufe I einführte. Zum Vergleich der bildungspolitischen Debatten zur Einführung von Gesamtschulen in der Schweiz und in der Bundesrepublik Deutschland: Hoffmann-Ocon, 2012; zum Vergleich weiterer westeuropäischer Staaten hinsichtlich der Frage der Gesamtschulen: Leschinsky, Mayer, 1990.
42   Zur Bildungsexpansion in der Schweiz: Criblez, 2001; Bornschier, Aebi, 1992; Criblez, 2002.
43   ASTi, FPC 41, ECAP, B3, Mappe 4, Cassetta di cultura civica, 1970.

italienischen Politik darstellte. Denn obwohl die kommunistische Partei seit 1948, als die «Democrazia Cristiana» an die Regierung gelangte, permanent die Oppositionsrolle einnahm, war sie so weit anerkannt, dass – wenngleich man von der KPI nicht als staatstragende Partei sprechen kann – ihr politischer Einfluss nicht unerheblich war.[44] Ebenso einflussreich für die Kommunikation der Colonie Libere in italienischer Sprache erwies sich die Gewerkschaft CGIL, die ebenfalls den italienischen Kommunisten nahestand.[45]

7.3. Chancengleichheit! Die deutschsprachige Argumentation

Auch in der Schweiz suchten die Colonie Libere nach Partnern auf der linken Seite des politischen Spektrums. Dies konnte jedoch nicht die kommunistische Partei sein. Denn im Gegensatz zu den italienischen Kommunisten, die als politische Gegenspieler der regierenden «Democrazia Cristiana» anerkannt waren, war die Kommunistische Partei der Schweiz seit 1940 verboten.[46] Für die Colonie Libere bedeutete dies, dass ihr erster Verbündeter in der Schweiz über zu wenig politischen Einfluss verfügte, um ihre Positionen der schweizerischen Öffentlichkeit zu vermitteln. Die Colonie Libere suchten folglich den Kontakt mit der Sozialdemokratischen Partei der Schweiz. Diese Allianz führte dazu, dass die Colonie Libere in der schweizerischen Öffentlichkeit keine gleich pointierte klassenkämpferische Polemik entfachten, wie sie dies im italienischsprachigen Diskussionszusammenhang taten. Gegenüber deutschsprachigen Adressaten wurde vielmehr der Wille zur Partizipation an der Gestaltung der lokalen Schule betont und die Idee der lokalen Elternkomitees propagiert.[47]
Das Hauptargument, das die Colonie Libere im deutschsprachigen Diskussionszusammenhang bemühten, bestand im Verweis auf die fehlende Chancengleichheit. Exemplarisch dafür stehen die folgenden Zeilen, die 1973 für eine Pressekonferenz mit deutschsprachigen Medien in der Schweiz verfasst wurden: «Will man, dass sich die Schweizer Schule auf demokratischem Wege so entwickelt, dass sie allen Kindern, unabhängig von ihrer sozialen Schicht und Staatsange-

---

44 Schoch, 1988, S. 22.
45 Braun, 1992.
46 Zur Geschichte der Kommunistischen Partei der Schweiz: Rauber, 1997; Rauber, 2000; zum Verbot der Kommunistischen Partei der Schweiz: Wichers, 1994, S. 68–80; zur Kommunistischen Partei der Schweiz als Sektion der Kommunistischen Internationalen: Studer, 1994. Zum antikommunistischen Klima der 1960er-Jahre in der Schweiz: Imhof, 1999.
47 Der konzeptionelle Hintergrund dieser Partizipation an der Schule gründet in der gestione sociale. Siehe dazu EI, 5. März 1975, «La gestione sociale della scuola».

hörigkeit die *gleichen Bildungschancen* gewährt, so kann dies nur mit vereinten Kräften aller fortschrittlichen Kreise erreicht werden.»[48]
Und weiter: «Wenn der Begriff ‹gleiche Bildungschancen› nicht eine leere Phrase sein soll, muss es Aufgabe der Schule sein, durch geeignete Institutionen die soziokulturellen Nachteile, denen in der heutigen Gesellschaft die Angehörigen der Arbeiterklasse unterworfen sind, auszugleichen. Die Arbeiterkinder und ganz im speziellen die Kinder der ausländischen Arbeiter haben zu Hause kaum irgendwelche Hilfe sei es beim Lösen der Aufgaben, sei es beim Aufholen gewisser Rückstände in bestimmten Fächern, während die Kinder bürgerlicher Eltern dank einer entsprechenden Hilfe grosse Vorteile haben.»[49]
Diese Zeilen sind praktisch frei von Bezugnahmen auf klassenkämpferische Argumente. Zwar enthielten die deutschsprachigen Texte eine genauso harsche Kritik an der schulischen Selektion wie die italienischen: Die Kinder italienischer Arbeiterinnen und Arbeiter hätten keinen Zugang zu höheren Bildungsstufen und somit keine andere Wahl als Hilfsarbeiter zu werden.[50] Doch explizite Verweise auf Klassengegensätze, die überwunden werden müssten, wurden im deutschsprachigen Kontext vermieden. Vielmehr wurden die Argumente der Chancengleichheit und der demokratischen Schule betont, wonach Nachteile auszugleichen seien. Diese Argumente waren hochgradig anschlussfähig an die damals im deutschsprachigen Raum aufkommende bildungspolitische Debatte über Massnahmen, die es erlauben sollten, die Chancen auf schulischen Erfolg möglichst gleich über die Gesellschaft zu verteilen.
In der ersten Hälfte der 1960er-Jahre rief Georg Picht die «Bildungskatastrophe»[51] aus, kurz danach forderte Ralf Dahrendorf: «Bildung ist Bürgerrecht.»[52] Die ökonomischen Überlegungen Pichts zur wirtschaftlichen Wettbewerbsfähigkeit sowie die sozial-liberalen Argumente Dahrendorfs, Bildung als soziales Grundrecht aller Bürger einer Demokratie aufzufassen, liessen sich in der Forderung nach einer Expansion des Bildungswesens zur Deckung zu bringen. Ein Ausbau des Bildungsangebots würde die künstliche Verknappung von Bildungsleistungen abschwächen und einer breiteren Bevölkerungsschicht den Zugang zur weiterführenden Bildung eröffnen. In der Konsequenz würde der schulische Erfolg weniger auf Herkunftskriterien denn auf Leistungskriterien basieren.

48 SSA, Ar 40.50.2, Mappe 1; «Schulprobleme der ausländischen Kinder», Pressekonferenz der kantonalen Schulgruppe Zürich der Colonie Libere Italiane in Svizzera, 30. Januar 1973 (Hervorhebung P. E.).
49 Ebd.
50 Ebd.
51 Picht, 1964.
52 Dahrendorf, 1968.

In der Schweiz wurde dieselbe Debatte etwas weniger pointiert, doch mit ähnlichen Argumentationsmustern unter dem Titel «Schulnot im Wohlstandsstaat»[53] geführt. Indes blieben wirtschaftliche und humanistische Argumente in der Mehrzahl, indem vor allem die Ausschöpfung der «Begabtenreserven»[54] auf der einen Seite und die Relevanz der «menschlichen Bildung»[55] vor dem Hintergrund der zunehmend technisierten Arbeitswelt auf der anderen Seite betont wurde. Das soziale Argument der Benachteiligung einzelner Gesellschaftsgruppen durch Selektionsprozesse wurde in der Schweiz zwar auch vorgebracht,[56] spielte aber eine weitaus geringere Rolle als im nördlichen Nachbarstaat, was insbesondere an der Unterschichtung schweizerischer Arbeitnehmerinnen und Arbeitnehmer durch die ausländischen Arbeitskräfte lag. Dadurch wurde der Druck auf die Bildungsinstitutionen als Gatekeeper des sozialen Aufstiegs verringert, und die sozialdemokratischen Argumentationsmuster der Demokratisierung des Zugangs zur Bildung vermochten nicht dieselbe Durchschlagskraft zu erlangen wie die wirtschaftlichen.[57]

Gerade die wirtschaftlichen und humanistischen Argumente beinhalteten aber gewichtige Gründe für einen Ausbau des Bildungswesens, was letztlich eine moderate Systemöffnung bewirkte. Die damit angestossene Bildungsexpansion wirkte sich auf eine Verlängerung der obligatorischen Schulpflicht und noch deutlicher auf eine Differenzierung des Bildungsangebots auf der Sekundarstufe II aus.[58] Mit der Gründung von Gymnasien auf dem Land und der Schaffung von neuen Gymnasialklassen wurde der Zugang zu allgemeinbildenden Schulen merklich geöffnet, gleichzeitig wurden neue Maturitätstypen geschaffen.[59] In der beruflichen Grundbildung war ein Anstieg der Lehrlingszahlen zu verzeichnen. Zusätzlich ergab sich durch die Schaffung der Berufsmittelschule für leistungsstarke Lehrlinge und Lehrtöchter sowie der Anlehre als verkürzte Berufsausbildung eine weitere Differenzierung des Ausbildungsangebots.[60] Die Erweiterung und Differenzierung der nachobligatorischen Bildung erfolgte also in qualitativer und quantitativer Hinsicht. Begründet wurde der Ausbau mit wirtschaftlichen, humanistischen und demokratischen Argumenten.

53 So der Titel eines Bandes mit gesammelten Gesprächen zur bildungspolitischen Lage in der Schweiz: Häsler, 1967.
54 Ebd., S. 14.
55 Ebd., S. 24.
56 Hess, Latscha, Schneider, 1966.
57 Zur Bildungsreform der 1960er-Jahre in Deutschland: Kenkmann, 2000.
58 Criblez, 2001.
59 Zu den beachtlichen Zuwachsraten der Zahl der Gymnasiastinnen und Gymnasiasten: Meylan, Ritter, 1985.
60 Feierabend, 1975; Criblez, 2002.

Die bildungspolitische Debatte über die schulische Benachteiligung von italienischen Kindern in der obligatorischen Schule in der Schweiz war aber letztlich vielschichtiger, als dass sie auf die Gegenüberstellung von Klassenkampfargumenten im italienischsprachigen Kontext und Chancengleichheitsargumenten im deutschsprachigen Kontext reduziert werden könnte. In die durchaus öffentlich geführte Debatte wurden weitere Deutungsmöglichkeiten eingebracht, auf die sich die Colonie Libere in ihren Rechtfertigungen stützen konnten. Der bereits erwähnte Artikel von Frank A. Meyer von 1969 trug als Titel die Frage: «Sind Italienerkinder dümmer?» Die schulische Benachteiligung italienischer Kinder erklärte Meyer soziolinguistisch. Ungenügende Schulleistungen seien sprachlich bedingt, wobei Meyer die sprachlichen Mängel sozioökonomisch begründete. Er sprach gar von Klassengegensätzen in der Gesellschaft und bezeichnete die öffentliche Schule in der Schweiz entgegen dem deutschsprachigen Diskussionsrahmen als «Klassenschule», wenngleich relativierend in Anführungszeichen.[61]
Unterstützung bei der Übersetzung des Artikels für die «Emigrazione Italiana» erhielten die Colonie von der «Zürcher Kontaktstelle für Italiener und Schweizer». Die Kontaktstelle stellte gerade hinsichtlich der Kommunikation gegenüber der deutschschweizerischen Öffentlichkeit eine bedeutende Ressource für die Colonie Libere dar. Wie sich die Colonie Libere beim Verfassen von italienischsprachigen Texten an den Argumenten der Kommunistischen Partei Italiens und der kommunistischen Gewerkschaft CGIL orientierten, entwickelten sie ihre im deutschsprachigen Kontext verwendeten Argumente in Anlehnung an die Kommunikationstätigkeiten der Kontaktstelle.

7.4. Zur Vermittlung zwischen den sprachlichen Referenzräumen

Nur von einer Rezeption der Argumente zu sprechen wäre jedoch zu einseitig, weil Leonardo Zanier, der innerhalb der Colonie Libere pädagogische Fragen massgeblich prägt, die Zürcher Kontaktstelle sowie deren Tätigkeiten und politische Positionierung als Vizepräsident und Mitglied des Arbeitsausschusses mitverantwortete.[62] Insofern muss das Bild der einseitigen Übernahme der im deutschsprachigen Umfeld gängigen Argumentationsmuster durch italienische Einwanderer in der Schweiz relativiert werden. Vielmehr waren diese

---

61 Zürcher Woche, 21. Juni 1969, Frank A. Meyer: «Die schizophrene Welt unserer Gastarbeiterkinder: Sind Italienerkinder dümmer?».
62 SSA, Ar 48.20.1, Mappe 1, Aktennotiz im Vorfeld der Gründung der Zürcher Kontaktstelle, 10. Juni 1967; Ar 48.10.2, Mappe 1, Protokolle der Vorstandssitzungen; Ar 48.10.3, Protokolle der Sitzungen des Arbeitsausschusses 1968–1975.

durchaus fähig, auch deutschsprachige bildungspolitische Debatten mit zu prägen, wie das Beispiel der Kontaktstelle zeigt.
Die Zürcher Kontaktstelle entschied sich schon bald nach ihrer Gründung, Fragen zur Beschulung italienischer Kinder in der Schweiz mit besonderer Dringlichkeit zu bearbeiten. Insbesondere war die Kontaktstelle schon früh darauf bedacht, die fremdsprachigen Eltern an dieser bildungspolitischen Diskussion zu beteiligen,[63] was die Colonie Libere schliesslich über die Institutionalisierung von Elternkomitees zu realisieren beabsichtigten.[64] Die Kontaktstelle versuchte in der Folge, die Fragen rund um die Beschulung italienischer Kinder in einer Arbeitsgruppe zu bearbeiten, in der sowohl italienische Vereine als auch schweizerische Schulbehörden beteiligt waren.[65] Auf dem Gebiet der Schule entwickelte die Zürcher Kontaktstelle neben demjenigen der beruflichen Weiterbildung ebenfalls eine rege Aktivität.[66]
Ausdruck davon war die im Oktober 1970 von der Arbeitsgruppe für Schulfragen der Kontaktstelle organisierte Tagung «Schulschwierigkeiten und soziale Lage der Kinder von Einwanderern».[67] Die Veranstaltung versuchte die Organisationen und Vereine von Italienerinnen und Italienern in der Schweiz mit den Behörden beider Länder sowie mit einer interessierten Öffentlichkeit zusammenzubringen, um gemeinsam über Massnahmen gegen die schulische Benachteiligung der italienischen Kinder in der schweizerischen Schule nachzudenken. Die Referate der Tagung sowie die Ergebnisse der eingesetzten Arbeitsgruppen wurden verschriftlicht und in einer Auflage von 350 Exemplaren gedruckt. Abnehmer der Tagungsdokumentation waren vor allem lokale Schulpflegen, was die Initianten der Veranstaltung mit Freude zur Kenntnis nahmen. Zudem wollte die Kontaktstelle die an der Tagung von italienischer Seite eingebrachten Diskussionsbeiträge an die schweizerischen Synodalkonferenzen weiterleiten, um die schweizerischen Lehrerinnen und Lehrer über die Standpunkte der Zugewanderten in dieser Frage zu sensibilisieren.[68]
Insofern bezweckte diese Tagung eine Vermittlung zwischen dem italienischsprachigen und dem deutschsprachigen Diskussionskontext – was sich letztlich in den vorgetragenen Argumenten aber nicht niederschlug. Das von den Colonie Libere im italienischsprachigen Kontext vorgebrachte Argument des Klas-

63 SSA, Ar 48.10.1, Mappe 1, Protokoll der 3. Mitgliederversammlung der Zürcher Kontaktstelle, 3. Februar 1969.
64 Siehe Kap. 6.2.
65 SSA, Ar 48.10.2, Mappe 1, Protokoll der 1. Vorstandssitzung der Zürcher Kontaktstelle, 17. Juni 1969.
66 SSA, Ar 48.20.1, Mappe 1, Statuten und Satzungen der Kontaktstelle, 3. Februar 1968.
67 Zürcher Kontaktstelle für Italiener und Schweizer, 1970.
68 SSA, Ar 48.10.2, Mappe 1, Protokoll der 6. Vorstandssitzung der Zürcher Kontaktstelle, 22. Februar 1971.

senkampfs wurde an der Tagung italienischerseits nicht angeführt. Dies weist erstens auf die Heterogenität der italienischen Organisationen in der Schweiz hin, die durchaus nicht alle kommunistisch argumentierten. Zweitens war die Tagung zwar zweisprachig angelegt, in der Publikation überwog jedoch die deutsche Sprache. Insofern blieb der deutschsprachige Argumentationskontext auch für diese Veranstaltung leitend. Das von der sozialdemokratischen Seite bemühte Argument der Chancengleichheit, das in der italienischen Bildungspolitik ebenfalls zum Standardrepertoire gehörte, rahmte die einzelnen Beiträge. Hauptreferent der Tagung war der Leiter der Abteilung Oberseminar des Seminars Unterstrass in Zürich, H. J. Tobler, der über «Einwanderung und Volksschule» sprach. Tobler übernahm die auch andernorts geäusserte Kritik an der frühen Selektion und an der Gliederung des Schulsystems auf der Sekundarstufe. Die statistisch nachgewiesenen geringeren Chancen italienischer Kinder auf Erfolg in den schweizerischen Schulen versuchte Tobler darüber hinaus damit zu erklären, dass den italienischen Kindern der Erfahrungshintergrund fehle, um in der öffentlichen Schule bestehen zu können. Diese Diskrepanz rühre zum einen von kulturellen Unterschieden her, wonach die schulischen Aufgabenstellungen nicht auf die Alltagserfahrungen der italienischen Kinder abgestimmt seien. Zum anderen sei die ökonomisch prekäre Lage der italienischen Eltern mit verantwortlich für das Fehlen von Erfahrungen, die den schulischen Erfolg ermöglichten. Tobler leitete aus dieser Diagnose jedoch keine pointiertere Assimilationsprogrammatik her, sondern versuchte die Herausforderung auf politische Bedingungen umzumünzen. Denn es sei offensichtlich, dass jede Schulreform auch die Frage der angemessenen Beschulung ausländischer Kinder in der öffentlichen Schule zu berücksichtigen habe. Es handle sich um eine Frage der demokratischen Rechte von Minderheiten.[69]

Tobler nahm also Dahrendorfs Argument der Bildung als Bürgerrecht auf und bezog dieses auf die Frage der Beschulung von Migrantenkindern. Damit verbunden ist die Prämisse, dass auch eingewanderte Personen dieses Recht hätten. Gleichzeitig wurde das Recht auf Bildung über die Frage der Mitbestimmung in die Nähe von politischen Teilhaberechten gerückt, die den italienischen Eltern verwehrt wurden, wie Tobler in seinem Referat beklagte.[70] Dies freilich deckte sich mit den Bestrebungen der Colonie Libere, über die Lokalgruppen Elternkomitees aufzubauen, um vor den lokalen Schulbehörden über eine ernstzunehmende Stimme zu verfügen.[71]

Veranstaltungen wie diese Tagung der «Zürcher Kontaktstelle für Italiener und Schweizer», die sich an italienisch- und deutschsprachige Adressaten zugleich

---

69 Tobler, 1970.
70 Ebd., S. 23.
71 Vgl. dazu Kap. 6.2.

richteten, fanden jedoch selten statt. So blieb es für die Colonie Libere eine Ausnahme, dass Argumente aus dem einen Sprachkontext mittels Übersetzung und erneuter Publikation in den anderen übertragen wurden. Üblicherweise wurden die beiden sprachlichen – und somit argumentativen – Kontexte weitgehend voneinander unabhängig berücksichtigt, was sich in zwei unterschiedlichen Argumentationslogiken für die beiden Sprachen auswirkte.

Die beiden Argumentationsmuster des Klassenkampfs und der Chancengleichheit gründeten jedoch auf einem gemeinsamen Fundament. In beiden besassen ökonomische Erklärungsfaktoren einen zentralen Stellenwert. Dieser Punkt rief bei anderen italienischen Organisationen in der Schweiz Widerspruch hervor. Insbesondere die «Missioni Cattoliche Italiane in Svizzera», die auch in der Frage der separativen oder der integrativen Beschulung italienischer Kinder eine andere Position als die Colonie Libere einnahmen, kritisierten die starke Betonung ökonomischer Faktoren bei der Erklärung der schulischen Benachteiligung. Diese sei weniger ein ökonomisches denn ein kulturelles Problem.[72] Kulturell wurde dabei von den katholischen Missionen keinesfalls im Sinn einer Klassenkultur verstanden, wie das die Colonie Libere wohl getan hätten. Auch war damit nicht der alltägliche Erfahrungshintergrund gemeint, den Tobler zur Erklärung der schulischen Leistungsunterschiede heranzog. Vielmehr wollten die katholischen Missionen das Adjektiv «kulturell» in Übereinstimmung mit ihrer tendenziell nationalistischen Ausrichtung im Sinn einer Nationalkultur verstanden haben.

Die Sichtweise der katholischen Missionen, die schwachen Schulleistungen italienischer Kinder im schweizerischen Bildungssystem über nationalkulturelle Unterschiede zu erklären, korrespondierte mit ihrer Haltung, für die Emigrantenkinder in der Schweiz Schulen nach italienischem Lehrplan einzurichten.[73] Das Argument der Kultur, das die katholischen Missionen vorbrachten, drehte sich also zugleich um die kulturellen Voraussetzungen für eine gemeinsame Beschulung und um eine eindeutige (national)kulturelle Prägung durch den Unterricht.[74] Bei einer Beschulung der italienischen Kinder in separaten Klassen nach italienischem Lehrplan würde demnach die Problematik der ungleichen Zugangschancen auf weiterführende Bildung gar nicht auftreten. Zudem gewährleiste die separate Beschulung ein einheitliches inhaltliches Unterrichtsprogramm. Die katholischen Missionen verstanden Kultur entsprechend dem

---

72 SSA, Ar 40.50.7, Mappe 7, Il problema culturale, 22. Januar 1974. Stellungnahme der Missioni Cattoliche gegen die Erklärungen der FCLIS.
73 Vgl. Kap. 5.2.
74 Für den Zusammenhang von Bildung und Kultur in Deutschland: Bollenbeck, 1996.

klassischen Kulturbegriff in einem holistischen Sinn.[75] Indem Kultur als einheitliches nationales Charakteristikum verstanden wurde, blieb die Sichtweise der katholischen Missionen auf Migration jedoch sehr statisch, da sie in erster Linie auf die Rückwanderung und auf die Wiederherstellung der nationalen Einheit ausgerichtet war. Eine dynamische Auffassung von Kultur, die Migration einkalkulierte und somit auch eine Niederlassung ausserhalb des nationalstaatlichen Territoriums vorsah, widersprach dieser Vorstellung.

Die schulischen Benachteiligungen der italienischen Kinder im schweizerischen Bildungssystem wurden aber nicht nur ökonomisch oder kulturtheoretisch, sondern auch begabungstheoretisch zu erklären versucht, wie dies beispielsweise der schweizerische Fürsprecher der katholischen Missionen, Pater Michael Jungo, tat. In dessen Nachlass finden sich diverse Manuskripte, in welchen er – teilweise explizit, teilweise auf Umwegen – betonte, wie wichtig es sei, bei der Frage der Schulerfolge der italienischen, vor allem aber der süditalienischen Kinder deren tiefere Begabung zu berücksichtigen.[76] Jungo ging so weit, die italienischsprachigen Kinder in den Schweizer Regelklassen als «Niveausenker» zu bezeichnen.[77] Frank A. Meyers Frage, ob Italienerkinder dümmer seien, war eine eindeutige Replik hierauf. Doch obwohl durchaus bekannt war, dass gerade die eingewanderten Arbeiterinnen und Arbeiter aus Süditalien selbst nur sehr spärliche Möglichkeiten zur schulischen Bildung hatten, blieb das Bild des dummen Italienerkinds sehr wirkmächtig. Mit grossem Engagement versuchten die Beteiligten des «Centro Informazioni Scolastiche» der Colonie Libere dagegen anzukämpfen und bemühten sich in dieser Frage um differenzierte Antworten.[78] Ein Ausdruck davon war die wiederholte Kritik an der hohen Sprachlastigkeit der damals aufkommenden Intelligenztests, die den fremdsprachigen Italienerkindern nicht entgegenkamen.[79]

Gegenüber der deutschsprachigen Öffentlichkeit in der Schweiz versuchten die Colonie Libere demnach, eine pointierte Bildungspolitik voranzutreiben, welche die Benachteiligung der italienischen Kinder in der öffentlichen Schule der Schweiz kritisierte. Sie waren aber – im Gegensatz zum Duktus der italienischsprachigen Argumentationslinie – kaum auf Konfrontation ausgerichtet. Vielmehr stand die Suche nach Möglichkeiten der lokalen Einflussnahme im

---

75 Zur Kritik am holistischen Kulturbegriff: Wimmer, 1996; zu nichtholistischen neueren kulturwissenschaftlichen Ansätzen in der Erziehungswissenschaft: Casale, 2009.
76 ZBZ, Nachl M Jungo 15.8, Unterlagen der Arbeitssitzung der Vereinigung zu Schutz und Förderung der Fremdarbeiterkinder in der Schweiz, 10. Mai 1973.
77 ZBZ, Nachl M Jungo 15.8, Manuskript zuhanden der «Ärztezeitung», undatiert.
78 Vgl. dazu Kap. 6.1.
79 EI, 30. August 1972, «Un mito in cui bisogna veder chiaro: Che cosa valutano i ‹test d'intelligenza›»; siehe dazu auch Kap. 6.1.

Vordergrund. So vermochten sie sich geschickt die Position einer ernst zu nehmenden Verhandlungspartnerin zu erarbeiten.

Obwohl die Verwendung der beiden Argumentationsmuster «Klassenkampf» und «Chancengleichheit» abhängig von der benutzten Sprache war, gab es immer wieder Abweichungen, die vor allem bei Übersetzungen auftraten. Wer im deutschsprachigen Kontext die italienische Sprache kannte, war in der Lage, auch die klassenkämpferisch ausgerichteten italienischsprachigen Veröffentlichungen der Colonie Libere zur Kenntnis zu nehmen. Mit diesem Wissen wurde denn auch das Engagement einzelner lokaler Colonie Libere anders eingeschätzt.

Hätten sich die Colonie Libere in ihrem bildungspolitischen Engagement gegen die schulische Benachteiligung auf die Aspekte der fehlenden Chancengleichheit konzentriert und in den italienischsprachigen Publikationen das Argument des Klassenkampfs nicht so stark in den Vordergrund gerückt, wäre die teilweise aufkommende Kritik an der Organisation wohl weniger harsch ausgefallen. Das antikommunistische Klima zu Beginn der 1970er-Jahre in der Schweiz liess die Verbindungen der Colonie mit der Kommunistischen Partei Italiens jedoch nicht in Vergessenheit geraten. Und mit dem – zumindest in den italienischsprachigen Publikationen geäusserten – Verweis auf den Klassenkampf, der über die Bildungspolitik zu führen sei, wurden die Colonie Libere letztlich zur Zielscheibe von ganz anderen Interessen.

Sobald die Broschüre «Gli emigrati e la scuola» von der deutschsprachigen Öffentlichkeit zur Kenntnis genommen wurde, rief sie auch Ablehnung hervor. Die Publikation wurde zwar vor allem bei den italienischen Eltern in der Schweiz propagiert. Über die lokalen Colonie Libere wurden Elternversammlungen einberufen, für die auch in den Schulen geworben wurde.[80] Interessierte Lehrer öffentlicher Schulen in der Schweiz nahmen an diesen Informationsveranstaltungen zur Lancierung der Publikation ebenfalls teil – und äussersten sich gegenüber den Herausgebern kritisch zu der Broschüre.

So beschwerte sich ein Lehrer einer öffentlichen Schweizer Schule in einem Brief bei den Colonie Libere über die «Provokationen und die ‹klassenkämpferischen Motive›», welche die Publikation enthalte. Die Lehrerschaft unterstütze jede Schulhilfe für italienische Kinder, erwarte aber, dass «Unwahrheiten» vermieden werden, die den guten Willen der Lehrkräfte, auf welche die Colonie Libere mit ihren Initiativen angewiesen seien, beeinträchtigen könnten. In der Reaktion der Colonie Libere wurde das Bedauern darüber ausgedrückt, dass die Veranstaltung, an der die Broschüre vorgestellt worden sei, als «klas-

---

80 SSA, Ar 40.50.2, Mappe 3, Rundbrief des «Gruppo scuola delle CLI del Cantone Zurigo» an die Elternkomitees, 3. August 1973.

senkämpferische Aufwieglung» interpretiert werde. Die Statistiken hätten zum Zweck, die Problemsituation sichtbar zu machen, damit die ausländischen Eltern die schulischen Schwierigkeiten ihrer Kinder nicht als individuelles, sondern als strukturelles Problem auffassen würden. Der klassenkämpferische Impetus wurde so zwar oberflächlich bestritten, in seinem Inhalt jedoch bestätigt.
Dazu passte, dass ein weiterer Vorwurf des Lehrers, die Publikation beinhalte «nationale Nebentöne», von den Colonie Libere vehement zurückgewiesen wurde. Vielmehr versuche die Publikation die schulische Benachteiligung italienischer Kinder an unterschiedlichen Beispielen gerade nicht mit nationalkulturellen Argumenten, sondern als schichtspezifische Problematik zu erklären. Die Antwort der Colonie Libere an den erzürnten Lehrer schloss mit einem Vereinnahmungsversuch: letztlich kämpfe man für eine gemeinsame Sache, die Colonie hätten das grösste Interesse an einer gemeinsamen Lösung der Probleme.[81] Mit dieser Argumentation konnte das Anliegen einer sozioökonomischen Erklärung der Benachteiligung nochmals bekräftigt und zugleich von der klassenkämpferischen Rhetorik abgelenkt werden, was für die Colonie Libere gegenüber der deutschsprachigen Öffentlichkeit eine übliche Strategie war. In einer Pressemitteilung zur zweiten Auflage der Broschüre bestritten die Herausgeber denn auch vehement, ein ideales Erziehungsmodell vorschlagen zu wollen. Vielmehr gehe es darum, die ausländischen Eltern über die Benachteiligungen und Einschränkungen aufgrund der Lebenssituation in der Emigration und über die Bedürfnisse der Kinder zu informieren.[82]
Der Schweizer Lehrer, der sich beschwerte, war nicht der Einzige, dem die Anleihen dieser Migrantenorganisation am Kommunismus suspekt waren. In einer Agenturmeldung zu einer schulpolitischen Kontroverse über Ausländerklassen wurden die Colonie Libere gar als «extrem links unterwandert»[83] bezeichnet. Trotzdem konnten sie sich – auch aufgrund ihrer gemässigten Rhetorik gegenüber der schweizerischen Öffentlichkeit – mit dem Argument der fehlenden Chancengleichheit als ernstzunehmende Stimme in der bildungspolitischen Debatte über die schulische Benachteiligung einzelner Schülergruppen etablieren.
Letztlich blieben die gleichzeitigen Forderungen nach Chancengleichheit und Klassenkampf, die in der bildungspolitischen Kommunikation der Colonie Libere erhoben wurden, irritierend. Denn obwohl beide Argumente auf

---

81 SSA, Ar 40.50.3, Mappe 2, Brief von Matthias Pfister an Franco Panciroli, 2. Dezember 1974; Brief von Franco Panciroli an Matthias Pfister, 19. Dezember 1974.
82 SSA, Ar 40.50.6, Mappe 1, Pressemitteilung, 10. November 1978.
83 ASTi, FPC 41, ECAP, B23, Mappe 3, Kontroverse über Ausländerklassen im Kanton Zürich. Agenturmeldung sda, 15. Februar 1974.

derselben Kritik an der starren schulischen Selektion aufbauten,[84] war diese doppelte Ausrichtung im Grunde widersprüchlich. Auf der einen Seite stand die Forderung nach Chancengleichheit, die einer liberal-demokratischen beziehungsweise sozialdemokratischen Vorstellung entspricht, wonach soziale Positionen nach meritokratischen Prinzipien verteilt werden, wie das beispielsweise liberale Gerechtigkeitsvorstellungen nach John Rawls vorsehen.[85] Das Bildungssystem übernimmt dabei die Funktion der Legitimation der sozialen Ungleichheit, sofern die Verteilung der über die Schule vermittelten sozialen Positionen nach Leistungskriterien erfolge.[86] Weil die privilegierten Positionen in einer liberal-demokratischen Gesellschaft limitiert sind, ist dem meritokratischen Prinzip die Logik des Wettbewerbs inhärent. Der ambivalente Zusammenhang von meritokratischem Prinzip, Chancengleichheit und Wettbewerb zeigt sich sehr deutlich in den ebenso ambivalenten Forschungsresultaten zur Bewältigung des Chancengleichheitsdefizits durch die Expansion der höheren Bildung. So führe die Bildungsexpansion tatsächlich zu einer höheren Akzeptanz sozialer Ungleichheit, solange die Auslese nach meritokratischen Prinzipien erfolge. Gleichzeitig sei jedoch ein vermehrtes kritisches Hinterfragen der meritokratischen Ordnung durch höher gebildete Menschen zu erwarten.[87] Darüber hinaus werde der Wettbewerb verschärft, sobald sich der Zugang zur höheren Bildung öffne, die Anzahl der über diesen Zugang erreichbaren sozialen Positionen nicht in gleichem Mass zunehme.[88] Insofern ist Chancengleichheit ohne den Wettbewerb um privilegierte soziale Positionen nicht zu haben – sonst müsste man nicht von Chancen sprechen.[89]
Im Einklang mit dieser Argumentation stand auch die von den Colonie Libere propagierte Haltung, die italienischen Kinder so schnell als möglich in die schweizerischen Regelklassen zu integrieren.[90] Diese Grundhaltung beinhaltete eine Anerkennung der Architektur des schweizerischen Bildungssystems, das nach liberal-demokratischen Prinzipien funktionierte – auch denjenigen des Wettbewerbs. Gleichzeitig waren die Protagonisten der Colonie Libere dieser Politik der Integration gegenüber sehr kritisch eingestellt, was vor allem in italienischsprachigen Veröffentlichungen zur Sprache kam: «E' ottimistico parlare di integrazione quando esistono barriere tanto grandi che separano le due realtà italiana e svizzera. Non si può parlare di integrazione finché i lavoratori

84 Vgl. ASTi, FPC 41, ECAP, B14, La selezione scolastica funzionale alle esigenze del capitale, Zürich, 1973.
85 Rawls, 1975.
86 Graf, Lamprecht, 1991.
87 Hadjar, 2008.
88 Bornschier, 1988, S. 271–274.
89 Zum Wettbewerb als Kehrseite des Leistungsprinzips: Heid, 1988.
90 Vgl. Kap. 5.2.

emigrati non potranno godere degli stessi diritti civili e politici riconosciuti ai lavoratori svizzeri e finché non si dà il giusto valore all'aporto positivo, non solo economico, che l'emigrazione può portare alla società di accoglimento.»[91] Die ungleichen politischen und sozialen Rechte der eingewanderten Arbeiterinnen und Arbeiter, welche für die Colonie Libere den fehlenden Zugang zu gleichen Chancen bedingten, wurden mit der rigiden Klassenstruktur der Gesellschaft erklärt, wonach die ausländischen Arbeiterinnen und Arbeiter der untersten Gesellschaftsschicht zugeordnet wurden. Die Antwort sahen die Colonie Libere demnach nicht in einer verstärkten Integrationspolitik, sondern im Klassenkampf.

Die doppelte programmatische Ausrichtung der Colonie Libere zwischen Chancengleichheit und Klassenkampf war unter dem Strich nicht vollends zu vereinbaren. Das Argument der gleichen Chancen im Wettbewerb um die nach meritokratischem Prinzip verteilten privilegierten sozialen Positionen stand im scharfen Gegensatz zum klassenkämpferischen Argument. Denn in der klassenlosen Gesellschaft, auf die der Klassenkampf letztlich abzielt, läuft der soziale Wettbewerb prinzipiell ins Leere, weil ohne eine Verknappung privilegierter sozialer Positionen die Zuteilung zu diesen nicht mehr problematisch ist. Solange der Zweck nicht die Mittel heiligt, ergibt es wenig Sinn, mit klassenkämpferischen Motiven mehr Chancengleichheit zu fordern. Denn mit dem Klassenkampf ist auf einer strukturellen Ebene der Umbau der Gesellschaft intendiert, während die Forderung nach Chancengleichheit auf die individuelle Ebene zielt, strukturerhaltend ist und den individuellen Aufstieg des Einzelnen im Blick hat.

Nun entsprach jedoch die Argumentation der Colonie Libere einer Variante des Klassenkampfs, die insbesondere von der italienischen Gewerkschaft CGIL, die der KPI nahestand, propagiert wurde.[92] In dieser im italienischen Kontext geläufigen Variante war es durchaus denkbar, mit dem Verweis auf _Lenins Rede über die Aufgaben der Jugendverbände eine kommunistisch geprägte Erziehung zu fordern, welche die Klassengegensätze explizit zum Unterrichtsgegenstand machte.

91 SSA, Ar 40.50.1, Mappe 3, Documento «scuola» per il XXV. Congresso delle CLI, Basel, 1973: «Es ist optimistisch, von Integration zu sprechen, wenn solche grossen Hindernisse zwischen den italienischen und den schweizerischen Realitäten existieren. Man kann nicht von Integration sprechen, solange die emigrierten Arbeiter nicht dieselben zivilen und politischen Rechte wie die schweizerischen Arbeiter erhalten haben und solange dem, was die Emigration – nicht nur in ökonomischer Hinsicht – der Aufnahmegesellschaft eingebracht hat, nicht die richtige Wertschätzung entgegengebracht wird.» Eigene Übersetzung.
92 Die Einsicht in verschiedene Spielarten des Klassenkampfs verdanke ich einer Diskussion im Forschungskolloquium der Abteilung Historische Bildungsforschung der Humboldt-Universität zu Berlin, in dessen Rahmen ich im Januar 2015 dieses Kapitel präsentieren durfte.

Die CGIL führte in Italien bereits in den 1950er-Jahren eine Reihe von Arbeitskämpfen gegen Armut und Arbeitslosigkeit,[93] in deren Tradition auch die in den 1960er-Jahren publizierten Schriften der Gewerkschaft standen. An diesen Kämpfen orientierten sich die Aktivistinnen und Aktivisten der Colonie Libere in ihrer bildungspolitischen Programmatik. Für eine mit diesen kommunistischen Positionen vertraute Teilöffentlichkeit Italiens im Umfeld der CGIL wirkte die Haltung der Colonie Libere viel weniger verdächtig als für die Gewerkschaften in der Schweiz, die einerseits in einem rauen Klima des Antikommunismus agieren mussten, andererseits den reformistischen Pfad der Linken eingeschlagen hatten.[94] Zudem entzog der wirtschaftliche Aufschwung nach 1945 den Gewerkschaften allmählich die Legitimation zu Arbeitskämpfen.[95] Sobald sich in der zweiten Hälfte der 1960er-Jahre die Krise ankündigte, entbrannten innerhalb der schweizerischen Gewerkschaften hitzige Diskussionen über ausländische Arbeitskräfte.[96] Vor diesem Hintergrund war die Idee eines gemeinsamen Klassenkampfs von ausländischen und schweizerischen Arbeiterinnen und Arbeitern, wie ihn die Colonie Libere im Grunde intendierten, in der deutschschweizerischen Öffentlichkeit nicht vertretbar.

Den Colonie Libere gelang es trotz der Widersprüchlichkeit der beiden Argumentationslinien auf beiden Klaviaturen zu spielen, allerdings in unterschiedlichen Sprachen. Während gegenüber italienischsprachigen Adressaten die Verweise auf den Klassenkampf nicht ausbleiben durften, hätte die Organisation mit denselben Argumenten bei den deutschsprachigen Adressaten ihre Glaubwürdigkeit verspielt, wie aus einzelnen Reaktionen und Kommentaren ersichtlich wird. Zudem mussten die Colonie Libere die ungewisse Situation der Migrantinnen und Migranten zwischen Niederlassung und Heimkehr berücksichtigen, was eine beidseitige Orientierung am deutschsprachigen und am italienischsprachigen Referenzrahmen notwendig machte. Bildungspolitik wurde für die Colonie Libere einerseits zum Klassenkampf, indem sie sich die Aufgabe stellten, den Arbeiterinnen und Arbeitern ihre gesellschaftliche Lage bewusst zu machen, sodass sie sich organisieren und für ihre Rechte eintreten würden.[97] Im schweizerischen Bezugsrahmen wurde Bildungspolitik andererseits zum Testfall, ob und wie eine italienische Emigrationsorganisation – auch im Hinblick auf weitere Problemfelder – in der Schweiz als politische Kraft wahr- und ernstgenommen wurde.

93 Ginsborg, 1990, S. 188–193.
94 Degen, 1991.
95 Degen, 2000.
96 Steinauer, von Allmen, 2000.
97 SSA, Ar 40.50.2, Mappe 2, Protokoll des «Gruppo scuola delle CLI del Cantone Zurigo», 20. November 1971.

8. Fazit – zum migrantischen Umgang mit Bildung

Migrantinnen und Migranten lediglich als Objekte des pädagogischen Zugriffs zu betrachten greift ebenso zu kurz, wie Migration ausschliesslich als Problem der Zugewanderten zu sehen. Vielmehr waren italienische Migrantinnen und Migranten zwischen 1960 und 1980 in der Schweiz aktive Subjekte pädagogischer Entwicklungen. Sie waren massgeblich daran beteiligt, alltägliche Herausforderungen, die sich vor dem Hintergrund ihrer situativen Lebenskontexte stellten, mit Bildungsprojekten zu bewältigen. Ebenso verfolgten sie längerfristige bildungspolitische Ziele, die sie aus ihren Lebenssituationen ableiteten. Eine Geschichtsschreibung, welche die Perspektive der Migrantinnen und Migranten ins Zentrum der Analyse stellt, überwindet das übliche Narrativ historischer Bildungsforschung, die sich mit Migrationsthemen beschäftigt. Historische Rekonstruktionen erzählen üblicherweise vom staatlichen Handeln des Zuwanderungslands und beschränken sich darauf, den Wandel der pädagogischen Reaktionen auf diejenigen Herausforderungen darzulegen, welche durch Migration hervorgerufen worden seien. Allzu oft wird dabei Migration einseitig als Problem der Migrantinnen und Migranten dargestellt. Aus dem Blickfeld gerät dabei erstens, dass und wie die Institutionen des Zuwanderungslands daran beteiligt waren, Migration zu problematisieren und damit pädagogisch bearbeitbar zu machen. Zweitens läuft die historische Forschung Gefahr, die Handlungsmöglichkeiten der Zugewanderten zu unterschätzen. Denn obwohl staatliche Instanzen, pädagogisches Personal und die schweizerische Öffentlichkeit die Spielräume der Migrantinnen und Migranten einschränkten, boten sich vielfältige Möglichkeiten, auf die Bestimmung von pädagogischen Zielen und die Gestaltung von pädagogischen Angeboten Einfluss zu nehmen. Nicht das Problemfeld «Migration» an sich, sondern vielmehr die jeweiligen situativen Kontexte – wobei die individuelle Zuwanderungsgeschichte und die Fremdsprachigkeit nur einzelne Aspekte unter anderen darstellten – liessen die Migrantinnen und Migranten bildungsbezogen handeln.

Der Perspektivenwechsel hin zu den Migrantinnen und Migranten als Akteurinnen und Akteure pädagogischer Entwicklungen lenkt den Blick darauf, wie Italienerinnen und Italiener in den 1960er- und 70er-Jahren in der Schweiz Bildung und Berufsqualifikation für sich selbst und ihre Kinder zur Bewältigung gesellschaftlicher und individueller Herausforderungen heranzogen und welche konkreten Bildungsbestrebungen daraus resultierten. Trotz ausländerrechtlicher Restriktionen und fremdenfeindlicher Tendenzen in der Schweiz vermochten die italienischen Emigrationsorganisationen eine vielfältige Palette pädagogischer Angebote zu realisieren, die auf die situativen Kontexte der Zugewanderten zugeschnitten waren. Ihre Aktivitäten bezogen sich auf unterschiedliche Teilbereiche des umfassenden Felds der Bildung. Sie umfassten die Erwachsenen- und Weiterbildung ebenso wie die Schulbildung der Kinder. Für Erwachsene reichte die Auswahl von beruflicher Qualifizierung über Sprachkurse bis hin zu Gewerkschaftsbildung für die erste Generation der Arbeitsmigrantinnen und -migranten. Für deren Kinder wurde die Idee einer integrativen Beschulung in Regelklassen von Schweizer Schulen verfolgt, die mit «Kursen in heimatlicher Sprache und Kultur» und vielfältigen Angeboten der ausserschulischen Betreuung ergänzt wurden. Darüber hinaus suchten die Emigrationsorganisationen die gesellschaftliche Partizipation der Zugewanderten zu fördern, obwohl politische Mitspracherechte fehlten.[1] Im Bereich der beruflichen Weiterbildung wurden partizipative Organisationsmodelle erprobt, während Elternkomitees neue Möglichkeiten der elterlichen Mitbestimmung in lokalen öffentlichen Schulen eröffneten. Entsprechend der grossen Heterogenität der italienischen Emigrationsorganisationen in der Schweiz blieben diese Bildungsbestrebungen vielschichtig und uneinheitlich.

So unterschiedlich die pädagogischen Bereiche waren, in welchen sich das bildungsbezogene Engagement von Migrantinnen und Migranten zeigte, ihr Handeln strukturierte sich nach denselben Prinzipien. Sechs Strukturierungslinien leiteten die Untersuchung und bieten sich an, die Befunde der Studie zu resümieren.

Erstens waren das migrantische Handeln und die Art und Weise, wie der Staat und dessen Agenten auf Migration reagierten, eng miteinander verflochten. Die pädagogischen Aktivitäten der Migrantinnen und Migranten in den 1960er- und 70er-Jahren erfolgten entweder im Anschluss, in Abgrenzung oder in Zusammenarbeit mit staatlichen Bildungsinstitutionen oder -behörden, wie auch staatliche Akteure in ihrem Handeln die Aktivitäten der Migrantinnen und Migranten wahrnahmen. Die Verflechtungen von Bildung, Staat und Migration bildeten daher den Ausgangspunkt, die bildungsbezogenen Aktivitäten der italienischen Migrantinnen und Migranten zu verstehen.

Migration erweist sich für jede staatliche Institution als Herausforderung. Sobald Personen die Grenzen staatlicher Territorien überschreiten, irritiert dies

---

[1] Die schweizerische Staatsbürgerschaft zu erlangen war für die italienischen Migrantinnen und Migranten einerseits aufgrund der langen Fristen und der hohen Hürden, andererseits wegen der verbreiteten Rückkehrabsichten kaum ein Thema. D'Amato, 2001.

die staatliche Regulierung, die, um wirksam zu werden, auf Abgeschlossenheit angewiesen ist.[2] Insofern wird Migration gerade dann vermehrt problematisiert, wenn die staatlichen Institutionen an Bedeutung gewinnen.[3] Das gilt nicht nur für den Zugang zu sozialstaatlichen Leistungen, die an die Staatsbürgerschaft oder an einen bestimmten Aufenthaltsstatus gebunden sind. Genauso trifft dies auf das öffentliche Bildungswesen oder auf die Anerkennung von Ausbildungszertifikaten zu.

An der Bildungsexpansion der 1960er- und 1970er-Jahre lässt sich ein Bedeutungszuwachs staatlicher Institutionen im Bildungsbereich beobachten, der auf den ersten Blick keinen Zusammenhang mit Migration aufweist.[4] Das quantitative und qualitative Wachstum der staatlichen Bildungsangebote war von einem Ausbau der Bildungsverwaltung begleitet. Die Administration und Regulierung von Bildung wurde zunehmend als staatlich-bürokratische Aufgabe wahrgenommen. Insbesondere die kantonalen Bildungsverwaltungen wurden einer Differenzierung unterzogen und mit neuen Aufgaben betraut.[5] Diese Entwicklung auf der Verwaltungsebene beförderte aber – und hier zeigt sich der indirekte Zusammenhang von Bildungsexpansion und Migration – die Bearbeitung migrationsbezogener Fragestellungen über die Einsetzung von Expertenkommissionen auf kommunaler, kantonaler und nationaler Ebene. Die Emigrationsorganisationen ihrerseits bezogen sich in ihren Tätigkeiten auf deren Berichte.[6]

Die Verschränkung von Bildung, Staat und Migration zeigt sich auch darin, wie stark das Bildungs- und Qualifikationssystem sowie der Zugang zum Arbeitsmarkt nach staatlichen Prinzipien geregelt sind. Für staatliche Institutionen ist es naheliegend, mit pädagogischen Massnahmen auf Migration zu reagieren. Die öffentliche Schule ist eine der wenigen gesellschaftlichen Institutionen, zu dessen Besuch alle Angehörigen einer Altersgruppe verpflichtet sind. Darin liegt ihr enormes Potenzial zur sozialen Integration, das kaum eine andere gesellschaftliche Institution in demselben Umfang aufweist. Ebenso öffnet das berufliche Qualifikationswesen, vermittelt über die staatliche Zertifizierung von Berufsabschlüssen, den Zugang zum – oftmals ebenfalls nationalstaatlich eingegrenzten – Arbeitsmarkt und somit zu Teilnahme- und Teilhabemöglichkeiten in einer marktwirtschaftlich geprägten Gesellschaft. Gleichzeitig war der Zugang zu den demokratischen Steuerungsmöglichkeiten im Bildungs-

---

2 Bommes, Geddes, 2000.
3 Wimmer, Glick Schiller, 2002.
4 Zum Verhältnis von Migration und Ausbau des Wohlfahrtsstaats in Europa: Padovan-Özdemir, Ydesen, 2016.
5 Criblez, 2012.
6 Vgl. Kap. 4.4 und 5.1.

und Qualifikationswesen an die schweizerische Staatsbürgerschaft gekoppelt, über welche die italienischen Migrantinnen und Migranten aufgrund der restriktiven ausländerrechtlichen Bestimmungen und der Remigrationsabsichten in der Regel nicht verfügten.

Die untersuchten bildungsbezogenen Aktivitäten der italienischen Migrantinnen und Migranten waren in diese vielschichtige Konstellation eingebunden. Das staatliche Handeln beziehungsweise das auf den nationalstaatlichen Rahmen bezogene Handeln der involvierten parastaatlichen Akteure schuf Gestaltungsspielräume, in denen sich die italienischen Organisationen bewegten. Am deutlichsten zeigt sich dies darin, wie stark die Migrantinnen und Migranten ihr Handeln auf die staatlichen Verhältnisse ausrichteten.

Einerseits versuchten die italienischen Weiterbildungsorganisationen, ihre Kurse in die staatlichen Qualifikationsordnungen Italiens und der Schweiz einzubetten und deren Zertifikate von den schweizerischen und den italienischen Behörden anerkennen zu lassen. Obwohl die doppelte staatliche Anerkennung der Kurse nicht realisiert wurde, blieb für deren Ausrichtung die Orientierung an den bestehenden staatlichen Qualifikationen handlungsleitend. In demselben Sinn ist auch das Interesse der italienischen Weiterbildungsorganisationen an der direkten Zulassung zur eidgenössischen Lehrabschlussprüfung zu verstehen. In beiden Fällen bildete die staatlich geregelte Qualifikationsstruktur eine Projektionsfolie.[7]

Andererseits begrenzten die Strukturen des öffentlichen Schulwesens, das sowohl in der Schweiz als auch in Italien staatlich organisiert und finanziert ist, den Handlungsspielraum der Emigrationsorganisationen im Hinblick auf die Beschulung der italienischen Kinder. Beim Szenario einer baldigen Rückkehr nach Italien wie beim Szenario einer längerfristigen Niederlassung in der Schweiz bildeten die staatlichen Schulordnungen den Referenzrahmen für die Handlungsoptionen. Die italienischen Schulen der katholischen Missionen richteten sich nach den Lehrplänen Italiens. Gleichzeitig waren die Colonie Libere darauf angewiesen, die Organisationsprinzipien der Schulen in der Schweiz zu verstehen, um die italienischen Eltern davon zu überzeugen, ihre Kinder in die öffentlichen Schulen der jeweiligen Wohngemeinde zu senden. Die Kenntnis der Schulstrukturen war eine Voraussetzung dafür, um bildungspolitisch eingreifen zu können.[8]

Das staatliche Handeln stellte aber auch eine Abgrenzungsfolie für die Aktivitäten der Emigrationsorganisationen dar. Diese stellten mit ihren Aktivitäten und Angeboten notwendige Alternativen zu den staatlichen Strukturen zur

---

7 Vgl. Kap. 2 und 3.5.
8 Vgl. Kap. 5 und 6.1.

Verfügung, die ihrerseits der Lage und den Bedürfnissen der Migrantinnen und Migranten nicht vollends gerecht wurden. So versuchten die Weiterbildungsanbieter gar nicht, die schweizerische Qualifikationsstruktur zu übernehmen, sondern folgten zunächst den Qualifikationswegen, die in Italien gängig waren, um in einem zweiten Schritt die Kurse auf die Situation von Arbeiterinnen und Arbeitern in der Emigration abzustimmen. Gerade dass zunehmend Aspekte der sprachlichen Verständigung am Arbeitsplatz in die Kurse einbezogen wurden, ist Ausdruck einer solchen Abgrenzung.[9] Noch viel deutlicher zeigte sich eine ablehnende Reaktion auf die staatlichen Strukturen im Bereich der Beschulung der italienischen Kinder. Sowohl die allgemeine Kritik an der Segmentierung des schweizerischen Schulsystems, die in der Publikation «Gli emigrati e la scuola» aufscheint wie auch die spezifische Kritik an einzelnen Selektionsentscheiden, die Sibilla Schuh mit dem schulischen Informationszentrum auf juristischer Ebene übte, dienten der bildungspolitischen Abgrenzung von bestehenden Strukturen des öffentlichen Schulwesens.[10] Dies öffnete den Raum zur Schaffung alternativer Bildungsmöglichkeiten. Die *doposcuole* als ausserschulische Betreuungs- und Bildungsarrangements fallen ebenso darunter wie die Kurse zum Nachholen der *licenza media* in der Erwachsenenbildung.[11] Zudem traten die Emigrationsorganisationen in unterschiedlichem Ausmass staatskritisch auf. Insbesondere die im Zürcher Stadtkreis Aussersihl initiierte Quartierschule präsentierte pädagogische Alternativen, während die den italienischen Katholiken nahestehenden Organisationen ENAIP und Missioni Cattoliche eher staatsnahe Bildungsgelegenheiten schufen.[12]

Das pädagogische Handeln der Migrantinnen und Migranten kann also, so unterschiedlich es auch auftrat, nicht unabhängig von staatlichen Entwicklungen betrachtet werden. Die Anknüpfung an staatliche Strukturen, die Opposition zu staatlicher Bildung oder – wie noch zu sehen ist – die gemeinsame Aushandlung mit staatlichen Akteuren bildeten Varianten des migrantischen Vorgehens. Schliesslich ist aus dieser ersten Perspektive ebenfalls von Bedeutung, dass umgekehrt auch die staatlichen Akteure – auf den unterschiedlichen Ebenen der Bildungspolitik und -verwaltung der Schweiz und Italiens – nicht unabhängig von den Aktivitäten der Emigrationsorganisationen handelten. Die staatlichen Akteure reagierten darauf, wie sich Migrantinnen und Migranten über Bildung äusserten und welche Bildungsangebote sie initiierten. Insbesondere die Expertenkommissionen, die zur Erarbeitung von Empfehlungen zum pädagogischen Umgang mit Migration eingesetzt wurden, nahmen wahr, wie sich die Migran-

9 Vgl. Kap. 2.3.
10 Vgl. Kap. 6.1 und 7.2.
11 Vgl. Kap. 3.2 und 4.2.
12 Vgl. Kap. 6.3.

tinnen und Migranten im Feld von Bildung und Berufsqualifikation positionierten, welche bildungspolitischen Ziele sie verfolgten und welche Aktivitäten daraus entstanden. Die Tagungen der Zürcher Kontaktstelle, die auch von Akteuren staatlicher Institutionen besucht wurden, trugen ebenfalls dazu bei, dass das migrantische Handeln wahrgenommen und darauf reagiert wurde.[13]
Insofern waren die staatlichen Bildungsinstitutionen sowohl in den politischen Debatten über die Fragen des angemessenen pädagogischen Umgangs mit Migration als auch bei der Realisierung daraus resultierender Integrationsmassnahmen vom Handeln und von den Äusserungen der Emigrationsorganisationen beeinflusst. Indem Migrantinnen und Migranten entscheidende Argumente in die politische Aushandlung einbrachten, Bildungsbedürfnisse artikulierten oder Bildungsangebote aufbauten, beeinflussten sie das Vorgehen der staatlichen Bildungsinstitutionen und -behörden. Die daraus entstehende staatliche Schul- und Berufsbildungsrealität gründete somit auch im Handeln der Migrantinnen und Migranten.

Mit Blick auf die lokale Ebene ist *zweitens* die Bedeutung der gemeinsamen Aushandlungen in Gemeinden, Schulen und Unternehmen hervorzuheben. Im Zusammenspiel der Ortsgruppen der Emigrationsorganisationen mit lokalen Behörden, mit einzelnen Arbeitgebern und mit weiteren zivilgesellschaftlichen Akteuren entstanden tragfähige Lösungen für Herausforderungen im Bildungsbereich. In unterschiedlichen Konstellationen wurden so Bildungsrealitäten hergestellt. Das Vorgehen entsprach dabei aber kaum der im vorangehenden Abschnitt beschriebenen Oppositionsstellung zwischen staatlichen Akteuren und Zugewanderten, sondern entsprang vielmehr einer gemeinsamen Sorge um die Bildungsverhältnisse vor Ort.
Besonders deutlich zeigt sich das Potenzial solcher gemeinsamer Aushandlungen in der Realisierung von ausserschulischen Betreuungsangeboten und Aufgabenhilfen in verschiedenen Schulgemeinden. Diese entstanden als Resultat von pragmatischen Verhandlungen zwischen lokalen Bildungsbehörden und italienischen Elternkomitees. Die Zusammenarbeit vor Ort gestaltete sich zwar nicht konfliktfrei, sie mündete aber oftmals in Arrangements zur Unterstützung italienischer Kinder in der Gemeinde. Dies war insbesondere in denjenigen Schulgemeinden der Fall, in welchen die italienischen Elternkomitees ihre Interessen in einer hartnäckigen, aber pragmatischen Weise gegenüber den lokalen Schulbehörden artikulierten und vice versa die Behörden die Anliegen der Elternkomitees mit einer prinzipiellen Offenheit entgegennahmen. Auf

---

13 Vgl. Kap. 2.2, 4.4, 5.3, 6.1, 6.2 und 7.4.

dieser Grundlage gemeinsamer Aushandlung konnten tragfähige Unterstützungsangebote wie Hausaufgabenhilfen realisiert werden.[14]
Lokale Kooperationen erwiesen sich auch im Bereich der Weiterbildung als hilfreich. Im direkten Kontakt mit den örtlichen Schulbehörden erhielten die italienischen Weiterbildungsorganisationen Zugang zu Schulräumen, um in den Abendstunden ihre beruflichen Qualifikationskurse durchzuführen. Praktische Unterrichtseinheiten konnten so in den Werkstätten von Berufsschulhäusern durchgeführt werden. Über die Zusammenarbeit mit privaten Unternehmen erhielten die Weiterbildungsorganisationen Zugang zu deren Werkstätten. Der Kontakt zu lokalen Unternehmen war überdies nützlich, um die Kurse bei den Arbeiterinnen und Arbeitern zu bekannt zu machen. Erstaunlich ist, dass solche lokalen Kooperationen zustande kamen, obwohl die über die italienischen Weiterbildungsorganisationen erworbenen Qualifikationen von den schweizerischen Behörden nicht anerkannt waren.[15]
In der punktuellen Zusammenarbeit mit schweizerischen Gewerkschaften konnte zudem auf die Notwendigkeit der beruflichen und allgemeinbildenden Qualifikation von Arbeiterinnen und Arbeitern hingewiesen und die Idee eines Bildungsurlaubs verfolgt werden. Dieser Austausch war zwar stets von den unterschiedlichen Beschäftigungsverhältnissen in Italien und der Schweiz geprägt. Er bildete aber auch die Grundlage dafür, dass die italienischen Weiterbildungsorganisationen überhaupt in der Schweiz Fuss fassen konnten und sich nach und nach auch an den Verhältnissen in der Schweiz orientierten.[16]
Eine Voraussetzung dafür, dass solche lokalen Aushandlungen und Kooperationen überhaupt realisiert wurden, war das persönliche Engagement individueller Akteure. Die italienischen Elternkomitees in den Schulgemeinden waren ebenso auf engagierte Mitglieder in den eigenen Reihen angewiesen wie die Weiterbildungsorganisationen auf die Bereitschaft von Arbeitgebern, ihren Angestellten die Teilnahme an Qualifikationskursen zu ermöglichen. Dasselbe gilt für Gewerkschafter, die sich dafür einsetzten, gemeinsam mit den italienischen Organisationen Bildungsangebote für Migrantinnen und Migranten zu fordern. Stellvertretend für die zahlreichen engagierten Einzelpersonen sei hier nochmals auf Elena Fischli, Peter Gessler und Leonardo Zanier verwiesen, die mit der Gründung der «Zürcher Kontaktstelle für Italiener und Schweizer» eine Austauschplattform schufen, mit der die Erfahrungen aus den lokalen Aushandlungen geteilt werden konnten.[17]

14 Vgl. Kap. 6.3 und 6.4.
15 Vgl. Kap. 2.
16 Vgl. Kap. 2.2 und 4.4.
17 Vgl. Kap. 2.2.

Die lokalen Aushandlungsarenen dienten zudem als Türöffner zur politischen Partizipation, was aufgrund der fehlenden politischen Rechte von besonderer Relevanz war. Denn sobald die lokalen Schulbehörden die italienischen Elternkomitees in die Beratungen einbezogen, bestand für die zugewanderten Eltern eine Möglichkeit, bei der Gestaltung der Schulrealitäten in der Gemeinde mitzuwirken, obwohl die demokratischen Zulassungsregeln dies eigentlich nicht vorsahen. Die lokale Schulpolitik bot den Zugewanderten die Möglichkeit, in politische Aushandlungen einzutreten.[18] Die in lokalen Verhandlungen geknüpften Kontakte erwiesen sich in der Folge insbesondere für die Migrantinnen als wichtige Ressourcen im Hinblick auf weitere politische Betätigungsfelder.[19]

Drittens beeinflussten die Annahmen über mögliche Zukunftsperspektiven der Zugewanderten das pädagogische Handeln der involvierten Personen. Sowohl die Bildungsaspirationen, welche die italienischen Arbeiterinnen und Arbeiter in der Emigration äusserten, als auch die konkreten Bildungsangebote, die aus diesen Aspirationen heraus entstanden, wurden danach ausgerichtet, ob eher eine baldige Remigration nach Italien oder doch eine längerfristige Niederlassung in der Schweiz für wahrscheinlich befunden wurde. Die wirkmächtige Orientierung an der Bleibeperspektive strukturierte das Handeln der staatlichen Akteure wie der Emigrationsorganisationen.

Solange das Szenario einer baldigen Remigration vorherrschte, bestand für die Akteure in der Schweiz wenig Anlass, sich mit der Berufsbildung der Arbeitsmigrantinnen und -migranten oder mit der angemessenen Beschulung der italienischen Kinder zu beschäftigen. Aus dieser Perspektive, die bis Mitte der 1960er-Jahre vorherrschte, war nicht grundsätzlich zu verneinen, dass die Situation der italienischen Bevölkerung in der Emigration einer pädagogischen Bearbeitung bedürfe. Nur sei dies in erster Linie die Aufgabe des Herkunftslands, weil die Zukunft der Zugewanderten – gemäss dem Szenario der Remigration – in Italien liege. Dementsprechend wandten sich zunächst die italienischen Schulen der Generalkonsulate oder der katholischen Missionen, die alle auf die Rückkehr ins italienische Schulsystem ausgerichtet waren, den pädagogischen Aufgaben zu. Ebenso orientierten sich die berufsbildenden Kurse der frühen 1960er-Jahre ausschliesslich an den italienischen Qualifikationsstrukturen. Tatsächlich reisten sehr viele italienische Arbeiterinnen, Arbeiter und Familien nach Italien zurück. Italienische Schulen in der Emigration erleichterten deren Kindern den Übertritt in die Regelklassen in Italien. Ebenso

---

18 Mahnig, Wimmer, 2001.
19 Vgl. Kap. 6.3.

waren die zurückkehrenden Arbeiterinnen und Arbeiter auf Berufsqualifikationen angewiesen, die auf dem italienischen Arbeitsmarkt anerkannt waren.[20] Unter diesen Voraussetzungen wird deutlich, dass seitens der schweizerischen Behörden eine pädagogische Problematisierung von Migration nicht deshalb einsetzte, weil Migration ein im Untersuchungszeitraum neues Phänomen dargestellt hätte.[21] Migration wurde vielmehr genau dann zum Gegenstand bildungspolitischer Diskussionen, als im Zug des überarbeiteten bilateralen Abkommens zwischen Italien und der Schweiz die längerfristige Niederlassung in der Schweiz möglich wurde. Dies führte einerseits zu einer öffentlichen Problematisierung der im Rahmen des Familiennachzugs in die Schweiz geholten Frauen und Kinder.[22] Andererseits gab sie den dringenden Anlass, die Integration der Zugewanderten in die Bildungs- und Qualifikationssysteme der Schweiz voranzutreiben, weil eine längerfristige Niederlassung der Zugewanderten plötzlich denkbar schien.[23]

Diese Verschiebung in den Zukunftsaussichten wirkte sich auch auf die Emigrationsorganisationen aus. Die Colonie Libere orientierten sich immer deutlicher am Szenario der längerfristigen Niederlassung und richteten ihr pädagogisches Programm auf die Verhältnisse in der Schweiz aus. Die ECAP und später die SPE zielten seit ihrer Gründung darauf ab. Aus dieser Haltung resultierte zum einen die Forderung nach einer möglichst raschen Integration der italienischen Kinder in die öffentlichen Schulen der Schweiz, ergänzt mit flankierenden Unterstützungsmassnahmen. Zum anderen beinhaltete sie die Ausrichtung der beruflichen Qualifikationsangebote auf den Arbeitsmarkt in der Schweiz.[24]

Daraus abzuleiten, es hätte beide Angebote für die jeweiligen Zukunftsperspektiven geben sollen, greift jedoch zu kurz. Wenn noch heute und mit historischem Wissen schwierig zu beantworten ist, welches dieser beiden Szenarien sich als plausibler herausstellte,[25] war diese Frage mit Sicherheit auch für die betroffenen Migrantinnen und Migranten nicht einfach und jeweils nur für den Moment zu beantworten. Zukunftspläne wurden allzu oft verworfen. So hatten die Angebote dann Erfolg, wie auch die bildungspolitischen Positionen dann Sukkurs fanden, wenn die Emigrationsorganisationen nicht ausschliesslich ein Szenario verfolgten, sondern die Konsequenzen beider Szenarien in die Planung und Überlegung mit einschlossen. Beispiele für solche Arrangements

20 Vgl. Kap. 2.1 und 5.2.
21 Einen differenzierten Überblick über die Geschichte der Migration in der Schweiz bietet Vuilleumier, 2007.
22 Vgl. Kap. 5.1; siehe auch Lucassen, 2005, S. 106–108.
23 Vgl. Kap. 2.2 und 5.2.
24 Vgl. Kap. 2.3 und 5.3.
25 Unlängst dazu die folgende Debatte: Richter, Richter, 2012; Pleinen, 2013.

waren die «Kurse in heimatlicher Sprache und Kultur», die im Fall der Remigration trotz schweizerischer Schulbildung den Anschluss ans italienische Schulsystem gewährten, oder die Versuche, die berufsbildenden Kurse in beiden Arbeitsmärkten anerkennen zu lassen – auch wenn Letzteres nicht erreicht wurde.[26]

Das Handeln der Migrantinnen und Migranten selbst war deutlich von der Ungewissheit der beiden Zukunftsaussichten geprägt. Nicht wenige biografische Erzählungen von italienischen Familien in der Schweiz zeugen von frühen Rückkehrabsichten, die Jahr für Jahr hinausgezögert und letztlich doch nicht realisiert wurden – oder erst dann, als die Eltern ins Pensionsalter kamen.[27] Für deren Kinder erwies sich die Beschulung in Regelklassen trotz der Erfahrungen schulischer Benachteiligungen und Diskriminierungen wahrscheinlich als die bessere Wahl. Wenn diese Kinder aufgrund von Rückkehrabsichten die italienischen Schulen besuchten, geriet ihre Schulkarriere zu einem permanenten Provisorium. Ebenso waren ihre Eltern auf Qualifikationen angewiesen, die auf dem schweizerischen Arbeitsmarkt einen Wert hatten. Und dennoch mussten viele italienische Familien – oft gegen ihre Intention – im Nachgang der Ölkrise von 1973 die Schweiz verlassen, weil sie ihre Arbeitsstelle und somit die Aufenthaltsbewilligung verloren.[28] In diesen Fällen waren Anschlussoptionen in Italien existenziell.

Insofern ist es fragwürdig, Bildungsmassnahmen auf vermeintlich eindeutige Zukunftsszenarien abzustützen. Selbstverständlich besteht seitens der involvierten Organisationen der institutionell geäusserte Wunsch nach Planungssicherheit. Doch sobald Entscheidungen auf der Basis von angenommenen Bleibeperspektiven getroffen werden, gleicht dies einem Blick in die Kristallkugel.

Die Heterogenität der Zugewanderten bildet ein *viertes* Strukturprinzip in der Analyse der migrantischen Bildungsbestrebungen. So wenig es *den* italienischen Arbeitsmigranten gab, so wenig gab es auch *das* italienische Schulkind. Die Migrantinnen und Migranten kamen aus verschiedenen Regionen Italiens mit je eigenen wirtschaftlichen Verhältnissen und stammten aus unterschiedlichen sozialen Schichten. Mit eigenen Lebensperspektiven und verschiedenen politischen Überzeugungen in die Schweiz gekommen, handelten sie auf individuelle Art und Weise. Vor diesem Hintergrund kann nicht angenommen werden, alle Migrantinnen und Migranten hätten dieselbe Berufsbildungspolitik verfolgt oder eine gemeinsame schulpolitische Haltung eingenommen. Ihr Handeln war nicht einförmig, sondern vielgestaltig und auf unterschied-

26 Vgl. Kap. 2.3 und 5.3.
27 Zum «Mythos Rückkehr»: Frigerio Martina, Merhar, 2004, S. 359–364.
28 Piguet, 2006, S. 43–48.

liche Ziele ausgerichtet.[29] Dies erschwert zwar eine eindeutige Narration des migrantischen Umgangs mit Bildung, streicht aber hervor, wie variantenreich dieser sich darstellte.

Zunächst bildet sich diese Heterogenität in den unterschiedlichen Emigrationsorganisationen ab. Die Colonie Libere und ihre Weiterbildungsorganisation ECAP auf der einen Seite und die Missioni Cattoliche, die katholische Arbeitervereinigung ACLI und deren Weiterbildungsorganisation ENAIP auf der anderen Seite verfolgten unterschiedliche Ziele. Sie orientierten sich nicht nur an verschiedenen Zukunftsszenarien, sondern sie standen auch in Verbindung mit unterschiedlichen politischen Strömungen. Die den Katholiken nahestehenden Vereinigungen vertraten konservativere Positionen und richteten ihre Aktivitäten eher auf das Szenario der baldigen Remigration aus, während die Colonie Libere enge Beziehungen zur italienischen Linken pflegten und eher gemäss dem Niederlassungsszenario handelten.[30]

Über den Untersuchungszeitraum hinweg vermochten sich die Orientierungen der Gruppierungen auch zu verschieben. So bildete sich innerhalb der Colonie Libere die Vorstellung der Möglichkeit einer längerfristigen Niederlassung in der Schweiz erst im Lauf der 1960er-Jahre aus. Auf der anderen Seite erlebte ENAIP in den frühen 1970er-Jahren zwischenzeitlich eine Phase des Aufbruchs, was 1974 darin kulminierte, dass sich progressive Personen in der Organisation mit dem Dachverband überwarfen und die «Scuola Professionale Emigrati» gründeten. Diese Verschiebungen waren oft auf einzelne Personen zurückzuführen, die mit ihrem Engagement die Aktivitäten der Emigrationsorganisationen prägten.[31]

Die Vordenker innerhalb der Organisationen nahmen im Vergleich mit den Arbeitsmigrantinnen und -migranten, welche die beruflichen Qualifikationskurse von ECAP, ENAIP und SPE besuchten, privilegierte Positionen ein. Noch mehr Privilegien genossen die Mitarbeiter des Generalkonsulats oder die Geistlichen der katholischen italienischen Missionen. Die Schichtzugehörigkeit der aus Italien zugezogenen Personen beeinflusste ihre migrantischen Aktivitäten. Auch die Emigrationsorganisationen kannten Hierarchien. Deren Bildungs- und Qualifikationsangebote können also kaum als Selbsthilfeprojekte in einem engeren Sinn bezeichnet werden. In vielen Fällen wurden die bildungsbezogenen Aktivitäten von Angehörigen einer eigentlichen italienischen Elite vorangetrieben, die in einer früheren Phase in die Schweiz migriert und zu Wortführern der Emigrationsorganisationen aufgestiegen waren.[32]

29 Barcella, 2012.
30 Vgl. Kap. 2.2 und 5.1.
31 Vgl. Kap. 2.3.
32 Vgl. Kap. 2.3. und 7.1.

Darüber hinaus war die Arbeitsmigration kein rein männliches Phänomen. Etwa ein Drittel der Migrierenden waren Arbeiterinnen, die in der schweizerischen Textil- und der Nahrungsmittelindustrie eine Beschäftigung fanden. Dementsprechend interessierten sich die zugewanderten Frauen für Weiterbildungskurse in anderen Berufsbereichen als die Männer, was in Übereinstimmung dem damaligen segregierten Arbeitsmarkt stand. In den Colonie Libere stellte sich eine Arbeitsteilung zwischen Männern und Frauen ein, wenngleich nicht auf Augenhöhe.[33] Politische Fragen und Fragen der Weiterbildung der erwachsenen Migrantinnen und Migranten blieben vorderhand Angelegenheiten der Männer. Den Frauen wurde ein auf Schule und Betreuung beschränktes Betätigungsfeld zugewiesen. Obwohl den Migrantinnen so der Zugang zu relevanten Politikfeldern versperrt wurde, vermochten sie in der Nische der Schulpolitik entscheidende Impulse zu geben. Die Elternkomitees vor Ort waren wieder mehrheitlich in den Händen von Männern. Zudem waren es in einigen Fällen gar keine Migrantinnen, sondern Frauen aus der Schweiz, die sich innerhalb der Vereinigungen bildungspolitisch engagierten. Das von der Zürcher Psychologin Sibilla Schuh gegründete schulische Informationszentrum der Colonie Libere oder die von der Zürcher Lehrerin Marianne Sigg im Umfeld von ENAIP initiierte Quartierschule sind Beispiele dafür.[34]

Die Unterschiedlichkeit von Lebensphasen und Lebenslagen der zugewanderten Italienerinnen und Italiener zeigt sich schliesslich auf den für die Untersuchung ausgewerteten Anmeldekarten zu den Kursen von ENAIP. Je nachdem, aus welcher Region die Kursteilnehmerinnen und -teilnehmer kamen, in welchem Alter sie emigrierten, wie viele Jahre sie in der Schweiz waren, ob sie Mann oder Frau waren und über welche Schulbildung sie verfügten, wurden andere Kurse nachgefragt. Die Kurse zur Vorbereitung auf die *licenza media*, den seit 1962 obligatorischen Sekundarschulabschluss Italiens, wurden von Personen besucht, die vor der Emigration nur den fünfjährigen Primarschulunterricht absolviert hatten. Wer eben erst zugewandert war, den interessierten Kurse für Tätigkeiten in der Automobilindustrie eher als den Migranten, der schon länger in der Schweiz war. Für Jugendliche, die direkt nach dem Abschluss der *scuola media* aus Italien auswanderten oder nach der Sekundarschule in der Schweiz keine Lehrstelle fanden, boten sich die Qualifikationskurse, die nebenberuflich absolviert wurden und abends stattfanden, als Ersatz für eine reguläre berufliche Grundbildung an. Junge Frauen wählten ausschliesslich Textil- und Bürokurse, während junge Männer sich vermehrt für Kurse der Metall- oder Bauindustrie einschrieben.[35]

33 Baumann, 2014.
34 Vgl. Kap. 3.4, 6.1 und 6.3.
35 Vgl. Kap. 3.3, 3.4 und 3.5.

Die Heterogenität der Biografien der Zugewanderten verunmöglichte eine abschliessende Bestimmung, welche Beschulung für italienische Kinder beziehungsweise welche Art von Berufsqualifikation für Arbeitsmigrantinnen und -migranten bereitzustellen sei. Wie die untersuchten Organisationen keinen eindeutigen migrantischen Umgang mit Bildung zeigten, so wenig bildete sich ein einziger angemessener pädagogischer Umgang mit Migration heraus. Die Vielfalt der Lebenslagen und Lebensperspektiven der Zugewanderten führte zu einem diversifizierten Bildungs- und Qualifikationsangebot für die Migrantinnen und Migranten.

Den so realisierten Bildungsangeboten ist *fünftens* gemeinsam, dass sie das Resultat von transnationalen beziehungsweise transkulturellen Vermittlungsleistungen zwischen den italienischen und den schweizerischen Kontexten darstellten. Die Bildungsangebote, die von den Emigrationsorganisationen aufgebaut wurden, waren weder schweizerisch noch italienisch, sondern durch Bezugnahmen auf die Verhältnisse in beiden Ländern charakterisiert.[36] Ob die Angebote der Emigrationsorganisationen eher auf eine baldige Remigration, auf eine längerfristige Niederlassung oder auf beide Szenarien ausgerichtet waren, führte zwar zu unterschiedlichen Angeboten, die aber allesamt in der Emigration realisiert wurden. In ihrer je eigenen Weise zwischen den schweizerischen und den italienischen Kontexten positioniert, waren sie darauf ausgerichtet, Ansprüche und Selbstverständlichkeiten zwischen den beiden Ländern zu vermitteln. Die eingangs erwähnte nationalstaatliche Rahmung der Bildungs- und Qualifikationssysteme erforderte solche Übersetzungen.

Als Grundlage für diese Vermittlungsleistungen bemühten sich die Emigrationsorganisationen zunächst um ein Verständnis des jeweils anderen Bildungs- und Qualifikationssystems. Die Colonie Libere und die ECAP versuchten dies mit ihrer Publikation «Gli emigrati e la scuola» zu fördern. Darin wurden Strukturmerkmale des schweizerischen Bildungssystems dargelegt und in Bezugnahme auf Entsprechungen im italienischen System erklärt. Obwohl die rote Broschüre vor allem auf eine politische Mobilisierung abzielte, ist sie in weiten Teilen eine Hilfe zur Erklärung der schulischen und berufsbildenden Verhältnisse der Schweiz im Vergleich mit denjenigen Italiens. Es ging also insbesondere um die Sensibilisierung für Differenzen in den Funktionsweisen gesellschaftlicher Institutionen der Schweiz und Italiens. Gleichermassen riefen die Emigrationsorganisationen in Erinnerung, wie unterschiedlich die Gewerkschaften in den beiden Ländern vorgingen. In den allgemeinbildenden Kursen der ECAP

---

36   Eine solche gegenseitige Bezugnahme ist indes ein bekannter bildungspolitischer Topos. Gonon, 1998.

wurde beispielsweise darüber aufgeklärt, dass in der Schweiz aufgrund des Arbeitsfriedens kaum gestreikt werde, während die Arbeitsniederlegung in Italien eine anerkannte Methode des Arbeitskampfs darstelle.[37]
Die Bildungs- und Qualifikationsangebote der Emigrationsorganisationen gingen jedoch über eine reine Übersetzung und Erklärung hinaus. Vielmehr waren sie von einer doppelten Bezugnahme auf die Verhältnisse in Italien und der Schweiz geprägt. Die Selbstdeklaration, Bildung «in der Emigration» bereitzustellen, verweist auf diesen Zusammenhang, und die Versuche, die eigenen Kurszertifikate sowohl von Italien wie auch von der Schweiz anerkennen zu lassen, sind der offensichtlichste Ausdruck davon. Auch im Kleinen waren doppelte Bezugnahmen allgegenwärtig. So passten die untersuchten Weiterbildungsorganisationen ihre von Italien übernommenen Kursinhalte und -materialien in vielerlei Hinsicht an die Verhältnisse in der Schweiz an. Zahlreiche Kursleiter waren selbst als Arbeitsmigrantinnen und -migranten in die Schweiz gekommen. Die praktischen Kurseinheiten wurden in den Werkstätten von Schweizer Unternehmen oder in lokalen Berufsschulen durchgeführt. Zudem erfolgte die Bewerbung der Kurse über die schweizerischen Gewerkschaften oder direkt in den Unternehmen.[38]
Auch im Hinblick auf die Frage der Beschulung und der Betreuung italienischer Kinder in der Schweiz sind ähnliche Vermittlungsleistungen zu erkennen. Die katholischen italienischen Missionen, die in der Schweiz italienische Schulen gründeten und erste Angebote der Kinderbetreuung realisierten, passten insbesondere in den 1960er-Jahren ihre pädagogischen Einrichtungen an die Verhältnisse in der Schweiz an. Ein zentraler Aspekt dabei war, Möglichkeiten für den Italienischunterricht in der Emigration zu schaffen und diese mit Unterstützungsangeboten zur Bewältigung der öffentlichen Schule in der Schweiz zu koppeln. Gleichzeitig mussten die italienischen Schulen in der Schweiz ihr italienisches Curriculum mit Deutschunterricht ergänzen, um als Privatschule eine Bewilligung zu erhalten. Die 1971 in Italien geschaffene gesetzliche Grundlage für die Beschulung in der Emigration beförderte vor allem Bildungsangebote, die Bezugspunkte zu beiden nationalstaatlichen Kontexten aufwiesen – insbesondere die «Kurse in heimatlicher Sprache und Kultur».[39]
Auch in diesem Zusammenhang ist relevant, dass die Bezugnahmen nicht einseitig erfolgten und die staatlichen Akteure auf die Aktivitäten der Emigrationsorganisationen reagierten. Dies zeigte sich zunächst darin, dass der italienischsprachige Begriff *doposcuola* für die Hausaufgabenhilfe für die italienischen Kinder auch im deutschsprachigen Kontext, beispielsweise in den Ver-

37 Vgl. Kap. 4.2, 4.3, 4.4, 6.1 und 7.2; siehe dazu auch Barcella, 2011.
38 Vgl. Kap. 2.
39 Vgl. Kap. 5.2 und 5.3.

handlungen lokaler Schulbehörden oder im Rahmen der Tagungen der Zürcher Kontaktstelle, verwendet wurde. Die mit beidseitigen Bezugnahmen auf die Verhältnisse der Schweiz und Italiens entwickelten pädagogischen Angebote boten Anlass für eine vertiefte Debatte über Fragen zum pädagogischen Umgang mit Migration, die noch heute anhält.

Schliesslich ist *sechstens* der politische Gehalt des Untersuchungsgegenstands herauszustreichen. Einerseits legitimierten die gesellschaftspolitischen Verschiebungen im Untersuchungszeitraum die Bildungsprojekte der Emigrationsorganisationen, andererseits blieben die Bildungsbestrebungen nicht auf pädagogische Zielsetzungen beschränkt, sondern beinhalteten auch weitergehende politische Intentionen, die auf eine gesellschaftliche Transformation abzielten. Prägend für die Lebenssituationen der Migrantinnen und Migranten erwiesen sich zunächst aber die fremdenpolizeilichen Restriktionen in der Schweiz sowie die xenophoben Tendenzen von Teilen der schweizerischen Bevölkerung. Das Saisonnierstatut und die staatliche Zurückhaltung bei der Erteilung von Niederlassungsbewilligungen erschwerten es den Emigrationsorganisationen, die Arbeitsmigrantinnen und -migranten zur Nutzung von Bildungsangeboten zu bewegen. Zudem machten es die fremdenfeindlichen Strömungen, die sich in den wiederholten Abstimmungen über eine Begrenzung der Ausländerzahlen in der Schweiz manifestierten, nicht einfacher, das pädagogische Engagement im Bildungsbereich gegenüber der schweizerischen Öffentlichkeit zu begründen. Vor dem Hintergrund dieser politischen Kontexte war die Etablierung von Bildungsangeboten von Zugewanderten für Zugewanderte keine Selbstverständlichkeit.

Der Untersuchungszeitraum war aber nicht nur von dieser eher abschottenden Politik geprägt, sondern ebenso durch eine Politik der gesellschaftlichen Öffnung und des Aufbruchs im Nachgang von 1968. Emanzipationsbestrebungen erwiesen sich für die Emigrationsorganisationen als hervorragende Anknüpfungspunkte, die eigenen Aktivitäten zu legitimieren. Ihre berufs- und allgemeinbildenden Weiterbildungskurse waren als Emanzipationsprojekte für Arbeiterinnen und Arbeiter konzipiert, die auf eine Demokratisierung sowohl der Unternehmen wie auch der Bildungsorganisationen und der Gewerkschaften abzielten. Die Ideen dafür stützten auf die damalige Politik des lebenslangen Lernens der Unesco oder auf progressive Pädagogen wie Paulo Freire.[40] Die schulpolitischen Aktivitäten – insbesondere diejenigen der Colonie Libere – waren darauf ausgerichtet, die schulische Benachteiligung von Kindern zugewanderter Arbeiterinnen und Arbeiter anzuprangern, und standen im

---

40 Vgl. Kap. 4.4.

Einklang mit damals aufkommenden sozialwissenschaftlichen Erhebungen zur schulischen Selektion. Dabei erwiesen sich die Protagonisten der Colonie Libere als äusserst geschickt in der Kommunikation ihrer Anliegen: ihre italienischsprachigen Publikationen waren klassenkämpferisch geprägt, während die deutschsprachigen Erzeugnisse die Einforderung von Chancengleichheit ins Zentrum rückten. Über diese zweigleisige Argumentation bedienten die Colonie Libere zwei unterschiedliche Adressaten, in deren jeweiligen Sprachkontexten das eine oder das andere Begründungsmuster berechtigt schien. Denn während in Italien kommunistische Positionen durchaus artikuliert werden konnten, waren in der Deutschschweiz solche Äusserungen aufgrund des antikommunistischen Klimas sehr heikel. Die Kritik an der frühen Selektion der öffentlichen Schulen in der Schweiz fand im italienischsprachigen Kontext zudem Resonanz, weil Italien in den frühen 1960er-Jahren eine Einheitsschule auf der Sekundarstufe I errichtete. Im deutschsprachigen Kontext hingegen erwies sich für die Colonie Libere die Bezugnahme auf die sozialdemokratisch geprägte Formel der Chancengleichheit als hochgradig anschlussfähig, wurde mit diesem Argument unter anderem doch der staatliche Ausbau des Bildungswesens in der Schweiz legitimiert.[41]

Die politische Dimension der migrantischen Bildungsbestrebungen erschöpfte sich nicht in der Legitimation der eigenen pädagogischen Angebote, sondern umfasste auch weiterführende politische Absichten. Denn wenn die Emigrationsorganisationen über die Bildung sprachen, wurden andere Politikfelder immer mit verhandelt. Dabei verschränkten und überlagerten sich jeweils verschiedene bildungspolitische, migrationspolitische und gesellschaftspolitische Fragen. Das zeigte sich etwa darin, dass ECAP, ENAIP und SPE mit ihren allgemeinbildenden und berufsqualifizierenden Kursen für die erwachsenen Migrantinnen und Migranten eine gesellschaftliche Transformation anstossen wollten. Die *gestione sociale* zielte darauf ab, gesellschaftliche Institutionen – vor allem Bildungsorganisationen, aber auch privatwirtschaftliche Unternehmen – stärker in der Bevölkerung zu verankern. Die pädagogischen Aktivitäten der Emigrationsorganisationen waren mit Elementen einer Gewerkschaftsschulung verbunden, bezogen sich auf Ansätze der antiautoritären Pädagogik und sollten über gesellschaftliche Verhältnisse aufklären. Die Weiterbildungskurse sollten somit eine politische Mobilisierung der Zugewanderten fördern. Des Weiteren wurde mit der Initiierung von Elternkomitees ein Ausbau der Partizipationsmöglichkeiten für Migrantinnen und Migranten angestrebt. Auf

---

41 Vgl. Kap. 7.

eine Politisierung der Angesprochenen ausgerichtet, blieben diese Initiativen im Kern pädagogische Projekte, da sie auf Anleitung beruhten.[42]
Doch sobald das Verhältnis von Migration und Bildung zur Diskussion stand, ging es nicht mehr nur um Pädagogik. Wurde über die adäquate Beschulung italienischer Kinder gestritten oder über die Anerkennung von italienischen Berufsqualifikationen debattiert, ging es um grundlegende Fragen zum gesellschaftlichen Umgang mit Migration. In der Auseinandersetzung darüber, inwiefern italienische Kinder möglichst rasch in die regulären Klassen der öffentlichen Schulen der Schweiz integriert werden sollten, wurde die Frage mit verhandelt, wie offen eine Gesellschaft für Kinder mit unsicherem Aufenthaltsstatus sein solle. Und mit den Forderungen einer doppelten Anerkennung von Ausbildungsabschlüssen wurde immer auch eine Kritik an der Abgeschlossenheit nationalstaatlicher Arbeitsmärkte transportiert.
Die Emigrationsorganisationen griffen zur Bewältigung der gesellschaftlichen Herausforderungen der Migration zu pädagogischen Massnahmen. Dennoch kann im vorliegenden Zusammenhang kaum von einer «Pädagogisierung»[43] von Migration gesprochen werden. Denn die gesellschaftliche Aufgabe der Integration von Zugewanderten wurde nicht einer ausschliesslichen und vollumfänglichen pädagogischen Bearbeitung zugeführt. Grundlegende Fragen waren öffentlich verhandelbar und das Verhältnis von Migration und Bildung war nicht entpolitisiert. Wenn Hamburger, Seus und Wolter 1981 unter dem Titel «Über die Unmöglichkeit, Politik durch Pädagogik zu ersetzen»[44] scharfe Kritik an neuen pädagogischen Programmen zur Bearbeitung von Migration übten, verwiesen sie darauf, dass die bildungsbezogenen Aktivitäten der Migrantinnen und Migranten in den zwei Jahrzehnten zuvor genuin politisch geblieben waren.

Das Verhältnis von Migration und Bildung war mit dem Ende des Untersuchungszeitraums keineswegs endgültig geklärt. Die systematische Klärung dieses Zusammenhangs erfolgt seit den 1980er-Jahren. Eine vermehrt theoriegeleitete Reflexion des pädagogischen Umgangs mit Migration schloss an die vorangehenden Praktiken an und wurde unter der Bezeichnung der interkulturellen Pädagogik gebündelt. Weder deren subdisziplinäre Festigung noch die Instituti-

---

42 Vgl. Kap. 4 und 6.2.
43 Mit dem Begriff wird die Befürchtung verbunden, das Bildungssystem verkomme zur Reparaturstätte der Gesellschaft mit dem Preis, dass gesellschaftliche Probleme politisch nicht mehr gelöst würden. Im deutschsprachigen Kontext mit «Pädagogisierung sozialer Probleme» bezeichnet, kennt die englischsprachige Forschung den etwas treffenderen Begriff der educationalization of social problems. Proske, 2001; Smeyers, Depaepe, 2008; Labaree, 2008.
44 Hamburger, Seus, Wolter, 1981.

onalisierung von staatlichen Integrationsstellen geschahen in der Schweiz voraussetzungslos, sondern knüpften direkt an die Errungenschaften der italienischen Emigrationsorganisationen in den Dekaden zuvor an. So sind der pädagogische Umgang mit Migration und dessen Theoretisierung noch heute von den untersuchten pädagogischen Aktivitäten der Migrantinnen und Migranten beeinflusst, die in der Regel pragmatisch aus der situativen Konstellation heraus und bisweilen auch unter Rückgriff auf theoretische Bezüge stattfanden.

Die damalige lokale pädagogische Praxis der Migrantinnen und Migranten, ihre bildungspolitische Einflussnahme sowie ihre Vermittlung zwischen unterschiedlichen staatlichen, nationalen und kulturellen Bildungskontexten stellen insofern eine Vorgeschichte der interkulturellen Pädagogik in der Schweiz dar.[45] Einerseits gehören die Weiterbildungsorganisationen ECAP und ENAIP, deren Gründungsjahr im Fokus der Studie liegen, auch heute noch zu den ersten Anlaufstellen im Raum Zürich, wenn es um die allgemeine oder berufliche Qualifizierung von Migrantinnen und Migranten im Weiterbildungssektor geht. Berufsqualifikationen versprechen neu Zugewanderten auch aktuell noch einen besseren Zugang zum Arbeitsmarkt und – infolge der Beschäftigung – eine Stabilisierung der Lebensumstände in der Emigration. Jedoch werden die heutigen Bildungsangebote für erwachsene Migrantinnen und Migranten im Vergleich zur Gründungszeit deutlich weniger zur politischen Aktivierung der Zugewanderten genutzt. Anderseits haben sich auch die Prinzipien, nach denen die Beschulung von neu zugezogenen Kindern im schulpflichtigen Alter zu handhaben ist, kaum grundlegend verändert. Auch zurzeit erfolgt deren Einschulung in der Regel – beispielsweise im Kanton Zürich – gemäss dem Prinzip der möglichst raschen Integration in öffentliche Regelklassen, wobei noch immer ein Einführungsunterricht oder der zeitlich begrenzte Besuch einer Einführungsklasse dies vorbereiten und erleichtern soll. Ebenso folgt die Organisation der noch heute angebotenen «Kurse in heimatlicher Sprache und Kultur» denselben Parametern wie im Untersuchungszeitraum. Ihre Zielsetzung hat sich indes stark gewandelt.

Der aktuelle Umgang mit dem Zusammenhang von Bildung und Migration verweist auf die in dieser Untersuchung dargelegten pädagogischen Praktiken und bildungspolitischen Auseinandersetzungen der 1960er- und 70er-Jahre. Die Entwicklungen knüpften entweder an die damaligen Praktiken und Vorstellungen an oder erfolgten in expliziter Abgrenzung davon. In beiden Fällen waren die dargestellten Praktiken des migrantischen Umgangs mit Bildung instruktiv für den pädagogischen Umgang mit Migration.

---

45 Zum Desiderat einer Geschichte der interkulturellen Pädagogik, welche die Erfahrungen der 1960er- und 70er-Jahre systematisch berücksichtigt: Baader, 2013, S. 40–41.

Anhang

9. Abkürzungsverzeichnis

ACI	Associazione Culturale Italiana
ACLI	Associazioni cristiane lavoratori italiani
ATEES	Asociación de Trabajadores Españoles Emigrantes en Suiza
BIGA	Schweizerisches Bundesamt für Industrie, Gewerbe und Arbeit
CGIL	Confederazione generale italiana del lavoro
CLI	Colonia Libera Italiana, Colonie Libere Italiane
DC	Democrazia Cristiana
ECAP	Ente Confederale Addestramento Professionale
EDK	Schweizerische Konferenz der kantonalen Erziehungsdirektoren
EI	Emigrazione Italiana (Zeitschrift der Colonie Libere)
ENAIP	Ente Nazionale ACLI Istruzione Professionale
FCLIS	Federazione delle Colonie Libere Italiane in Svizzera
FLM	Federazione lavoratori metalmeccanici
KPI	Kommunistische Partei Italiens
HSK-Kurse	Kurse in heimatlicher Sprache und Kultur
NZZ	Neue Zürcher Zeitung
OECD	Organisation for Economic Cooperation and Development
SBHV	Schweizerischer Bau- und Holzarbeiterverband
SKAF	Schweizerische katholische Arbeitsgemeinschaft für die Fremdarbeiter
SMUV	Schweizerischer Metall- und Uhrenarbeiterverband
SPE	Scuola Professionale Emigrati
SVEB	Schweizerische Vereinigung für Erwachsenenbildung
Unesco	United Nations Educational, Scientific and Cultural Organization
UNO	United Nations Organization

10. Abbildungsverzeichnis

1. Altersstruktur der Kursteilnehmerinnen und -teilnehmer nach Kursjahr.
   Privatarchiv ENAIP, Schede iscrizione; eigene Berechnung 99
2. Altersverteilung bei Kursbeginn. Privatarchiv ENAIP, Schede iscrizione;
   eigene Berechnung 100
3. Herkunft der Kursteilnehmerinnen und -teilnehmer.
   Privatarchiv ENAIP, Schede iscrizione; eigene Berechnung. 101
4. Altersstruktur bei der Zuwanderung (nur unter 20-jährige
   Kursteilnehmerinnen und -teilnehmer). Privatarchiv ENAIP,
   Schede iscrizione; eigene Berechnung. 102
5. Mittlere Aufenthaltsdauer bis zum Kursbeginn nach Alter.
   Privatarchiv ENAIP, Schede iscrizione; eigene Berechnung 104
6. Altersstruktur der Kursteilnehmerinnen und -teilnehmer aus Süditalien
   (inklusive Inseln) und Norditalien. Privatarchiv ENAIP,
   Schede iscrizione; eigene Berechnung 105
7. Kursbereich und Herkunft der Kursteilnehmerinnen und -teilnehmer.
   Privatarchiv ENAIP, Schede iscrizione; eigene Berechnung 108
8. Kursbereich und Aufenthaltsdauer bis Kursbeginn. Privatarchiv ENAIP,
   Schede iscrizione; eigene Berechnung 109
9. Kursbereich und Geschlecht der Kursteilnehmerinnen und -teilnehmer.
   Privatarchiv ENAIP, Schede iscrizione; eigene Berechnung 111
10. Kursbereich und Aufenthaltsdauer bis Kursbeginn der unter
    20-jährigen Kursteilnehmerinnen und -teilnehmer.
    Privatarchiv ENAIP, Schede iscrizione; eigene Berechnung 114
11. Qualifikationswege. ASTi, FPC 41, ECAP, B18, Mappe 4, L. Zanier:
    Cinque anni di attività dell'ECAP-Cgil in Svizzera, 1975 131
12. Anteil ausländischer Schülerinnen und Schüler in der Stadt Zürich,
    1948–1985. Daten aus der Bildungsstatistik des Kantons Zürch,
    www.bista.zh.ch 173
13. «I comitati dei genitori». FCLIS, 1973, S. 53 213
14. «Emigrazione Italiana», Juni 1968 248
15. Titelblatt «Gli emigrati e la scuola». FCLIS, 1973 249
16. «La discriminazione principale. Cantone di Zurigo». FCLIS, 1973, S. 31 254
17. «La scuola e il ceto sociale. Cantone di Basilea Città (1970)».
    FCLIS, 1973, S. 32 255
18. «La scuola divide». FCLIS, 1973, S. 21 256
19. «La scuola svizzera è una scuola di classe». FCLIS, 1973, S. 30 257
20. Flugblatt zu einer Elternversammlung, 6. April 1973.
    SSA, Ar 40.50.2, Mappe 3 259

11. Quellen- und Literaturverzeichnis

11.1. Ungedruckte Quellen

Archivio di Stato del Cantone Ticino, Bellinzona (ASTi)
Fondazione Pellegrini Canevascini, FPC 41, ECAP

Schweizerisches Sozialarchiv, Zürich (SSA)
Ar 40   Federazione delle Colonie Libere Italiane in Svizzera
Ar 48   Zürcher Kontaktstelle für Italiener und Schweizer
Ar 201.253   Centro Informazioni Scolastiche delle Colonie Libere Italiane
Ar 429   Scuola Professionale Emigrati SPE

Zentralbibliothek Zürich (ZBZ)
Nachl M Jungo   Nachlass Pater Michael Jungo

Privatarchiv ENAIP, Zürich

Staatsarchiv Basel (StABS)
ED-REG 5a   Knaben-Realschule 1930–1972

11.2. Periodika

Schweizerische Lehrerzeitung
Der Schweizerische Kindergarten
Neue Zürcher Zeitung (NZZ)
Emigrazione Italiana (EI)
Zürcher Woche

11.3. Gespräche

Franco Narducci, 26. Oktober 2015
Luciano Persico, 26. November 2015
Marianne Sigg, 28, November 2015
Sibilla Schuh, 11. Dezember 2015

11.4. Gedruckte Quellen und Darstellungen

Abraham, Karl (1963). *Die betriebliche Berufsausbildung des Nachwuchses der gewerblichen Wirtschaft in den Ländern der EWG*. Brüssel: Europäische Wirtschaftsgemeinschaft.

Allemann-Ghionda, Cristina (1994). *Multikultur und Bildung in Europa*. Bern: Peter Lang.

Allemann-Ghionda, Cristina (1997). Interkulturelle Bildung und Forschung: der mehrsprachigen und plurikulturellen Schweiz in die Wiege gelegt? In: Cristina Allemann-Ghionda (Hg.), *Multikultur und Bildung in Europa* (S. 311–320). Bern: Peter Lang.

Allemann-Ghionda, Cristina (1999). *Schule, Bildung und Pluralität. Sechs Fallstudien im europäischen Vergleich*. Bern: Peter Lang.

Allemann-Ghionda, Cristina (2006). Klasse, Gender oder Ethnie? Zum Bildungserfolg von Schüler/innen mit Migrationshintergrund. Von der Defizitperspektive zur Ressourcenorientierung. *Zeitschrift für Pädagogik 52* (3), S. 350–362.

Allemann-Ghionda, Cristina (2011). Contrasting Policies of All-Day Education: Preschools and Primary Schools in France and Italy since 1945. In: Karen Hagemann, Konrad H. Jarausch, Cristina Allemann-Ghionda (Hg.), *Children, Families, and the State. Time Policies of Childcare, Preschool, and Primary Education in Europe* (S. 196–219). New York: Berghahn.

Althaus, Andrea (2015). Vom Glück in der Schweiz. Erfolgs- und Aufstiegserzählungen in Migrationsbiographien. In: Knud Andresen, Linde Apel, Kirsten Heinsohn (Hg.), *Es gilt das gesprochene Wort. Oral History und Zeitgeschichte heute* (S. 24–42). Göttingen: Wallstein.

Amt für Berufsbildung des Kantons Zürich (1980). *Integrationskurse für italienische Jugendliche. Bericht über die Tagung vom 31. Januar 1980*. Zürich: Institut für Bildungsforschung und Berufspädagogik des kantonalen Amtes für Berufsbildung Zürich.

Andresen, Knud; Apel, Linde; Heinsohn, Kirsten (2015). Es gilt das gesprochene Wort. Oral History und Zeitgeschichte heute. In: Knud Andresen, Linde Apel, Kirsten Heinsohn (Hg.), *Es gilt das gesprochene Wort. Oral History und Zeitgeschichte heute* (S. 7–22). Göttingen: Wallstein.

Apitzsch, Ursula (2003). Migrationsbiographien als Orte transnationaler Räume. In: Ursula Apitzsch, Mechtild M. Jansen (Hg.), *Migration, Biographie und Geschlechterverhältnisse* (S. 65–80). Münster: Westfälisches Dampfboot.

Arlettaz, Gérald; Arlettaz, Silvia (2004). *La Suisse et les étrangers. Immigration et formation national (1848–1933)*. Lausanne: Edition Antipodes.

Armingeon, Klaus (1997). Swiss Corporatism in Comparative Perspective. *West European Politics 20* (4), S. 164–179.

Auernheimer, Georg (2010). Theorien interkultureller Bildung. *Enzyklopädie Erziehungswissenschaft Online*. DOI: 10.3262/EEO06100053.

Aumüller, Jutta (2009). *Assimilation. Kontroversen um ein migrationspolitisches Konzept*. Bielefeld: transcript.
Avis, James (2014). Beyond NEET: Precariousness, Ideology and Social Justice – The 99%. *Power and Education* 6 (1), S. 61–72.
Baader, Meike (2013). Diversity Education in den Erziehungswissenschaften. «Diversity» as a Buzzword. In: Katrin Hauenschild, Steffi Robak, Isabel Sievers (Hg.), *Diversity Education. Zugänge – Perspektiven – Beispiele* (S. 38–59). Frankfurt am Main: Brandes & Apsel.
Bade, Klaus J. (2000). *Europa in Bewegung. Migration vom späten 18. Jahrhundert bis zur Gegenwart*. München: C. H. Beck.
Bade, Klaus J. (2004). *Sozialhistorische Migrationsforschung*. Göttingen: V&R unipress.
Bade, Klaus J.; Oltmer, Jochen (2004). *Normalfall Migration. Deutschland im 20. und frühen 21. Jahrhundert*. Bonn: Bundeszentrale für politische Bildung.
Badino, Anna (2012). *Strade in salita. Figlie e figli dell'immigrazione meridionale al Nord*. Rom: Carocci editore.
Baglivo, Adriano (1971). I momenti dell'«agonia». In: Adriano Baglivo, Giovanna Ghiosso, Michele Jungo, Giulio Nicolini, G. Battista Sacchetti (Hg.), *Una scuola in agonia* (S. 146–173). Mailand: Sapere edizioni.
Baglivo, Adriano; Ghiosso, Giovanna; Jungo, Michele; Nicolini, Giulio; Sacchetti, G. Battista (1971). *Una scuola in agonia*. Mailand: Sapere edizioni.
Balestrini, Nanni (2003). *Wir wollen alles*. Berlin: Assoziation A.
Barcella, Paolo (2007). *Emigrati italiani e missioni cattoliche in Svizzera*. Rom: Fondazione Migrantes.
Barcella, Paolo (2011). «Qui non si fanno scioperi e per questo c'è più pace»: la Svizzera degli italiani nel canton Zurigo. In: Nelly Valsangiacomo, Francesca Mariani Arcobello (Hg.), *Altre Culture. Ricerche, proposte, testimonianze* (S. 127–139). Bellinzona: Fondazione Pellegrini Canevascini.
Barcella, Paolo (2012). *«Venuti qui per cercare lavoro». Gli emigrati italiani nella Svizzera del secondo dopoguerra* (S. 88–108). Bellinzona: Fondazione Pellegrini Canevascini.
Barcella, Paolo (2014a). *Migranti in classe. Gli italiani in Svizzera tra scuola e formazione professionale*. Verona: ombre corte.
Barcella, Paolo (2014b). Scritture e documenti scolastici. In: Mattia Pelli (Hg.), *Archivi migranti. Tracce per la storia delle migrazioni italiane in Svizzera nel secondo dopoguerra*. Trient: Fondazione Museo storico del Trentino.
Barcella, Paolo (2015). Missions catholiques et immigration italienne: réseaux et repères sociaux. *Schweizerische Zeitschrift für Geschichte* 65 (1), S. 49–64.
Barry, Brian (2001). *Culture and Equality. An Egalitarian Critique of Multiculturalism*. Cambridge: Polity Press.
Bartolo Janse, Monica (2011). La formazione nell'emigrazione: l'ECAP in Svizzera. In: Nelly Valsangiacomo, Francesca Mariani Arcobello (Hg.), *Altre culture.*

Ricerche, proposte, testimonianze (S. 193–210). Bellinzona: Fondazione Pellegrini Canevascini.

Baumann, Sarah (2014). ... und es kamen auch Frauen. Engagement italienischer Migrantinnen in Politik und Gesellschaft der Nachkriegsschweiz. Zürich: Seismo.

Becker, Rolf; Jäpel, Franziska; Beck, Michael (2013). Diskriminierung durch Lehrpersonen oder herkunftsbedingte Nachteile von Migranten im Deutschschweizer Schulsystem? *Schweizerische Zeitschrift für Soziologie 39* (3), S. 517–549.

Belardi, Walter; Faggin, Giorgio (1987). *La poesia friuliana del Novecento*. Rom: Bonacci.

Berlinghoff, Marcel (2013). *Das Ende der «Gastarbeit». Europäische Anwerbestopps 1970–1974*. Paderborn: Schöningh.

Beurer, Paul (1977). *Erziehungs- und Bildungsbarrieren im Kindergarten*. Zürich: Juris.

Bhabha, Homi K. (2011). *Die Verortung der Kultur*. Tübingen: Stauffenburg.

Biesta, Gert (2012). Have Lifelong Learning and Emancipation Still Something to Say to Each Other. *Studies in the Education of Adults 44* (1), S. 5–20.

Bippes, Anemone (2011). *«Gastarbeiterkinder» an den Schulen des Landes Hessen von 1961 bis 1980*. Hamburg: Kovač.

Bojadzijev, Manuela (2008). *Die windige Internationale. Rassismus und Kämpfe der Migration*. Münster: Westfälisches Dampfboot.

Bollenbeck, Georg (1996). *Bildung und Kultur. Glanz und Elend eines deutschen Deutungsmusters*. Frankfurt am Main: Suhrkamp.

Bolzman, Claudio; Fibbi, Rosita; Vial, Marie (2003). *Secondas – Secondos. Le processus d'intégration des jeunes adultes issus de la migration espagnole et italienne en Suisse*. Zürich: Seismo.

Bommes, Michael; Geddes, Andrew (2000). *Immigration and Welfare. Challenging the Borders of the Welfare State*. London: Routledge.

Bornschier, Volker (1988). *Westliche Gesellschaft im Wandel*. Frankfurt, New York: Campus.

Bornschier, Volker (1998). *Westliche Gesellschaft – Aufbau und Wandel*. Zürich: Seismo.

Bornschier, Volker (2005). *Institutionelle Ordnungen – Markt, Staat, Unternehmung, Schule – und soziale Ungleichheit*. Zürich: LVB.

Bornschier, Volker; Aebi, Doris (1992). Rolle und Expansion der Bildung in der modernen Gesellschaft – von der Pflichtschule bis zur Weiterbildung. *Schweizerische Zeitschrift für Soziologie 18* (3), S. 539–567.

Boscardin, Lucio (1962). *Die italienische Einwanderung in die Schweiz mit besonderer Berücksichtigung der Jahre 1946–1959*. Basel: Boehm & Co.

Bosche, Anne; Geiss, Michael (2010). Das Sprachlabor – Steuerung und Sabotage eines Unterrichtsmittels im Kanton Zürich, 1963–1976. In: Sektion Historische Bildungsforschung der Deutschen Gesellschaft für Erziehungswissen-

schaft (Hg.), *Jahrbuch für Historische Bildungsforschung*. Bd. 16. Bad Heilbrunn: Klinkhardt.
Bottani, Norberto; Egger, Ueli; König, Judith; Rauh, Christoph; Huberman, Michael (1975). *Rekurrente Bildung in der Schweiz. Entwicklungstendenzen und Perspektiven*. Paris: OECD.
Bottinelli, Gianpiero; de Lorenzi Ettore; Germond, Thierry; Muriset, Philippe (1973). *Trois associations d'immigrés en Suisse. FCLI, ACLI, ATEES*. Lausanne: travail de diplôme de l'Ecole d'études sociales et pédagogiques.
Bourdieu, Pierre; Passeron, Jean-Claude (1971). *Die Illusion der Chancengleichheit. Untersuchungen zur Soziologie des Bildungswesens am Beispiel Frankreichs*. Stuttgart: Ernst Klett.
Braun, Michael (1992). *Die italienischen Gewerkschaften und die Kommunistische Partei in der «Nationalen Solidarität» (1976–1979)*. Frankfurt am Main: Peter Lang.
Braun, Rudolf (1965). Die ausländischen Arbeitskräfte als Streitgegenstand der schweizerischen Politik. *Schweizerisches Jahrbuch für Politische Wissenschaft 5*, S. 100–107.
Braun, Rudolf (1970). *Sozio-kulturelle Probleme der Eingliederung italienischer Arbeitskräfte in der Schweiz*. Erlenbach-Zürich: Eugen Rentsch.
Braunschweig, Sabine (2002). *50 Jahre KEAB. 50 Jahre Engagement für die Elternbildung*. Zürich: Kantonalzürcherische Arbeitsgemeinschaft für Elternbildung KAEB.
Bretscher-Spindler, Katharina (1997). *Vom heissen zum kalten Krieg. Vorgeschichte und Geschichte der Schweiz im Kalten Krieg 1943 bis 1968*. Zürich: Orell Füssli.
Broda, May B.; Joris, Elisabeth; Müller, Regina (1998). Die alte und die neue Frauenbewegung. In: Mario König, Georg Kreis, Franziska Meister; Gaetano Romano (Hg.), *Dynamisierung und Umbau. Die Schweiz in den 60er und 70er Jahren* (S. 201–226). Zürich: Chronos.
Brüggemeier, Franz-Josef; Kocka, Jürgen (1985). *«Geschichte von unten – Geschichte von innen». Kontroversen um die Alltagsgeschichte*. Hagen: Fernuniversität.
Bundesamt für Industrie, Gewerbe und Arbeit (1964). *Das Problem der ausländischen Arbeitskräfte*. Bern: EDMZ.
Buomberger, Thomas (2004). *Kampf gegen unerwünschte Fremde. Von James Schwarzenbach bis Christoph Blocher*. Zürich: Orell Füssli.
Bürgi, Regula; Eigenmann, Philipp (2015). The National in the Global: Switzerland and the Council of Europe's Policies on Schooling for Migrant Children in the 1960s. In: Daniel Tröhler, Thomas Lenz (Hg.), *Trajectories in the Development of Modern School Systems. Between the National and the Global* (S. 144–156). New York: Routledge.
Burke, Peter (2005). *Was ist Kulturgeschichte?* Frankfurt am Main: Suhrkamp.
Burkholder, Zoë (2011). *Color in the Classroom. How American Schools Taught Race 1900–1954*. New York: Oxford University Press.

Busemeyer, Marius R.; Trampusch, Christine (2012). *The Political Economy of Skill Formation.* New York: Oxford University Press.

Caestecker, Frank; Vanhaute, Eric (2012). Zuwanderung von Arbeitskräften in die Industriestaaten Westeuropas. Eine vergleichende Analyse der Muster von Arbeitsmarktintegration und Rückkehr 1945–1960. In: Jochen Oltmer, Axel Kreienbrink, Carlos Sanz Díaz (Hg.), *Das «Gastarbeiter»-System. Arbeitsmigration und ihre Folgen in der Bundesrepublik Deutschland und Westeuropa* (S. 39–52). München: Oldenbourg.

Caillat, Michel; Cerutti, Mauro; Fayet, Jean-François; Roulin, Stéphanie (2009). *Histoire(s) de l'anticommunisme en Suisse / Geschichte(n) des Antikommunismus in der Schweiz.* Zürich: Chronos.

Caruso, Clelia; Pleinen, Jenny; Raphael, Lutz (2008). *Postwar Mediterranean Migration to Western Europe. Legal and Political Frameworks, Sociability and Memory Cultures.* Frankfurt am Main: Peter Lang.

Casale, Rita (2004). The Educational Theorists, the Teachers, and their History of Education. *Studies in Philosophy and Education 23,* S. 393–408.

Casale, Rita (2009). Kultur. In: Sabine Andresen, Rita Casale, Thomas Gabriel, Rebekka Horlacher, Sabine Larcher Klee, Jürgen Oelkers (Hg.), *Handwörterbuch Erziehungswissenschaft* (S. 520–531). Weinheim: Beltz.

Cattacin, Sandro; Domenig, Dagmar (2012). *Inseln transnationaler Mobilität. Freiwilliges Engagement in Vereinen mobiler Menschen in der Schweiz.* Zürich: Seismo.

Causarano, Pietro (2000). *La professionalità contesa. Cultura del lavoro e conflitto industriale al Nuovo Pignone di Firenze.* Mailand: Franco Angeli.

Cedefop (2014). *Vocational Education and Training in Italy. Short Description.* Luxembourg: Publications Office of the European Union.

Center for Educational Research and Innovation (1973). *Recurrent Education. A Strategy for Lifelong Learning.* Paris: OECD.

Cerutti, Mauro (1994). Un secolo di emigrazione italiana in Svizzera (1870–1970), attraverso le fonti dell'Archivio federale. *Studi e fonti 20,* S. 11–104.

Cerutti, Mauro (2002). Antifaschismus. *Historisches Lexikon der Schweiz (HLS).* http://www.hls-dhs-dss.ch/textes/d/D27835.php.

Cesari Lusso, Vittoria (1997). *Quando la sfida viene chiamata integrazione. Percorsi di socializzazione e di personalizzazione di giovani «figli di emigrati».* Rom: La Nuova Italia Scientifica.

Chresta, Hans (1970). *Aktuelle Probleme der Berufsbildung.* Zürich: Institut für Bildungsforschung und Berufspädagogik des Kantons Zürich.

Ciapparella, Don Andrea; Gatani, Tindaro (1997). *Missione Cattolica Italiana Zurigo. I Salesiani di Don Bosco al servizio della fede e dell'emigrazione. 1898–1998.* Zürich: Missione Cattolica Italiana Don Bosco.

Clavin, Patricia (2005). Defining Transnationalism. *Contemporary European History 14* (04), S. 421–439.

Commissione Culturale della Federazione delle Colonie Libere Italiane in Svizzera (1969). *Documenti sulle attività e i problemi dei lavoratori italiani in Svizzera. (1) La scuola. Realtà, azioni, prospettive.* Zürich: Federazione delle Colonie Libere Italiane.

Corda, Sergio (1970). Bildungslage und Bildungsbedürfnisse der eingewanderten Eltern. In: Zürcher Kontaktstelle für Italiener und Schweizer (Hg.), *Schulschwierigkeiten und soziale Lage der Kinder von Einwanderern* (S. 51–56). Männedorf: Tagungs- und Studienzentrum Boldern.

Cram, David (1965). *Lehrmaschinen – Lehrprogramme.* Weinheim: Beltz.

Cranmer, Mirjam; Bernier, Gaetan; von Erlach, Emanuel (2013). *Lebenslanges Lernen in der Schweiz. Ergebnisse des Mikrozensus Aus- und Weiterbildung 2011.* Neuenburg: Bundesamt für Statisttik.

Criblez, Lucien (2001). Bildungsexpansion durch Systemdifferenzierung – am Beispiel der Sekundarstufe II in den 1960er- und 1970er-Jahren. *Schweizerische Zeitschrift für Bildungswissenschaften 23* (1), S. 95–118.

Criblez, Lucien (2002). Gymnasium und Berufsschule. Zur Dynamisierung des Verhältnisses durch die Bildungsexpansion seit 1950. *traverse 9* (3), S. 29–40.

Criblez, Lucien (2008). *Bildungsraum Schweiz. Historische Entwicklungen und aktuelle Herausforderungen.* Bern: Haupt.

Criblez, Lucien (2012). Die Expansion der Bildungsverwaltung in den 1960er und 1970er Jahren – am Beispiel der Kantone Zürich und Bern. In: Michael Geiss, Andrea De Vincenti (Hg.), *Verwaltete Schule. Geschichte und Gegenwart* (S. 109–129). Wiesbaden: VS Verlag.

Criblez, Lucien (2015). Die Schuleingangsstufe zwischen pädagogischer Vision und bildungspolitischer Realität – eine Policyanalyse. In: Charlotte Müller, Lucia Amberg, Thomas Dütsch, Elke Hildebrandt, Franziska Vogt, Evelyne Wannack (Hg.), *Perspektiven und Potentiale der Schuleingangsstufe* (S. 61–82). Münster: Waxmann.

Criblez, Lucien; Magnin, Charles (2001). Die Bildungsexpansion der 1960er- und 1970er-Jahre. *Schweizerische Zeitschrift für Bildungswissenschaften 23* (1).

Crotti, Claudia (2011). From Part-Time to All Day. Time Policies in the Swiss Childcare, Preschool, and Primary School System since 1945. In: Karen Hagemann, Konrad H. Jarausch, Cristina Allemann-Ghionda (Hg.), *Children Families, and States. Time Policies of Childcare, Preschool, and Primary Education in Europe* (S. 301–319). New York: Berghahn.

Cummins, James (2001). Linguistic Interdependence and the Educational Development of Bilingual Children. In: Marcelo Suàrez-Orozco, Carola Suàrez-Orozco, Desirée Qin-Hilliard (Hg.), *The New Immigrant and Language. Interdisciplinary Perspectives on the New Immigration.* Vol. 6 (S. 72–102). New York: Routledge.

D'Amato, Gianni (2001). *Vom Ausländer zum Bürger. Der Streit um die politische Integration von Einwanderern in Deutschland, Frankreich und der Schweiz.* Münster: LIT.

D'Amato, Gianni; Gerber, Brigitta (2005). *Herausforderung Integration. Städtische Migrationspolitik in der Schweiz und in Europa*. Zürich: Seismo.

D'Amico, Nicola (2015). *Storia della formazione professionale in Italia. Dall'uomo da lavoro al lavoro per l'uomo*. Mailand: Franco Angeli.

Da Ros, Luigi (1975). *Trentennio di emigrazione Italiana in Svizzera 1945–75*. Aarau: ACLI.

Dahrendorf, Ralf (1968). *Bildung ist Bürgerrecht. Plädoyer für eine aktive Bildungspolitik*. Hamburg: Christian Wegner.

Danyluk, Roman (2012). *Befreiung und soziale Emanzipation. Rätebewegung, Arbeiterautonomie und Syndikalismus*. Lich: Edition AV.

Davidson, Alastair (2016). Democracy, Human Rights and Migration. In: Philipp Eigenmann, Thomas Geisen, Tobias Studer (Hg.), *Migration und Minderheiten in der Demokratie. Politische Formen und soziale Grundlagen von Partizipation* (S. 17–43). Wiesbaden: Springer VS.

De Gregorio, Walter (1995). *Fernando Schiavetti und die Scuola Libera Italiana (1931–1945)*. Zürich: Lizentiatsarbeit, Universität Zürich.

De Mestral, Marianne (2005). Elena Fischli-Dreher (1913–2005). Waldenserin, Widerstandskämpferin, Stadträtin, Pazifistin, Migrantin. *Neue Wege 99* (4), S. 128–129.

De Sanctis, Filippo (1978). *L'educazione degli adulti in Italia. 1848–1976. Dal «diritto di adunarsi» alle «150 ore»*. Rom: Editori riuniti.

Degen, Bernard (1991). *Abschied vom Klassenkampf. Die partielle Integration der schweizerischen Gewerkschaftsbewegung zwischen Landesstreik und Weltwirtschaftskrise (1918–1929)*. Basel: Helbing & Lichtenhahn.

Degen, Bernard (2000). Starre Strukturen im wirtschaftlichen und sozialen Wandel. Die schweizerische Gewerkschaftsbewegung in der zweiten Hälfte des 20. Jahrhunderts. In: Klaus Armingeon, Simon Geissbühler (Hg.), *Gewerkschaften in der Schweiz. Herausforderungen und Optionen* (S. 11–37). Zürich: Seismo.

Degen, Bernard (2010). Mitbestimmunng. *Historisches Lexikon der Schweiz (HLS)*. http://www.hls-dhs-dss.ch/textes/d/D16538.php.

Degen, Bernard (2012). Gewerkschaft Bau und Holz (GBH). *Historisches Lexikon der Schweiz (HLS)*. http://www.hls-dhs-dss.ch/textes/d/D16491.php.

Degen, Bernard (2013). Streiks. *Historisches Lexikon der Schweiz (HLS)*. http://www.hls-dhs-dss.ch/textes/d/D16528.php.

Degen, Günther; Nuissl, Ekkehard (1983). *Bildungsurlaub und Arbeitsmarkt in Europa. Studie über den (möglichen) Einfluss von Bildungsurlaub auf den Stand und die Entwicklung des Arbeitsmarktes in den Ländern der Europäischen Gemeinschaft*. Luxemburg: CEDEFOP.

Dewey, John (2002). *Wie wir denken*. Zürich: Pestalozzianum.

Dinges, Martin (2006). Neue Kulturgeschichte. In: Joachim Eibach, Günther Lottes (Hg.), *Kompass der Geschichtswissenschaft* (S. 179–192). Göttingen: Vandenhoeck & Ruprecht.

Doering-Manteuffel, Anselm; Raphael, Lutz (2008). *Nach dem Boom. Perspektiven auf die Zeitgeschichte seit 1970*. Göttingen: Vandenhoeck & Ruprecht.
Dresser, Madge (2005). *Reaching out from the Archive: Minority History and Academic Method*. Paper presented at the History in British Education, London. http://sas-space.sas.ac.uk/4332/1/Reaching_out_from_the_archive_minority_history_and_academic_method.pdf.
Du Bois-Reymond, Manuela (1971). *Strategien kompensatorischer Erziehung. Das Beispiel der USA*. Frankfurt am Main: Suhrkamp.
Duchêne-Lacroix, Cédric (2014). Doing Family in transnationalem Kontext. Ein Erkenntnismodell der familiären Integration in vier Dimensionen. In: Thomas Geisen, Tobias Studer, Erol Yildiz (Hg.), *Migration, Familie und Gesellschaft. Beiträge zu Theorie, Kultur und Politik* (S. 153–176). Wiesbaden: Springer VS.
Ebner von Eschenbach, Malte (2016). «Was ist Migration?» Risiken eines essentialistischen Migrationsbegriffs in der Erwachsenenbildung. *Zeitschrift für Weiterbildungsforschung 39* (1), S. 43–59.
ECAP-CGIL (1972). *Bildung und Berufsausbildung italienischer Arbeitnehmer in der Schweiz. Referate 22./23. Januar 1972*. Männedorf: Studienzentrum Boldern.
ECAP-CGIL (1976a). *Formazione dei lavoratori e ruolo del sindacato*. Zürich: ECAP.
ECAP-CGIL (1976b). *Formazione insegnanti*. Zürich: ECAP.
ECAP-CGIL (1977a). *La lingua degli emigrati*. Firenze: Guaraldi.
ECAP-CGIL (1977b). *Problemi formativi dei giovani emigrati*. Zürich: ECAP.
EDK (1992). *Reform des Fremdsprachenunterrichts in der obligatorischen Schule. Stand zu Beginn der neunziger Jahre*. Bern: Schweizerische Konferenz der kantonalen Erziehungsdirektoren (EDK).
EDK (1995). *Empfehlungen und Beschlüsse*. Bern: Schweizerische Konferenz der kantonalen Erziehungsdirektoren (EDK).
EDK (1999). *Die Pflege der heimatlichen Sprache und Kultur: ein Gewinn für Gesellschaft und Wirtschaft. EKA/EDK-Tagung vom 10. Juni 1998. Tagungsbericht*. Bern: EKA-Sekretariat.
Eidgenössische Fremdenpolizei (1974). Entwicklung und Bestand der ausländischen Wohnbevölkerung 1973. *Die Volkswirtschaft 47* (5), S. 245–263.
Eigenmann, Philipp (2015). Schooling for Two Futures: Italian Associations on the Education of Italian Children in Switzerland (1960–1980). *History of Education Researcher 96*, S. 55–63.
Eigenmann, Philipp (2018, in Vorbereitung). The Rights of Those Who Have No Rights. Italian Parent Committees in Local Educational Politics in Zurich (1960–1980). In: Barbara Lüthi, Damir Skenderovic (Hg.), *Changing Landscapes: Switzerland and Migration*.
Eigenmann, Philipp; Geiss, Michael (2016). There Is No Outside to the System. Paternalism and Protest in Swiss Vocational Education and Training, 1950–1980.

In: Esther Berner, Philipp Gonon (Hg.), *History of Vocational Education and Training. Cases, Concepts and Challenges* (S. 403–428). Bern: Peter Lang.

Eigenmann, Philipp; Studer, Tobias (2016). Demokratisierung und Migration: Soziales Handeln, Insitutionalisierung und die Gefahr der Entdemokratisierung. In: Philipp Eigenmann, Thomas Geisen, Tobias Studer (Hg.), *Migration und Minderheiten in der Demokratie. Politische Formen und soziale Grundlagen von Partizipation* (S. 83–104). Wiesbaden: Springer VS.

Eisenstadt, Shmuel Noah (1954). *The Absorption of Immigrants.* London: Routledge.

Elsholz, Uwe; Meyer, Rita (2003). Konvergenzen gewerkschaftlicher und beruflicher Bildung. *Report. Literatur- und Forschungsreport Weiterbildung* (1), S. 93–101.

Faina, Paola (1980). Identità della seconda generazione degli emigrati e problemi di integrazione. *Studi Emigrazione 17* (57), S. 8–43.

Farago, Peter (1987). *Verbände als Träger öffentlicher Politik. Aufbau und Bedeutung privater Regierungen in der Schweiz.* Grüsch: Rüegger.

Fass, Paula S. (2005). Children in Global Migrations. *Journal of Social History 38* (4), S. 937–953.

Faure, Edgar (1973). *Wie wir leben lernen. Der Unesco-Bericht über Ziele und Zukunft unserer Erziehungsprogramme.* Reinbek: Rowohlt.

FCLIS (1973). *Gli emigrati e la scuola.* Zürich: FCLIS.

Federazione delle Colonie Libere Italiane in Svizzera (1985). *«Passaporti, prego!» Ricordi e testimonianze di emigrati italiani.* Zürich: FCLIS.

Feierabend, Urs J. (1975). *Die Berufsmittelschule. Mit besonderer Berücksichtigung der Verhältnisse im Kanton Solothurn.* Aarau: Sauerländer.

Fibbi, Rosita (1985). Les associations italiennes en Suisse, en phase de transition. *Revue européenne des migrations internationales 1* (1), S. 37–47.

Field, John (2001). Lifelong Education. *International Journal of Lifelong Education 20* (1–2), S. 3–15.

Fofi, Goffredo (1964). *L'immigrazione meridionale a Torino.* Mailand: Feltrinelli.

Freeman, Mark (2013). "An Advanced Type of Democracy"? Governance and Politics in Adult Education c. 1918–1930. *History of Education 42* (1), S. 45–69.

Freire, Paulo (1972). *Pädagogik der Unterdrückten.* Stuttgart: Kreuz.

Freire, Paulo (1974). *Erziehung als Praxis der Freiheit.* Stuttgart: Kreuz.

Friebel, Harry (2008). *Die Kinder der Bildungsexpansion und das «Lebenslange Lernen».* Augsburg: ZIEL.

Friebel, Harry; Epskamp, Heinrich: Knobloch, Brigitte; Montag, Stefanie; Toth, Stephan (2000). *Bildungsbeteiligung: Chancen und Risiken. Eine Längsschnittstudie über Bildungs- und Weiterbildungskarrieren in der «Moderne».* Opladen: Leske + Budrich.

Frigerio, Marina (2014). *Verbotene Kinder. Die Kinder der italienischen Saisonniers erzählen von Trennung und Illegalität.* Zürich: Rotpunktverlag.

Frigerio Martina, Marina; Merhar, Susanne (2004). *«... und es kamen Menschen». Die Schweiz der Italiener.* Zürich: Rotpunktverlag.

Furrer, Hans (2005). Erwachsenenbildung. *Historisches Lexikon der Schweiz (HLS)*. http://www.hls-dhs-dss.ch/textes/d/D13912.php.
Gabaccia, Donna (2000). *Italy's Many Diasporas*. London: UCL Press.
Gabaccia, Donna (2005). Juggling Jargons. "Italians Everywhere", Diaspora or Transnationalism? *traverse 12* (1), S. 49–64.
Gees, Thomas (2004). Die Schweiz als europäische Antithese? Ausländerpolitik zwischen «Überfremdungsdiskurs» und Personenfreizügigkeit nach 1945. *zeitgeschichte 31* (4), S. 226–241.
Geiss, Michael (2015). Der Bildungsökonom. In: Alban Frei, Hannes Mangold (Hg.), *Das Personal der Postmoderne. Inventur einer Epoche* (S. 33–49). Bielefeld: transcript.
Geiss, Michael (2016). Sanfter Etatismus. Weiterbildungspolitik in der Schweiz. In: Lucien Criblez, Christina Rothen, Thomas Ruoss (Hg.), *Staatlichkeit in der Schweiz. Regieren und verwalten vor der neoliberalen Wende* (S. 219–246). Zürich: Chronos.
Gelpi, Ettore (1969). *Scuola senza cattedra*. Mailand: Ferro.
Gelpi, Ettore (1972). Ziel der Berufsbildung aus der Sicht der italienischen Arbeitnehmer in der Schweiz. In: ECAP-CGIL (Hg.), *Bildung und Berufsausbildung italienischer Arbeitnehmer in der Schweiz. Referate 22./23. Januar 1972*. Männedorf: Studienzentrum Boldern.
Gelpi, Ettore (1973). Berufliche Bildung + gewerkschaftliche Schulung = eine notwendige Einheit. *betrifft: erziehung* (3), S. 41–44.
Gelpi, Ettore (1985). *Lifelong Education and International Relations*. London: Croom Helm.
Genovesi, Giovanni (2004). *Storia della scuola in Italia dal Settecento a oggi*. Rom: Laterza.
Gericke, Conrad G. (2003). «Den Menschen auch lebendig erhalten». Entwicklung und Management des Migros-Kulturengagements 1941–2001. In: Katja Girschik, Albrecht Ritschl, Thomas Welskopp (Hg.), *Der Migros-Kosmos. Zur Geschichte eines aussergewöhnlichen Schweizer Unternehmens* (S. 271–283). Baden: hier + jetzt.
Ginsborg, Paul (1990). *A History of Contemporary Italy 1943–1980*. London: Penguin Books.
Gippert, Wolfgang (2011). Transkulturelle Ansätze und Perspektiven in der Historischen Bildungsforschung. In: Johannes Bilstein, Jutta Ecarius, Edwin Keiner (Hg.), *Kulturelle Differenzen und Globalisierung. Herausforderungen für Erziehung und Bildung* (S. 15–32). Wiesbaden: VS-Verlag.
Gippert, Wolfgang; Götte, Petra; Kleinau, Elke (2008). *Transkulturalität. Gender- und bildungshistorische Perspektiven*. Bielefeld: transcript.
Gippert, Wolfgang; Kleinau, Elke (2014). *Bildungsreisende und Arbeitsmigrantinnen. Auslandserfahrungen deutscher Lehrerinnen zwischen nationaler und internationaler Orientierung (1850–1920)*. Köln: Böhlau.

Giudici, Anja; Bühlmann, Regina (2014). *Unterricht in heimatlicher Sprache und Kultur (HSK). Eine Auswahl an guter Praxis in der Schweiz.* Bern: Schweizerische Konferenz der kantonalen Erziehungsdirektoren (EDK).

Giudici, Anja; Grizelj, Sandra (2014). Vom Berufs- und Elitewissen zum Garant des nationalen Zusammenhalts. Die Fremdsprachen in den Lehrplänen der Schweizer Volksschulen seit 1830. *Babylonia* (03), S. 60–65.

Gogolin, Ingrid (1994). *Der monolinguale Habitus der Schule.* Münster: Waxmann.

Gogolin, Ingrid; Nauck, Bernhard (2000). *Migration, gesellschaftliche Differenzierung und Bildung.* Opladen: Leske + Budrich.

Gomolla, Mechtild; Radtke, Frank-Olaf (2007). *Institutionelle Diskriminierung. Die Herstellung ethnischer Differenz in der Schule.* Wiesbaden: VS-Verlag.

Gonon, Philipp (1998). *Das internationale Argument in der Bildungsreform. Die Rolle internationaler Bezüge in den bildungspolitischen Debatten zur schweizerischen Berufsbildung und zur englischen Reform der Sekundarstufe II.* Bern: Peter Lang.

Gonon, Philipp (2002). *Arbeit, Beruf und Bildung.* Bern: hep.

Goodman, Joyce (2007). Working for Change Across International Borders: The Association of Headmistresses and Education for International Citizenship. *Paedagogica Historica 43* (1), S. 165–180.

Graf, Martin; Lamprecht, Markus (1991). Der Beitrag des Bildungssystems zur Konstruktion von sozialer Ungleichheit. In: Volker Bornschier (Hg.), *Das Ende der sozialen Schichtung? Zürcher Arbeiten zur Konstruktion von sozialer Lage und Bewusstsein in der westlichen Zentrumsgesellschaft* (S. 73–96). Zürich: Seismo.

Gretler, Armin; Haag, Daniel; Halter, Eduard; Kramer, Roger; Munari, Silvio; Stoll, François (1972). *Die Schweiz auf dem Weg zur Education permanente.* Zürich: Benziger.

Grollmann, Philipp; Spöttl, Georg; Rauner, Felix (2006). *Europäisierung beruflicher Bildung – eine Gestaltungsaufgabe.* Hamburg: LIT.

Grossmann, Flavia (2016). Orte der Aushandlung und Instrumente der Einflussnahme. Eine akteurszentrierte Annäherung an migrantisches Lobbying in bildungspolitischen Prozessen des Kantons Basel-Stadt (1970er-Jahre). In: Gisela Hürlimann, André Mach, Anja Rathmann-Lutz, Janick Marina Schaufelbuehl (Hg.), *Lobbying. Die Vorräume der Macht* (S. 235–249). Zürich: Chronos.

Grube, Norbert (2014). Seines Glückes Schmied? Entstehungs- und Verwendungskontexte von Allensbacher Umfragen zum Wertewandel (1947–2001). In: Bernhard Dietz, Christopher Neumaier, Andreas Rödder (Hg.), *Gab es den Wertewandel? Neue Forschungen zum gesellschaftlich-kulturellen Wandel seit den 1960er-Jahren* (S. 95–120). München: Oldenbourg.

Grube, Norbert (2015). Global Comparison and National Application. Polls as a Means for Improving Teacher Education and Stabilizing the School System in Cold War Germany. In: Daniel Tröhler, Thomas Lenz (Hg.), *Trajectories in the*

Development of Modern School Systems. Between the National and the Global (S. 128–143). New York: Routledge.

Grunder, Hans-Ulrich (2008). Ganztagsschulen in der Schweiz – Anstösse aus der Schulgeschichte. In: Sabine Larcher Klee, Bettina Grubenmann (Hg.), *Tagesstrukturen als sozial- und bildungspolitische Herausforderung. Erfahrungen und Kontexte* (S. 101–116). Bern: Haupt.

Gschwend, Rolf B. (1987). Die Schweizerische Arbeiterbildungszentrale. Gründung, Entwicklung, Organisation und internationale Einflüsse 1912 bis 1927. In: Rolf B. Gschwend, Peter Hablützel, Viktor Moser, Marc Perrenoud, Karl Schwaar, Marc Vuilleumier (Hg.), *Zusammen Lernen. Gemeinsam Erkennen. Solidarisch Handeln. 75 Jahre Schweizerische Arbeiterbildungszentrale* (S. 10–52). Bern: Schweizerische Arbeiterbildungszentrale.

Gugerli, David (1991). Das bürgerliche Familienbild im sozialen Wandel. In: Thomas Fleiner-Gerster, Pierre Gilliand, Kurt Lüscher (Hg.), *Familien in der Schweiz* (S. 59–74). Freiburg: Universitätsverlag.

Gurny, Ruth; Cassée, Paul; Hauser, Hans-Peter; Meyer, Andreas (1984). *Karrieren und Sackgassen. Wege ins Berufsleben junger Schweizer und Italiener in der Stadt Zürich.* Diessenhofen: Rüegger.

Gygax, Max (1964). Zum Problem fremdsprachiger Schüler in unseren Klassen. *Schweizerische Lehrerzeitung 109* (4. Dez.), S. 1422–1424.

Hadjar, Andreas (2008). *Meritokratie als Legitimationsprinzip. Die Entwicklung der Akzeptanz sozialer Ungleichheit im Zuge der Bildungsexpansion.* Wiesbaden: VS-Verlag.

Häfeli, Hugo; Schräder-Naef, Regula; Häfeli, Kurt (1979). *Schulische Auslese bei Abschluss der Primarschule. Bericht über eine Untersuchung an 2000 Schülern beim Übertritt von der Primarschule in weiterführende Schulen im Kanton Zürich.* Bern: Haupt.

Hagemann, Karen (2009). Die Ganztagsschule als Politikum. Die bundesdeutsche Entwicklung in gesellschafts- und geschlechtergeschichtlicher Perspektive. In: Ludwig Stecher, Cristina Allemann-Ghionda, Werner Helsper, Eckhard Klieme (Hg.), *Ganztägige Bildung und Betreuung. Beiheft der Zeitschift für Pädagogik* (S. 209–229). Weinheim: Beltz.

Hagemann, Karen; Jarausch, Konrad H.; Allemann-Ghionda, Cristina (2011). Children, Families, and States: Time Policies of Childcare and Schooling in a Comparative Historical Perspective. In: Karen Hagemann, Konrad H. Jarausch, Cristina Allemann-Ghionda (Hg.), *Children, Families, and the State. Time Policies of Childcare, Preschool, and Primary Education in Europe* (S. 3–50). New York: Berghahn.

Hahn, Sylvia (2008). *Migration – Arbeit – Geschlecht. Arbeitsmigration in Mitteleuropa vom 17. bis zum Beginn des 20. Jahrhunderts.* Göttingen: V&R Unipress.

Hahn, Sylvia (2012). *Historische Migrationsforschung.* Frankfurt am Main: Campus.

Halter, Ernst (2003). *Das Jahrhundert der Italiener in der Schweiz.* Zürich: Offizin.

Hamburger, Franz; Seus, Lydia; Wolter, Otto (1981). Über die Unmöglichkeit, Politik durch Pädagogik zu ersetzen. *Unterrichtswissenschaft* (2), S. 158–167.
Hampsher-Monk, Iain (2006). Neue angloamerikanische Ideengeschichte. In: Joachim Eibach, Günther Lottes (Hg.), *Kompass der Geschichtswissenschaft* (S. 293–306). Göttingen: Vandenhoeck & Ruprecht.
Harzig, Christiane; Hoerder, Dirk (2009). *What is Migration History.* Cambridge: Polity Press.
Häsler, Alfred A. (1967). *Schulnot im Wohlstandsstaat.* Zürich: Ex Libris.
Haug, Werner. (1980). *... und es kamen Menschen. Ausländerpolitik und Fremdarbeit in der Schweiz 1914–1980.* Basel: Z-Verlag.
Heid, Helmut (1988). Zur Paradoxie der bildungspolitischen Forderung nach Chancengleichheit. *Zeitschrift für Pädagogik 34* (1), S. 1–17.
Heigl, Mathias (2015). *Rom in Aufruhr. Soziale Bewegungen im Italien der 1970er-Jahre.* Bielefeld: transcript.
Heinemann, Alisha M. B.; Robak, Steffi (2012). Interkulturelle Erwachsenenbildung. *Enzyklopädie Erziehungswissenschaft Online.* DOI: 10.3262/EEO06120239.
Heiniger, Marcel (2006). Einwanderung. *Historisches Lexikon der Schweiz (HLS).* http://www.hls-dhs-dss.ch/textes/d/D7991.php.
Herbert, Ulrich; Hunn, Karin (2000). Gastarbeiter und Gastarbeiterpolitik. Vom Beginn der offiziellen Anwerbung bis zum Anwerbestopp (1955–1973). In: Axel Schildt, Detlef Siegfried, Karl Christian Lammers (Hg.), *Dynamische Zeiten. Die 60er Jahre in den beiden deutschen Gesellschaften* (S. 273–310). Hamburg: Christians.
Herren, Madeleine (2012). Transkulturelle Geschichte. *traverse 19* (2), S. 154–169.
Hess, Franz; Latscha, Fritz; Schneider, Willi (1966). *Die Ungleichheit der Bildungschancen.* Olten: Walter.
Hirt, Matthias (2009). *Die Schweizerische Bundesverwaltung im Umgang mit der Arbeitsmigration. Sozial-, kultur- und staatspolitische Aspekte. 1960 bis 1972.* Saarbrücken: Südwestdeutscher Verlag für Hochschulschriften.
Hoffmann-Nowotny, Hans-Joachim (1973). *Soziologie des Fremdarbeiterproblems. Eine theoretische und empirische Analyse am Beispiel der Schweiz.* Stuttgart: Ferdinand Enke Verlag.
Hoffmann-Nowotny, Hans-Joachim; Bultmann, H. (o. J.). *Ausländerkinder und das Bildungssystem der Schweiz.* Zürich: Manuskript.
Hoffmann-Ocon, Andreas (2012). Politisierung von Bildungsexpertise? Zur Organisation der Sekundarstufe I in Ausschussentwürfen des Deutschen Bildungsrates und der Schweizerischen Konferenz der kantonalen Erziehungsdirektoren. In: Andreas Hoffmann-Ocon, Adrian Schmidtke (Hg.), *Reformprozesse im Bildungswesen. Zwischen Bildungspolitik und Bildungswissenschaft* (S. 129–165). Wiesbaden: Springer VS.
Horlacher, Rebekka (2015). The Implementation of Programmed Learning in Switzerland. In: Daniel Tröhler, Thomas Lenz (Hg.), *Trajectories in the De-*

velopment of Modern School Systems. Between the National and the Global (S. 113–127). New York: Routledge.
Huber, Doris (1991). Familienpolitische Kontroversen in der Schweiz zwischen 1930 und 1984. In: Thomas Fleiner-Gerster, Pierre Gilliand, Kurt Lüscher (Hg.), *Familien in der Schweiz* (S. 147–166). Freiburg: Universitätsverlag.
Huberman, Leo (1969). Un metodo corretto d'insegnamento. *Monthly Review. Edizione italiana* (5).
Hurst, Margret (1970a). Entwicklungsschwierigkeiten italienischer Kinder in zürcherischen Schulen. In: Zürcher Kontaktstelle für Italiener und Schweizer (Hg.), *Schulschwierigkeiten und soziale Lage der Kinder von Einwanderern* (S. 25–30). Männedorf: Studienzentrum Boldern.
Hurst, Margret (1970b). *Zur Ich- und Identitätsentwicklung des Fremdarbeiterkindes. Eine Untersuchung an 32 italienischen Kindern im Alter von acht bis zehn Jahren mit dem Zulliger-Tafeln-Test. Diplomarbeit des Instituts für Angewandte Psychologie.* Zürich: Diplomarbeit.
Hurst, Margret (1974). Zur Ich- und Identitätsentwicklung des Fremdarbeiterkindes. In: Viktor J. Willi (Hg.), *Denkanstösse zur Ausländerfrage. Schule – Kirche – Gemeinde* (S. 12–42). Zürich: Orell Füssli.
Iben, Gerd (1972). *Kompensatorische Erziehung. Analysen amerikanischer Programme.* München: Juventa.
Ideli, Mustafa; Suter Reich Virginia; Kieser, Hans-Lukas (2011). *Neue Menschenlandschaften. Migration Türkei – Schweiz 1961–2011.* Zürich: Chronos.
Illich, Ivan D. (1972). *Entschulung der Gesellschaft.* München: Kösel.
Imhof, Kurt (1999). Entstabilisierungen. Zukunftsverlust und Komplexitätsreduktion in der öffentlichen politischen Kommunikation der 60er Jahre. In: Kurt Imhof, Heinz Kleger, Gaetano Romano (Hg.), *Vom Kalten Krieg zur Kulturrevolution. Analyse von Medienereignissen in der Schweiz der 50er und 60er Jahre* (S. 35–54). Zürich: Seismo.
Ineichen, Stefan (2009). *Zürich 1933–1945: 152 Schauplätze.* Zürich: Limmat Verlag.
Ireland, Patrick (1994). *The Policy Challenge of Ethnic Diversity. Immigrant Politics in France and Switzerland.* Cambridge, London: Harvard University Press.
Ireland, Timothy D. (1978). *Gelpi's View of Lifelong Education.* Manchester: University of Manchester.
Jarausch, Konrad H. (2002). Die Krise der nationalen Meistererzählungen. In: Konrad H. Jarausch, Martin Sabrow (Hg.), *Die historische Meistererzählung. Deutungslinien der deutschen Nationalgeschichte nach 1945* (S. 140–162). Göttingen: Vandenhoeck & Ruprecht.
Jenzer, Carlo (1998). *Schulstrukturen als historisch gewachsenes Produkt bildungspolitischer Vorstellungen. Blitzlichter in die Entstehung der schweizerischen Schulstrukturen.* Bern: Peter Lang.
Jörg, Ruedi (1973). *Die Reform der gewerblich-industriellen Berufslehre aus der Sicht interessierter Verbände und Lehrlingsgruppen.* Zürich: Dissertation.

Jungo, Michael (1972). *Drehscheibenschulen o scuole a due uscite*. Einsiedeln: Manuskript.
Jungo, Michael (1975). *Haben die privaten Primarschulen für Fremdarbeiterkinder in der Schweiz (k)eine Daseinsberechtigung?* Einsiedeln: Manuskript.
Jungo, Michele (1971a). Assimilazione e scuola. In: Adriano Baglivo, Giovanna Ghiosso, Michele Jungo, Giulio Nicolini, G. Battista Sacchetti (Hg.), *Una scuola in agonia* (S. 51–69). Mailand: Sapere edizioni.
Jungo, Michele (1971b). La fuga dalla scuola svizzera. In: Adriano Baglivo, Giovanna Ghiosso, Michele Jungo, Giulio Nicolini, G. Battista Sacchetti (Hg.), *Una scuola in agonia* (S. 83–89). Mailand: Sapere edizioni.
Kenkmann, Alfons (2000). Von der bundesdeutschen «Bildungsmisere» zur Bildungsreform in den 60er Jahren. In: Axel Schildt, Detlef Siegfried, Karl Christian Lammers (Hg.), *Dynamische Zeiten. Die 60er Jahre in den beiden deutschen Gesellschaften* (S. 402–423). Hamburg: Christians.
Kinder lehren – Quartierschule (1972). Zürich: Eigenverlag.
Kleiner, Susanne (2010). Intellektuelle gegenüber der innergesellschaftlichen Gewalt im Italien der 1970er Jahre. Beispiele aus italienischen Romanen von 1975 bis 2002 (Ferdinando Camon, Nanni Balestrini, Lidia Ravera). In: Susanne Hartwig, Isabella Treskow (Hg.), *Bruders Hüter / Bruders Mörder. Intellektuelle und innergesellschaftliche Gewalt* (S. 127–146). Berlin: De Gruyter.
Kneschaurek, Francesco (1971). *Perspektiven des schweizerischen Bildungswesens. Entwicklungsperspektiven der schweizerischen Volkswirtschaft bis zum Jahre 2000.* Teil IV. St. Gallen: Arbeitsgruppe Perspektivstudien.
Knoepfli, Adrian (2006). Gurit-Heberlein. *Historisches Lexikon der Schweiz (HLS)*. http://www.hls-dhs-dss.ch/textes/d/D41866.php.
Knortz, Heike (2008). *Diplomatische Tauschgeschäfte. «Gastarbeiter» in der westdeutschen Diplomatie und Beschäftigungspolitik 1953–1973*. Köln: Böhlau.
Koller, Christian (2008). Missione cattolica italiana. *Historisches Lexikon der Schweiz (HLS)*. http://www.hls-dhs-dss.ch/textes/d/D16496.php.
König, Mario; Kreis, Georg; Meister, Franziska; Gaetano, Romano (1998). *Dynamisierung und Umbau. Die Schweiz in den 60er und 70er Jahren*. Zürich: Chronos.
Krüger-Potratz, Marianne (2005). *Interkulturelle Bildung. Eine Einführung*. Münster: Waxmann.
Krüger-Potratz, Marianne (2006). Präsent, aber «vergessen» – Zur Geschichte des Umgangs mit Heterogenität im Bildungswesen. In: Michael Göhlich, Hans-Walter Leonhard, Eckart Liebau, Jörg Zirfas (Hg.), *Transkulturalität und Pädagogik. Interdisziplinäre Annäherungen an ein kulturwissenschaftliches Konzept und seine pädagogische Relevanz* (S. 121–137). Weinheim: Juventa.
Küng, Franziska (2012). *Die Primarschule Wattwil und ihr Umgang mit der Italienermigration in den Jahren 1960–1980*. Unveröffentlichte Qualifikationsarbeit, Universität Zürich.

Kurmann, Walter (1983). *Schule in der Emigration – Emigration in der Schule. Die Verhandlungen der italienisch-schweizerischen ad hoc-Kommission für Schulfragen 1972–1980.* Genf: Schweizerische Konferenz der kantonalen Erziehungsdirektoren (EDK).
Kurmann, Walter (1999). Der schulische Stellenwert der heimatlichen Sprache und Kultur. In: EDK (Hg.), *Die Pflege der heimatlichen Sprache und Kultur: ein Gewinn für Gesellschaft und Wirtschaft. EKA/EDK-Tagung vom 10. Juni 1998. Tagungsbericht* (S. 1–7). Bern: EKA-Sekretariat.
Kury, Patrick (2003). *Über Fremde reden. Überfremdungsdiskurs und Ausgrenzung in der Schweiz 1900–1945.* Zürich: Chronos.
Kussau, Jürgen (2000). *Schulpolitik zwischen Aufbruch und Stagnation. Eine Politikuntersuchung der Strukturreformen auf der Sekundarstufe I in den Kantonen Basel-Stadt, Bern, Genf, Tessin und Zürich.* Konstanz: Selbstverlag.
Kymlicka, Will (1995). *Multicultural Citizenship. A Liberal Theory of Minority Rights.* Oxford: Clarendon Press.
Kymlicka, Will (2000). Nation-Building and Minority Rights: Comparing West and East. *Journal of Ethnic and Migration Studies 26* (2), S. 183–212.
La Barba, Morena (2013). Alvaro Bizzarri e la naissance d'un cinéaste migrant. Scénario d'une rencontre. In: Morena La Barba, Christian Stohr, Michel Oris, Sandro Cattacin (Hg.), *La migration italienne dans la Suisse d'après-guerre* (S. 243–290). Lausanne: Editions Antipodes.
La Barba, Morena, Stohr, Christian, Oris, Michel; Cattacin, Sandro (2013). *La migration italienne dans la Suisse d'après-guerre.* Lausanne: Editions Antipodes.
Labaree, David F. (2008). The Winning Ways of a Losing Strategy: Educationalizing Social Problems in the United States. *Educational Theory 58* (4), S. 447–460.
Layton-Henry, Zig (1990a). Immigrant Associations. In: Zig Layton-Henry (Hg.), *The Political Rights of Migrant Workers in Western Europe* (S. 94–112). London: Sage.
Layton-Henry, Zig (1990b). *The Political Rights of Migrant Workers in Western Europe.* London: Sage.
Leggewie, Claus (2015). Arbeitsmigranten: Für eine echte Willkommenskultur. In: Reiner Hoffmann, Claudia Bodegan (Hg.), *Arbeit der Zukunft. Möglichkeiten nutzen – Grenzen setzen* (S. 115–121). Frankfurt am Main: Campus.
Lengrand, Paul (1972). *Permanente Erziehung. Eine Einführung.* München: Verlag Dokumentation.
Lenin, W. I. (1966). Die Aufgaben der Jugendverbände. In: W. I. Lenin (Hg.), *Werke.* Bd. 31 (S. 272–290). Berlin: Dietz.
Leschinsky, Achim; Mayer, Karl Ulrich (1990). *The Comprehensive School Experiment Revisited: Evidence from Western Europe.* Frankfurt am Main: Peter Lang.
Leuenberger, Giorgio (1984). *Der Antifaschismus in der italienischen Emigration in der Schweiz 1943–1945. Die Entstehung und die Gründung der Federazione*

delle Colonie Libere Italiane in Svizzera. Zürich: Lizentiatsarbeit, Universität Zürich.
Lienert, Salome (2013). «*Wir wollen helfen, da wo Not ist*». *Das Schweizer Hilfswerk für Emigrantenkinder 1933–1947*. Zürich: Chronos.
Lucassen, Leo (2005). *The Immigrant Threat. The Integration of Old an New Migrants in Western Europe since 1850*. Urbana: University of Illinois Press.
Luft, Stefan (2009). *Staat und Migration. Zur Steuerbarkeit von Zuwanderung und Integration*. Frankfurt am Main: Campus.
Lüscher, Kurt; Ritter, Verena; Gross, Peter (1972). *Vorschulbildung – Vorschulpolitik*. Zürich: Benziger.
Lüscher, Liselotte (1997). *Geschichte der Schulreform in der Stadt Bern von 1968 bis 1988. Eine Analyse des Vorgehens und der Widerstände*. Bern: Peter Lang.
Lüthi, Barbara (2005). Transnationale Migration – Eine vielversprechende Perspektive. *H-Soz-u-Kult*. http://hsozkult.geschichte.hu-berlin.de/forum/2005-04-003.
Mahnig, Hans (2005a). *Histoire de la politique de migration, d'asile et d'intégration en Suisse depuis 1948*. Zürich: Seismo.
Mahnig, Hans (2005b). L'émergence de la question de l'intégration dans la ville de Zurich. In: Hans Mahnig (Hg.), *Histoire de la politique de migration, d'asile et d'intégration en Suisse depuis 1948* (S. 321–343). Zürich: Seismo.
Mahnig, Hans; Piguet, Etienne (2003). Die Immigrationspolitik der Schweiz von 1948 bis 1998: Entwicklung und Auswirkungen. In: Hans-Rudolf Wicker, Rosita Fibbi, Werner Haug (Hg.), *Migration und die Schweiz. Ergebnisse des Nationalen Forschungsprogramms «Migration und interkulturelle Beziehungen»* (S. 65–108). Zürich: Seismo.
Mahnig, Hans; Wimmer, Andreas (2001). Contradictions of Inclusion in a Direct Democracy: The Struggle for Political Rights of Migrants in Zurich. In: Alisdair Rogers, Jean Tillie (Hg.), *Multicultural Policies and Modes of Citizenship in European Cities* (S. 221–245). Aldershot: Ashgate.
Maiolino, Angelo (2011). *Als die Italiener noch Tschinggen waren. Der Widerstand gegen die Schwarzenbach-Initiative*. Zürich: Rotpunktverlag.
Mangold, Max; Messerli, Andreas (2005). Die Ganztagsschule in der Schweiz. In: Volker Ladenthin, Jürgen Rekus (Hg.), *Die Ganztagsschule. Alltag, Reform, Geschichte, Theorie* (S. 107–124). Weinheim: Juventa.
Manno, Giuseppe (2011). L'évolution de l'enseignement du français en Suisse alémanique à l'école obligatoire: entre cohésion nationale et mondialisation. *Cahiers de l'Orient 103* (3), S. 126–131.
Mariuzzo, Andrea (2016). American Cultural Diplomacy and Post-War Educational Reforms: James Bryant Conant's Mission to Italy in 1960. *History of Education 45* (3), S. 352–371.
Marretta, Saraccio (1970). *Oliven wachsen nicht im Norden*. Bern: Benteli.
Mattes, Monika (2005). *«Gastarbeiterinnen» in der Bundesrepublik. Anwerbepolitik, Migration und Geschlecht in den 50er bis 70er Jahren*. Frankfurt am Main: Campus.

Mattes, Monika (2009). Ganztagserziehung in der DDR. «Tagesschule» und Hort in den Politiken und Diskursen der 1950er- bis 1970er-Jahre. In: Ludwig Stecher, Cristina Allemann-Ghionda, Werner Helsper, Eckhard Klieme (Hg.), *Ganztägige Bildung und Betreuung. Beiheft der Zeitschift für Pädagogik* (S. 230–246). Weinheim: Beltz.

Mattes, Monika (2012). Reformen und Krisen: Ganztagsschule und Frauenerwerbsarbeit in der Bundesrepublik Deutschland. In: Julia Paulus, Eva-Maria Silies, Kerstin Wolff (Hg.), *Zeitgeschichte als Geschlechtergeschichte. Neue Perspektiven auf die Bundesrepublik* (S. 179–201). Frankfurt am Main: Campus.

Mattes, Monika (2015). *Das Projekt Ganztagsschule. Aufbrüche, Reformen und Krisen in der Bundesrepublik Deutschland (1955–1982)*. Köln: Böhlau.

Mattmüller, Hanspeter (1976). *Volkshochschule in Basel und Zürich. Zur Geschichte der Erwachsenenbildung in der Schweiz*. Bern: Haupt.

Matzner, Michael (2012). *Handbuch Migration und Bildung*. Weinheim: Beltz.

Maubach, Franka (2013). Das freie Wort als Menschenrecht. Schweigen und Sprechen in der IOHA. In: Anrette Leo, Franka Maubach (Hg.), *Den Unterdrückten eine Stimme geben? Die International Oral History Association zwischen politischer Bewegung und wissenschaftlichem Netzwerk* (S. 240–272). Göttingen: Wallstein.

Mayer, Karl Ulrich; Solga, Heike (2008). *Skill Formation. Interdisciplinary and Cross-National Perspectives*. New York: Cambridge University Press.

Mayer, Kurt B. (1965). Postwar Migration from Italy to Switzerland. *International Migration Digest 2* (1), S. 5–13.

McCulloch, Gary (2011). *The Struggle for the History of Education*. London: Routledge.

Mchitarjan, Irina (2012). John Dewey and the Development of Education in Russia Before 1930. Report on a Forgotten Reception. In: Rosa Bruno-Jofré, Jürgen Schriewer (Hg.), *The Global Reception of John Dewey's Thought. Multiple Refractions Through Time and Space* (S. 173–195). New York: Routledge.

Mecheril, Paul; Thomas-Olalde, Oscar; Melter, Claus; Arens, Susanne; Romaner, Elisabeth (2013). *Migrationsforschung als Kritik? Konturen einer Forschungsperspektive*. Wiesbaden: Springer VS.

Mecheril, Paul; Witsch, Monika (2006). Cultural Studies, Pädagogik, Artikulationen. Einführung in einen Zusammenhang. In: Paul Mecheril, Monika Witsch (Hg.), *Cultural Studies und Pädagogik. Kritische Artikulationen* (S. 7–18). Bielefeld: transcript.

Merz-Benz, Peter-Ulrich (2015). Paul Siu's «Gastarbeiter». Ein Leben zwischen «symbiotischer Segregation» und «sozialer Isolation». In: Julia Reuter, Paul Mecheril (Hg.), *Schlüsselwerke der Migrationsforschung. Pionierstudien und Referenztheorien* (S. 97–112). Wiesbaden: Springer VS.

Meyer-Sabino, Giovanna (1987). *La generazione della sfida quotidiana*. Zürich: ENAIP – Formazione e Lavoro.

Meyer-Sabino, Giovanna (2003). Die Stärke des Verbandswesens. In: Ernst Halter (Hg.), *Das Jahrhundert der Italiener in der Schweiz* (S. 109–126). Zürich: Offizin.

Meylan, Jean-Pierre; Ritter, Verena (1985). Das schweizerische Gymnasium. Wachstum und Reformen der letzten 15 Jahre. In: Schweizerische Konferenz der Kantonalen Erziehungsdirektoren (Hg.), *Materialien zur Entwicklung des Mittelschulunterrichts* (S. 28–43). Bern: EDK.

Misteli, Roland; Gisler, Andreas (1999). Überfremdung. Karriere und Diffusion eines fremdenfeindlichen Deutungsmusters. In: Kurt Imhof, Heinz Kleger, Gaetano Romano (Hg.), *Vom Kalten Krieg zur Kulturrevolution. Analyse von Medienereignissen in der Schweiz der 50er und 60er Jahre* (S. 95–120). Zürich: Seismo.

Moretti, Erica (2015). Teaching to be American: The Quest for Integrating the Italian-American Child. *History of Education 44* (5), S. 651–666.

Moroni, Primo; Balestrini, Nanni (2002). *Die goldene Horde. Arbeiterautonomie, Jugendrevolte und bewaffneter Kampf in Italien*. Berlin: Assoziation A.

Müller, Margrit; Woitek, Ulrich (2012). Wohlstand, Wachstum und Konjunktur. In: Patrick Halbeisen, Margrit Müller, Béatrice Veyrassat (Hg.), *Wirtschaftsgeschichte der Schweiz im 20. Jahrhundert* (S. 91–222). Basel: Schwabe.

Mülli, Michael (2016). Kontingentierung von Migration. Zur Soziologie einer Regierungstechnik. In: Lucien Criblez, Christina Rothen, Thomas Ruoss (Hg.), *Staatlichkeit in der Schweiz. Regieren und verwalten vor der neoliberalen Wende* (S. 171–192). Zürich: Chronos.

Munz, Emil (1964). Unsere Schweizer Schulen und das fremdsprachige Kind. *Schweizerische Lehrerzeitung 109* (4. Dez.), S. 1424–1430.

Myers, Kevin (2009). Immigrants and Ethnic Minorities in the History of Education. *Paedagogica Historica 45* (6), S. 801–816.

Myers, Kevin (2015). *Struggles for a Past. Irish and Afro-Caribbean Histories in England, 1951–2000*. Manchester: Manchester University Press.

Myers, Kevin; Grosvenor, Ian (2011). Exploring Supplementary Education: Margins, Theories and Methods. *History of Education 40* (4), S. 501–520.

Negt, Oskar (1975). *Soziologische Phantasie und exemplarisches Lernen. Zur Theorie der Arbeiterbildung*. Frankfurt am Main: Europäische Verlagsanstalt.

Niederberger, Josef Martin (2004). *Ausgrenzen, Assimilieren, Integrieren. Die Entwicklung einer schweizerischen Integrationspolitik*. Zürich: Seismo.

Niedrig, Heike; Ydesen, Christian (2011). Writing Postcolonial Histories of Intercultural Education – An Introduction. In: Heike Niedrig, Christian Ydesen (Hg.), *Writing Postcolonial Histories of Intercultural Education* (S. 9–26). Frankfurt am Main: Peter Lang.

Nieke, Wolfgang (2008). *Interkulturelle Erziehung und Bildung. Wertorientierungen im Alltag*. 3. Auflage. Wiesbaden: VS-Verlag.

Nufer, Heinrich (1978). *Kindergarten im Wandel*. Frauenfeld: Huber.

Nufer, Heinrich (2012). Kindergarten. *Historisches Lexikon der Schweiz (HLS)*. http://www.hls-dhs-dss.ch/textes/d/D10401.php.

Oelkers, Jürgen (2001). Ein Essay über den schwindenden Sinn des Gegensatzes von «Ideengeschichte» und «Sozialgeschichte» in der pädagogischen Geschichtsschreibung. *Zeitschrift für pädagogische Historiographie 7* (1), S. 21–25.

Oesch, Daniel (2011). Swiss Trade Unions and Industrial Relations after 1990. A History of Decline and Renewal. In: Christine Trampusch, André Mach (Hg.), *Switzerland in Europe. Continuity and Change in the Swiss Political Economy* (S. 82–102). London: Routledge.

Oltmer, Jochen; Kreienbrink, Axel; Sanz Díaz, Carlos (2012). *Das «Gastarbeiter»-System. Arbeitsmigration und ihre Folgen in der Bundesrepublik Deutschland und Westeuropa.* München: Oldenbourg.

Osterhammel, Jürgen (2001a). *Geschichtswissenschaft jenseits des Nationalstaats. Studien zu Beziehungsgeschichte und Zivilisationsvergleich.* Göttingen: Vandenhoeck & Ruprecht.

Osterhammel, Jürgen (2001b). Transnationale Gesellschaftsgeschichte: Erweiterung oder Alternative? *Geschichte und Gesellschaft 27* (3), S. 464–479.

Öztürk, Halit (2012). Soziokulturelle Determinanten der beruflichen Weiterbildungsbeteiligung von Erwachsenen mit Migrationshintergrund in Deutschland – eine empirische Analyse mit den Daten des Soep. Report. *Zeitschrift für Weiterbildung 35* (4), S. 21–32.

Padovan-Özdemir, Marta; Ydesen, Christian (2016). Professional Encounters with the Post-WWII Immigrant: A Privileged Prism for Studying the Shaping of European Welfare Nation-States. *Paedagogica Historica 52* (5), S. 423–437.

Pelli, Mattia (2014). *Archivi migranti. Tracce per la storia delle migrazioni italiane in Svizzera nel secondo dopoguerra.* Trient: Fondazione Museo storico del Trentino.

Picht, Georg (1964). *Die deutsche Bildungskatastrophe.* Olten, Freiburg im Breisgau: Walter.

Piguet, Etienne (2005). *L'immigration en Suisse depuis 1948. Une analyse des flux migratoires.* Zürich: Seismo.

Piguet, Etienne (2006). *Einwanderungsland Schweiz.* Bern: Haupt.

Pilz, Matthias (2012). *The Future of Vocational Education and Training in a Changing World.* Wiesbaden: Springer VS.

Piñeiro, Esteban (2015). *Integration und Abwehr. Genealogie der schweizerischen Ausländerintegration.* Zürich: Seismo.

Pleinen, Jenny (2012). *Die Migrationsregime Belgiens und der Bundesrepublik seit dem Zweiten Weltkrieg.* Göttingen: Wallstein.

Pleinen, Jenny (2013). Rezension zu: Richter, Hedwig; Richter, Ralf: Die Gastarbeiter-Welt. Leben zwischen Palermo und Wolfsburg. Paderborn 2012. http://www.hsozkult.de/publicationreview/id/rezbuecher-19175.

Pleinen, Jenny; Raphael, Lutz (2014). Zeithistoriker in den Archiven der Sozialwissenschaften. *Vierteljahreshefte für Zeitgeschichte 62* (2), S. 173–195.

Poglia, Edo; Perret-Clermont, Anne-Nelly; Gretler, Armin; Dasen, Pierre (1995). *Interkulturelle Bildung in der Schweiz. Fremde Heimat.* Bern: Peter Lang.

Pojmann, Wendy (2008). "We're right here!". The Invisibility of Migrant Women in European Women's Movements – The Case of Italy. In: Wendy Pojmann (Hg.), *Migration and Activism in Europe since 1945* (S. 193–207). New York: Palgrave Macmillan.

Porcher, Louis (1981). *The Education of the Children of Migrant Workers in Europe: Interculturalism and Teacher Training*. Strassburg: Council of Europe.

Portes, Alejandro; Guarnizo, Luis E.; Landolt, Patricia (1999). The Study of Transnationalism: Pitfalls and Promise of an Emergent Research Field. *Ethnic and Racial Studies 22* (2), S. 217–237.

Poutrus, Patrice G. (2008). Migrationen. Wandel des Wanderungsgeschehens in Europa und die Illusionen staatlicher Regulierung in der Bundesrepublik. In: Konrad H. Jarausch (Hg.), *Das Ende der Zuversicht? Die siebziger Jahre als Geschichte* (S. 157–173). Göttingen: Vandenhoeck & Ruprecht.

Prencipe, Lorenzo; Sanfilippo, Matteo (2009). Per una storia dell'emigrazione italiana: prospettiva nazionale e regionale. In: Alessandro Nicosia, Lorenzo Prencipe (Hg.), *Museo Nazionale Emigrazione Italiana* (S. 44–141). Rom: Gangemi.

Pries, Ludger (1997). *Transnationale Migration*. Baden-Baden: Nomos.

Pries, Ludger (2008). *Die Transnationalisierung der sozialen Welt*. Frankfurt am Main: Suhrkamp.

Pries, Ludger (2010). (Grenzüberschreitende) Migrantenorganisationen als Gegenstand der sozialwissenschaftlichen Forschung: Klassische Problemstellungen und neuere Forschungsbefunde. In: Ludger Pries, Zeynep Sezgin (Hg.), *Jenseits von «Identität oder Integration». Grenzen überspannende Migrantenorganisationen* (S. 15–60). Wiesbaden: VS-Verlag.

Proske, Matthias (2001). *Pädagogik und die Dritte Welt. Eine Fallstudie zur Pädagogisierung sozialer Probleme*. Frankfurt am Main: Johann Wolfgang Goethe-Universität.

Ralph, John H.; Rubinson, Richard (1980). Immigration and the Expansion of Schooling in the United States, 1890–1970. *American Sociological Review 45* (6), S. 943–954.

Ramirez, Francisco O.; Boli, John (1987). The Political Construction of Mass Schooling: European Origins and Worldwide Institutionalization. *Sociology of Education 60* (1), S. 2–17.

Raphael, Lutz; Uerlings, Herbert (2008). *Zwischen Ausschluss und Solidarität. Modi der Inklusion/Exklusion von Fremden und Armen in Europa seit der Spätantike*. Frankfurt am Main: Peter Lang.

Rauber, André (1997). *Histoire du mouvement communiste suisse*. Bd. 1. Genf: Slatkine.

Rauber, André (2000). *Histoire du mouvement communiste suisse*. Bd. 2. Genf: Slatkine.

Rawls, John (1975). *Eine Theorie der Gerechtigkeit*. Frankfurt am Main: Suhrkamp.

Reid, Euan; Reich, Hans H. (1992). *Breaking the Boundaries. Migrant Workers' Children in the EC*. Clevedon: Multilingual Matters.

Reutter, Werner; Rütters, Peter (2014). «Pragmatischer Internationalismus»: Geschichte, Struktur und Einfluss internationaler und europäischer Gewerkschaftsorganisationen. In: Wolfgang Schroeder (Hg.), *Handbuch Gewerkschaften in Deutschland* (S. 581–615). Wiesbaden: Springer VS.

Rex, John; Joly, Deniele; Wilpert, Czarina (1987). *Immigrant Associations in Europe*. Aldershot: Gower.

Riccardi, Veronica (2012). *L'educazione per tutti e per tutta la vita. Il contributo pedagogico di Ettore Gelpi*. Rom: Dissertation, Università degli studi Roma Tre.

Ricciardi, Toni (2010). I figli degli stagionali: bambini clandestini. *Studi Emigrazione* 47 (180), S. 872–886.

Ricciardi, Toni (2013). *Associazionismo ed emigrazione. Storia delle Colonie Libere e degli Italiani in Svizzera*. Rom: Laterza.

Richter, Dagmar (2005). *Sprachenordnung und Minderheitenschutz im schweizerischen Bundesstaat. Relativität des Sprachenrechts und Sicherung des Sprachfriedens*. Berlin: Springer.

Richter, Hedwig; Richter, Ralf (2009). Der Opfer-Plot. Probleme und neue Felder der deutschen Arbeitsmigrationsforschung. *Vierteljahreshefte für Zeitgeschichte* 57 (1), S. 61–97.

Richter, Hedwig; Richter, Ralf (2012). *Die Gastarbeiter-Welt. Leben zwischen Palermo und Wolfsburg*. Paderborn: Schöningh.

Rieker, Yvonne (2003). *«Ein Stück Heimat findet man ja immer». Die italienische Einwanderung in die Bundesrepublik*. Essen: Klartext.

Rinauro, Sandro (2009). *Il cammino della speranza. L'emigrazione clandestina degli italiani nel secondo dopoguerra*. Turin: Einaudi.

Ritzmann-Blickenstorfer, Heiner (Hg.) (1996). *Historische Statistik der Schweiz*. Zürich: Chronos.

Robak, Steffi (2013). Diversität in der Erwachsenenbildung(sforschung) im Spiegel theoretischer und empirischer Reflexionen — eine Standortdiskussion. In: Katrin Hauenschild, Steffi Robak, Isabel Sievers (Hg.), *Diversity Education. Zugänge – Perspektiven – Beispiele* (S. 183–203). Frankfurt am Main: Brandes & Apsel.

Romano, Gaetano (1999). Vom Sonderafall zur Überfremdung. Zur Erfolgsgeschichte gemeinschaftsideologischen Denkens im öffentlichen politischen Diskurs der späten fünfziger und der sechziger Jahre. In: Kurt Imhof, Heinz Kleger, Gaetano Romano (Hg.), *Vom Kalten Krieg zur Kulturrevolution. Analyse von Medienereignissen in der Schweiz der 50er und 60er Jahre* (S. 55–93). Zürich: Seismo.

Rüfenacht, Paul (1983). *Vorschulerziehung in der Schweiz*. Würzburg: Königshausen und Neumann.

Rüsch, Ernst Matthias (2010). *«Conversation über das Eine, was not tut.» Evangelisch-reformierte Italienerseelsorge im Kanton Zürich im 19. und 20. Jahrhundert*. Zürich: Theologischer Verlag.

Sala, Roberto (2007). Vom «Fremdarbeiter» zum «Gastarbeiter». Die Anwerbung italienischer Arbeitskräfte für die deutsche Wirtschaft (1938–1973). *Vierteljahreshefte für Zeitgeschichte 55* (1), S. 93–120.

Sala, Roberto (2011). *Fremde Worte. Medien für «Gastarbeiter» in der Bundesrepublik im Spannungsfeld von Aussen- und Sozialpolitik.* Paderborn: Schöningh.

Sayad, Abdelmalek (1999). *La double absence. Des illusions de l'émigré aux souffrances de l'immigré.* Paris: Seuil.

Schäffer, Burkhard; Dörner, Olaf (2012). *Weiterbildungsbeteiligung als Teilhabe- und Gerechtigkeitsproblem.* München: Herbert Utz.

Schärer, Michèle E. (1994). A Geneva Experiment in University Extension in the 1890s. In: Stuart Marriott, Barry J. Hake (Hg.), *Cultural and Intercultural Experiences in European Adult Education. Essays on Popular and Higher Education since 1890* (S. 176–190). Leeds: University of Leeds.

Schildt, Axel; Siegfried, Detlef; Lammers, Karl Christian (2000). *Dynamische Zeiten. Die 60er-Jahre in den beiden deutschen Gesellschaften.* Hamburg: Christians.

Schlussbericht der Kommission zur Eingliederung fremdsprachiger Kinder (1972). Zürich: Erziehungsdirektion.

Schmid, Jakob Robert (1964). Das Fremdarbeiterproblem und die Schule. *Schweizerische Lehrerzeitung 109* (4. Dez.), S. 1419–1421.

Schmid, Jakob Robert (1970). *Wesen, Macht und Gegenwartsproblematik der Erziehung.* Bern: Haupt.

Schmid, Jakob Robert (1971). *Antiautoritäre, autoritäre oder autoritative Erziehung? Eine grundsätzliche Abklärung.* Bern: Haupt.

Schmid, Jakob Robert (1973). *Freiheitspädagogik. Schulreform und Schulrevolution Deutschland 1919–1933.* Reinbek: Rowohlt.

Schmitter, Barbara E. (1980). Immigrants and Associations: Their Role in the Socio-Political Process of Immigrant Worker Integration in West Germany and Switzerland. *International Migration Review 14* (2), S. 179–192.

Schoch, Bruno (1988). *Die internationale Politik der italienischen Kommunisten.* Frankfurt am Main: Campus.

Schriewer, Jürgen (2000a). Comparative Education Methodology in Transition: Towards a Science of Complexity? In: Jürgen Schriewer (Hg.), *Discourse Formation in Comparative Education* (S. 3–52). Frankfurt am Main: Peter Lang.

Schriewer, Jürgen (2000b). Stichwort: Internationaler Vergleich in der Erziehungswissenschaft. *Zeitschrift für Erziehungswissenschaft 3* (4), S. 495–515.

Schuh, Sibilla (1970). *Auswirkungen der Emigration auf Kinder italienischer Fremdarbeiter.* Zürich: Diplomarbeit, Institut für Angewandte Psychologie.

Schuh, Sibilla (1975). *Kinder ausländischer Arbeiter in den Schweizer Spezialklassen. Intelligenzmangel oder Klassenselektion?* Zürich: FCLIS.

Schweizerische Eidgenossenschaft (2014). *Bundesgesetz über die Weiterbildung* (WeBiG).

Schweizerische Vereinigung für Erwachsenenbildung (1976). *Erwachsenenbildung in der Schweiz.* Frauenfeld: Huber.

Schweizerischer Gewerkschaftsbund (1984). *Die Gewerkschaften in der Schweiz.* Bern: Schriftenreihe des Schweizerischen Gewerkschaftsbundes.
Scomazzon, Francesco (2010). La Svizzera, gli emigrati italiani e l'associazionismo laico: storia della Federazione delle Colonie Libere Italiane (1943–1973). *Studi Emigrazione XLVII* (180), S. 828–845.
Seitter, Wolfgang (1999). *Riskante Übergänge in der Moderne. Vereinskulturen, Bildungsbiographien, Migranten.* Opladen: Leske + Budrich.
Sibilia, Miriam (2013). *«Ein Ringen um Gleichheit und Gleichberechtigung» Die Federazione delle Colonie Libere Italiane in Svizzera (FCLIS) und ihre Rolle als bildungspolitische Interessenvertreterin im Kanton Zürich zwischen 1970 und 1985.* Universität Zürich: Masterarbeit.
Simmel, Georg (1992). *Soziologie. Untersuchungen über die Formen der Vergesellschaftung.* Frankfurt am Main: Suhrkamp.
Siu, Paul C. (1952). The Sojourner. *American Journal of Sociology 58* (1), S. 34–44.
Skenderovic, Damir (2015). Vom Gegenstand zum Akteur: Perspektivenwechsel in der Migrationsgeschichte der Schweiz. *Schweizerische Zeitschrift für Geschichte 65* (1), S. 1–14.
Skenderovic, Damir; D'Amato, Gianni (2008). *Mit dem Fremden politisieren. Rechtspopulistische Parteien und Migrationspolitik in der Schweiz seit den 1960er Jahren.* Zürich: Chronos.
Skinner, Quentin (2009). *Visionen des Politischen.* Frankfurt am Main: Suhrkamp.
Smeyers, Paul; Depaepe, Marc (2008). *Educational Research: The Educationalization of Social Problems.* Dordrecht: Springer.
Sochin D'Elia, Martina (2012). *«Man hat es doch hier mit Menschen zu tun!». Lichtensteins Umgang mit Fremden seit 1945.* Zürich: Chronos.
Solcà, Nicoletta (2010). Da *Per i lavoratori italiani in Svizzera* a *Un'ora per voi.* La radio e la televisione svizzera al servizio dell'emigrazione italiana. *Studi Emigrazione XLVII* (180), S. 887–896.
Sommerhalder, Paul (1970). *Berufsbildung im Umbruch.* Zürich: Institut für Bildungsforschung und Berufspädagogik des Kantons Zürich.
Soom Ammann, Eva (2006). MigrantInnenorganisationen: Partizipation oder Selbstausschluss? In: Angela Stienen (Hg.), *Integrationsmaschine Stadt? Interkulturelle Beziehungsdynamiken am Beispiel von Bern* (S. 413–453). Bern: Haupt.
Sparschuh, Olga (2011). Die Wahrnehmung von Arbeitsmigranten aus dem «Mezzogiorno» in deutschen und norditalienischen Grossstädten. In: Oliver Janz, Roberto Sala (Hg.), *Dolce Vita? Das Bild der italienischen Migranten in Deutschland* (S. 95–115). Frankfurt: Campus.
Sprung, Annette (2012). Migration bewegt die Weiterbildung(?). Entwicklung, Trends und Perspektiven in Wissenschaft und Praxis. *Report. Zeitschrift für Weiterbildung 35* (4), S. 11–20.
Srubar, Ilja (2009). *Kultur und Semantik.* Wiesbaden: VS.

Städtische Kommission für Assimilierungsfragen (1972). *Schulprobleme der Ausländer*. Zürich: Städtische Koordinationsstelle für Ausländerfragen.
Stauffer, Martin (2007). *Pädagogik zwischen Idealisierung und Ignoranz. Eine Kritik der Theorie, Praxis und Rezeption Paulo Freires*. Bern: Peter Lang.
Steinauer, Jean; von Allmen, Malik (2000). *Weg mit den Baracken. Die Immigranten in den schweizerischen Gewerkschaften 1945–2000*. Lausanne: Editions d'en bas.
Steiner-Khamsi, Gita (1992). *Multikulturelle Bildungspolitik in der Postmoderne*. Opladen: Leske + Budrich.
Steiner-Khamsi, Gita (1995). Zur Geschichte und den Perspektiven der interkulturellen Pädagogik in der Schweiz und in Europa. In: Edo Poglia, Anne-Nelly Perret-Clermont, Armin Gretler, Pierre Dasen (Hg.), *Interkulturelle Bildung in der Schweiz. Fremde Heimat* (S. 45–65). Bern: Peter Lang.
Stienen, Angela (2006). *Integrationsmaschine Stadt? Interkulturelle Beziehungsdynamiken am Beispiel von Bern*. Bern: Haupt.
Stojanovic, Nenad (2003). Swiss Nation State and its Patriotism. A Critique of Will Kymlicka's Account of Multination States. *Polis 11*, S. 45–94.
Streeck, Wolfgang (2014). Gewerkschaften in Westeuropa. In: Werner Reutter, Peter Rütters (Hg.), *Handbuch Gewerkschaften in Deutschland* (S. 107–120). Wiesbaden: Springer VS.
Stucky, Margrit (1972). *Kindergarten im Experiment. Modelle neuer Kindergärten in der Schweiz*. Zürich: Flamberg.
Studer, Brigitte (1994). *Un parti sous influence. Le parti communiste suisse, une section du Komintern 1931 à 1939*. Lausanne: L'Age d'Homme.
Tabili, Laura (2011). *Global Migrants, Local Culture. Natives and Newcomers in Provincial England, 1841–1939*. Basingstoke: Palgrave Macmillan.
Tanner, Jakob (2015). *Geschichte der Schweiz im 20. Jahrhundert*. München: C. H. Beck.
Tarrow, Sidney (1989). *Democracy and Disorder. Protest and Politics in Italy 1965–1975*. Oxford: Clarendon Press.
Teltemann, Janna; Schunck, Reinhard (2016). Sozialwissenschaftliche Datensätze für Sekundäranalysen von Integrationsprozessen. In: Débora B. Maehler, Heinz Ulrich Brinkmann (Hg.), *Methoden der Migrationsforschung. Ein interdisziplinärer Forschungsleitfaden* (S. 311–344). Wiesbaden: Springer VS.
Tippelt, Rudolf; van Cleve, Bernd (1995). *Verfehlte Bildung? Bildungsexpansion und Qualifikationsbedarf*. Darmstadt: Wissenschaftliche Buchgesellschaft.
Tobler, H. J. (1970). Einwanderung und Volksschule. In: Zürcher Kontaktstelle für Italiener und Schweizer (Hg.), *Schulschwierigkeiten und soziale Lage der Kinder von Einwanderern* (S. 7–24). Männedorf: Studienzentrum Boldern.
Trincia, Luciano (1998). *Migration und Diaspora. Katholische Kirche und italienische Arbeitswanderung nach Deutschland und in die Schweiz vor dem Ersten Weltkrieg*. Freiburg: Lambertus.
Tronti, Mario (2012). Our Operaismo. *New Left Review 73*, S. 119–139.

Unesco (1953). *The Use of Vernacular Languages in Education.* Paris: Unesco.
United Nations Economic Commission for Europe (2006). *Conference of European Statisticians Recommendations for the 2010 Censuses of Population and Housing.* New York: United Nations.
Valsangiacomo, Nelly (2015). «Tant qu'il y aura l'immigré, il y aura aussi votre émission.» Le dialogue entre les immigrés et l'émission radiophonique *Per i lavoratori italiani in Svizzera* au tournant des années 1970. *Schweizerische Zeitschrift für Geschichte 65* (1), S. 83–99.
Vogt, Willi (1972). *Die Welt des Kindergartens – eine Chance für das Kind.* Zürich: Orell Füssli.
Vuilleumier, Marc (2007). Schweiz. In: Klaus J. Bade, Pieter C. Emmer, Leo Lucassen, Jochen Oltmer (Hg.), *Enzyklopädie Migration in Europa. Vom 17. Jahrhundert bis zur Gegenwart* (S. 189–204). Zürich: Neue Zürcher Zeitung.
Walter, Emil J. (1964). *Erwachsenenbildung in der Schweiz.* Zürich: Manuskript.
Wannack, Evelyne (2004). *Kindergarten und Schule – Berufsfelder und Berufsbilder im Spannungsfeld von Annäherung und Abgrenzung.* Münster: Waxmann.
Wecker, Regina (1988). Von der Langlebigkeit der «Sonderkategorie Frau» auf dem Arbeitsmarkt. Frauenerwerbstätigkeit 1880–1980. In: Marie-Louise Barben, Elisabeth Ryter (Hg.), *verflixt und zugenäht! Frauenberufsbildung – Frauenerwerbsarbeit 1888–1988* (S. 45–54). Zürich: Chronos.
Wehler, Hans-Ulrich (1985). Geschichte – von unten gesehen. Wie bei der Suche nach dem Authentischen Engagement mit Methodik verwechselt wird. *Die Zeit,* 3. Mai.
Weins, Cornelia (2010). Kompetenzen oder Zertifikate? Die Entwertung ausländischer Bildungsabschlüsse auf dem Schweizer Arbeitsmarkt. *Zeitschrift für Soziologie 39* (2), S. 124–139.
Welsch, Wolfgang (2010). Was ist eigentlich Trankskulturalität? In: Lucyna Darowska, Claudia Machold (Hg.), *Hochschule als transkultureller Raum? Beiträge zu Kultur, Bildung und Differenz* (S. 39–66). Bielefeld: transcript.
Wettstein, Emil (1987). *Die Entwicklung der Berufsbildung in der Schweiz.* Aarau: Sauerländer.
Wettstein, Emil (2014). Qualifikationsverfahren für Erwachsene: Rechtliche Grundlagen. http://bbprojekte.ch/zc/E611_Recht.pdf.
Wettstein, Emil; Gonon, Philipp (2009). *Berufsbildung in der Schweiz.* Bern: hep.
Wichers, Hermann (1994). *Im Kampf gegen Hitler. Deutsche Sozialisten im Schweizer Exil 1933–1940.* Zürich: Chronos.
Wicker, Hans-Rudolf; Fibbi, Rosita; Haug, Werner (2003). *Migration und die Schweiz. Ergebnisse des Nationalen Forschungsprogramms «Migration und interkulturelle Beziehungen».* Zürich: Seismo.
Wimmer, Andreas (1996). Kultur. Zur Reformulierung eines sozialanthropologischen Grundbegriffs. *Kölner Zeitschrift für Soziologie und Sozialpsychologie 48* (3), S. 401–425.

Wimmer, Andreas; Glick Schiller, Nina (2002). Methodological Nationalism and Beyond: Nation-State Building, Migration and the Social Science. *Global Networks 2* (4), S. 301–334.

Wolf, Stefan (2013). Berufsbildung und Migration – kritische Anmerkungen über vernachlässigte Perspektiven. In: Uwe Fasshauer, Bärbel Fürstenau, Eveline Wuttke (Hg.), *Jahrbuch der berufs- und wirtschaftspädagogischen Forschung 2013* (S. 217–231). Opladen: Barbara Budrich.

Woodin, Tom (2007a). "Chuck out the Teacher": Radical Pedagogy in the Community. *International Journal of Lifelong Education 26* (1), S. 89–104.

Woodin, Tom (2007b). Working-Class Education and Social Change in Nineteenth- and Twentieth-Century Britain. *History of Education 36* (4–5), S. 483–496.

Woodin, Tom (2008). "A Beginner Reader is not a Beginner Thinker": Student Publishing in Britain since the 1970s. *Paedagogica Historica 44* (1–2), S. 219–232.

Wright Mills, Charles (1959). On Intellectual Craftsmanship. In: Charles Wright Mills (Hg.), *The Sociological Imagination* (S. 195–226). Oxford: University Press.

Wright, Steve (2005). *Den Himmel stürmen. Eine Theoriegeschichte des Operaismus.* Berlin: Assoziation A.

Ydesen, Christian; Myers, Kevin (2016). The Imperial Welfare State? Decolonisation, Education and Professional Interventions on Immigrant Children in Birmingham, 1948–1971. *Paedagogica Historica 52* (5), S. 453–366.

Yildiz, Erol (2011). Zur sozialen Grammatik der Vielfalt in der globalisierten Stadtgesellschaft. In: Wolf-Dietrich Bukow, Gerda Heck, Erika Schulze, Erol Yildiz (Hg.), *Neue Vielfalt in der urbanen Stadtgesellschaft* (S. 135–147). Wiesbaden: VS-Verlag.

Yildiz, Erol; Mattausch, Birgit (2009). *Urban Recycling. Migration als Grossstadt-Ressource.* Basel: Birkhäuser.

Zanier, Leonardo (1997). *Solidarietà e innovazione. Solidarität und Innovation.* Rom: Ediesse.

Zulliger, Hans (1954). *Der Tafeln-Z-Test für individuelle psychologische Prüfungen. Ein abgekürztes Rorschach-Verfahren.* Bern: Huber.

Zürcher Kontaktstelle für Ausländer und Schweizer (1974). *Aufgabenhilfe – Notmassnahme oder mehr?* Männedorf: Zürcher Kontaktstelle für Ausländer und Schweizer.

Zürcher Kontaktstelle für Italiener und Schweizer (1970). *Schulschwierigkeiten und soziale Lage der Kinder von Einwanderern.* Männedorf: Studienzentrum Boldern.

Zürn, Michael (2001). Politik in der postnationalen Konstellation. Über das Elend des methodologischen Nationalismus. In: Christine Landfried (Hg.), *Politik in einer entgrenzten Welt* (S. 181–203). Köln: Wissenschaft und Politik.

Historische Bildungsforschung

herausgegeben von Patrick Bühler, Lucien Criblez, Claudia Crotti
und Andreas Hoffmann-Ocon

Lucien Criblez, Christina Rothen, Thomas Ruoss (Hg.)
Staatlichkeit in der Schweiz
Regieren und verwalten vor der neoliberalen Wende
Band 2, 2016. 424 S. 4 Gafiken. Geb. CHF 48 / EUR 43
ISBN 978-3-0340-1363-5

Lucien Criblez, Lukas Lehmann, Christina Huber (Hg.)
Lehrerbildungspolitik in der Schweiz seit 1990
Kantonale Reformprozesse und nationale Diplomanerkennung
Band 1, 2016. 376 S., 18 Farbabb. Geb. CHF 48 / EUR 43
ISBN 978-3-0340-1342-0

Chronos Verlag
Eisengasse 9
CH-8008 Zürich
www.chronos-verlag.ch
info@chronos-verlag.ch